有限元仿真技术与公路交通防护设施

王 昊　田 隽　闫书明　著

东北大学出版社

·沈 阳·

图书在版编目（CIP）数据

有限元仿真技术与公路交通防护设施 / 王昊，田隽，
闫书明著. -- 沈阳：东北大学出版社，2024. 12.
ISBN 978-7-5517-3734-0

I. U491.5

中国国家版本馆CIP数据核字第2024M0B136号

内容提要

本书较为全面地阐述了如何利用有限元仿真技术进行公路交通防护设施的研究、分析、论证，并就有限元仿真技术作为交通防护设施安全性能评价方法进行了探索和实践，为技术和设施的应用及相关标准制修订提供了支撑。

本书可供公路交通防护设施领域研究、开发、设计、生产等部门的工程技术人员使用，也可作为高等院校相关专业师生的参考用书。

出 版 者：东北大学出版社
　　　　　　地址：沈阳市和平区文化路三号巷11号
　　　　　　邮编：110819
　　　　　　电话：024-83683655（总编室）
　　　　　　　　　024-83687331（营销部）
　　　　　　网址：http://press.neu.edu.cn
印 刷 者：辽宁一诺广告印务有限公司
发 行 者：东北大学出版社
幅面尺寸：170 mm × 240 mm
印　　张：21.5
字　　数：398千字
出版时间：2024年12月第1版
印刷时间：2024年12月第1次印刷
策划编辑：牛连功
责任编辑：王　旭
责任校对：周　朦
封面设计：潘正一
责任出版：初　茗

ISBN 978-7-5517-3734-0　　　　　　　　　　　定价：72.00元

前　言

　　公路交通防护设施的安全性能主要通过车辆碰撞过程的相关指标特性来体现。组织公路交通防护设施的实车足尺碰撞试验时，通过加速设备将满足一定质量、几何尺寸、重心位置等技术参数要求的试验车辆加速至规定的碰撞速度，以规定的碰撞角度与试验护栏碰撞，根据观测的车体重心处加速度、护栏损坏变形情况、车辆运行轨迹姿态等数据判断护栏安全性能指标是否满足要求，其周期较长、成本较高，并受到场地限制，具有局限性。

　　基于有限元方法的计算机仿真分析技术发展迅速，通过合理设置模型，既可求解构件静力学的受力状态，也可模拟车辆碰撞交通防护设施及其在复杂工况下的动态过程，已成为公路交通防护设施设计优化的有力工具。一些发达国家已尝试用有限元仿真技术代替实车足尺碰撞试验进行交通防护设施的安全性能评价。我国目前缺乏技术使用过程的规范化规定，有限元仿真技术尚不能完全代替实车足尺碰撞试验进行交通防护设施的安全性能评价。针对上述情况，山东高速股份有限公司、北京华路安交通科技有限公司组织骨干力量进行相关研究，并撰著了《有限元仿真技术与公路交通防护设施》一书，详细分析和阐述了如何利用有限元仿真技术进行公路交通防护设施的研究、分析、论证，并就有限元仿真技术作为交通防护设施安全性能评价方法进行了探索和实践，为技术和设施的应用及相关标准制修订提供了支撑。

　　本书分为14章，系统地介绍了有限元仿真技术与公路交通防护设施。第1章分析了交通安全与交通事故、交通安全要素，介绍了公路交通安全防护设施及其安全性能评价方法，并提出了有限元仿真技术评价交通安全防护设施安全性能的优越性；第2章介绍了CAE技术、有限元方法和LS-DYNA软件，结合交通防护设施安全性能评价要求，对有限元车辆模型和交通防护设施模型进行了介绍；第3章介绍了波形梁护栏结构及其应用和多种波形梁护栏有限元仿真分析过程，并对有限元仿真方法的准确性进行验证；第4章介绍了混凝土护栏结构及其应用和多种混凝土护栏有限元仿真分析过程，并对有限元仿真方法的准确性进行验证；第5章介绍了金属梁柱式护栏结构及其应用和多种金属梁柱式护栏有限元仿真分析过程，并对有限元仿真方法的准确性进行验证；第6章介绍了组合式护栏结构及其应用和多种组合式护栏有限元仿真分析过程，并对有限元仿真方法的准确性进行验证；第7章介绍了中央分隔带开口护栏结构及其应用和多种中央分隔带开口护栏有限元仿真分析过程，并对有限元仿真方法的准确性进行验证；第8章介绍了缓冲设施类型、结构及其应用，采用有限元仿真方法对多种交通防护缓冲设施进行分析，并对有限元仿真方法的准确性进行验证；第9章介绍了长下坡路段交通安全防护设施、施工区临时交通安全防护设施及有限元仿真技术在分析这些防护设施安全性能方面的应用，并对有限元仿真方沄的准确性进行验证；第10章结合相关评价标准的规定，采用有限元仿真技术对安全性能指标对于碰撞参数的敏感性进行系统分析；第11章结合相关规范的规定，采用有限元仿真技术对波形梁护栏、混凝土护栏、金属梁柱式护栏进行参数敏感性分析和应用研究；第12章探索了交通防护设施结构安全性能仿真评价方法并进行实践；第13章探索了交通防护设施公路适应性能仿真评价方法并进行实践；第14章探索了交通防护设施车辆乘员适应性能仿真评价方法并进行实践。

本书由山东高速股份有限公司和北京华路安交通科技有限公司组织撰写，王昊统稿和审定，田隽和闫书明协助进行资料核实和文字整理。具体撰写分工如下：第1章，王昊、王琳、许思思；第2章，田隽、梁美君、尉超、张军华；第3章，闫书明、李彬、庞学冬、蒋洁；第4章，朱振祥、庞静、孟晓龙、殷繁文、秦文彬；第5章，李昌辉、谢于刚、朱郑、李汇春、张伟；第6章，段美桢、闫晨、郑妍、李浩、孙世栋；第7章，李铁军、孙建华、段文静、刘胜松、刘小勇、邓宝；第8章，龚帅、秦伶俐、赵浩泽、马先坤、孙岩平；第9章，刘思源、张辉、贾敬、耿雪飞、刘超、马银强；第10章，王新、宋士平、庞世华、张德强、张志浩、杨杰；第11章，杨福宇、王刚、咸海涛、卢则里、刘彦涛、潘涛；第12章，亢寒晶、龚趁心、闫飞龙、刘鑫、冯洪波、杨景；第13章，马晴、卢旭东、马贺、董振伟、王冻、孙运通；第14章，胡学成、纪延安、刘瑞格、赵凯、薛立洲、王亮、孟佳祺。

由于著者水平有限，本书中难免存在疏漏与不当之处，请读者多提宝贵意见，以求改进和修正。

著　者

2024年6月

目　录

第1章 绪 论

1.1 交通安全与交通事故

交通安全防护设施隶属于交通安全设施，交通安全设施的作用是通过合理设置提高道路的交通安全运营水平，减少交通事故数量或降低交通事故严重程度。对交通安全与交通事故的了解有助于认识交通安全要素的组成，继而有助于客观认识交通安全防护设施的作用与功能。由过秀成主编的《道路交通安全学》(东南大学出版社出版) 和唐玲玲等编著的《道路交通安全手册》(人民交通出版社出版)，对交通安全与交通事故进行了详细解读。

交通安全是指在交通活动过程中，能将人身伤亡或财产损失控制在可接受水平的状态。交通安全意味着人或物遭受损失的可能性是可以接受的，若这种可能性超过了可接受的水平，即不安全。交通安全具有以下特点：交通安全是在具有一定危险条件下的状态，并非绝对无交通事故发生；交通安全不是瞬间的结果，而是对交通系统在某一时刻、某一阶段过程状态的描述；绝对的交通安全是不存在的，交通安全与不安全只是一个相对的概念；不同的时期与地域，可接受的损失水平是不同的，因而衡量交通系统是否安全的标准也是不同的。

道路交通事故是指车辆驾驶人员、行人、乘车人以及其他在道路上进行与交通有关活动的人员，因违反《中华人民共和国道路交通安全法》和其他道路交通管理法规、规章的行为，过失造成人员伤亡或财产损失的事故。道路交通事故具有随机性、突发性、频发性、社会性及不可逆性等特点。

道路交通事故的随机性体现在：交通工具本身是一个系统，当它在交通系统中运行时会牵涉一个更大的系统，在这个大系统中，某个失误就可能引起一系列其他失误，从而引发事故，而这些失误绝大多数是随机的；道路交通事故往往是多种因素共同作用或相互引发的结果，其中有许多因素（如气候因素）本身就是随机的，而多种因素正好凑在一起或互相引发具有更大的随机性，因此道路交通事故的发生必定带有极大的随机性。道路交通事故的突发性体现在：道路交通事故的发生通常没有任何先兆，驾驶员从感知危险至交通事故发生这段时间极为短暂，往往短于驾驶员的反应时间与采取相应措施所需的时间之和；或者即使事故发生前驾驶员有足够的反应时间，但由于驾驶员反应不正确、不准确而操作错误或不适宜，也会导致交通事故。道路交通事故的频发性体现在：由于汽车工业的高速发展，车辆急剧增加，交通量增大，造成车辆与道路比例失调，加之交通管理等原因，造成道路交通事故频繁，道路交通事故已成为世界性的一大公害。道路交通事故的社会性体现在：道路交通是随着社会和经济的发展而发展的客观社会现象，是人们客观需要的一种社会活动，这种活动是人们日常生活和工作必不可少的；同时，由于社会分工越来越细，人与人之间的协作和交往也越来越密切，人们在道路上的活动日趋频繁，成为一种社会的客观需求；道路交通事故是伴随着道路交通的发展而产生的一种现象，无论何时，只要人参与交通，就存在涉及交通事故的危险性；道路交通随着社会的发展不断地进行演变，从步行到马车再到今天的汽车时代，不仅表明了人们对道路交通的追求意识和发展意识，也证明了道路交通事故是随着社会和经济的发展而发展的客观存在的社会现象，即道路交通事故具有社会性。道路交通事故的不可逆性体现在：道路交通事故是人、车、路和环境组成的系统内部发展的产物，具有不可重现性。

值得注意的是，交通安全与交通事故是对立的，但事故并不是不安全的全部内容，而是在安全与不安全的矛盾斗争过程中某些瞬间突变结果的外在表现；交通系统处于安全状态不一定不发生事故，处于不安全状态也未必一定发生事故。

1.2 交通安全要素

道路交通的过程为驾驶员从道路交通环境中获取信息，这种信息综合到驾驶员的大脑中，经判断形成动作指令，指令通过驾驶操作行为使车辆在道路上产生相应运动，运动后车辆的运行状态和道路环境的变化又作为新的信息反馈给驾驶员，如此循环反复，完成整个行驶过程。人、车在道路和环境中的活动构成了道路交通，即人、车、路和环境相互独立的四大要素相互作用、相互依赖构成了道路交通这一特定的动态系统。"人"在高等级公路中主要指驾驶员，在低等级公路和城市道路中指驾驶员、骑车人、行人等；"车"在高等级公路中主要指机动车，在低等级公路和城市道路中指机动车和非机动车；"路"包括公路和城市道路；"环境"包括自然环境、人工环境等。道路交通作为动态的开放系统，其安全既受系统内部因素的制约，也受系统外部环境的干扰，与人、车、路、环境等因素密切相关，系统内任何一个要素的变化都会对整个道路交通产生影响。道路交通事故的发生可以理解成道路交通系统运动过程中各因素不协调或配合失调的结果。

人的因素是交通事故的核心，国内外的交通事故统计结果表明，80%~90%的交通事故是人为因素造成的。交通参与者的交通行为受社会环境、守纪意识、安全意识影响较大，由于机动车驾驶员违章驾驶、注意力不集中、驾驶技术水平低而引发的交通事故大量存在，尤其是超载、超车和超速"三超"现象，更是引发重特大交通事故的主要原因。另外，一些非机动车驾驶员和行人缺乏交通安全意识、自我防范意识差，缺少基本自救知识和技能而造成的交通事故也为数不少。

车辆本身的技术状况，如转向系统、制动系统、行驶系统和电气系统的安全性能等，是影响道路交通安全的重要因素。机动车的转向系统是直接关系到车辆操纵性能的关键机构，对交通安全的影响最大，转向系统的零部件若发生异常，便有可能使车辆不能保持在正常的车道内行驶，甚至造成翻车事故。机动车的制动系统是降低车速或停止行驶的控制机构，是保证行车安全的核心部件之一，统计结果表明，车辆制动失灵或制动力不足导致制动距离延长、跑偏、侧滑而引发的事故占车辆事故总数的15%左右，其中一半以上是由制动侧滑引起的。近年来，在一些连续下坡路段，大型货车制动失效导致的车毁人亡事故频繁发生，很大程度上是由于货车的车况存在一定隐患。机动车行驶系统中对交通安全影响最大的是车轮和轮胎，在行驶过程中，车轮爆裂、磨损严重、充气不足或轮胎脱落等，都可能直接或间接地引发交通事故。

大量的事故资料和研究结果表明，交通安全水平和道路条件存在着密切的关系。据统计，由道路条件直接或间接引发的事故大约占20%。主要表现在道路几何要素或线形组合不合理、交叉口缺少渠化或交通控制设施不足、路面存在病害或抗滑性能不足、交通安全设施缺乏或不足等方面。

影响道路交通安全的环境因素包括自然环境和人工环境两个方面。自然环境对交通安全的影响主要表现为冰雪、雨水、大雾等恶劣天气对行车安全的危害。在这些恶劣天气条件的影响下，道路的行车条件发生了变化，如路面附着系数减小、能见度降低，从而影响驾驶员对路段前方情况的正确判断和遇到危险时的反应时间，导致事故次数迅猛增加。人工环境对交通安全影响较大的因素主要有土地使用状况、路侧干扰、道路障碍物等。土地使用状况是指公路附近居住区、工业区、商业区等的布置，路侧干扰主要是指路侧非公路标志、霓虹灯等对驾驶员视线或注意力的影响，道路障碍物是指路侧树木、电线杆、人工构筑物、故障车辆等对驾驶员的视距产生影响。

1.3　公路交通安全防护设施

交通安全设施是"路"的组成部分，是发挥道路经济效益、保障行驶安全必不可少的配套设施。对于公路来说，交通安全设施主要包括交通标志、交通标线（含突起路标）、护栏、视线诱导设施、隔离栅、防落网、防眩设施、避险车道和其他交通安全设施（含防风栅、防雪栅、积雪标杆、限高架、减速丘和凸面镜）等。公路交通安全防护设施隶属于公路交通安全设施，原来主要特指公路护栏，而随着我国高速公路由新建向改扩建和养护运营转变，山区高速公路逐渐增加，公路交通安全防护设施的范畴进一步扩大。由于公路改扩建项目逐渐增多，以及公路养护安全作业的管理更加规范化，《公路养护安全作业规程》（JTG H30—2015）将车载防撞垫、可移动临时护栏等设施纳入养护作业区的安全设施范畴。同时，在山区高速公路上，由于地形条件的限制，连续长大下坡路段频繁出现，大型货车因刹车失灵而导致的重特大交通事故逐年增多，避险车道成为另一个重要的交通安全防护设施。公路交通安全防护设施的范畴已从公路护栏扩充到公路护栏、车载防撞垫、可移动临时护栏和避险车道等方面。

公路护栏设置在公路两侧及中央分隔带位置，大部分结构呈线状布设，是事故车辆在公路上的最后一道防线，也是重要的被动防护设施。其主要作用是减少事故车辆冲出路外或对向车道的情况，降低事故对乘员的伤害程度和事故死伤率。按照设置位置和结构特点，公路护栏分为护栏标准段、护栏过渡段、中央分隔带开口护栏、护栏端头和防撞垫。护栏标准段按其在公路中的纵向设置位置，可分为路基护栏和桥梁护栏；按其在公路中的横向设置位置，可分为路侧护栏和中央分隔带护栏；根据碰撞后的变形程度，可分为刚性护栏（车辆碰撞后基本不变形的护栏，主要代表形式是混凝土护栏）、半刚性护栏（车辆碰撞后有一定的变形，又具有一定强度和刚度的护栏，主要代表形式是波形梁护栏）和柔性护栏（具有较大缓冲能力的韧性护栏结构，主要代表形式是缆索护栏）。护栏过渡段是指设置于两种不同防护等级或不同刚度的公路护栏之间平顺连接、结构刚度平稳过渡的公路护栏结构段。中央分隔带开口护栏是指设置于中央分隔带开口处，具有开启功能的公路护栏结构段。护栏端头是指设置于护栏的迎车流方向起点，和护栏连接在一起，对碰撞车辆起到阻挡、缓冲和导向作用的设施。防撞垫是指设置于公路交通分流处的障碍物或其他位置的障碍物前端的一种缓冲设施，车辆碰撞时通过自体变形吸收碰撞能量，从而降低对乘员的伤害程度。按照是否具有可有效导正车辆的能力，防撞垫分为可导向防撞垫和非导向防撞垫两种。唐琤琤等编著的《道路交通安全手册》中叙述了交通运输部公路科学研究院依托国道 109 北京段护栏设置前后事故形态的变化情况，研究结果表明，公路护栏的设置对于减少事故数量作用不大，但是对于降低事故的严重程度效果非常明显，这与公路护栏具有的阻挡功能、缓冲功能和导向功能等综合能力有关。

车载防撞垫主要应用于道路养护施工作业中，通过在养护车辆后方设置缓冲设施提高养护车辆的缓冲保护功能。车辆停放或进行养护作业时，设置在后方的缓冲设施能够吸收后方冲撞而来的车辆的动能，从而实现对施工区域内工作人员及设备的缓冲保护，同时最大限度地保护后方撞击车辆中的人员。

可移动临时护栏主要设置在车辆运营区与施工或养护作业区之间，用于在道路保通状态下防护运营区失控车辆，以降低失控车辆对施工作业区人员或机械的伤害程度。

避险车道是在行车道外侧增设的，供制动失效时车辆驶离、减速停车、自救的专用车道。在山区公路连续长大下坡路段，一些大型车辆特别是大型货车，为了保持运行速度，需要长时间连续点动踩刹车，因而有时会发生刹车失灵的情况。一旦发生刹车失灵，车辆的运行速度会越来越快，若没有相应的设施进行救助，发生严重伤亡事故的概率会急剧增大，严重威胁驾乘人员的生命财产安全。避险车道由引道、制动床、救援车道等构成，刹车失灵车辆通过引道进入避险车道，通过铺设在制动床上的砾石或碎石进行有效制动停车后，由救援车道进行事故车辆救援清障。避险车道制动床主要有上坡、下坡、平坡三种形式：上坡制动床型避险车道因重力坡度阻力和集料滚动阻力的共同作用使车辆减速停车；平坡和下坡制动床型避险车道仅依靠集料滚动阻力使车辆减速。当避险车道制动床长度不能满足要求时，可在制动床适当位置设置阻拦索或消能设施，这些设施需要进行安全论证才能使用。

1.4　交通安全防护设施的安全性能

合理设置公路交通安全防护设施可有效提升公路的运营水平，因此保证交通安全防护设施的安全性能尤为重要。交通安全防护设施的安全性能主要通过标准规范来保证，在公路行业中，与交通安全防护设施安全性能相关的规范主要包括设计类标准规范和安全性能评价类标准规范。这两类标准规范随着我国公路交通特性和运营条件的改变及技术的进步，也在不断进行相应修订与完善，对交通安全水平的提升起到了积极推动作用。

为了规范公路交通安全设施的设计，充分发挥交通安全设施的功能，我国公路交通主管部门先后发布了三个版本的设计规范。其中，第一版为 1994 年 6 月 1 日实施的《高速公路交通安全设施设计及施工技术规范》（JTJ 074—94），对交通安全防护设施中的基本形式和防护等级进行了规定：基本形式包括波形梁护栏、混凝土护栏、组合式护栏、梁柱式护栏、缆索护栏等；路基护栏的防护等级有 A 级和 S 级两种，桥梁护栏的防护等级有 PL_1，PL_2，PL_3 三级，适用于高速公路和一级公路。第二版为 2006 年 9 月 1 日实施的《公路交通安全设施设计规范》（JTG D81—2006）和《公路交通安全设施设计细则》（JTG/T D81—2006），这两本规范配合使用，范围扩大到新建和改建的各等级公路，进一步明确了公路护栏的防撞性能，将护栏防撞等级调整扩大为 B，A，SB，SA，SS 五个等级，完善了护栏端部处理和过渡处理等内容，增加了活动护栏等内容，重点强调了公路护栏的设计原则和设计方法。第三版为 2017 年 11 月 17 日发布、2018 年 1 月 1 日实施的《公路交通安全设施设计规范》（JTG D81—2017）和《公路交通安全设施设计细则》（JTG/T D81—2017），将护栏的"防撞等级"调整为"防护等级"，对路侧护栏的设置条件和防护等级的确定更加具体化，以增加可操作性，防护等级进一步扩大到 C，B，A，SB，SA，SS，HB，HA 八个等级；将"活动护栏"调整为"中央分隔带开口护栏"，并提出了防护性能要求，增加了护栏端头和防撞垫等缓冲设施的设置要求和防护性能要求，新增了"避险车道"一章并进行了相应规定。图1.1为先后发布的与公路交通安全防护设施相关的主要设计类规范封面。

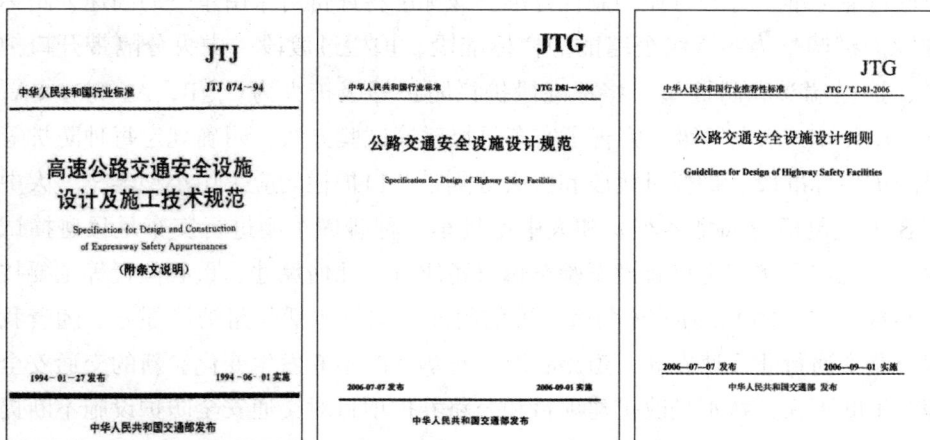

（a）1994年版规范　　　　　　　（b）2006年版设计规范与细则

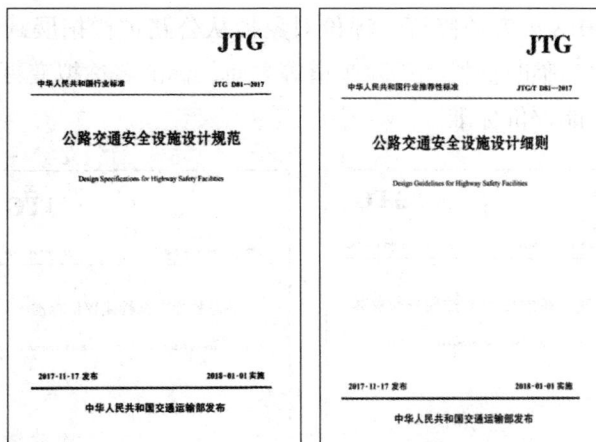

（c）2017年版设计规范与细则

图1.1　与公路交通安全防护设施相关的设计类规范封面

为了统一公路交通安全防护设施安全性能评价标准和检测方法，我国公路交通主管部门先后发布了两个版本的标准规范。其中，第一版为2004年12月31日实施的《高速公路护栏安全性能评价标准》（JTG/T F83-01—2004），为推荐性行业标准，建议采用实车足尺碰撞试验来评价护栏的安全性能，并对护栏试验碰撞条件、检测指标及评价标准进行了基本规定。该标准中的护栏特指防护等级为B，A，SB，SA，SS级的标准段护栏，未包含过渡段护栏、中央分

隔带开口护栏、护栏端头和防撞垫,适用于高速公路。第二版为2013年12月
1日实施的《公路护栏安全性能评价标准》(JTG B05-01—2013),由上一版推
荐性行业标准上升到行业强制性标准。该标准将评价对象由单一的高速公路标
准段护栏调整为各等级公路的护栏标准段、护栏过渡段、中央分隔带开口护
栏、护栏端头和防撞垫,将标准段护栏防护等级扩大为C,B,A,SB,SA,
SS,HB,HA八个等级,完善了实车足尺碰撞试验方法,明确规定每种防护等
级的护栏标准段、护栏过渡段和中央分隔带开口护栏均应采用小型客车、大中
型客车(包括特大型客车)和大中型货车三种碰撞车型进行实车足尺碰撞试
验,并规定了实车足尺碰撞试验车辆整备质量、几何尺寸、重心位置等主要技
术参数要求。图1.2为上述两版标准的封面,均仅包括公路护栏部分。随着我
国公路交通行业飞速发展,道路状况、车辆状况不断发生变化,新的交通安全
理念不断更新,特别是改扩建项目和公路养护项目对交通安全防护设施不断提
出新需求,《公路护栏安全性能评价标准》(JTG B05-01—2013)的适用范围
局限性日益显现。目前,《公路护栏安全性能评价标准》(JTG B05-01—
2013)已经于2018年启动修订,评价对象拟从公路护栏拓展到公路护栏、车
载缓冲垫、可移动临时护栏和避险车道等方面,标准名称拟变更为"公路交通
防护设施安全性能评价标准"。

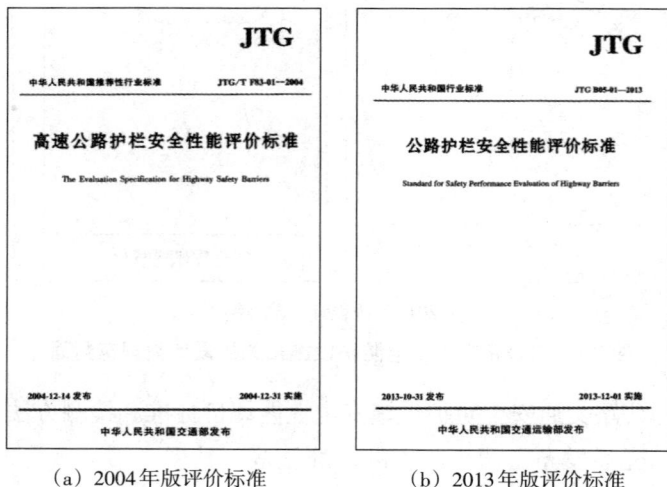

(a) 2004年版评价标准　　　　　(b) 2013年版评价标准

图1.2　与公路交通安全防护设施相关的安全性能评价规范封面

对于交通安全防护设施的安全性能评价,我国标准规范要求采用实车足尺
碰撞试验方法。实车足尺碰撞试验方法要求在特定的试验场地,通过加速设备

将满足一定质量、几何尺寸、重心位置等技术参数要求的试验车辆加速至规定的碰撞速度，以规定的碰撞角度与试验检测样品碰撞，根据观测的车体重心处加速度、样品损坏变形情况、车辆运行轨迹姿态等数据判断样品安全性能指标是否满足要求。目前，我国现有实车碰撞安全评价系统主要由碰撞广场、车辆加速系统和试验检测系统三部分组成。

碰撞广场是试验样品安装和试验数据的检测场地，碰撞广场的场地要求宽阔平坦，路面符合公路路面平整度和粗糙度要求，且场地内没有影响试验车辆运行的障碍物。由于现有实车碰撞安全评价系统的碰撞广场选址与建设往往受到地形条件、地质状况、人力资源、建设费用及建设周期等诸多因素限制，因此碰撞广场的建设成本普遍偏高。

车辆加速系统是将试验车辆加速到规定碰撞速度的装置，可在指定的位置上实现车辆以规定的角度与标的物相撞。现有实车足尺碰撞试验的车辆加速方法主要有电动牵引法和重力加速法，其中重力加速法又包括坡道加速法和落锤牵引法。由于现有实车碰撞安全评价系统的车辆加速系统主要采用试验车辆以外的其他动力进行加速，并利用导轨进行车辆导向，因此一般需投入较大的建设费用，如电动牵引加速系统需建设室内试验场、坡道加速系统对于地势的要求高、落锤加速系统需要建造升降塔等。

试验检测系统主要进行参数的测试。实车足尺碰撞试验经验表明，车辆总质量、车辆整备质量和重心位置的参数不同，所测得的车辆重心处加速度、车辆运行轨迹及护栏最大动态变形值等均有一定差别，因此车辆总质量、整备质量和重心位置需要准确测量和记录，且测量须根据《汽车、挂车及汽车列车质量参数测量方法》（GB/T 12674—2024）和《道路车辆　质心位置的测定》（GB/T 12538—2023）的相关规定执行。车辆的运行状态是评价护栏导向功能和阻挡功能的重要指标，试验过程中，主要通过高速摄像机从不同角度记录护栏变形损坏情况及车辆的运行状态。车辆重心处加速度是评价护栏缓冲性能的重要数据源，它通过车载加速度传感器进行测量。加速度传感器包括纵向加速度传感器和横向加速度传感器，用来测量碰撞过程中车辆重心处的纵向加速度和横向加速度；加速度传感器须安装牢固，碰撞过程中不得松动或受到外力冲击。护栏变形和车辆外倾是动态变化的量，为确保采集到准确、有效的试验数据，试验后须将整个碰撞过程图像全部打印出来，根据比例计算每幅图像的护栏变形和车辆外倾值，并得到最大值。图1.3为实车足尺碰撞试验系统照片。

（a）碰撞广场

（b）车辆加速系统

（c）试验检测系统

图1.3　实车足尺碰撞试验系统照片

1.5　有限元仿真技术的优越性

　　通过1.3节和1.4节可知，交通安全防护设施属于"路"的组成部分，属于重要的被动安全设施，在公路交通行业主要采用实车足尺碰撞试验对其进行安全性能评价。通过1.1节和1.2节可知，交通安全因素包括人、车、路、环境四大部分，若客观评价安全性能，宜结合这四大因素综合考量，而实车足尺碰撞试验方法是在特定的试验场采用固定的车型，按照单一的碰撞角度和碰撞速度进行实车足尺碰撞试验分析。从交通防护设施与四大因素的结合方面来看，该方法具有一定的局限性。例如，实车足尺碰撞试验场地为平直线段，而实际工程往往伴有弯道线形、平纵横坡度、路侧边沟与边坡、路侧桥墩灯杆等构筑物，这些特征对于护栏的安全性能有明显影响，但是在试验场中却较难评判，使得这种方法与"路"和"环境"有一定的脱节；实车足尺碰撞试验中采用固定车型来进行碰撞试验，而实际公路运营中的车辆类型多种多样，固定的试验车型使得这种方法与"车"有一定的脱节；实车足尺碰撞试验中采用车体加速度来评判护栏对乘员的缓冲性能，乘员所受的直接冲击指标很难体现，这在一定程度上不能较好地评判护栏对乘员的保护性能，使得这种方法与"人"有一定的脱节。

实际公路运营中所发生的事故及后果往往与四大因素有关，但目前实车足尺碰撞试验仅能从交通安全防护设施的结构角度进行安全性能评价。以图1.4中几起事故为例进行说明：事故1所处位置为桥梁小弯道位置，横坡6%，这种"路"和"环境"对于公路交通安全防护设施的安全性能要求会显著提高；事故2是车辆从过渡段位置冲出护栏坠落桥下，桥梁的落差和桥下环境加重了乘员的受伤程度；事故3是车辆碰撞波形梁护栏端头后滑落边坡，滑落边坡对乘员造成了二次伤害；事故4是雨水天气条件下车辆在公路转弯位置碰撞了标志杆件，雨水环境和弯道线形加重了事故严重程度；事故5和事故6分别为车辆碰撞设置了防抛网和声屏障的公路护栏，防抛网和声屏障对公路护栏的实际安全性能有所影响。

| (a) 事故1 | (b) 事故2 | (c) 事故3 |

| (d) 事故4 | (e) 事故5 | (f) 事故6 |

图1.4 交通事故的复杂性

实车足尺碰撞试验方法较难将交通安全防护设施与人、车、路、环境四大因素结合起来进行安全性能评价，而基于有限元方法的计算机仿真模拟技术为交通安全防护设施的安全性能评价提供了另外一种方法。能够进行车辆碰撞交通安全设施的有限元模拟计算软件有多种，如LS-DYNA，PAM-CRASH，MSC/DYTRAN等。其中，LS-DYNA由Livermore Software Technology Corporation开发，是世界上著名的通用显式动力分析程序，能够模拟真实世界的各种复杂问题，特别适合求解各种二维、三维非线性结构的高速碰撞、爆炸和金属成形等非线性动力冲击问题，在工程应用领域被广泛认可。随着计算机仿真分析方法在护栏研究领域应用的日趋成熟，国外发达国家尝试将该方法作为护栏安全性能评价的一种手段，并通过实践取得了宝贵经验。例如，欧盟于2006年完成了《公路护栏标准修订》（*Road barrier upgrade of standards*，ROBUST）项目，在该项目开展过程中，运用经过碰撞试验校正的仿真模型对大量护栏进行安全评价，为《道路（安全）防护系统》（EN1317）修订提供依据；2008年，欧洲标准委员会起草了"道路安全防护系统计算机模拟的术语、方法、标准"草案，规定"经过实车碰撞检测的公路安全设施，如果计算机模拟结果与实车碰撞试验结果各项指标一致，对于护栏的某些非关键因素改进无须再进行实车碰撞试验，可用计算机仿真分析方法评价这种改进后的安全设施的防护性能"；2012年，欧洲标准委员会出版了《道路防护系统——车辆防护系统碰撞试验计算力学指南》，将仿真技术作为与实车足尺碰撞试验并列的交通安全防护设施安全性能评价方法。图1.5为欧盟ROBUST项目中仿真计算示例。

POMI-GM R4	TRL-GM R4	NPRA-GM R4	NPRA-10t	POMI-10t	NPRA-Bus
Time = 0.15 s	Time = 0.16 s	Time = 0.15 s	Time = 0.40 s	Time = 0.45 s	Time = 0.40 s
Time = 0.20 s	Time = 0.24 s	Time = 0.20 s	Time = 0.80 s	Time = 0.75 s	Time = 0.80 s

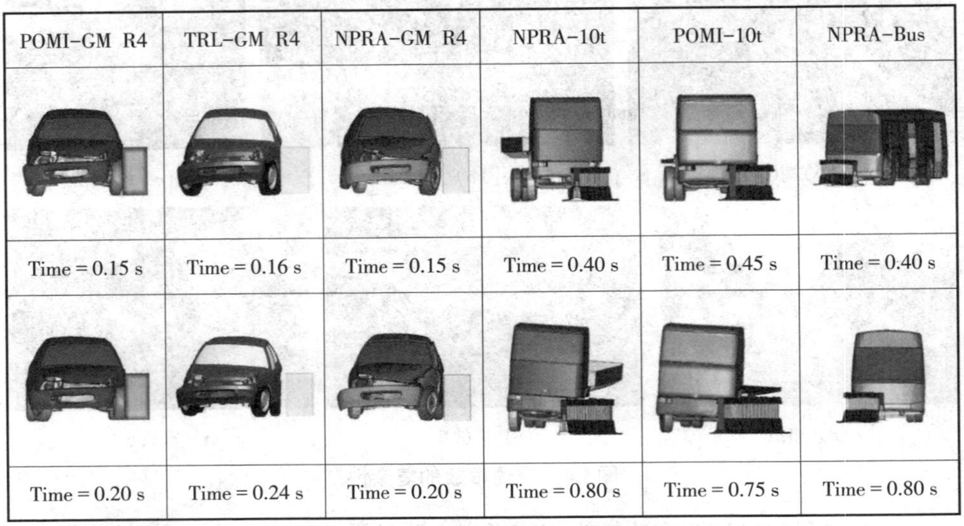

图1.5 欧盟ROBUST项目中仿真计算示例

　　将基于有限元方法的计算机仿真模拟技术作为交通安全防护设施安全性能评价方法，既可以达到对交通安全防护设施结构进行安全性能评价的目的，又可以对交通安全防护设施相关的路侧条件进行建模，评价交通安全防护设施与周边道路条件的适应性。同时，可按照公路实际交通流特性进行多种车型建模，并在车辆模型中设置乘员假人模型（如图1.6所示），以评价交通安全防护设施与不同车辆及乘员的适应性。

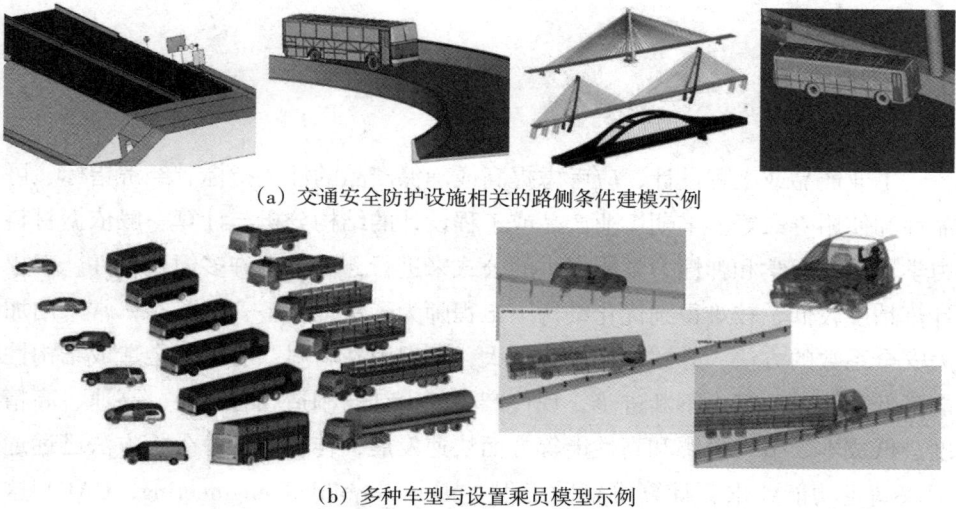

（a）交通安全防护设施相关的路侧条件建模示例

（b）多种车型与设置乘员模型示例

图1.6 基于有限元方法的计算机仿真模型示例

　　由此可以看出，基于有限元方法的计算机仿真模拟技术具有可模拟实际公路护栏设置条件和多种车型及假人模型的优势，能够使公路护栏安全性能评价更加符合实际情况，对交通安全防护设施安全性能评价具有显著的优越性，可以对现行行业标准规范起到有力的补充和完善作用，并可与国外先进技术标准接轨。

第2章　有限元仿真软件与模型

2.1　概　述

工业产品或工程设计，应考虑提高或确保产品的性能指标、经济指标、可靠性和使用寿命等。早期工业产品或工程设计的结构分析与计算一般依据材料力学、理论力学和弹性力学所提供的公式来进行，由于有许多简化条件，工程计算精度较低，较难得到优化结构。工程师为了保证设备安全可靠，常采用加大安全系数的方法，导致结构尺寸过大，不但浪费材料，有时还会造成结构性能降低。随着生产力不断进步，现代产品的设计与制造朝着高效、高速、高精度、低成本、节省资源和高性能等方面快速发展，传统的计算分析方法已远远无法满足功能要求，计算机辅助工程（computer aided engineering，CAE）这门学科应运而生。CAE从字面上讲包括工程和制造业信息化的所有方面，是一个很广的概念，其特点是以工程和科学问题为背景，建立计算模型并进行仿真分析，对其未来的工作状态和运行行为进行模拟，分析工程和产品性能，论证工程和产品的可用性与可靠性，及早发现设计中的不足。采用CAE技术，可以在进行复杂工程分析时不必做很多简化，也能够较为系统和全面地对工程进行客观分析，得到较为优化的结构。常见的CAE工程分析包括：对质量、体积、惯性力矩和强度等的计算分析；对产品的运动精度，动、静态特征等的性能分析；对产品的应力、变形、安全性及寿命的分析；等等。

创新是企业的生命力所在，而实现创新的关键，除了设计思想和概念之外，最主要的就是先进的技术保障，采用可靠的CAE软件是实现先进技术保障的手段之一。CAE软件分为专用和通用两类：针对特定类型的工程或产品所开发的用于产品性能分析、预测和优化的软件称为专用CAE软件；可以对多种类型的工程和产品的物理、力学性能进行分析、模拟、预测、评价和优化，以实现产品技术创新的软件称为通用CAE软件。CAE软件与计算力学、计算数学、工程科学、工程管理学、工程图形学、现代计算技术等多个学科相关，可以说计算技术是CAE软件的基础，计算机硬件也对CAE软件的计算速度有明显影响，CAE软件是在多学科基础上形成的一种综合性和知识密集型的信息产品。计算机硬件的高速发展，有限元、有限体积及有限差分等方法与计算机技术的结合，使得许多大型的通用CAE软件已相当成熟并商品化，在科学研究和工程设计中得到了普遍应用。

有限元方法是分析工程问题的重要技术之一，是一种通用的分析方法，该方法已被广泛应用于工程问题的分析当中，仅以力学分析为例，其在静力学、动力学、弹塑性力学、接触力学、疲劳与断裂力学、流体力学和热力学等领域均得以应用，基于有限元方法的CAE技术更是得到了快速发展。基于有限元方法的CAE技术的应用一般包括五步：观察事物响应的物理现象；建立计算模型以便对这些现象进行数值仿真；发展并集合硬件和（或）软件来实现计算模型；后处理并解释计算模型的结果；利用计算结果分析并进行结构优化设计。以有限元方法为基础，并以后续发展的多种数值分析方法为依据，CAE技术的应用领域越来越广泛，已被应用于机械、土木、航空航天、材料分析、电子等多个工程领域。实践证明，CAE技术的应用，使许多过去受条件限制无法分析的复杂工程问题，通过计算机数值模拟得到满意的解答。计算机辅助分析使大量繁杂的工程分析问题简单化，使复杂的过程层次化，节省了大量的时间，避免了低水平重复的工作，使工程分析更快、更准确，在产品的设计、分析、新产品的开发等方面发挥了重要作用。

交通安全防护设施的安全性能分析或评价主要通过碰撞分析来实现，基于有限元方法的CAE技术可以有效解决碰撞类高度复杂物理问题，而有限元仿真模型的建立和有效性，是采用该技术进行交通安全防护设施安全性能分析与评价的基础。

2.2 有限元仿真软件

2.2.1 CAE技术

近年来，各国都在投入大量的人力和物力进行CAE技术研究和软件开发，同时十分注重专业人才的培养。美国于1998年成立了工程计算机建模和仿真学会（Computer Modeling and Simulation in Engineering），其他国家也成立了类似的学术组织。各行业中大批掌握CAE技术的科技队伍推动了CAE技术的发展和工业化应用，CAE技术在国外已经被广泛应用于不同领域的科学研究，并普遍应用于实际工程问题，在许多复杂的工程分析方面发挥了重要作用。早期的CAE软件一般都是基于大型计算机和工作站开发的，近年来由于PC机性能的提高，采用PC机进行分析成为可能，促使许多CAE软件被移植到PC机上应用，这对CAE技术的推广起到了重要的作用。所以CAE技术的广泛应用，不仅有赖于通用分析软件的推出和完善，而且得益于计算机在高速化和小型化方面取得的成就。

CAE分析始于20世纪50年代中期，而真正的CAE软件则诞生于20世纪70年代初期；直到20世纪80年代中期的十多年间，CAE软件处于独立成长阶段，主要是扩充和完善基本功能、算法和软件结构；到20世纪80年代中期，逐步形成了商品化的通用和专用CAE软件。CAE技术的发展可分为五个阶段。第一阶段为20世纪50年代，航空工业的发展促进了有限元程序的发展，早期的程序大多基于静力学理论进行开发，并用来对静不定平面结构进行分析，后来经过研究人员的努力，开发出基于位移法理论的简单二、三维有限元法程序。在这个时期，人们主要致力于有限元基本理论与算法的研究，在有限元单元库的发展方面做了大量的工作。第二阶段为20世纪60年代，人们开始致力于多功能通用有限元程序的开发，如具有多种用途的有限元软件NAS-TRAN、SAKA、ANSYS、STARDYNE、MARC、SAP、SESAM和SAMCEF在美国及欧洲国家已经公开使用，这些程序在可用性、可靠性和计算效率上已经基本成熟，为大量的商业有限元软件系统的开发提供了坚实的基础。但当时的CAE软件基本上是采用FORTRAN语言开发的结构化软件，由于数据管理技术存在一定缺陷，其运行环境仅限于当时的大型计算机和高档工作站。第三阶段为20世纪70年代，在这一阶段，研究人员对CAE软件开发的相关技术进行了深入研究，如用于断裂力学的分析方法与有限元技术、边界元技术、有限元和其他分析技术的结合等计算技术。特别重要的是，在这一阶段，前处理、后处理软件及CAD系统的发展使CAE软件设计更为完善，优化了CAE商业软件代码，并在此期间诞生了全新的动态显示有限元方法，为大变形弹塑性碰撞类问题的求解提供了新方法。第四阶段为20世纪80年代，为适应计算机系统的发展需要，进一步改进了CAE软件（向量、多重处理器、并行机），开发了适应新型计算机的高效计算方法与数值算法，推广了CAE软件在工作站与PC机上的应用，加强了许多CAE软件的分析能力和专用CAE软件的开发。第五阶段始于20世纪90年代中期，这一阶段的主要成果是将CAE与其他模拟软件集成到CAD/CAE/CAM系统中，形成一个完整、方便的实用产品。同时，CAE软件朝智能化（自动的有限元划分网格、面向对象的工具，以及数据库和用户接口等）和高速计算化（分时计算与并行计算等）方向发展，CAE软件在单元库、材料库、前后处理特别是用户界面和数据管理技术等方面都有了巨大的发展。

近年来，CAE技术的发展更为迅速。① 软件开发商为满足市场需求和适应计算机硬、软件技术的迅速发展，对CAE软件的功能、性能、用户界面及前后处理能力等方面进行了大幅度提升，对CAE软件的内部结构、软件模块、数据管理和图形处理等方面进行了重大改造，使CAE软件在功能、性能、可用性、可靠性以及对运行环境的适应性等方面得到了极大的提高，并可以在超级并行机、分布式微机群、大中小微各类计算机和各种操作系统平台上运行；② 开发对象的自动离散及分析结果的可视化技术已非常成熟，离散技术实现了从手工到半自动再到全自动跨越式发展，网格单元从简单对象的一维单一网格到复杂对象的多维多种网格发展，材料从单一弹性材料到多种弹塑性材料，对象的性能从人工校核到结构自适应动态设计与分析，并可进一步进行优化设计；③ CAE与CAD，CAM等技术的无缝结合，使企业能对现代市场产品的多样性、复杂性、可靠性和经济性等做出迅速反应，增强了企业的市场竞争能力。

随着计算机技术向更高速和更小型化发展，以及分析软件的不断开发和完善，CAE技术的应用将越来越广泛，并成为衡量一个国家科学技术水平和工业现代化程度的重要标志。在许多行业中，CAE分析已经作为产品设计与制造流程中不可缺少的一种强制性的标准规范加以实施，例如国外某些汽车与航空公司的零部件设计绝大多数须经过多方面的计算机仿真分析，否则不能通过设计审查，更谈不上试制和投入生产。计算机数值模拟现在已不仅仅作为科学研究的一种手段，在生产实践中也已作为必备工具而被普遍应用。

2.2.2 有限元方法

有限元是那些集合在一起能够表示实际连续域的离散单元，其概念早在几个世纪前就已产生并得到了应用，例如用多边形（有限个直线单元）逼近圆来求得圆的周长，但它作为一种方法而被系统提出，则是20世纪的事。有限元法是将连续体离散化的一种近似方法，其理论基础是变分原理、连续体剖分与分片插值。即首先找到对所求解的数学物理问题的变分表示，对于固体力学问题而言是写出其总能量表示式，然后将问题的求解区域剖分成有限个小单元的集合，在单元内用分片插值表示物理函数的分布，求解离散后的代数方程得到物理函数的数值解。有限元方法最初被称为矩阵近似方法，应用于航空器的结构强度计算，同时由于其方便性、实用性和有效性，引起了从事力学研究的科学家的浓厚兴趣。

有限元分析的基本概念是用较简单的问题代替复杂问题后再求解。它将求解域看成由许多称为有限元的小的互连子域组成，对每单元假定一个合适的（较简单的）近似变形函数，然后推导该求解域的满足条件（如结构的平衡条件）的整体方程，从而得到问题的解。这个解不是准确解，而是近似解，其原因是实际问题被较简单的问题所代替。大多数实际问题难以得到准确解，而有限元方法不仅计算精度高，而且能适应各种复杂形状，因此成为行之有效的工程分析手段。以二维连续体问题为例进行理解：可以用点、线、面将二维连续体分成有限个三角形或四边形的集合，在每个单元体上选择有限个节点，并在每个节点上选定有限个待求的广义节点位移；然后在每个单元上，以选定的全部节点上的广义节点位移为参数，近似插值整个单元上的连续位移，并将插值位移代入能量表达式，运用变分原理得到以广义节点位移为未知量的离散化有限元方程组，求解该有限元方程组得到每个节点上的广义节点位移；最后在每个单元上使用广义节点位移插值求得各种物理量，如位移、应变和应力等。有限元方法与其他求解边值问题近似方法的根本区别在于它的近似性仅限于相对小的子域中，不同于求解满足整个定义域边界条件允许函数（往往是困难的）的方法，有限元方法将函数定义在简单几何形状（如二维问题中的三角形或任意四边形）的单元域上，而且不考虑整个定义域的复杂边界条件，这是有限元方法优于其他近似方法的主要原因。

有限元方法的起源和发展与力学理论的发展密不可分，成熟的弹性力学理论可以追溯到19世纪，有关矩阵结构分析的方法则是在其后很长时间才得以形成，这应该是有限元方法产生的前奏，但受计算技术的限制，其发展速度非常缓慢。当时由于尚未出现计算机，人们只能求解有限个未知数的代数联立方程组，这一时期工程师的注意力主要集中在简单的手工结构计算上，在力学分析中称为力法。到1932年，Hardy Cross提出了桁架分析的力矩分配法，结构分析的数值方法才有了较大的发展，能计算较为复杂的一类结构。1943年，Courant首先尝试应用定义在三角形区域上的分片函数的最小势能原理来求解Saint-Venant扭转问题，从应用数学的角度来讲，这正是有限元方法基本思想的起源。但当时还没有计算机，因此并未得到重视和发展，也未在工程中应用。电子计算机在20世纪40年代后期出现，但其在理论上与实际应用中的重要性并未立即为力学工作者所接受，到20世纪50年代，有限元方法的实际应用逐步开始。20世纪50年代中期，在欧洲以Argris为代表、在美国以Clough为代表的研究者，推动了对结构力学有限元分析的计算机实现。20世纪50年代中期以后，在有限元分析发展中有几个重要的阶段：首先，在杆件及平面应力（应变）问题中得到发展，接着很快建立了块元、板弯曲元、薄壳元、厚壳元及其他形式的单元；其次，当这些单元在线性静弹性问题中取得成功之后，又被推广到动力反应、稳定性、材料或几何非线性问题等各方面。随着计算机技术的发展，有限元方法在各个工程领域（如机械、土木、航空航天、核工业、机电、化工、建筑和海洋等领域）的众多行业中得到应用，成为工业产品动、静、热、电磁等力学与物理特性分析的重要手段。20世纪70年代初期人们就已经意识到，有限元方法在工业产品结构设计中的应用使工业产品设计产生革命性的变化，即由传统的大量依赖于经验设计的简化方法过渡到以良好数值分析理论为基础的精确性较高的方法。今天，有限元方法仍在不断发展，在理论上不断完善，各种有限元分析程序的功能越来越强大，使用越来越方便，其功能与所研究问题的范围也已从传统的力学领域扩展到物理、化学、材料、生物和电子等众多领域。

目前，有限元方法在算法的通用性方面已经达到了很高的程度，不但在功能方面有相当广泛的覆盖面，而且可用于对各种材料组合和几何拓扑结构问题的求解。就有限元方法形态而言，除了最早诞生的基于最小势能原理的位移有限元模式外，还发展了基于余能原理的应力平衡模式有限元法、基于广义势能原理的位移杂交模式有限元法、基于广义余能原理的应力杂交模式有限元法、基于H-W（胡海昌–鹫津）混合变分原理的混合有限元模式，以及各种各样特殊的有限元方法形式，如边界有限元法、有限条法、无限元法、有限元线法、有限体积法、离散元法、半解析有限元法、综合有限元法等，近年来兴起的无网格方法也是有限元研究的进一步发展。这些名目繁多的有限元模式和方法形态的出现，极大地提高了有限元方法求解各类科学和工程问题的能力和效率，但是在现有的有限元方法中，最实用、最有效、灵活性最强的仍然是最早发展起来的基于最小势能原理的位移有限元法。

2.2.3 基于有限元方法的CAE技术

有限元方法的基本思想是将结构进行有限元离散化，用有限个容易分析的单元来表示复杂的工程结构,各单元之间通过有限元节点相互连接,根据有限元基本理论建立有限元总体平衡方程,然后求解。由于有限元方法的灵活性很强,对边界形状的描述具有良好的适应性,方便模拟复杂的边界情况问题,因此受到分析人员的青睐,也是CAE技术中的重要分析方法。有限元方法的基本理论涉及数学、力学及计算方法等多方面的知识,目前市场上各种功能强大的有限元程序包很多,工程人员甚至不需要对有限元方法进行很深入的了解即可应用这些程序求解工程问题,这体现了CAE有限元软件的强大功能。

从工程角度来看,有限元方法求解工程问题的基本过程主要包括三部分:要分析的结构的有限元离散化(前处理过程),有限元方程的建立与求解(有限元分析计算),计算结果的处理(后处理过程)。

有限元的前处理包括选择单元类型,进行单元划分,确定各节点和单元的编号及坐标,确定荷载类型、边界条件和材料性质等工作,是有限元分析中最为烦琐费时的阶段,其中单元划分(即网格划分)是最重要的工作内容。网格划分的能力需要CAE工程师有多年的工作经验积累,网格划分得太细会大大增加计算时间,划分得太稀疏则会导致计算精度降低。网格的自动生成技术是衡量CAE软件前处理能力的重要方面,几种典型的网格自动生成方法(映射单元法、节点连接法、Delaunay剖分算法、切割分解法、几何变换法、空间分解法、波前法、模块序法和单元转换法)对壳体进行网格划分和对实体进行四面体网格划分较为成熟,但对实体进行六面体网格的自动划分则较为困难。有的CAE软件公司采取了折中策略,即生成网格中绝大部分是六面体网格,对复杂区域使用四面体网格进行补充,基本实现了对任意实体的准六面体划分。有限元分析结果的精度与网格质量有密切的关系,为使有限元网格的分析结果合理可靠,网格应具备以下条件:所有单元都应该接近理想形状;主要力学变量变化梯度较大的地方网格能达到足够精细;粗细网格之间应均匀过渡。一般来讲,有限元网格自动生成器生成的网格总存在一些畸形单元,局部地方需要进行手动调整。近年来出现的自适度网格与网格精细化光滑处理技巧可有效改善网格质量,提高计算精度。

完成有限元分析数据的准备工作以后,就可以进入有限元分析计算工作流程了。软件系统的单元库和材料库的丰富和完善程度,以及软件自身的功能决定了有限元分析软件对工程和产品的分析与模拟能力,单元库所包含的单元类型越多,材料库所包括的材料特性种类越全,软件对工程和产品的分析、仿真能力就越强;一些通用CAE软件的单元库一般可以有上百种,并拥有一个比较完善的材料库，使得其对工程和产品的物理、力学行为具有较强的分析和模拟能力。一套好的 CAE 有限元计算系统应能满足大型结构的计算要求，且须采取相应的措施提高计算效率，如用一维变带宽或分块存储法解决整体刚度矩阵和质量矩阵的存储问题，用大型方程组的解法（如 LDLT 法或迭代法）等解线性方程组，用大型特征值的解法（如子空间迭代法、Lanczos 法）来求解动力学分析中的特征值问题，等等。计算效率和计算结果的精度是衡量 CAE 软件优劣的重要方面，这主要决定于解法库。如果解法库包含了多种不同类型的高性能求解算法，就会对不同类型、不同规模的问题以较快的速度和较高的精度求得计算结果。先进高效的求解算法与常规的求解算法在计算效率上可能有几倍、几十倍，甚至几百倍的差异。此外，在有限元计算前，应将节点编号进行优化，以使整体刚度矩阵、质量矩阵的带宽或半带宽减小，降低对计算机内外存的需求，同时提高计算效率；高性能计算机与计算环境的开发也为 CAE 软件高速运算创造了条件，例如在分布式计算与并行计算机环境下运行的 CAE 软件，其计算效率会大大提高。随着 CAE 软件开发商对软件单元库、材料库和求解器的改造、扩充和完善，目前国际上先进的 CAE 软件已经可以对工程和产品进行多种力学性能分析、预报及运行行为的模拟。其代表性的功能如下：静力和拟静力的线性与非线性分析（包括对各种单一和复杂组合结构的弹性、弹塑性、蠕变、几何大变形、大应变、疲劳、断裂、损伤及多体弹塑性接触在内的变形与应力应变分析）、线性与非线性动力与稳定性分析（包括交变荷载、爆炸冲击荷载、随机地震荷载以及各种运动荷载作用下的动力时程分析、振动模态分析、谐波响应分析、随机振动分析、屈曲与稳定性分析等）、稳态与瞬态热分析（包括传导、对流和辐射状态下的热分析、相变分析及热-结构耦合分析等）、静态和交变电磁场和电流分析（包括电磁场分析、电流分析、压电行为分析及电磁-结构耦合分析）、流体计算（包括常规的管内和外场的层流、湍流、热-流耦合以及流-固耦合分析等）、声场与波的传波计算（包括静态和动态声场及噪声计算，固体、液体和气体中波的传播分析等）、结构优化设计［梁、杆、膜、板、壳、块体、轴对称体单元组合结构的单元优化设计，结构的边界形状优化设计和构件布局优化设计，复合材料层合板与夹层板结构的铺层优化设计，结构强度、刚度、质量等静态特性的优化设计，结构频率和动态响应优化设计，结构的整体屈曲稳定性优化设计，结构热传导优化设计，多种目标的优化设计（减轻结构质量、降低应力水平、提高结构的刚度或柔性、改变固有频率分布、降低动力响应、提高结构失稳临界荷载等）］。

在有限元分析结束后，由于节点数目非常多，输出的数据量大得惊人，一个好的有限元分析程序都有一个后处理器来自动处理分析结果，并根据操作者的要求以各种方式将结果显示出来，应能对平面和空间杆单元、梁单元、平面问题单元、板壳单元、三维实体单元及其组合的线性与非线性的静力、动力、屈曲分析等结果进行良好的处理与显示，这种处理与显示能力的好坏也体现了CAE软件的竞争力。后处理软件设计的基本原则是使用户能随心所欲地实时查询和查看计算结果及模型本身的情况，主要体现在提供交互式查询功能（用户一般要核对所建立的模型是否正确，要查询计算结果的某些信息）和提供计算结果的图形图像显示功能（用户应能直观地查看模型承载前后的内力、应力和变形情况等信息，从而可以对与分析目的相关的指标进行检查，确认结构的安全性能，也可以为改进结构设计进行准备）两个方面。

基于有限元方法的CAE技术开发已达到成熟的阶段，许多有限元分析软件具有良好的前后处理界面、静态和动态过程分析及线性和非线性分析等多种强大的功能，通过了各种不同行业的大量实际算例的反复验证，其解决复杂问题的能力和效率已得到学术界和工程界的承认，在机械、化工、土木、水利、材料、航空、船舶、冶金、汽车和电气工业设计等许多领域中得到了广泛的应用。

2.2.4 LS-DYNA有限元软件

LS-DYNA程序最初称为DYNA程序，由J. O. Hallquist博士于1976年在美国Lawrence Livermore National Laboratory（美国三大国防实验室之一）主持开发完成，其时间积分采用中心差分格式，当时主要用于求解三维非弹性结构在高速碰撞、爆炸冲击下的大变形动力响应。该软件推出后深受广大用户的青睐，经过1979，1981，1982，1986，1987，1988年版本的功能扩展和不断改进，DYNA程序成为国际著名的非线性动力分析软件，在武器结构设计、内弹道和终点弹道、军用材料研制等方面得到了广泛的应用。1988年，J. O. Hallquist博士创建了LSTC公司，DYNA更名为LS-DYNA，并从此走上了商业化发展道路。LS-DYNA源程序曾在局域网公开发行，因此被广泛传播到世界各地的研究机构和大学，随着版本不断更新，其功能越来越强大，LS-DYNA已成为世界上最著名的通用显示动力分析CAE软件之一。LS-DYNA软件能够模拟真实世界的各种复杂问题，特别适合求解各种二维、三维非线性结构的高速碰撞、爆炸和成型等非线性动力冲击问题，同时可以求解传热、流体及流–固耦合问题，在汽车安全性设计、武器系统设计、金属成形、跌落仿真等工程领域被认为是最佳的分析软件包。

LS-DYNA 是功能齐全的几何非线性（大位移、大转动和大应变）、材料非线性（140 多种材料模型）和接触非线性（50 多种接触模式）CAE 软件，以 Lagrange 算法为主，兼有 ALE（arbitrary Lagrange-Euler）和 Euler 算法；以显式求解为主，兼有隐式求解功能；以结构分析为主，兼有热分析、流体-结构耦合功能；以非线性动力分析为主，兼有静力分析功能（如动力分析前的预应力计算和薄板冲压成型后的回弹计算），是军用和民用相结合的通用结构分析非线性有限元程序。LS-DYNA 功能特点主要包括以下 14 个方面。

（1）分析能力。利用 LS-DYNA 可以进行的分析包括非线性动力学分析、多刚体动力学分析、准静态分析（钣金成型等）、热分析、结构-热耦合分析、流体分析（包括流体与结构相互作用分析、不可压缩流体分析）、有限元-多刚体动力学耦合分析（MADYMO，CAL3D）、水下冲击分析、失效分析、裂纹扩展分析、实时声场分析、优化设计分析、多物理场耦合分析。

（2）材料模型。LS-DYNA 程序目前有 140 余种金属和非金属材料可供选择，如弹性材料、塑料、玻璃、泡沫、编制品、金属、橡胶、蜂窝材料、复合材料、混凝土和土壤、炸药、推进剂、黏性流体及用户自定义材料（UDM），并可以考虑材料失效、损伤、黏性、蠕变、状态方程、与温度相关等性质。

（3）单元类型。LS-DYNA 程序的单元类型众多，如四边形壳单元、三角形壳单元、膜单元、六面体厚壳单元、二维实体单元、三维实体单元、梁单元、焊接单元、离散单元、束和索单元、安全带单元、节点质量单元、SPH（smoothed particle hydrodynamics）单元等，各类单元又有多种理论算法可供用户选择。这些单元采用 Lagrange 列式增量解法，具有大位移、大应变和大转动性能，单点积分并用沙漏黏性阻尼以克服零能模式，单元计算速度快，节省储存量，并且精度良好，可以满足各种实体结构和薄壁结构的网格剖分需要。Euler 六面体单元、Euler 边界单元及 ALE 六面体单元，可以用于流体网格划分和构成流体—结构的交界面。

（4）接触分析功能。LS-DYNA 程序的全自动接触分析功能易于使用，且功能强大，非常有效，有 50 多种接触算法可以求解变形体对变形体的接触、变形体对刚体的接触、刚体对刚体的接触、板壳结构的单面接触（屈曲分析）、与刚性墙的接触、表面与表面的固连、节点与表面的固连、壳边与壳面的固连、流体与固体的界面等接触界面的法向接触力，并可考虑接触表面的静、动摩擦力（库仑摩擦、黏性摩擦和用户自定义摩擦模型）和固连失效，这种技术成功地用于整车碰撞研究、乘员与柔性气囊或安全带接触的安全性分析、薄板与冲头和模具接触的金属成形、水下爆炸对结构的影响等；其他如采用材料失效和侵蚀接触（eroding contact）可以进行高速弹体对靶板的侵彻模拟计算；程序处理接触–碰撞界面主要采用节点约束法、对称罚函数法和分配参数法。

（5）初始条件、荷载和约束功能。LS-DYNA 程序中，初始条件、荷载和约束的定义包括：初始速度、初应力、初应变、初始动量（模拟脉冲荷载）；高能炸药起爆设置；节点荷载、压力荷载、体力荷载、热荷载、重力荷载；循环约束、对称约束（带失效）、透射边界；给定节点运动（速度、加速度或位移）、节点约束；铆接、焊接（点焊、对焊、角焊）；两个刚性体之间的连接（球形连接、旋转连接、柱形连接、平面连接、平移连接）；位移/转动之间的线性约束、壳单元边与固体单元之间的固连；带失效的节点固连。

（6）自适应网格划分功能。自适应网格划分技术通常用于薄板冲压变形模拟、薄壁结构受压屈曲、三维锻压问题等大变形情况，使弯曲变形严重的区域皱纹更加清晰准确。

（7）ALE 列式和 Euler 列式。ALE 列式和 Euler 列式可以克服单元严重畸变引起的数值计算困难，并实现流–固耦合的动态分析，在 LS-DYNA 程序中，ALE 和 Euler 列式有可达 20 种材料的多物质 Euler 单元，若干种 Smoothing 算法选项，一阶和二阶精度的输运算法，空白材料，滑动或附着的 Euler 边界条件，声学压力算法，与 Lagrange 列式的薄壳单元、实体单元和梁单元的自动耦合功能。

（8）SPH 算法和 BEM。SPH 光滑质点流体动力学法是一种无网格 Lagrange 算法，最早用于模拟天体物理问题，后来人们发现它也是解决其他物理问题（如连续体结构的解体、碎裂、固体的层裂、脆性断裂等）非常有用的工具。SPH 算法可以解决许多常用算法解决不了的问题，是一种非常简单方便解决动力学问题的研究方法；由于它是无网格的，所以可以用于研究很大的不规则结构。SPH 算法的计算原理是用一组具有流速的运动质点来表示物质，每一个 SPH 质点代表一个物理性质的插值点，用规则的内插函数计算全部质点可以得到整个问题的解。BEM（boundary element method）边界元法可以用来求解流体绕刚体或变形体的稳态或瞬态流动，该算法限于非黏性和不可压缩的附着流动。

（9）显式/隐式交替求解。显式求解适用于碰撞类高度非线性物理问题，隐式求解适用于包括结构固有频率和振型在内的非线性结构静动力分析，LS-DYNA 中可以交替使用显式求解和隐式求解，例如进行薄板冲压成型的回弹计算、结构动力分析之前施加预应力等。

（10）热分析。LS-DYNA 程序有二维和三维热分析模块，既可以独立运算，也可以与结构分析耦合；既可进行稳态热分析，也可进行瞬态热分析，用于非线性热传导、静电场分析和渗流计算。

（11）不可压缩流场分析。LS-DYNA 不可压缩流求解器用于模拟分析瞬态、不可压、黏性流体动力学现象，求解器中采用了超级计算机的算法结构，在确保有限元算法优点的同时计算性能得到大幅度提高，从而在广泛的流体力学领域具有很强的适用性。

（12）汽车安全性分析。LS-DYNA 程序具备模拟汽车碰撞时结构破坏和乘员安全性分析的全部功能，用安全带、气囊、假人和汽车等构造的碰撞模型，可以实现汽车高速碰撞时全过程的数值模拟。

（13）多功能控制选项。LS-DYNA 程序的多种控制选项和用户子程序使用户在定义和分析问题时有很大的灵活性，主要包括输入文件可分成多个子文件、二维问题可以人工控制交互式或自动重分网格（REZONE）、重启动分析、数据库输出控制、交互式实时图形显示、开关控制功能可以监控计算过程的状态、双精度分析等。

（14）支持的硬件平台。LS-DYNA 支持几乎所有类型的工作站和操作平台，SMP 版本和 MPP 版本同时发行，可以在 PC 机（NT，Linux 环境）、UNIX 工作站、超级计算机上运行。相对于 SMP 版本，MPP 版本使一项任务可同时在多台分布计算机上进行计算，从而最大限度地利用已有计算设备，大幅度减少计算时间，计算效率随计算机数目增多而显著提高。

由于 LS-DYNA 程序具有强大的数值模拟功能，受到美国能源部的大力资助，20 多年来一直是非线性动力分析的核心软件，在民用和国防领域均有广泛的应用。

（1）民用领域：汽车、飞机、火车、轮船等运输工具的碰撞分析；金属成形（滚压、挤压、铸造、锻压、挤拉、超塑成形、薄板冲压、深拉伸等）；金属切割；汽车零部件的机械制造；塑料成型；玻璃成形；生物医学和工程；地震工程；混凝土结构、公路桥梁设计；消费品、建筑物、乘员、高速结构等的安全性分析；点焊、铆接、螺栓联结；流体—结构相互作用；运输容器设计；爆破工程的设计分析；电子产品跌落分析、包装设计、热分析、电子封装；石油工业中的管道设计、爆炸切割、事故模拟、海上平台设计；等等。

（2）国防领域：战斗部结构的设计分析；内弹道发射对结构的动力响应分

析；终点弹道的爆炸驱动和破坏效应分析；侵彻过程与爆炸成坑模拟分析；军用设备和结构设施受碰撞和爆炸冲击加载的结构动力分析；介质（包括空气、水和地质材料等）中爆炸及爆炸作用对舰船和结构作用的全过程模拟分析；军用新材料（包括炸药、复合材料、特种金属等）的研制和动力特性分析；超高速碰撞模拟分析。

2.3 有限元模型

2.3.1 车辆模型

交通防护设施的安全性能主要通过碰撞后车辆的相关指标特性来体现，车辆模型的可靠性直接影响到安全性能分析与评价的准确性。车辆模型的坐标系应遵守右手定则，一般长度方向为 x 轴、宽度方向为 y 轴、高度方向为 z 轴；车辆模型应具有真实的运动性能和准确的几何形状；车辆模型的重要结构包括车身、车轮、碰撞接触区域等，应采用有限元方法建模；车辆模型的简化部件包括发动机、悬架系统和转向系统等，宜采用具有惯性特性或功能特性的质量点或刚体表示；车身一般通过具有适当厚度的壳单元进行精确建模，形状与设计严格相符，车身材料通常为钢或铝合金，在有限元方法中一般采用弹塑性材料，对应变率敏感材料应考虑材料的应变率效应；车架各构件通常采用壳单元建模，采用刚性点焊单元、梁单元进行连接；悬架宜进行简化，悬架的导向机构及减震器等可使用简单的壳单元和实体单元建模，弹性元件（弹簧和阻尼器）或转向节可采用线单元建模。车轮总成建模时，需考虑两个要素：第一个是车轮需要实现自由滚动，可通过在两个刚体间定义一个沿特定方向相对旋转的转动接头来实现；第二个是轮胎变形及与路面的摩擦，轮胎变形主要和胎压有关，可在有限元模型中通过设置气囊属性来模拟，轮胎和路面之间需要定义静摩擦系数和动摩擦系数来实现。如图2.1（a）所示，车辆的转向系统结构相对复杂，但是其结构强度对于碰撞结果的真实性影响不大，只要能够模拟其运动状态即可，所以可以进行简化建模处理，转向拉杆套筒、方向盘和转向器等可以使用简单的壳单元建模并进行配重，转向轴、转向横拉杆及连接机构可以使用线单元建模；如图2.1（b）所示，车辆的发动机结构更为复杂，但是其刚度非常大且处于车体内部，将其定义为刚体并赋予真实的质量特性即可。

（a）转向系统示例

（b）发动机系统示例

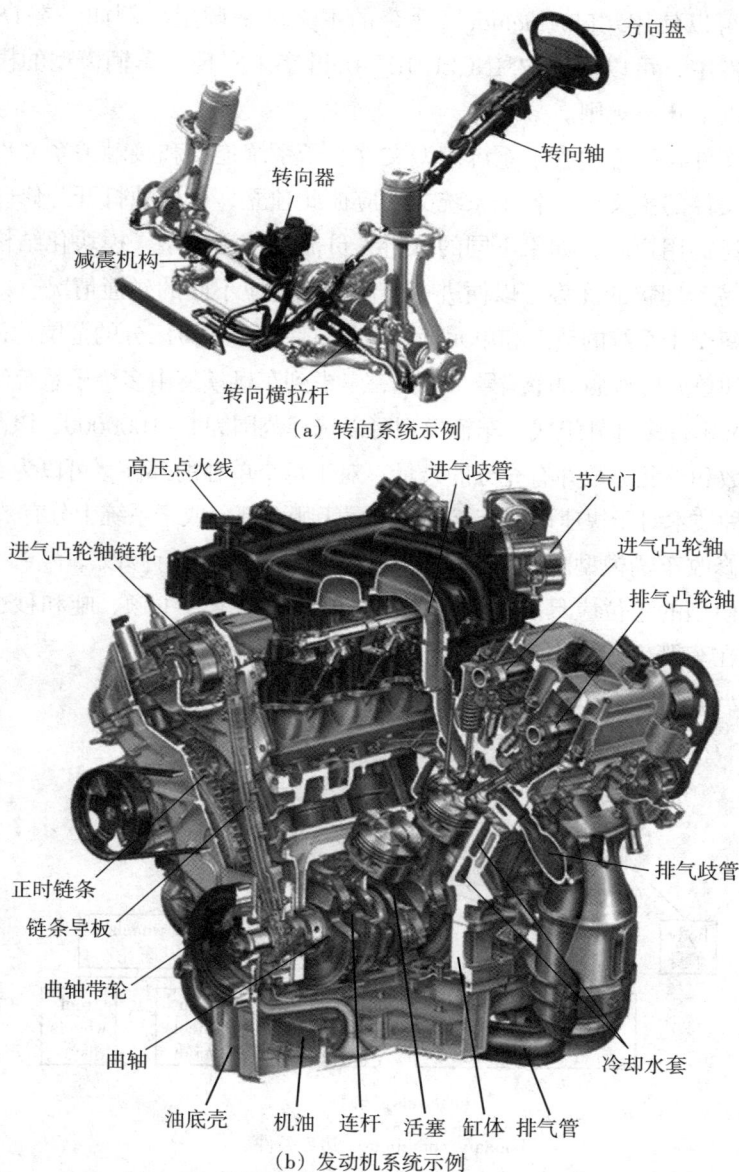

图2.1 可简化系统与构件示例

车辆模型的模块化管理可随时对车辆模型的某一系统进行测试和校核，方便模型操作且可快速识别车辆模型中各零部件并理解其连接装配关系，建议在车辆有限元模型中采用该管理办法。采用模块化管理后的模型架构如下：每个子系统包含在一个单独的文件中，所有子系统之间的边界条件、接触和约束包含在一个单独的文件中，所有子系统内定义的材料包含在一个单独的文件中，整个模型可以使用"file include"命令的主文件来调用。例如，在LS-DYNA有限元软件中，可以使用"*INCLUDE"关键字来实现。车辆模型的模块化建立一般有以下几条规则。

（1）文件架构应包含子系统模型文件、子系统连接和接触关系文件，以及调用这些文件的主文件。各个系统文件应彼此独立，可单独打开与修改。当模型针对广泛的用户时，如果不同的分析人员需要使用模型，模块化结构具有可以使模型易于理解的优势，以便进一步修改或适应不同的碰撞情况。

（2）每个子系统的节点和单元编号应各自使用一个可区分的范围，每个子系统中节点和单元应按照顺序编号。例如，考虑到车辆模型由多个子系统组成，每个子系统又由许多部件组成，车辆模型可以选择范围为1~1000000，该范围应大于节点总数和单元总数并有充分的余量。对于每个单独的部件，可以为其分配子范围，这种技术对于快速识别节点或单元属于哪个部分或子系统十分有效。

（3）修改车辆模型时，可在每个单独的子系统中进行修改。

（4）模型的单位应具有一致性，首选单位是毫米、牛顿、吨和秒；模型节点坐标应在车辆坐标系中定义。

图2.2为某小型客车的子系统细分示例。

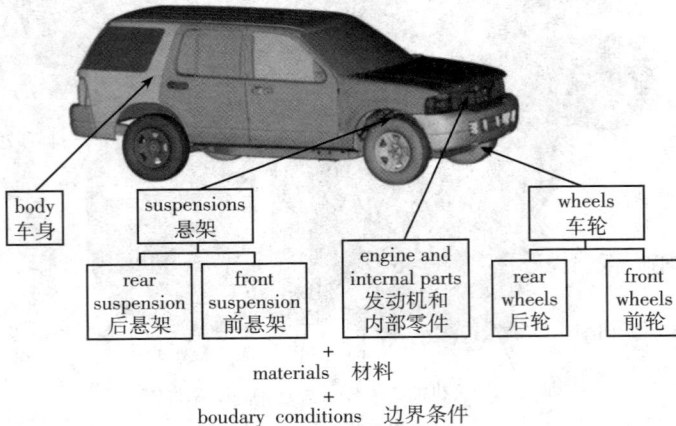

图2.2 小型客车的子系统细分示例

车辆碰撞护栏往往会发生材料屈服或断裂，存在材料的非线性问题，车辆模型的材料本构关系应与仿真模拟的范畴相符，应具有能够反映由于冲击而发生塑性变形和破坏的能力，车辆模型文件应包含所有使用的材料卡和材料本构关系。金属材料的屈服可通过米塞斯（Von Mises）应力来判断，当金属受到冲击时，会在应变率效应作用下发生屈服强度提升或硬化现象，在车辆模型中应进行考虑。

车辆模型的网格会影响计算的精度，技术参数应遵循以下一些规定。
① 应合理定义单元的类型和尺寸，对于较厚部件，若采用壳单元模拟，宜在厚度方向上定义更多积分点；对于直接参与碰撞的车体部分，应采用细密网格；对于没有进行模拟的部件（如内饰、座椅、门锁机构及其他部件），应以质量点的形式布置在车体结构上，一般这部分质量占整车质量的10%~20%。
② 在网格划分时，有孔和倒角等特征，其中孔的网格宜按照表2.1的规则来划分，倒角的网格宜按照表2.2的规则来划分，图2.3为倒角的网格划分示意图。
③ 车辆结构以钣金构件为主，模型以四边形壳单元为主，为适应结构形状，在模型中可使用一定数量的三角形单元来进行网格过渡。由于三角形单元可视为四边形单元的退化单元，其精度不高，因此在车辆模型中要严格控制三角形单元数量。一般来说，三角形单元不应超过模型中单元总数的5%，且在单个钣金构件中不应超过单个构件单元数的10%。为保证壳单元的质量，表2.3给出了车辆模型壳单元特征的推荐性建议。④ 车辆模型中部分结构需要进行实体单元划分，实体单元优先选用8节点六面体单元。为适应结构形状，在模型中可使用一定数量的柱状五面体单元和三角状四面体单元来进行网格过渡，五面体单元不应超过模型中单元总数的2%，四面体单元不应超过模型中单元总数的0.1%。为保证实体单元的质量，表2.4给出了车辆模型实体单元特征的推荐性建议。

表2.1　孔的网格划分建议

孔径（D）的尺寸	建议
$D \leq 10$ mm	可以忽略
10 mm $< D \leq 20$ mm	可将孔划分网格后成方形孔
20 mm $< D \leq 40$ mm	孔周边用四边形单元环形均布，且至少应有六个单元
$D > 40$ mm	按照建模尺寸，保留偶数单元

表2.2　倒角的网格划分建议

倒角半径（R）的尺寸	建议
$R \leq 10$ mm	可以忽略，通过沿着与倒角边缘相切的线适度扩展网格来修剪倒角
10 mm $< R \leq 20$ mm	倒角中间至少保留1个点
20 mm $< R \leq 40$ mm	倒角中间留有2~3个点
40 mm $< R \leq 100$ mm	倒角中间留有4个点
$R > 100$ mm	按照建模尺寸划分

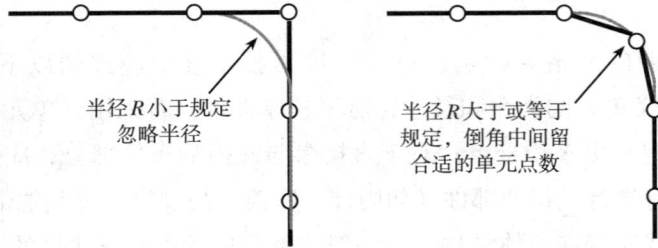

半径 R 小于规定
忽略半径

半径 R 大于或等于
规定，倒角中间留
合适的单元点数

图2.3　倒角的网格划分示意图

表2.3　车辆模型壳单元特征的推荐性建议

网格特征	推荐性建议
网格尺寸	接触区域的网格平均尺寸可为 10 mm； 非关键位置的网格尺寸可为 10~20 mm； 远离撞击区网格尺寸可为 40~50 mm
网格均匀性	同类区域网格应尽可能均匀一致
单元最小数量	单元尺寸不应大于焊接间距，相邻两个焊点之间应至少有 3 个单元； 方形或矩形梁结构，断面每个尺寸方向至少 5 个单元
长宽比	<5
翘曲度	<15°
最大角	四边形单元最小角度大于 45°，最大角度小于 135°
最小角	三角形单元最小角度大于 20°，最大角度小于 120°
雅可比	>0.65
偏斜度	<45°

表2.4　车辆模型实体单元特征的推荐性建议

网格特征	推荐性建议
网格尺寸	10 mm 左右
细小特征	<3 mm 尺寸的细小特征可以忽略不计
单元最小数量	在厚度方向上至少定义两层单元
宽高比	<5
面翘曲度	<30°
面偏斜度	<45°
雅可比	>0.5

在车辆结构中，需要通过焊接、黏结和栓接等方式进行构件连接，在仿真模型的建立中应遵循下列规定：点焊可采用刚性或可变形单元模拟，点焊连接的节点应尽可能一一对应，两个连接节点的投影距离不超过 7 mm，可通过刚

性单元连接焊缝周围节点或合并节点的方法模拟连续焊接；黏胶（如结构胶、玻璃胶）可使用实体单元建模，也可在节点之间使用单自由度弹簧元件进行模拟，但应计算验证弹簧特性，如果黏胶没有结构性功能（如密封胶），则可以忽略；螺栓可以用梁单元建模，并设置适当的刚度特性，螺栓的头部中心和螺母的理论中心应刚性连接至连接件的接触周围。

车辆模型建成后应进行检查工作，主要包括以下几个方面：每个零件的单元应连续，保证其自由边只出现在零件的实际边界上；同一零件的单元法线方向应一致；每个薄壁零件的单元网格应位于零件的中面，如果因为接触界面处理的需要，也可位于零件的表面，但此时应与接触厚度的定义相配合使用；除定义弹簧、铰链轴等连接外，每个零件中不得有重复的单元；模型可按照90%的结构厚度进行穿透检查。

2.3.2 交通防护设施模型

交通防护设施类型多样，绝大多数由钢材和混凝土材料构成。对于钢材，应通过静力拉伸试验获得材料的工程应力–应变曲线，进而计算出材料弹性模量和真实应力–应变曲线作为仿真模型材料的输入参数，考虑到材料在冲击荷载下由于应变率效应会产生硬化，应通过动力冲击试验获得应变率效应下的材料性能变化数据并输入到仿真模型中，图2.4为钢材力学试验设备。图2.5为交通防护设施中常用钢材的静力拉伸试验和动力冲击试验的应力–应变曲线。在Hopkinson压杆动力冲击试验中，压杆分别以低速（约12.5 m/s）、中速（约20 m/s）和高速（约28 m/s）冲击Q235、Q345和45#钢材，从试验结果来看，三种钢材的屈服强度均大幅度增加，说明应变率效应明显，在仿真模型中应给予考虑。

（a）静力拉伸试验　　　　　　（b）分离式Hopkinson压杆冲击试验设备

图2.4 钢材力学试验设备

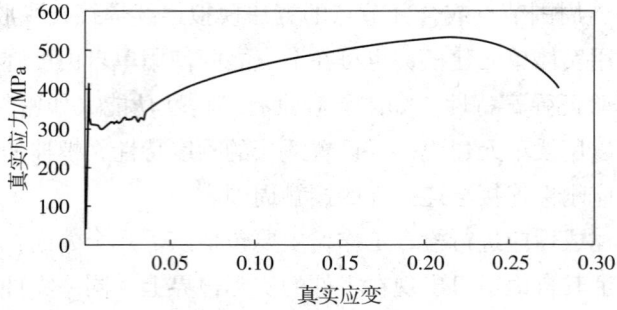

（a）Q235 钢材静力拉伸试验应力-应变曲线

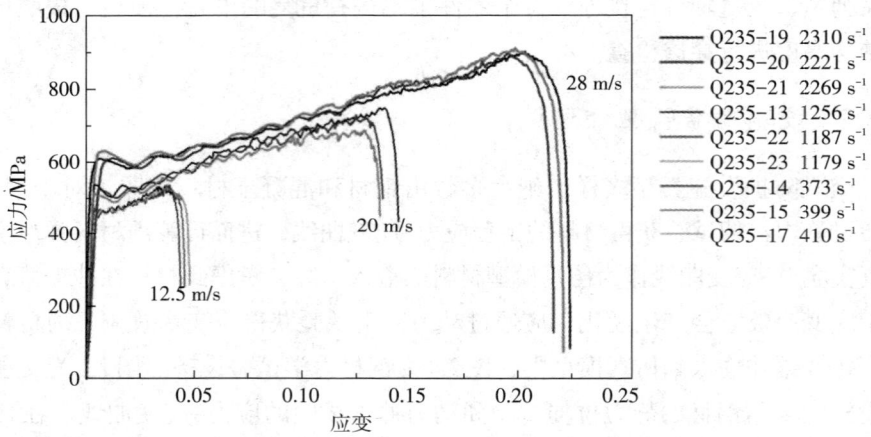

（b）Q235 钢材动力冲击试验应力-应变曲线

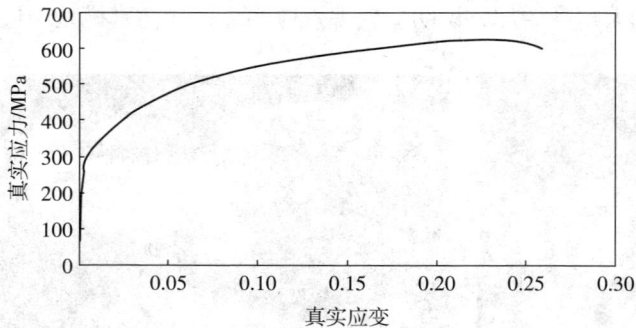

（c）Q345 钢材静力拉伸试验应力-应变曲线

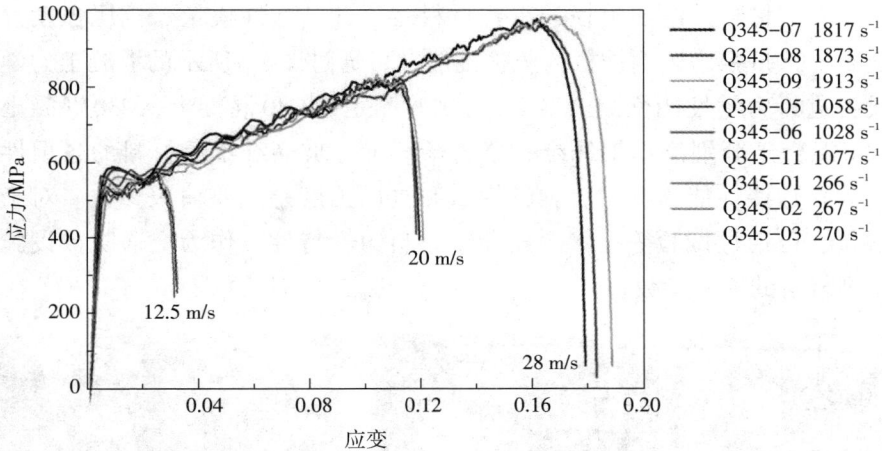

（d）Q345钢材动力冲击试验应力-应变曲线

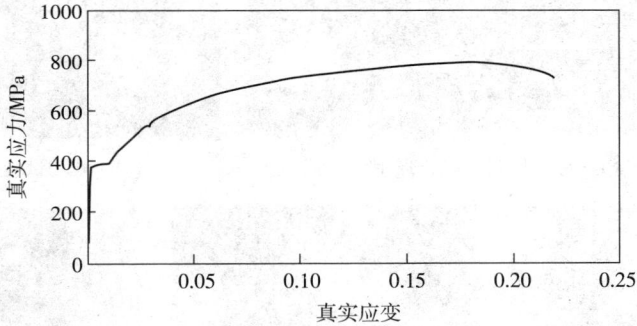

（e）45#钢材静力拉伸试验应力-应变曲线

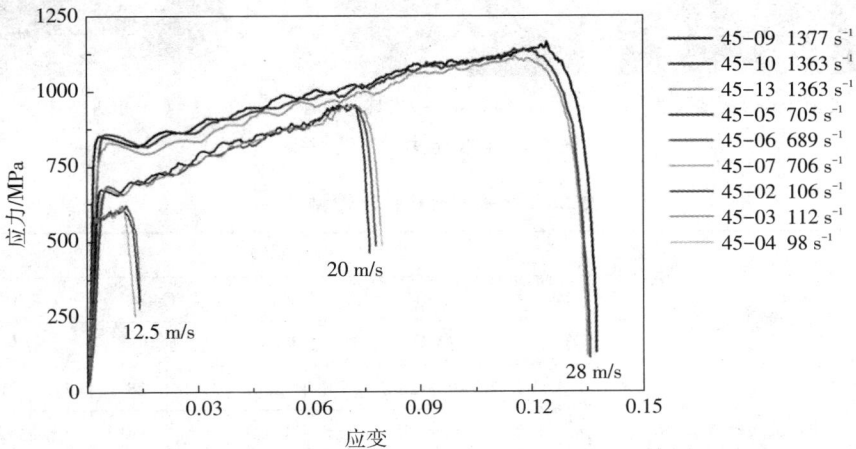

（f）45#钢材动力冲击试验应力-应变曲线

图2.5　交通防护设施中常用钢材的静力拉伸试验和动力冲击试验的应力-应变曲线

混凝土材料是组成护栏的重要材料之一，其弹性模量、抗压强度、抗拉强度、抗折强度影响护栏的防护性能，可通过图 2.6 所示的混凝土力学试验设备进行力学性能检测。表 2.5 为试验测定的 C40 混凝土、C30 混凝土及对 C30 混凝土分别添加钢纤维、聚丙烯纤维、玻璃纤维后材料的各项性能指标。在这些性能指标中，弹性模量和抗压强度是主要输入参数。对于其他材料，可通过试验等技术手段获得材料力学特性，作为交通防护设施仿真模型材料的输入参数。

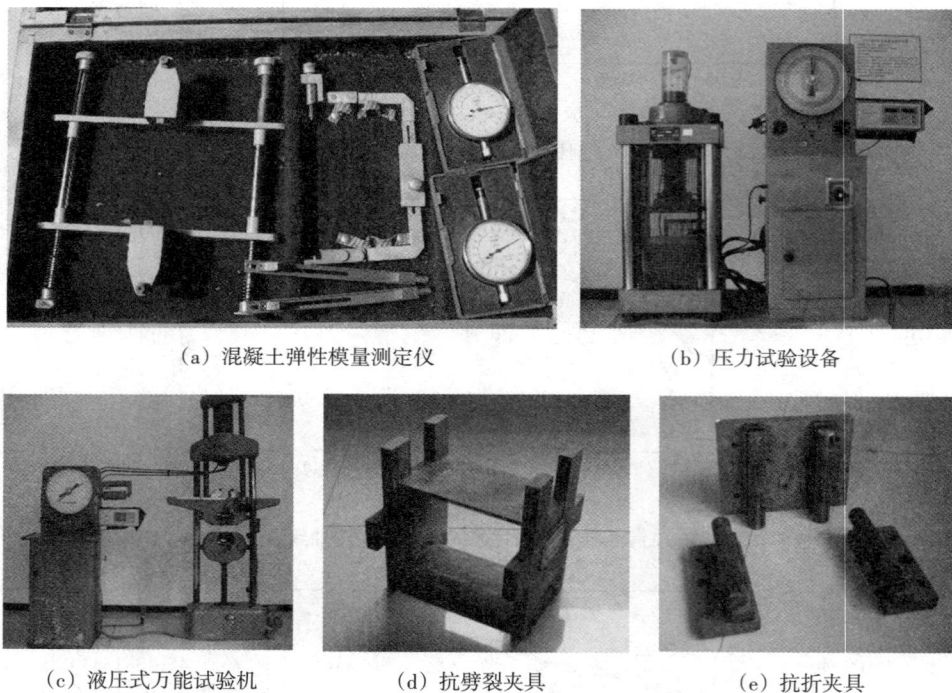

（a）混凝土弹性模量测定仪 　　　　　　　（b）压力试验设备

（c）液压式万能试验机　　　（d）抗劈裂夹具　　　（e）抗折夹具

图 2.6　混凝土力学试验设备

表 2.5　混凝土材料性能检测结果

试验项目		强度等级								
		C40		C30		C30		C30		C30	
		龄期		龄期		龄期		龄期		龄期	
		7 d	28 d	7 d	28 d	7 d	28 d	7 d	28 d	7 d	28 d
理论值	轴心抗压强度/MPa	—	26.8	—	20.1	—	>20.1	—	>20.1	—	>20.1
	轴心抗拉强度/MPa	—	2.40	—	2.01	—	>2.01	—	>2.01	—	>2.01
	弹性模量/MPa	—	32500	—	30000	—	>30000	—	>30000	—	>30000

表 2.5（续）

试验项目		强度等级								
		C40		C30		C30		C30		C30
		龄期		龄期		龄期		龄期		龄期
		7 d	28 d	7 d	28 d	7 d	28 d	7 d	28 d	7 d	28 d
试验值	添加纤维材料名称	—	无	—	无	—	钢纤维	—	聚丙烯纤维	—	玻璃纤维
	纤维材料用量/(kg·m⁻³)	—	0	—	0	—	40	—	0.9	—	0.9
	骨料粒径/mm	25	25	25	25	25	25	25	25	25	25
	静力受压弹性模量/MPa	35300	—	33200	—	35300	—	34600	—	34500	—
	抗压强度/MPa	47.9	56.7	44.6	58.4	47.4	63.4	46.1	59.8	42.8	50.2
	轴心抗压强度/MPa	37.9	51.9	32.8	42.2	36.5	41.0	34.8	37.9	35.9	43.1
	劈裂抗拉强度/MPa	4.26	4.69	3.71	4.43	5.07	5.59	3.20	5.84	2.86	3.90
	抗折强度/MPa	4.33	5.34	4.46	4.18	4.82	6.07	5.01	4.43	3.99	4.18

交通防护设施的结构相对于车辆结构简单很多，为提高计算速度，碰撞区域宜采用细密网格，非碰撞区可采用粗糙网格；壳单元的类型、孔和倒角的处理参见车辆建模部分；金属板壳应使用四边形单元划分网格，可使用三角形单元来保持网格一致性，但三角形单元不应超过模型中单元总数的 5%，单个钣金构件中不应超过单元数的 10%。基于当前研究和行业发展实践，给出了交通防护设施壳单元特征的推荐性建议，如表 2.6 所列。对于实体单元，网格尺寸和质量可以参考壳单元，仅给出表 2.7 的建议。护栏模型中的焊接、黏结和栓接等连接技术、模型的检查技术可参考车辆建模技术部分。

表 2.6　交通防护设施壳单元特征的推荐性建议

网格特征	推荐性建议
网格尺寸	细密网格单元边长为 5 ~ 30 mm； 粗糙网格单元边长为 30 ~ 100 mm
网格均匀性	同类区域网格应尽可能均匀一致
最小单元数量	点焊部件，单元尺寸不应大于焊接间距； 方形或矩形梁结构，断面每个尺寸方向至少 5 个单元； 横向尺寸大于最小单元尺寸的翻边，翻边上应至少有 3 排单元
长宽比	优选小于 2，最大小于 5
翘曲度	优选小于 10°，最大小于 20°

表2.6（续）

网格特征	推荐性建议
最大角	四边形单元最小角度为45°，最大角度为135°
最小角	三角形单元最小角度为20°，最大角度为120°
雅可比	> 0.65
偏斜度	< 45°

表2.7　交通防护设施实体单元特征的推荐性建议

网格特征	推荐性建议
网格尺寸	细密网格单元边长为5~30 mm； 粗糙网格单元边长为30~100 mm
网格均匀性	同类区域网格应尽可能均匀一致

第3章 有限元仿真技术与波形梁护栏

3.1 概　述

　　波形梁护栏是半刚性护栏的主要代表形式，由波纹状钢板、立柱、防阻块等组成，它是一种连续的梁柱式护栏结构，具有一定的强度和刚度，车辆碰撞时利用土基和构件变形吸收碰撞能量，并迫使碰撞车辆改变方向。波形梁护栏与其他护栏相比，有经济、美观、施工方便、视线诱导和占地面积小等优质综合性能，在公路上应用最为广泛。

　　目前，公路上应用最为广泛的A级波形梁护栏结构主要包括三类，即1994年版设计规范和2006年版设计规范中的双波形梁护栏、满足现行标准规范要求的三波形梁护栏、基于旧波形梁护栏再利用的双层波形梁护栏。从我国修建第一条高速公路到《公路交通安全设施设计细则》（JTG/T D81—2017）发布，双波形梁护栏在我国得到了大面积应用。随着近些年车辆大型化及交通流特性的不断变化，部分路段的双波形梁护栏已不能很好地适应交通流特性，车辆穿越、翻越护栏事故较多，目前一些路段的双波形梁护栏正处于更新替代期，如图3.1（a）所示。为提升一些路段双波形梁护栏的安全防护性能，山东高速股份有限公司联合北京华路安交通科技有限公司开展了"基于旧波形梁护栏再利用的新型波形梁护栏研发项目"，研发了A级双层波形梁护栏结构。该结构通过实车足尺碰撞试验验证各项指标合格，支撑了《高速公路护栏改造技术指南》（T/CHTS 10030—2021）的编制，已在多条改扩建公路中应用，如图3.1（b）所示。三波形梁护栏则是现行《公路交通安全设施设计细则》（JTG/T D81—2017）中推荐的A级结构，其中设置六角形防阻块的3 mm三波形梁护栏是广东省交通主管部门的科研成果，主要替代原双波形梁护栏，被广泛应用于新建及改扩建高速公路中，如图3.1（c）所示。

（a）双波形梁护栏

（b）双层波形梁护栏

（c）三波形梁护栏

图3.1　A级波形梁护栏

最新发布的《公路交通安全设施设计细则》（JTG/T D81—2017）对于事故严重程度的认定更加明确与严格：以1：1.5边坡的高速公路和一级公路为例，若路堤高度大于3.5 m，则路段事故严重等级属于中级，应选择SB级护栏，这样，使SB级波形梁护栏在新建和改扩建项目中得到了大面积应用。SB级波形梁护栏结构［见图3.2（a）］主要包括规范推荐结构和基于旧护栏再利用的双层波形梁护栏结构两种类型，其中规范推荐结构主要应用在低等级公路事故严重程度高的路段，以及高速公路事故严重程度中等的路段。在山东高速股份有限公司联合北京华路安交通科技有限公司开展的"基于旧波形梁护栏再利用的新型波形梁护栏研发项目"中，研发了两种SB级双层波形梁护栏结构，即上层三波形梁下层两波形梁护栏结构［见图3.2（b）］和双层两波形梁护栏结构［见图3.2（c）］。这两种结构均通过了实车足尺碰撞试验验证，并编入了《高速公路护栏改造技术指南》（T/CHTS 10030—2021）中，已在包括济南至青岛高速公路改扩建项目在内的多条改扩建公路中应用，大幅节省了工程造价，应用效果得到广泛称赞。

（a）标准中推荐的SB级波形梁护栏结构

（b）上层三波形梁下层两波形梁护栏结构

（c）双层两波形梁护栏结构

图3.2 SB级波形梁护栏

随着材料科学的进步，出现了一些基于新材料应用的波形梁护栏结构，比较有代表性的是合金钢波形梁护栏。合金钢波形梁护栏采用了屈服强度达到500~700 MPa的钢材代替屈服强度为235 MPa的普碳钢，可使波形梁构件厚度大幅度减薄；同时，合金钢板基于ESP生产工艺，可减少生产工序，使钢材在强度提高的同时造价增加幅度不大，得到的波形梁护栏结构既可保证安全性能，又比常规波形梁护栏造价有所降低。基于合金钢材料的B级、A级、SB级、SA级波形梁护栏结构通过了实车足尺碰撞试验验证，各项指标满足评价标准要求。为了规范合金钢波形梁护栏的设计与应用，北京中交畅观科技发展有限公司、山东省交通科学研究院、山东白燕护栏有限公司、北京华路安交通科技有限公司、日照钢铁控股集团有限公司、山东高速股份有限公司等12家公司联合编制了中国工程建设标准化协会团体标准《波形梁合金钢护栏》（T/CECS 10088—2020），并于2020年4月25日发布、2020年9月1日实施。合金钢波形梁护栏"轻量减薄"的效果明显，由于波形梁护栏在公路上用量较大，所以合金钢波形梁护栏的广泛应用能够在一定程度上推动碳达峰和碳中和目标实现。

综上，双波形梁护栏是1994年版设计规范和2006年版设计规范中的结构，A级三波形梁护栏和SB级三波形梁护栏为现行2017年版设计规范中的标准结构，A级双层波形梁护栏、SB级上层三波形梁下层两波形梁护栏、SB级双层两波形梁护栏为中国公路学会《高速公路护栏改造技术指南》（T/CHTS 10030—2021）团体标准中的结构，合金钢波形梁护栏为中国工程建设标准化协会《波形梁合金钢护栏》（T/CECS 10088—2020）团体标准中的结构。对于上述结构，采用基于有限元方法的计算机仿真技术进行分析，同时对有限元仿真方法的准确性进行验证。

3.2 双波形梁护栏

《公路交通安全设施设计规范》（JTG D81—2006）中双波形梁护栏的设计防护等级是A级，安全性能执行的是2004年版《高速公路护栏安全性能评价标准》（JTG/T F83-01—2004）。2013年《公路护栏安全性能评价标准》（JTG B05-01—2013）发布，对公路护栏的安全性能提出了较高的要求，双波形梁护栏的安全防护性能较新标准（2013年版）有了一定差距。为探索双波形梁护栏的极限防护能力，建立基于有限元方法的计算机仿真模型进行分析，并采用实车足尺碰撞试验对结论进行验证。

3.2.1 双波形梁护栏极限防护能力

双波形梁护栏结构特点如下：双波形梁板（310 mm × 85 mm × 4 mm）中心距地面高度为600 mm（若路缘石或拦水带突出波形梁板迎撞面，中心距地面高度还应加上路缘石或拦水带地面以上高度），立柱（φ140 mm × 4.5 mm）间距为4 m，波形梁板和立柱之间设置六角形防阻块（196 mm × 178 mm × 200 mm × 4.5 mm），护栏板之间采用M16高强螺栓拼接，其他构件采用普通螺栓拼接。图3.3为应用于实际工程中的双波形梁护栏。

图3.3　双波形梁护栏应用照片

建立小型客车、中型客车、中型货车模型和护栏模型，并设置车辆碰撞双波形梁护栏的仿真模型［如图3.4（a)所示］。在小型客车碰撞双波形梁护栏仿真模型中，小型客车质量为1.5 t，碰撞角度为20°，由于小型客车碰撞波形梁护栏发生死亡事故多与超速有关，因此通过改变碰撞速度的方法对小型客车的极限防护能力进行探索，其流程如图3.4（b）所示。在中型客车和中型货车碰撞双波形梁护栏仿真模型中，车辆质量均为10 t，碰撞角度均为20°，通过改变碰撞能量的方法对中型客车和中型货车的极限防护能力进行探索，其流程如图3.4（c）所示。

（a）车辆碰撞双波形梁护栏的仿真模型图

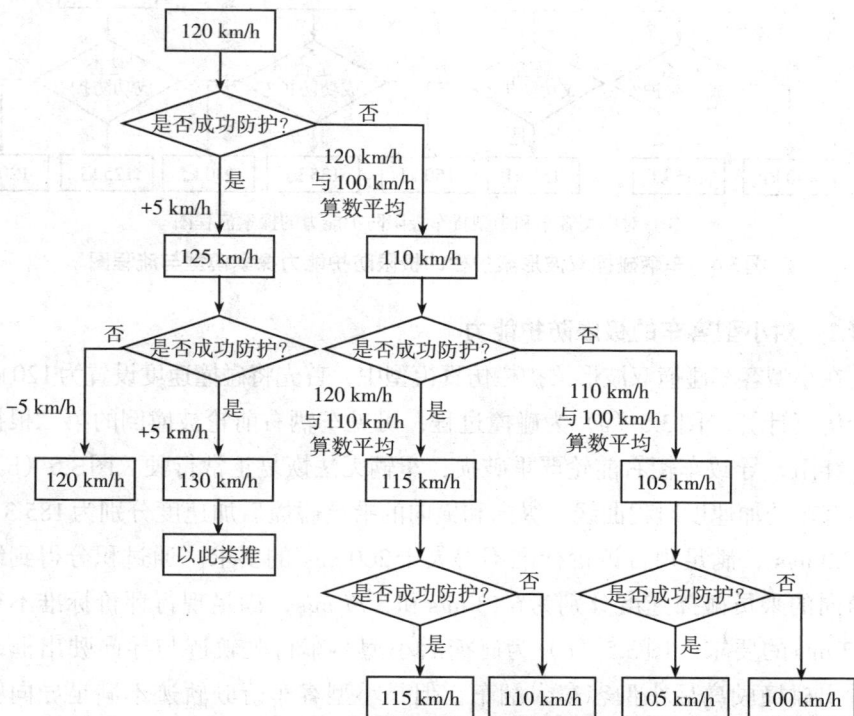

（b）对小型客车极限防护能力的探索流程图

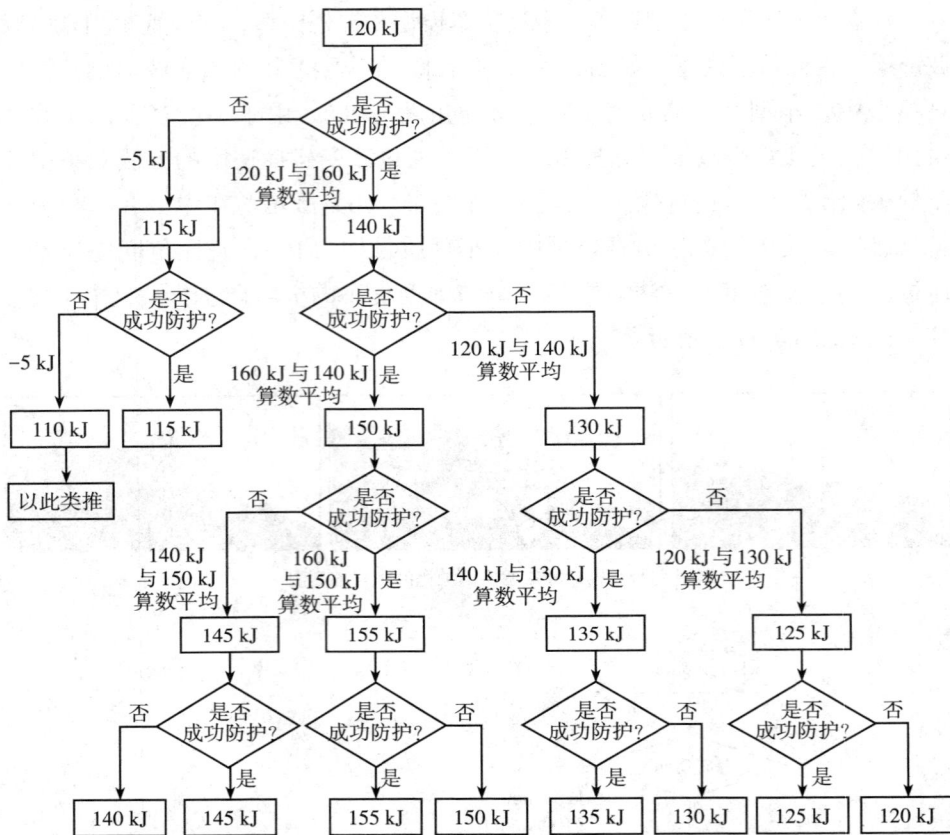

（c）对中型客车和中型货车极限防护能力的探索流程图

图3.4　车辆碰撞双波形梁护栏的极限防护能力探索模型与流程图

3.2.1.1　对小型客车的极限防护能力

在小型客车碰撞双波形梁护栏仿真模型中，首先将碰撞速度设置为120 km/h进行仿真计算。图3.5（a）为碰撞过程，可见车辆右前轮被撞倒的第二根护栏立柱绊阻，导致车辆右前轮严重破损，车辆无法恢复正常行驶。图3.5（b）为小型客车的加速度时程曲线，纵向和横向的乘员碰撞后加速度分别为185.3 m/s²和82.0 m/s²，满足现行评价标准不得大于200 m/s²的要求。通过积分得到纵向和横向的乘员碰撞速度分别为6.13 m/s和5.77 m/s，满足现行评价标准不得大于12 m/s的要求。图3.5（c）为碰撞后小型客车行驶轨迹与导向驶出框，可以看出碰撞驶离后小型客车未翻车，但是小型客车行驶轨迹不满足导向驶出框要求。图3.5（d）为碰撞后的护栏变形图，碰撞后两根立柱倾倒且与防阻块脱离，一根立柱发生倾斜，护栏最大横向动态变形值为0.911 m，护栏最大横向动态位移外延值为1.072 m。通过计算机仿真模拟，可知1.5 t小型客车以120 km/h的速度、20°角碰撞双波形梁护栏的导向功能不满足评价标准要求。

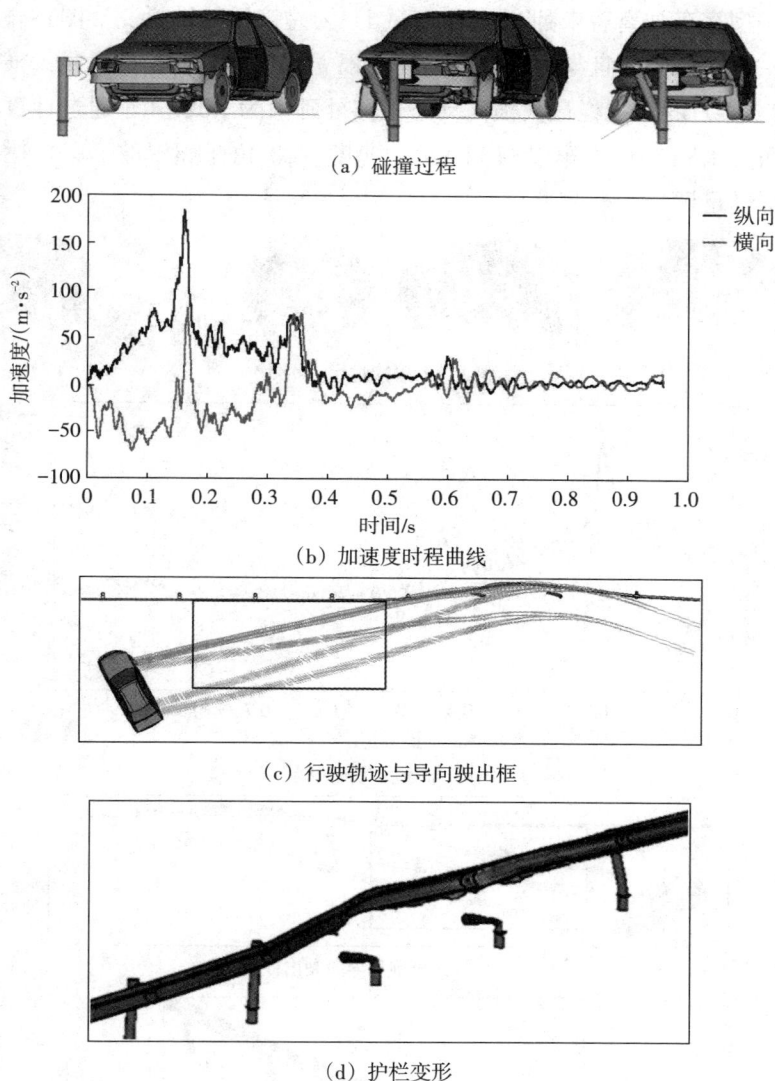

（a）碰撞过程

（b）加速度时程曲线

（c）行驶轨迹与导向驶出框

（d）护栏变形

图3.5 小型客车以120 km/h的速度碰撞双波形梁护栏

按照探索流程，将碰撞速度设置为110 km/h进行仿真计算。图3.6（a）为碰撞过程，可见车辆顺利驶出，没有穿越、翻越、骑跨和下穿护栏的现象，碰撞后车辆恢复正常行驶姿态。图3.6（b）为小型客车的加速度时程曲线，纵向和横向的乘员碰撞后加速度分别为161.2 m/s²和96.5 m/s²，满足现行评价标准不得大于200 m/s²的要求。通过积分得到纵向和横向的乘员碰撞速度分别为

5.83 m/s 和 5.60 m/s，满足现行评价标准不得大于 12 m/s 的要求。图 3.6（c）为碰撞后小型客车行驶轨迹与导向驶出框，可以看出行驶轨迹满足导向驶出框要求，且小型客车驶离后未翻车。图 3.6（d）为碰撞后的护栏变形图，碰撞后碰撞区有一根立柱倾倒且与防阻块脱离，两根立柱发生倾斜，护栏最大横向动态变形值为 0.771 m，护栏最大横向动态位移外延值为 1.029 m。通过计算机仿真模拟，可知 1.5 t 小型客车以 110 km/h 的速度、20° 角碰撞双波形梁护栏的各项评价指标满足评价标准要求。

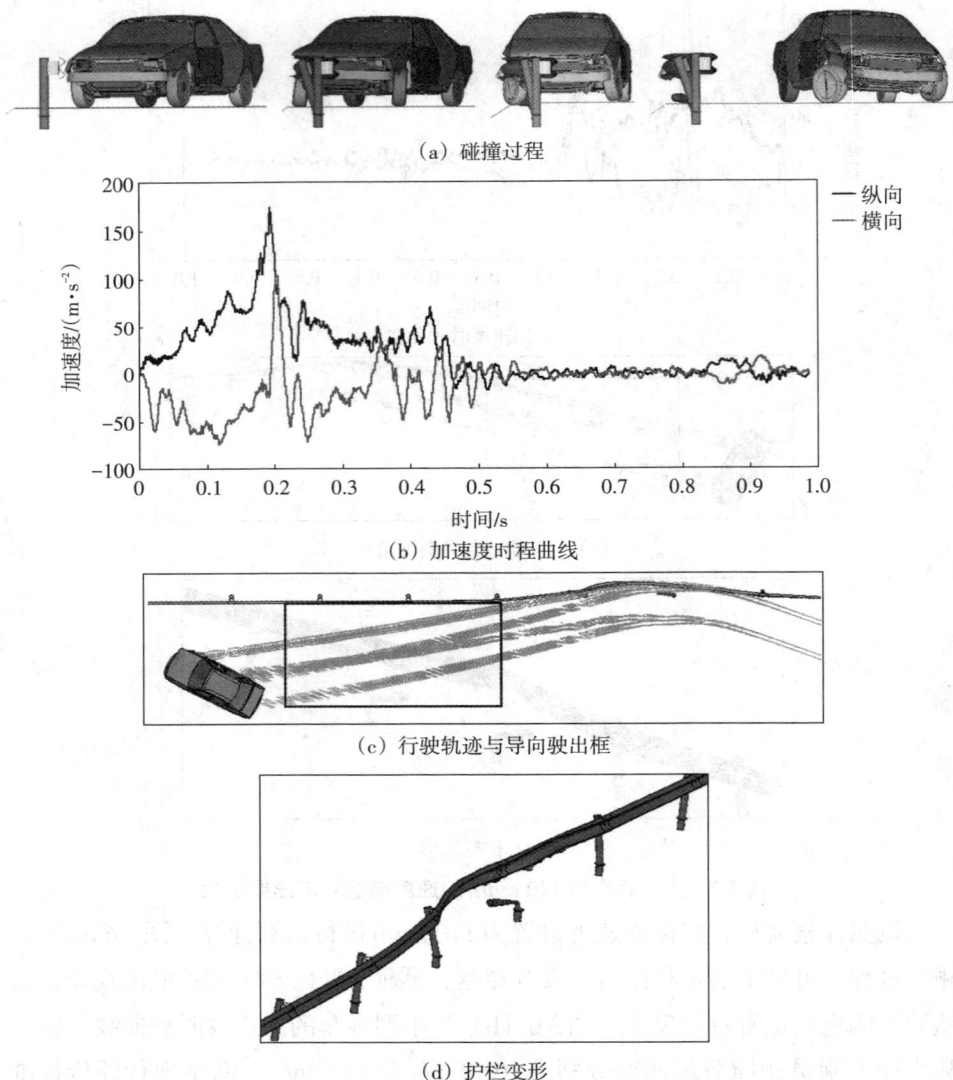

（a）碰撞过程

（b）加速度时程曲线

（c）行驶轨迹与导向驶出框

（d）护栏变形

图 3.6　小型客车以 110 km/h 的速度碰撞双波形梁护栏

　　按照探索流程，将碰撞速度设置为115 km/h进行仿真计算。图3.7（a）为碰撞过程，可见车辆右前轮被撞倒的第二根护栏立柱绊阻，导致车辆右前轮严重破损，车辆无法恢复正常行驶。图3.7（b）为小型客车的加速度时程曲线，纵向和横向的乘员碰撞后加速度分别为157.4 m/s²和96.8 m/s²，满足现行评价标准不得大于200 m/s²的要求。通过积分得到纵向和横向的乘员碰撞速度分别为5.96 m/s和5.83 m/s，满足现行评价标准不得大于12 m/s的要求。图3.7（c）为碰撞后小型客车行驶轨迹与导向驶出框，可以看出碰撞驶离后小型客车未翻车，但是小型客车行驶轨迹不满足导向驶出框要求。图3.7（d）为碰撞后的护栏变形图，碰撞后两根立柱倾倒且与防阻块脱离，一根立柱发生倾斜，护栏最大横向动态变形值为0.820 m，护栏最大横向动态位移外延值为0.999 m。通过计算机仿真模拟，可知1.5 t小型客车以115 km/h的速度、20°角碰撞双波形梁护栏的导向功能不满足评价标准要求。

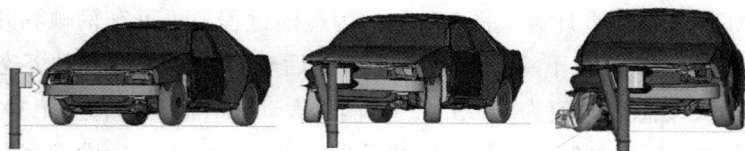

（a）碰撞过程

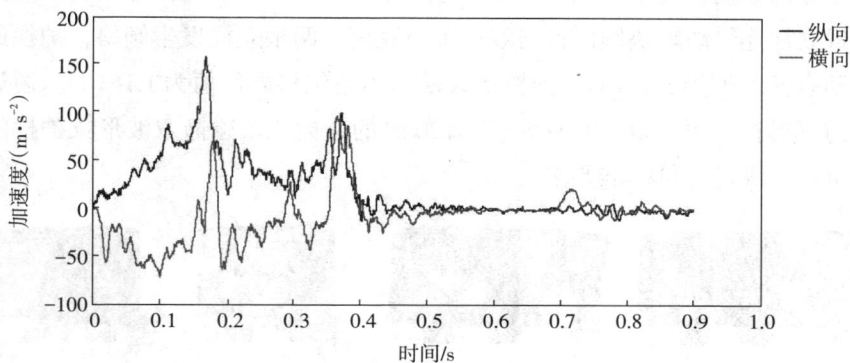

（b）加速度时程曲线

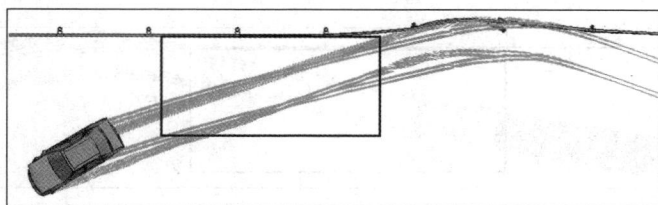

（c）行驶轨迹与导向驶出框

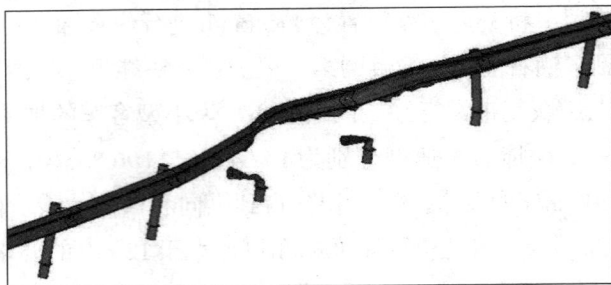

（d）护栏变形

图3.7　小型客车以115 km/h的速度碰撞双波形梁护栏

通过以上分析，双波形梁护栏可有效防护1.5 t小型客车以20°角、110 km/h速度的碰撞。

3.2.1.2　对中型客车的极限防护能力

在中型客车碰撞双波形梁护栏仿真模型中，通过调节碰撞速度将碰撞能量调整为120 kJ进行仿真计算。图3.8（a）为碰撞过程，可见车辆顺利驶出，没有穿越、翻越、骑跨、下穿护栏现象，碰撞后车辆恢复正常行驶姿态，经测量，车辆最大动态外倾值为1.393 m，车辆最大动态外倾当量值为1.393 m。图3.8（b）为碰撞后中型客车行驶轨迹与导向驶出框，可以看出中型客车行驶轨迹满足导向驶出框要求。图3.8（c）为碰撞后的护栏变形图，可以看到碰撞区有一根立柱连带防阻块倾倒且与波形梁板脱离，两根立柱发生倾斜，护栏最大横向动态变形值为1.004 m，护栏最大横向动态位移外延值为1.161 m。通过计算机仿真模拟，可知10 t中型客车以120 kJ的碰撞能量碰撞双波形梁护栏的各项评价指标满足评价标准要求。

（a）碰撞过程

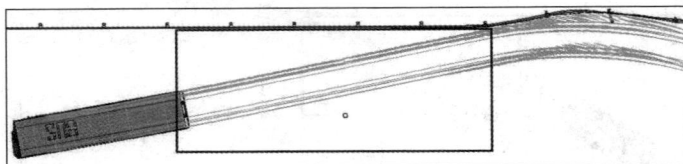

（b）行驶轨迹与导向驶出框

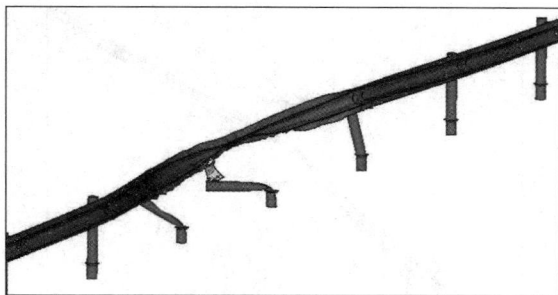

（c）护栏变形

图 3.8   中型客车以 120 kJ 的碰撞能量碰撞双波形梁护栏

按照探索流程，在中型客车碰撞双波形梁护栏仿真模型中，通过调节碰撞速度将碰撞能量调整为 140 kJ 进行仿真计算。图 3.9（a）为碰撞过程，可见车辆顺利驶出，没有穿越、翻越、骑跨、下穿护栏现象，碰撞后车辆恢复正常行驶姿态，经测量，车辆最大动态外倾值为 1.665 m，车辆最大动态外倾当量值为 1.665 m。图 3.9（b）为碰撞后中型客车行驶轨迹与导向驶出框，可以看出中型客车行驶轨迹满足导向驶出框要求。图 3.9（c）为碰撞后的护栏变形图，可以看到碰撞区有一根立柱连带防阻块倾倒且与波形梁板脱离，两根立柱发生倾斜，护栏最大横向动态变形值为 1.205 m，护栏最大横向动态位移外延值为 1.290 m。通过计算机仿真模拟，可知 10 t 中型客车以 140 kJ 的碰撞能量碰撞双波形梁护栏的各项评价指标满足评价标准要求，但从碰撞过程中的车辆姿态来看，车辆近乎将波形梁护栏板压在地上，碰撞能量接近极限。

（a）碰撞过程

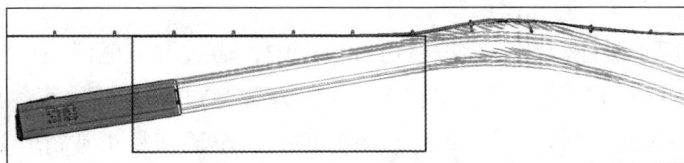

（b）行驶轨迹与导向驶出框

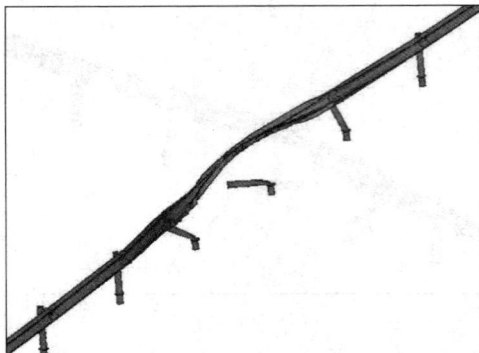

（c）护栏变形

图3.9　中型客车以140 kJ的碰撞能量碰撞双波形梁护栏

按照探索流程，在中型客车碰撞双波形梁护栏仿真模型中，通过调节碰撞速度分别将碰撞能量调整为150 kJ和145 kJ进行仿真计算，车辆均发生了骑跨现象（如图3.10所示），不满足评价标准要求。

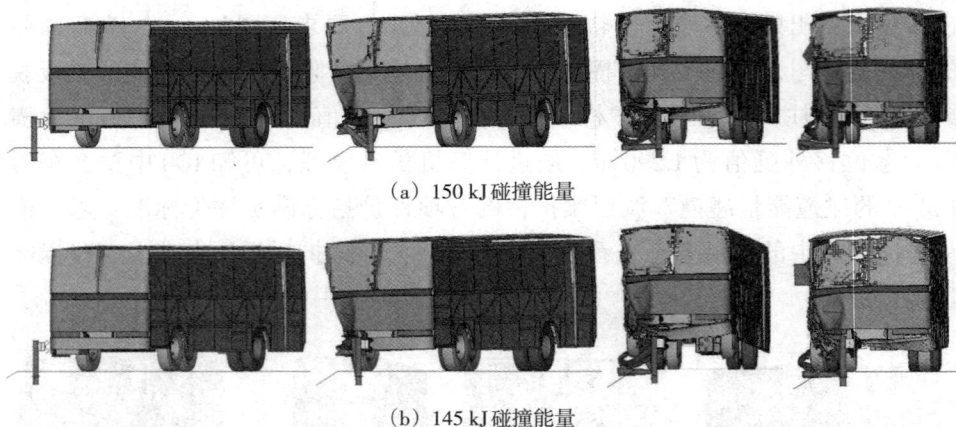

（a）150 kJ碰撞能量

（b）145 kJ碰撞能量

图3.10　中型客车以150 kJ和145 kJ的碰撞能量碰撞双波形梁护栏

通过以上分析，双波形梁护栏可有效防护140 kJ碰撞能量的中型客车。

3.2.1.3　对中型货车的极限防护能力

在中型货车碰撞双波形梁护栏仿真模型中，通过调节碰撞速度将碰撞能量调整为120 kJ进行仿真计算。图3.11（a）为碰撞过程，可见车辆顺利驶出，没有穿越、翻越、骑跨、下穿护栏现象，碰撞后车辆恢复正常行驶姿态，经测量，车辆最大动态外倾值为1.991 m，车辆最大动态外倾当量值为2.340 m。图3.11（b）为碰撞后中型货车行驶轨迹与导向驶出框，可以看出中型货车行驶轨迹满足导向驶出框要求。图3.11（c）为碰撞后的护栏变形图，可以看到碰撞区有一根立柱连带防阻块倾倒且与波形梁板脱离，两根立柱发生倾斜，护栏最大横向动态变形值为1.261 m，护栏最大横向动态位移外延值为1.440 m。通过计算机仿真模拟，可知10 t中型货车以120 kJ的碰撞能量碰撞双波形梁护栏的各项评价指标满足评价标准要求。

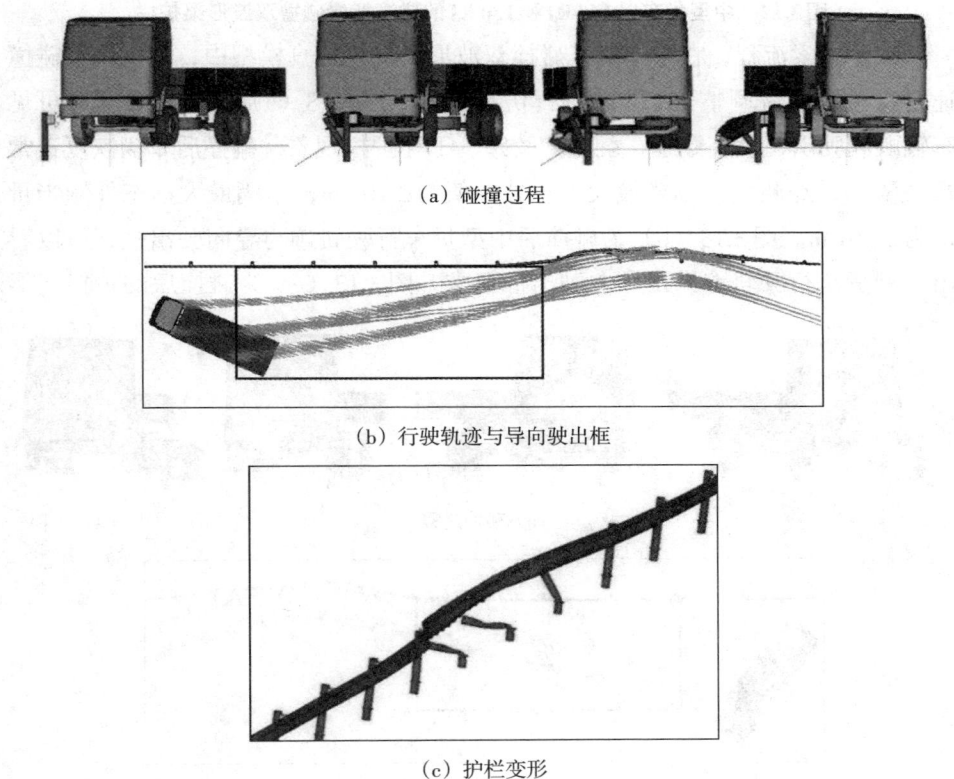

（a）碰撞过程

（b）行驶轨迹与导向驶出框

（c）护栏变形

图3.11　中型货车以120 kJ的碰撞能量碰撞双波形梁护栏

按照探索流程，在中型货车碰撞双波形梁护栏仿真模型中，通过调节碰撞速度分别将碰撞能量调整为140 kJ和130 kJ进行仿真计算，车辆均发生了侧翻（如图3.12所示），不满足评价标准要求。

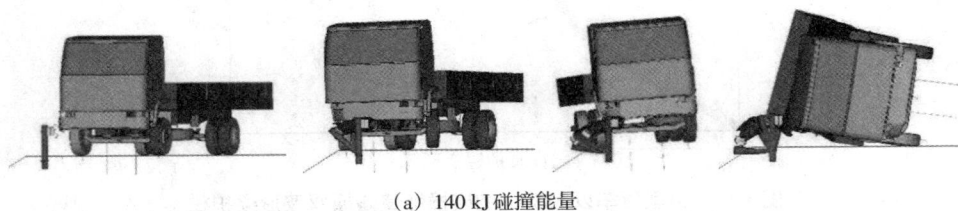

（a）140 kJ碰撞能量

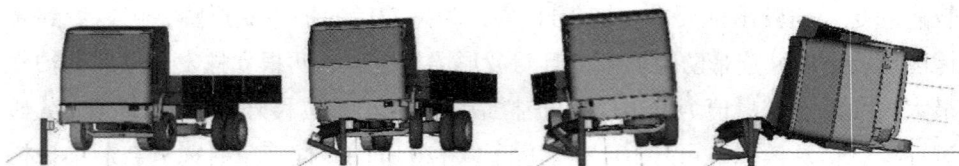

（b）130 kJ 碰撞能量

图3.12　中型货车以140 kJ和130 kJ的碰撞能量碰撞双波形梁护栏

按照探索流程，在中型货车碰撞双波形梁护栏仿真模型中，通过调节碰撞速度将碰撞能量调整为 125 kJ 进行仿真计算。图 3.13（a）为碰撞过程，可见车辆顺利驶出，没有穿越、翻越、骑跨、下穿护栏现象，碰撞后车辆恢复正常行驶姿态，经测量，车辆最大动态外倾值为 2.105 m，车辆最大动态外倾当量值为 2.561 m。图 3.13（b）为碰撞后中型货车行驶轨迹与导向驶出框，可以看出中型货车行驶轨迹满足导向驶出框要求。图 3.13（c）为碰撞后的护栏变形

（a）碰撞过程

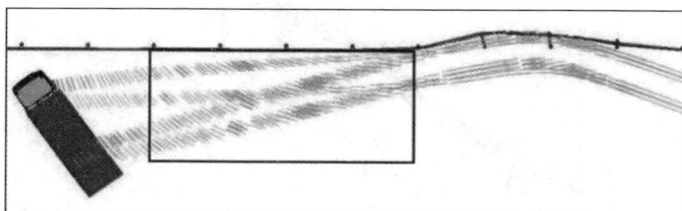

（b）行驶轨迹与导向驶出框

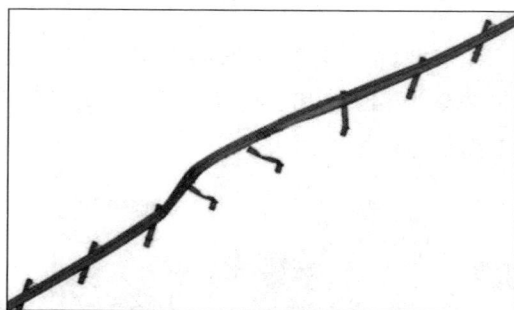

（c）护栏变形

图3.13　中型货车以125 kJ的碰撞能量碰撞双波形梁护栏

图，可以看到碰撞区有一根立柱连带防阻块倾倒且与波形梁板脱离，两根立柱发生倾斜，护栏最大横向动态变形值为1.270 m，护栏最大横向动态位移外延值为1.441 m。通过计算机仿真模拟，可知10 t中型货车以125 kJ的碰撞能量碰撞双波形梁护栏的各项评价指标满足评价标准要求。

通过以上分析，双波形梁护栏可有效防护125 kJ碰撞能量的中型货车。

3.2.2 试验验证

根据双波形梁护栏极限防护能力仿真分析结果，双波形梁护栏对小型客车形成了较好的防护，因此对其极限防护能力不再进行试验验证；双波形梁护栏对中型客车和中型货车的极限防护能力分别为140 kJ和125 kJ，组织实施实车足尺碰撞试验对这两种车型的极限防护能力分析结果的正确性进行验证。在中型客车碰撞双波形梁护栏试验中，中型客车的质量为9.7 t，碰撞速度为59.3 km/h，碰撞角度为19.1°，则碰撞能量为140.9 kJ；在中型货车碰撞双波形梁护栏试验中，中型货车的质量为9.8 t，碰撞速度为59.9 km/h，碰撞角度为17.3°，则碰撞能量为120 kJ。图3.14为碰撞仿真和试验结果，可见在140.9 kJ碰撞能量下，双波形梁护栏可有效阻挡并导向中型客车，各项指标满足评价标准要求；在120 kJ碰撞能量下，双波形梁护栏可有效阻挡并导向中型货车，各项指标满足评价标准要求。碰撞试验为计算机仿真分析结果的正确性提供了数据支持。

(a) 中型客车碰撞（左为仿真，右为试验）　　(b) 中型货车碰撞（左为仿真，右为试验）

图3.14 双波形梁护栏极限防护能力仿真与试验对比

为进一步验证仿真模型的准确性，按照《公路护栏安全性能评价标准》（JTG B05-01—2013）的碰撞条件建立计算机仿真模型并组织实车足尺碰撞试验。图3.15为三种车型碰撞双波形梁护栏过程的仿真与试验对比图，可以看出仿真与试验的三种车型行驶姿态基本相同，从车辆行驶姿态角度验证了仿真模型的准确性。根据仿真计算和试验结果，小型客车的乘员碰撞后加速度纵向和横向仿真结果分别为128 m/s²和135 m/s²，试验结果分别为112 m/s²和155 m/s²，可以看出缓冲性能指标的仿真值与试验值基本一致，从缓冲性能指标验证了仿真模型的可靠性。图3.16为三种车型碰撞双波形梁护栏的护栏变形仿真与试验对比图，可以看出仿真与试验的护栏变形基本相似，从护栏变形角度验证了仿真模型的准确性。

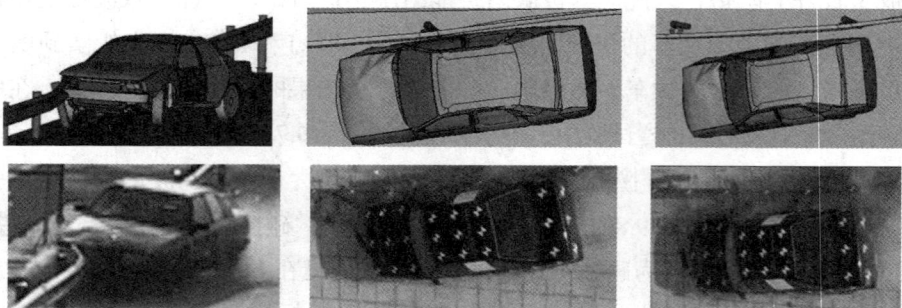

（a）小型客车（上为仿真，下为试验）

（b）中型客车（上为仿真，下为试验）

（c）中型货车（上为仿真，下为试验）

图3.15 车辆碰撞双波形梁护栏过程的仿真与试验对比

（a）小型客车（左为仿真，右为试验）　　　　（b）中型客车（左为仿真，右为试验）

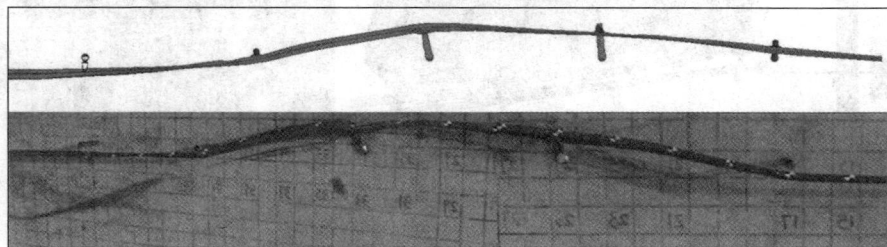

（c）中型货车（上为仿真，下为试验）

图3.16 车辆碰撞双波形梁护栏的护栏变形仿真与试验对比

3.3 三波形梁护栏

国内目前应用广泛的三波形梁护栏是《公路交通安全设施设计细则》（JTG/T D81—2017）中的A级三波形梁护栏和SB级三波形梁护栏，这两种护栏都满足《公路护栏安全性能评价标准》（JTG B05-01—2013）的安全性能指标要求。

3.3.1 A级三波形梁护栏

3.3.1.1 A级三波形梁护栏设计思路

A级三波形梁护栏为双波形梁护栏的提升改造结构，在三波形梁护栏研发过程中，首先以双波形梁护栏结构为基础，对结构参数改变对防护性能的影响进行分析，对影响双波形梁护栏的关键因素进行研究，为提出A级三波形梁护栏结构奠定了基础。

以双波形梁护栏结构为基础，首先保持护栏的高度不变，通过增强其构件强度来分析其达到《公路护栏安全性能评价标准》（JTG B05-01—2013）中A级防护能力的可能性。以通过试验验证的中型客车碰撞双波形梁护栏仿真模型为基础，将梁板更新为两片3 mm厚的波形梁板并呈8字形布置方式，这使波形梁板的刚度得到了大幅度加强。采用60 km/h的速度、质量为10 t的中型客车，以20°角碰撞加强波形梁板的双波形梁护栏，仿真和试验结果如图3.17所示。可见，二者均发生了骑跨现象，试验结果对仿真模型的准确性做了一定验证。

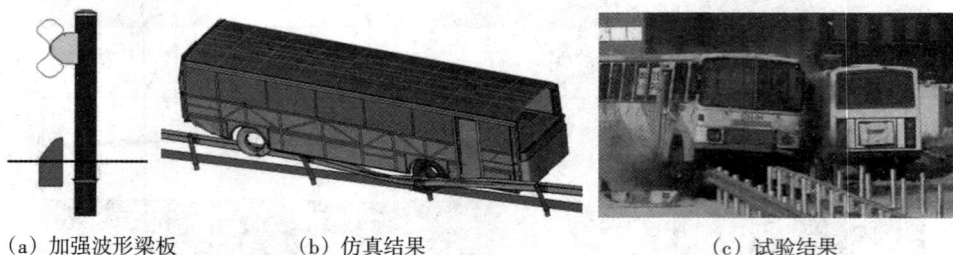

（a）加强波形梁板　　　　　（b）仿真结果　　　　　　　　　（c）试验结果

图3.17　加强波形梁板模型与结果

仿真计算和实车足尺碰撞试验结果表明，在保持双波形梁护栏结构高度不变的情况下，仅靠增强护栏波形梁结构较难达到《公路护栏安全性能评价标准》（JTG B05-01—2013）中A级防护能力的指标要求，要使波形梁护栏达到标准要求，需要在现有双波形梁护栏结构基础上提高护栏的有效高度。以10 t质量的中型客车、60 km/h的速度、20°角碰撞双波形梁护栏仿真模型为基础，将波形梁护栏板提高30 cm，从仿真结果来看，加高的波形梁护栏对于防止大中型客车骑跨和翻越有较大作用，如图3.18（a）所示。以1.5 t质量的小型客车、100 km/h的速度、20°角碰撞双波形梁护栏仿真模型为基础，将波形梁护栏板提高10 cm，从仿真结果来看，波形梁与地面之间的间距增加，会导致小型客车车轮在立柱处发生严重绊阻，并且车辆下穿波形梁的趋势增加，对乘员的安全造成不利影响，如图3.18（b）所示。通过事故调查，发现实际中有小型客车下穿护栏板的事故发生，如图3.18（c）所示，验证了小型客车碰撞加高波形梁护栏仿真模型的准确性，也说明现有波形梁护栏板底部高度不宜过度提高。

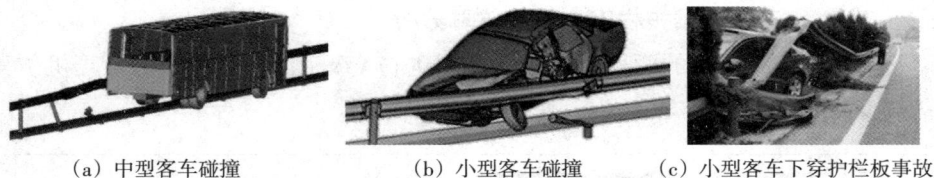

（a）中型客车碰撞　　　　（b）小型客车碰撞　　　（c）小型客车下穿护栏板事故

图 3.18　加高波形梁板分析

通过以上分析可知，波形梁护栏结构若要对小型客车形成良好保护，则波形梁板下边缘不宜过高；若要对大中型车形成良好保护，则需要提高其有效高度。基于此，提出了 A 级三波形梁护栏结构：3 mm 厚的三波形梁板中心距地面高度为 700 mm，ϕ140 mm × 4.5 mm 的立柱以 4 m 间距布置，立柱路面以下打桩深度为 1.4 m，波形梁板和立柱之间设置六角形防阻块，波形梁板之间采用 M16 高强螺栓拼接，其他构件采用普通螺栓连接。A 级三波形梁护栏结构相对于双波形梁护栏结构，增加了一个波的高度，有效提高了对大中型车的防护能力，波形梁板厚度较双波形梁护栏板厚度减少了 1 mm，总体造价增加不多。由于工程现场应用条件不同，对于 A 级三波形梁护栏结构提出两种处理方式：方式一适用于现场已按照双波形梁护栏结构进行立柱施工或在既有双波形梁护栏结构上进行升级换代的情况，该方式可保持原双波形梁护栏立柱不变，其结构见图 3.19（a）；方式二适用于现场未进行波形梁护栏施工的情况，考虑到公路后期维护（包括路面二次罩面或大修加铺）会将护栏路面以上结构的一部分埋入路面以下，为保证护栏有效高度，采用预先增加立柱高度并预留螺栓孔的方法来补偿护栏有效高度的降低值，其结构见图 3.19（b）。其中，方式二预留孔位置可根据工程实际情况进行调整，可实现路面加铺后保持护栏有效高度，既满足安全标准又可节省投资。

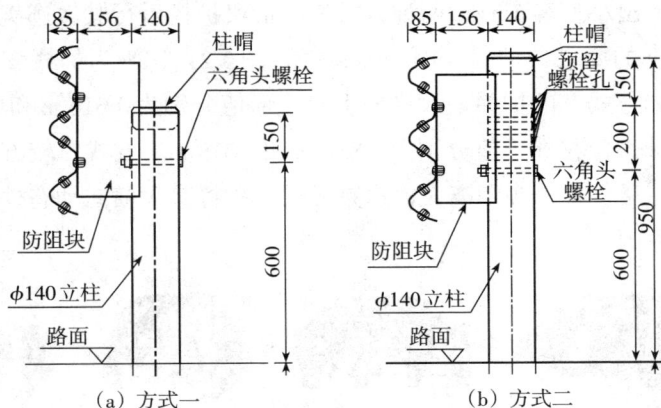

（a）方式一　　　　　　　　　　（b）方式二

图 3.19　A 级三波形梁护栏结构（尺寸单位：mm）

3.3.1.2　A级三波形梁护栏安全性能仿真分析

按照图3.20所示的两种结构方式分别建立A级三波形梁护栏的计算机仿真模型，护栏总长度为72 m。

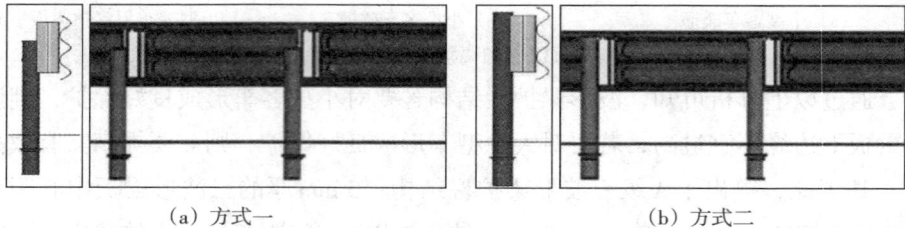

（a）方式一　　　　　　　　　　　（b）方式二

图3.20　A级三波形梁护栏模型

采用小型客车模型，按照《公路护栏安全性能评价标准》（JTG B05-01—2013）中A级护栏防护小型客车的碰撞条件（车质量1.5 t、碰撞速度100 km/h、碰撞角度20°），对两种方式三波形梁护栏结构进行仿真分析。图3.21（a）为碰撞过程图，可见车辆碰撞两种方式三波形梁护栏后均平稳驶出，没有穿越、翻越、骑跨和下穿护栏现象，碰撞后车辆恢复到行驶姿态，碰撞区无立柱与防阻块脱离，护栏阻挡功能良好。图3.21（b）为加速度时程曲线图，小型客车碰撞方式一的纵向和横向的乘员碰撞后加速度分别为172.4 m/s²和86.4 m/s²，小型客车碰撞方式二的纵向和横向的乘员碰撞后加速度分别为139.5m/s²和65.6 m/s²，均满足评价标准对乘员碰撞后加速度不得大于200 m/s²的要求。由于小型客车碰撞方式一和方式二的前期受立柱影响较小，车辆所受缓冲基本相同，这两种碰撞方式的纵向和横向的乘员碰撞速度分别为3.6 m/s和5.3 m/s，满足评价标准对乘员碰撞速度不得大于12 m/s的要求。图3.21（c）为行驶轨迹与导向驶出框，可以看出小型客车碰撞两种方式三波形梁护栏后行驶轨迹满足评价标准对导向驶出框的要求，护栏导向功能良好。图3.21（d）为护栏变形图，测量得到方式一和方式二的护栏最大横向动态变形值分别为0.615 m和0.664 m，护栏最大横向动态位移外延值分别为0.836 m和1.019 m。方式二较方式一的立柱高，导致碰撞后立柱外倾距离大，这是方式二护栏最大横向动态外延值较方式一大的主要原因。

方式一

方式二

（a）碰撞过程

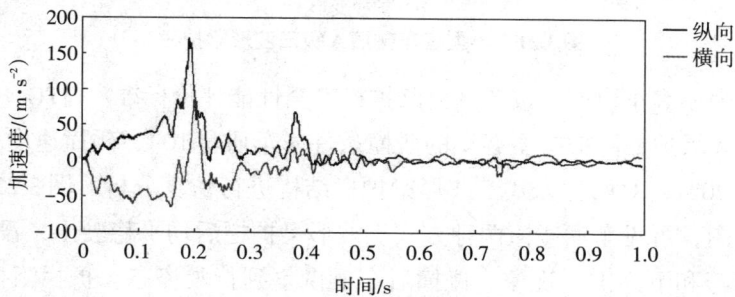

方式一

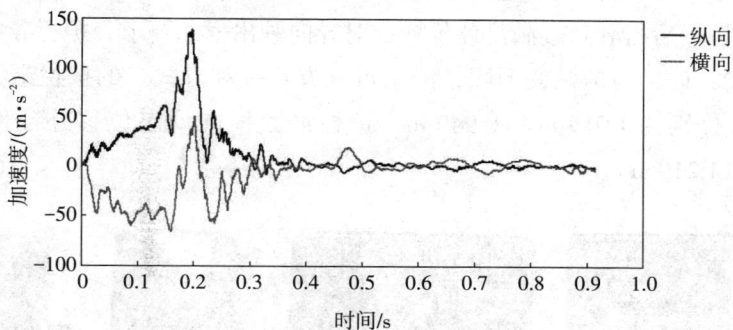

方式二

（b）加速度时程曲线

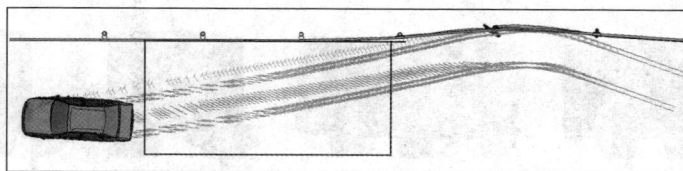

方式一

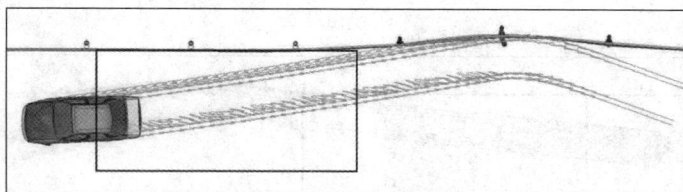

方式二

（c）行驶轨迹与导向驶出框

方式一　　　　　　　　　　　　　方式二

（d）护栏变形

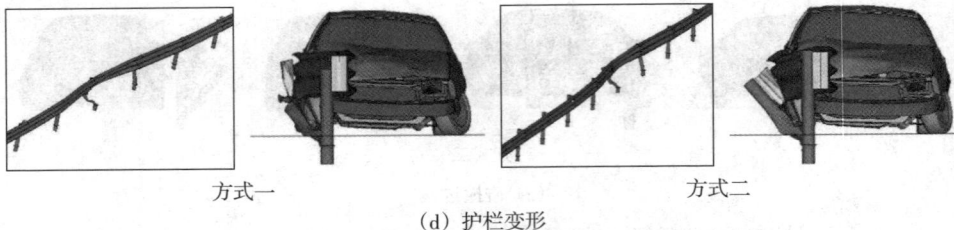

图3.21　小型客车碰撞A级三波形梁护栏

采用中型客车模型，按照《公路护栏安全性能评价标准》（JTG B05-01—2013）中A级护栏防护中型客车的碰撞条件（车质量10 t、碰撞速度60 km/h、碰撞角度20°），对两种方式三波形梁护栏结构进行仿真分析。图3.22（a）为碰撞过程图，可见车辆碰撞两种方式三波形梁护栏后均平稳驶出，没有穿越、翻越、骑跨和下穿护栏现象，碰撞后车辆恢复到行驶姿态，护栏阻挡功能良好。图3.22（b）为行驶轨迹与导向驶出框，可以看出中型客车碰撞两种方式三波形梁护栏后行驶轨迹满足评价标准对导向驶出框的要求，护栏导向功能良好。图3.22（c）为护栏变形图，测量得到方式一和方式二的护栏最大横向动态变形值分别为1.019 m和0.949 m，护栏最大横向动态位移外延值分别为1.272 m和1.219 m。

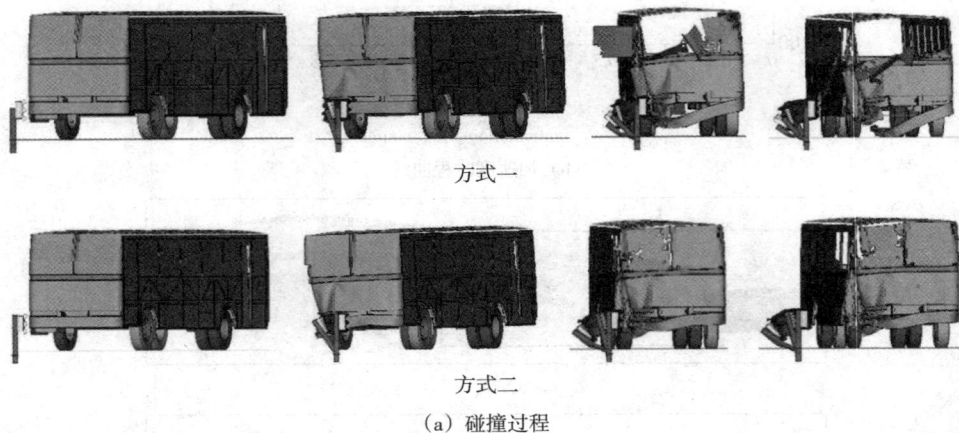

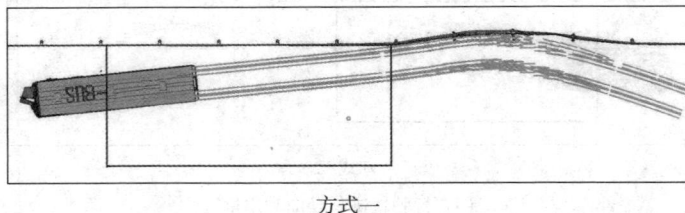

方式一

方式二

（a）碰撞过程

方式一

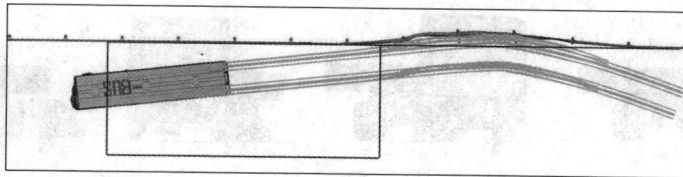

方式二

（b）行驶轨迹与导向驶出框

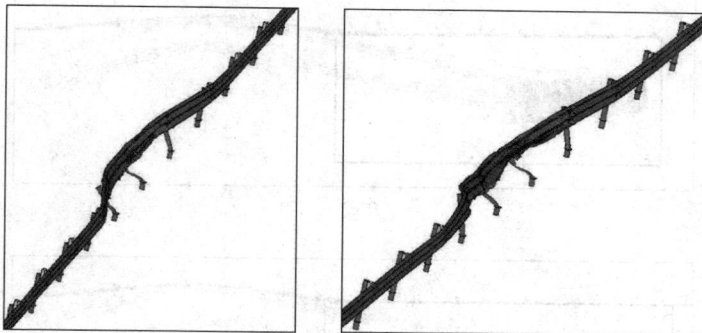

方式一 方式二

（c）护栏变形

图3.22 中型客车碰撞A级三波形梁护栏

采用中型货车模型，按照《公路护栏安全性能评价标准》（JTG B05-01—2013）中A级护栏防护中型货车的碰撞条件（车质量10 t、碰撞速度60 km/h、碰撞角度20°），对两种方式三波形梁护栏结构进行仿真分析。图3.23（a）为碰撞过程图，可见车辆碰撞两种方式三波形梁护栏后均平稳驶出，没有穿越、翻越、骑跨和下穿护栏现象，碰撞后车辆恢复到行驶姿态，护栏阻挡功能良好。图3.23（b）为行驶轨迹与导向驶出框，可以看出中型货车碰撞两种方式三波形梁护栏后行驶轨迹满足评价标准对导向驶出框的要求，护栏导向功能良好。图3.23（c）为护栏变形图，测量得到方式一和方式二的护栏最大横向动态变形值分别为1.118 m和1.071 m，护栏最大横向动态位移外延值分别为1.452 m和1.294 m。

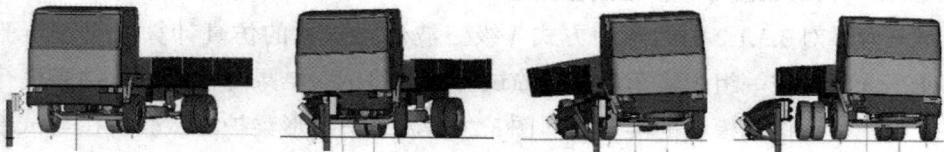

方式一

方式二

（a）碰撞过程

方式一

方式二

（b）行驶轨迹与导向驶出框

方式一　　　　　　　　　　　　方式二

（c）护栏变形

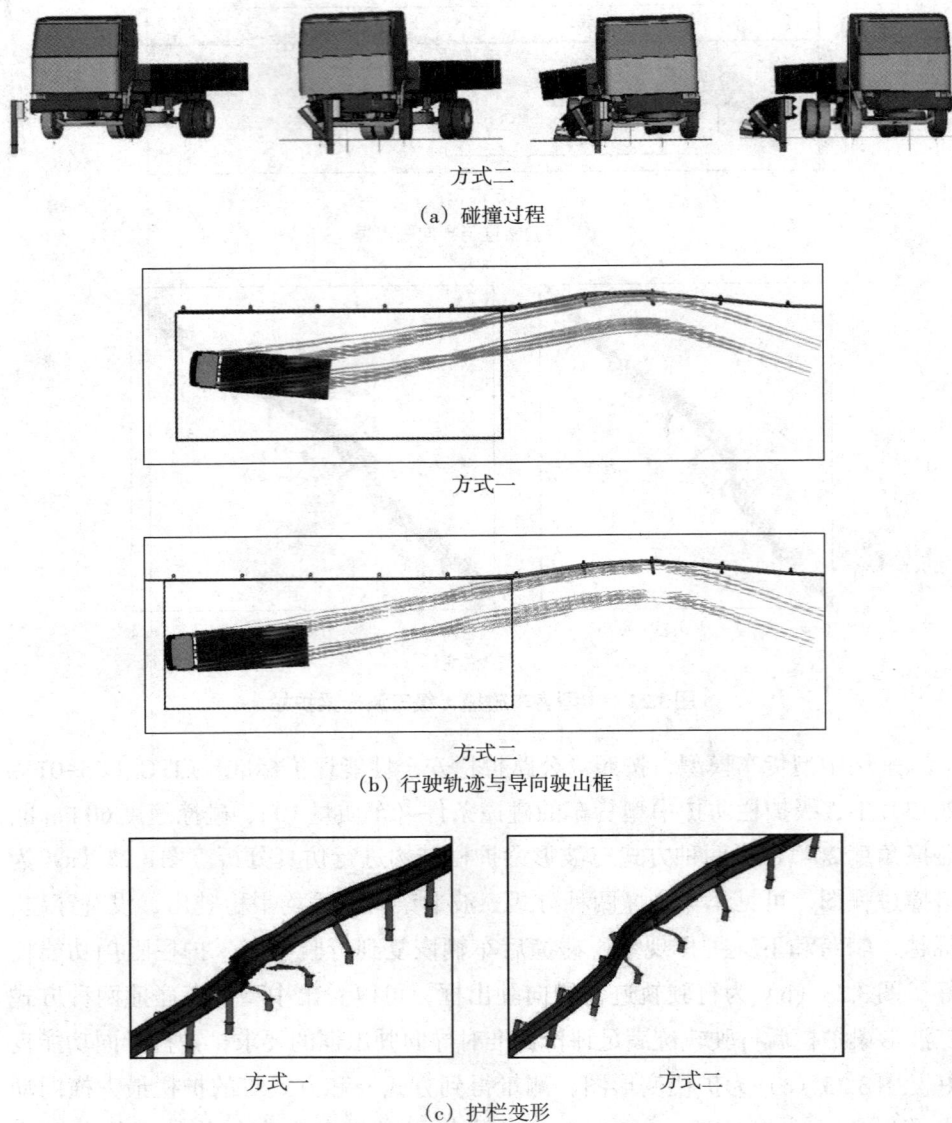

图3.23　中型货车碰撞A级三波形梁护栏

3.3.1.3　A级三波形梁护栏试验验证

为了对3.3.1.2中的两种方式A级三波形梁护栏的仿真计算结果进行验证，选取方式一组织实车足尺碰撞试验，并将试验结果与仿真计算结果进行比对，验证仿真模型的准确性。图3.24为A级三波形梁护栏试验护栏与试验车辆。

护栏前部　　　　　　　护栏背部　　　　　　护栏板拼接位置

（a）试验护栏

小型客车　　　　　　　中型客车　　　　　　中型货车

（b）试验车辆

图3.24　A级三波形梁护栏试验护栏与试验车辆

图3.25为三种车型碰撞A级三波形梁护栏过程的试验与仿真对比图，可以看出试验与仿真的三种车型行驶姿态基本相同，从车辆行驶姿态角度验证了仿真模型的准确性。

（a）小型客车（上为试验，下为仿真）

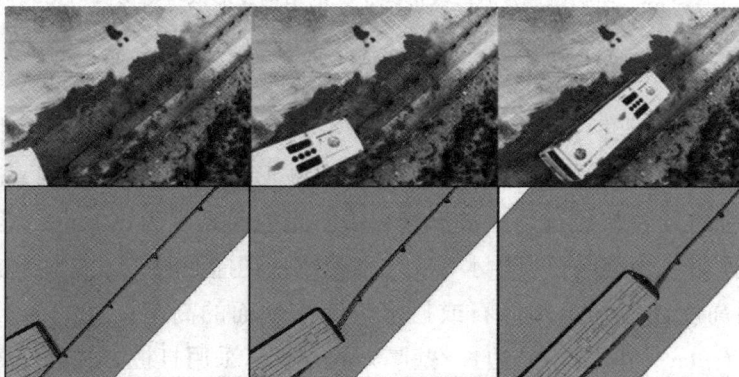

（b）中型客车（上为试验，下为仿真）

（c）中型货车（上为试验，下为仿真）

图 3.25 车辆碰撞 A 级三波形梁护栏过程的试验与仿真对比

图 3.26 为三种车型碰撞 A 级三波形梁护栏后的结构变形试验与仿真结果对比图，可以看出护栏整体变形情况相似，从护栏结构变形角度验证了仿真模型的可靠性。

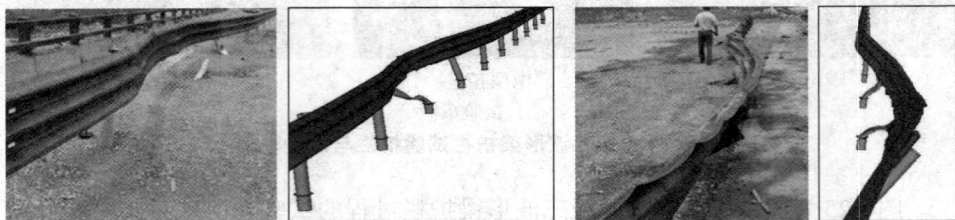

（a）小型客车（左为试验，右为仿真）　　　　（b）中型客车（左为试验，右为仿真）

（c）中型货车（左为试验，右为仿真）

图 3.26 车辆碰撞 A 级三波形梁护栏的结构变形试验与仿真对比

3.3.2 SB 级三波形梁护栏

SB 级三波形梁护栏在 2006 年版设计细则和 2017 年版设计细则中均有规定，并且结构基本一致，如图 3.27 所示。三波形梁护栏板厚度为 4 mm，采用 M16 的高强螺栓拼接成排，三波形梁板中心距地面高度为 697 mm，若是有路缘石或拦水带，当路缘石或拦水带突出波形梁板迎撞面时，三波形梁护栏板中心距地面高度还应加上路缘石或拦水带突出地面的高度；立柱为 130 mm × 130 mm × 6 mm（外边长×外边长×壁厚）的方管，采用打桩方式的埋置深度为 1650 mm；立柱与波形梁护栏板之间设置防阻块，防阻块和波形梁及立柱之间采用普通螺栓连接。

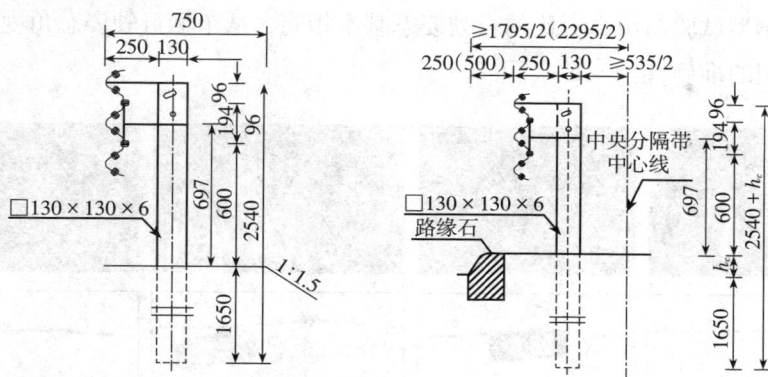

(a) 2006年版设计细则　　　(b) 2017年版设计细则

图3.27　标准SB级三波形梁护栏结构（尺寸单位：mm）

h_e—路缘石路面以上高度

SB级三波形梁护栏的安全性能满足《公路护栏安全性能评价标准》(JTG B05-01—2013) 的评价指标要求，碰撞条件如下：速度为100 km/h、质量为1.5 t 的小型客车以20°角碰撞，速度为80 km/h、质量为10 t 的中型客车以20°角碰撞，速度为60 km/h、质量为18 t 的大型货车以20°角碰撞。采用小型客车、中型客车、大型货车仿真模型，建立SB级三波形梁护栏仿真模型，按照规定的碰撞条件进行仿真模拟；按照规定的碰撞条件组织实车足尺碰撞试验，对SB级三波形梁护栏结构的安全性能进行评价。将试验与仿真结果进行对比，进一步验证仿真模型的可靠性和准确性。图3.28为SB级三波形梁护栏试验与仿真模型。

(a) 护栏（上为试验，下为仿真）　　　(b) 小型客车（左为试验，右为仿真）

(c) 中型客车（左为试验，右为仿真）　　　(d) 大型货车（左为试验，右为仿真）

图3.28　SB级三波形梁护栏试验与仿真模型

图3.29为车辆碰撞SB级三波形梁护栏过程的试验与仿真对比图，可以看出每种车型试验与仿真对比的行驶姿态基本相同，从车辆行驶姿态角度验证了仿真模型的准确性。

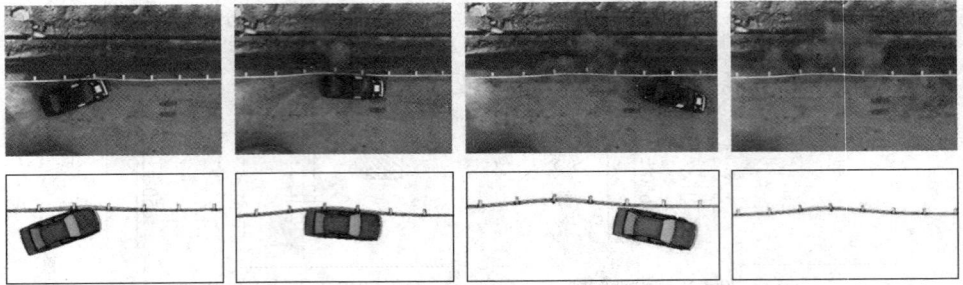

（a）小型客车（上为试验，下为仿真）

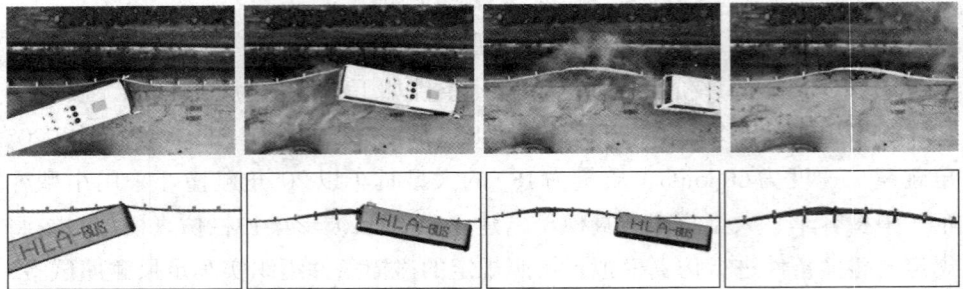

（b）中型客车（上为试验，下为仿真）

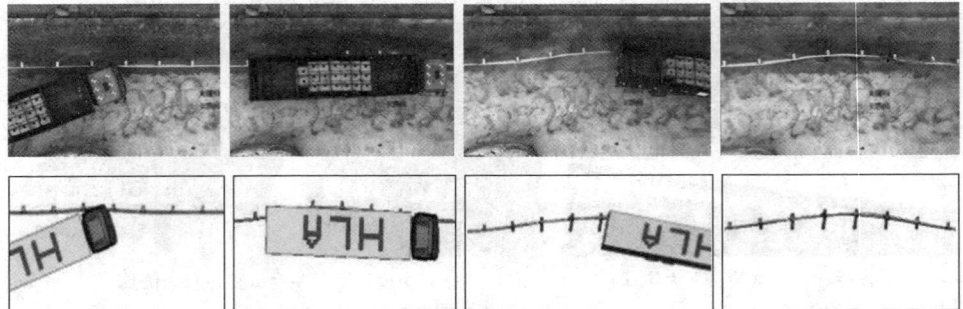

（c）大型货车（上为试验，下为仿真）

图3.29　车辆碰撞SB级三波形梁护栏过程的试验与仿真对比

图3.30为车辆碰撞SB级三波形梁护栏的结构变形仿真与试验对比图，可以看出车辆碰撞后三波形梁护栏在三个方位的变形情况相似，从护栏结构变形角度验证了仿真模型的可靠性。

（a）小型客车（左为仿真，右为试验）

（b）中型客车（左为仿真，右为试验）

（c）大型货车（左为仿真，右为试验）

图3.30 车辆碰撞SB级三波形梁护栏的结构变形仿真与试验对比

3.4 双层波形梁护栏

为提升双层波形梁护栏的安全防护能力，在既有结构保持不动的基础上进行合理加强，既能再利用既有结构，又能提升其安全性能，避免拆除重建造成巨大的浪费，是较好的处理方式。自2012年以来，山东高速股份有限公司联合北京华路安交通科技有限公司等科研单位开展了一系列双波形梁护栏提升改造工作，取得了多项专利成果，产生了良好的社会效益和经济效益。

3.4.1 A级双层波形梁护栏

A级双层波形梁护栏由双波形梁板、立柱、外套管、内套管、防阻块及紧固件组成，双波形梁板为4320 mm（长）×310 mm（宽）×85 mm（高）×4 mm（厚）、立柱为140 mm（外径）×4.5 mm（厚）×2150 mm（长）、外套管为140 mm（外径）×4.5 mm（厚）×360 mm（长）、内套管为121 mm（外径）×5.5 mm（厚）×670 mm（长）、防阻块为196 mm（宽）×178 mm（宽）×200 mm（高）×4.5 mm（厚），上层双波形梁板中心高度为930 mm，下层双波形梁板中心高度为600 mm，立柱通过打桩方式在土中埋深为1.4 m，立柱间距为4 m。根据

《公路护栏安全性能评价标准》（JTG B05-01—2013）中A级碰撞条件（1.5 t
小型客车、碰撞速度为100 km/h、碰撞角度为20°，10 t中型客车、碰撞速度
为60 km/h、碰撞角度为20°，10 t中型货车、碰撞速度为60 km/h、碰撞角度为
20°）建立仿真模型并组织实车足尺碰撞试验，图3.31为A级双层波形梁护栏
试验与仿真结果。图3.31（a）为A级双层波形梁护栏试验与仿真模型。图
3.31（b）为三种车型碰撞A级双层波形梁护栏过程的试验与仿真对比图，可
以看出试验与仿真的三种车型行驶姿态基本相同，从车辆行驶姿态角度验证了
仿真模型的准确性。图3.31（c）为三种车型碰撞后A级双层波形梁试验护栏
变形的试验与仿真结果对比图，可以看出护栏整体变形情况相似，从护栏变形
角度验证了仿真模型的可靠性。经测量，小型客车碰撞的纵向乘员碰撞速度仿
真和试验分别为4.3 m/s和3.1 m/s，横向乘员碰撞速度仿真和试验分别为
5.4 m/s和5.6 m/s，纵向乘员碰撞后加速度仿真和试验分别为166.4 m/s^{2}和
178.7 m/s^2，横向乘员碰撞后加速度仿真和试验分别为118.9 m/s^{2}和141.4 m/s^2，
仿真值与试验值基本一致，从缓冲性能指标验证了仿真模型的可靠性。

护栏（上为试验，下为仿真）　　　　　　小型客车（左为试验，右为仿真）

中型客车（左为试验，右为仿真）　　　　中型货车（左为试验，右为仿真）

（a）试验与仿真模型

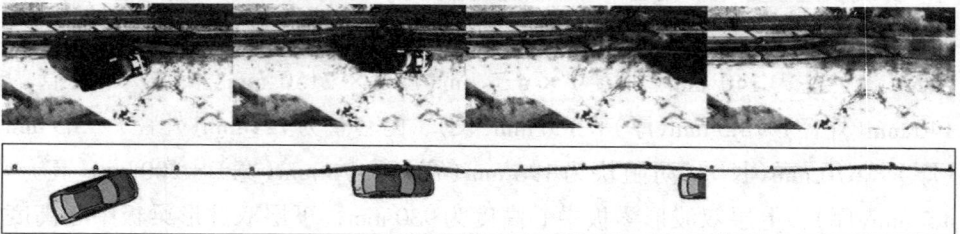

小型客车（上为试验，下为仿真）

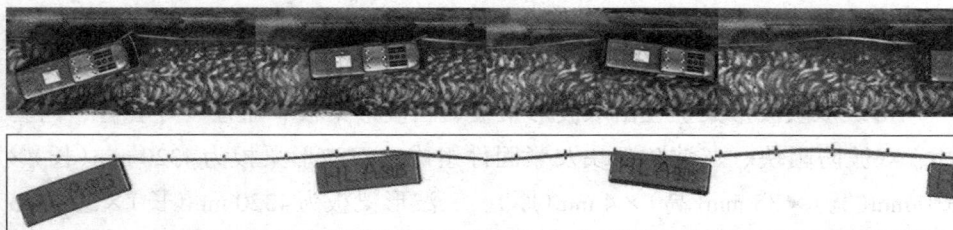

中型客车（上为试验，下为仿真）

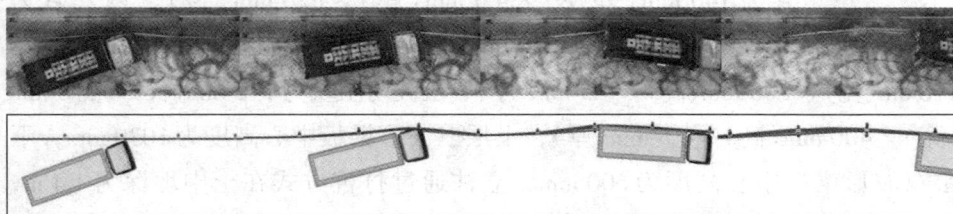

中型货车（上为试验，下为仿真）

（b）碰撞过程

小型客车（左为试验，右为仿真）

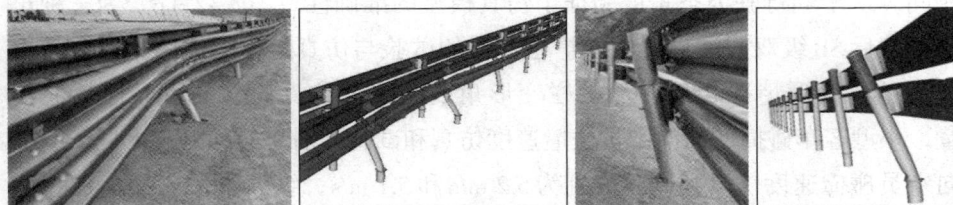

中型客车（左为试验，右为仿真）

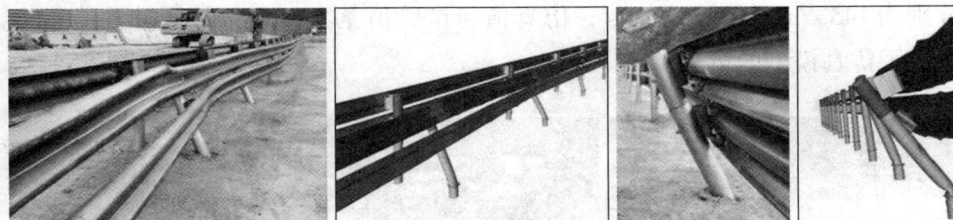

中型货车（左为试验，右为仿真）

（c）护栏变形

图3.31 A级双层波形梁护栏试验与仿真结果

3.4.2 SB级双层波形梁护栏

SB级双层波形梁护栏由双波形梁板、三波形梁板、立柱、外套管、内套管、双波防阻块、三波防阻块及紧固件组成，双波形梁板为4320 mm（长）×310 mm（宽）×85 mm（高）×4 mm（厚）、三波形梁板为4320 mm（长）×506 mm（宽）×85 mm（高）×3 mm（厚）、立柱为140 mm（外径）×4.5 mm（厚）×2150 mm（长）、外套管为140 mm（外径）×4.5 mm（厚）×520 mm（长）、内套管为125 mm（外径）×5.5 mm（厚）×630 mm（长）、双波防阻块为196 mm（长）×178mm（宽）×200 mm（高）×4.5 mm（厚）、三波防阻块为196 mm（长）×178 mm（宽）×400 mm（高）×4.5 mm（厚），上层三波形梁板中心高度为1030 mm，下层双波形梁板中心高度为600 mm，立柱通过打桩方式在土中埋深为1.4 m，立柱间距为4 m。根据《公路护栏安全性能评价标准》（JTG B05-01—2013）中SB级碰撞条件（1.5 t小型客车、碰撞速度为100 km/h、碰撞角度为20°，10 t中型客车、碰撞速度为80 km/h、碰撞角度为20°，18 t大型货车、碰撞速度为60 km/h、碰撞角度为20°）建立仿真模型并组织实车足尺碰撞试验，图3.32为SB级双层波形梁护栏仿真与试验结果。图3.32（a）为SB级双层波形梁护栏试验与仿真模型。图3.32（b）为三种车型碰撞SB级双层波形梁护栏过程的试验与仿真对比图，可以看出试验与仿真的三种车型行驶姿态基本相同，从车辆行驶姿态角度验证了仿真模型的准确性。图3.32（c）为三种车型碰撞后SB级双层波形梁试验护栏变形的试验与仿真结果对比图，可以看出护栏整体变形情况相似，从护栏变形角度验证了仿真模型的可靠性。经测量，小型客车碰撞的纵向乘员碰撞速度仿真和试验分别为3.0 m/s和4.4 m/s，横向乘员碰撞速度仿真和试验分别为5.2 m/s和5.1 m/s，纵向乘员碰撞后加速度仿真和试验分别为73.6 m/s²和69.6 m/s²，横向乘员碰撞后加速度仿真和试验分别为145.4 m/s²和139.8 m/s²，仿真值与试验值基本一致，从缓冲性能指标验证了仿真模型的可靠性。

护栏（上为试验，下为仿真）　　　　小型客车（左为试验，右为仿真）

中型客车（左为试验，右为仿真）　　　　大型货车（左为试验，右为仿真）

（a）试验与仿真模型

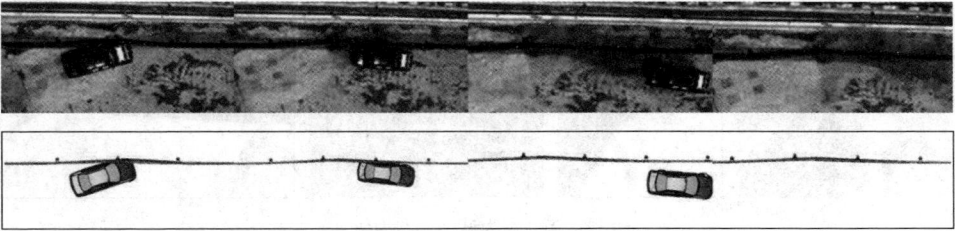

小型客车（上为试验，下为仿真）

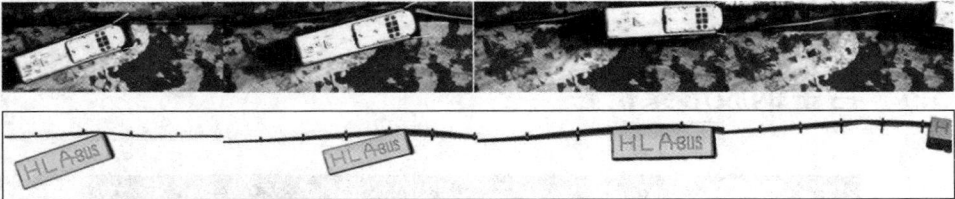

中型客车（上为试验，下为仿真）

大型货车（上为试验，下为仿真）

（b）碰撞过程

小型客车（左为试验，右为仿真）

中型客车（左为试验，右为仿真）

大型货车（左为试验，右为仿真）

（c）护栏变形

图3.32　SB级双层波形梁护栏仿真与试验结果

3.5　合金钢波形梁护栏

图3.33　ESP工艺

随着国内钢铁技术的发展，高强钢的生产瓶颈被突破，特别是ESP（无头连铸连轧带钢）生产工艺（如图3.33所示）的发明与实际应用，为合金钢应用于波形梁护栏提供了技术基础。波形梁护栏应用广泛，是用钢大户，若是采用高强度钢而没有显著的经济效益，则应用前景不大。波形梁护栏构件由薄钢板制作而成，常规的普碳钢薄板生产流程为"炼钢形成钢水—钢水冷却成钢坯—钢坯经加热炉加热—通过轧机轧制成形"；ESP 生产流程为"炼钢形成钢水—钢水合金调质降温直接成形"，这样就缩减了工艺流程、降低了生产成本。通过 ESP 工艺生产的合金钢材强度较常规工艺生产的普通钢材强度显著提升，由于 ESP 生产流程相对于常规薄板生产流程短且减少了工序，响应了国家碳达峰、碳中和的号召，并且每吨合金钢薄板的造价较普碳钢薄板的造价增加幅度不大，这为合金钢在波形梁护栏结构上的广泛应用奠定了基础。

"高强减薄"的合金钢波形梁护栏具备科技性、安全性、环保性和经济性优势，体现了行业的发展方向。科技性体现在：ESP 生产工艺较为先进，目前国内只有 6 条生产线可以进行大规模生产，在一定程度上代表了先进的钢材生产技术。安全性体现在：合金钢波形梁护栏通过安全设计，在安全性能上较常规波形梁护栏有一定提升，所有结构都经过了计算机仿真模拟和实车足尺碰撞试验的验证，可有效降低交通事故死亡率。环保性体现在：以日照钢铁控股集团有限公司的生产设备为例，合金钢波形梁护栏的原料带钢在生产过程中采用 ANDRITZ（德国安德里茨）酸洗镀锌联合机组及 DANIELI（德国达涅利）酸洗镀锌联合机组一次性完成，同时进行环保处理，各项环保指标达标；另外，用钢量的大幅度减少，将有效减少碳排放，为实现交通行业低碳化做出贡献。经济性体现在如下方面：通过计算机仿真模拟技术，合金钢波形梁护栏结构达到了"刚柔匹配，恰到好处"的效果，较常规波形梁护栏在价格上有所下降，具备市场竞争优势。在合金钢波形梁护栏的研发过程中，充分运用了计算机仿真模拟的技术手段，经多次迭代计算得到 B，A，SB，SA 四个等级合金钢波形梁护栏的优化结构，并组织实车足尺碰撞试验对仿真结果的准确性进行了验证。

3.5.1　B 级合金钢波形梁护栏

B 级合金钢波形梁护栏由双波形梁板、立柱、防阻块及紧固件组成，其中双波形梁板、立柱和防阻块材料为合金钢（护栏板材料屈服强度大于 550 MPa，延伸率大于 23%；立柱和防阻块材料屈服强度大于 500 MPa，延伸率大于 24%），双波形梁板为 4320 mm（长）×310 mm（宽）×85 mm（高）×2 mm（厚）、立柱为 114 mm（外径）×3 mm（厚）×1900 mm（长）、防阻块为 100 mm（长）×130 mm（宽）×200 mm（高）×3 mm（厚），梁板中心高度为 600 mm，立柱通过打桩方式在土中埋深为 1.2 m，立柱间距为 4 m。根据《公路护栏安全性能评价标准》（JTG B05-01—2013）中B级碰撞条件（1.5 t小型客车、碰撞速度为60 km/h、碰撞角度为20°，10 t中型客车、碰撞速度为40 km/h、碰撞角度为20°，10 t中型货车、碰撞速度为40 km/h、碰撞角度为20°）建立仿真模型并组织实车足尺碰撞试验，图3.34为B级合金钢波形梁护栏仿真与试验结果。图3.34（a）为B级合金钢波形梁护栏仿真模型。图3.34（b）为三种车型碰撞B级合金钢波形梁护栏过程的仿真与试验对比图，可以看出仿真与试验的三种车型行驶姿态基本相同，从车辆行驶姿态角度验证了仿真模型的准确性。图3.34（c）为三种车型碰撞后B级合金钢波形梁护栏变形的仿真与试验结果对比图，可以看出护栏整体变形情况相似，从护栏变形角度验证了仿真模型的可靠性。经测量，小型客车碰撞的纵向乘员碰撞速度仿真和试验分别为2.5 m/s和2.8 m/s，横向乘员碰撞速度仿真和试验分别为4.0 m/s和3.6 m/s，纵向乘员碰撞后加速度仿真和试验分别为66.5 m/s² 和55.2 m/s²，横向乘员碰撞后加速度仿真和试验分别为96.8 m/s² 和81.3 m/s²，仿真值与试验值基本一致，从缓冲性能指标验证了仿真模型的可靠性。

（a）仿真模型

小型客车（左为仿真，右为试验）

中型客车（左为仿真，右为试验）

中型货车（左为仿真，右为试验）

（b）碰撞过程

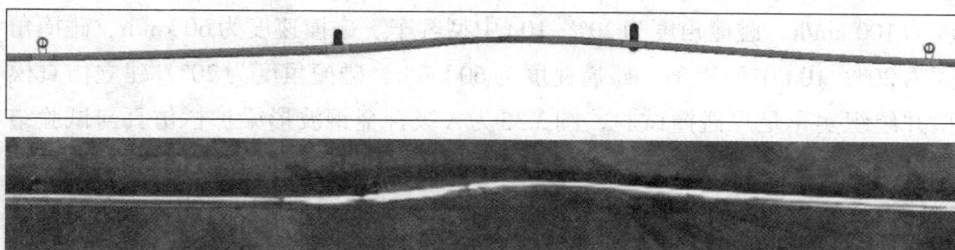

小型客车（上为仿真，下为试验）

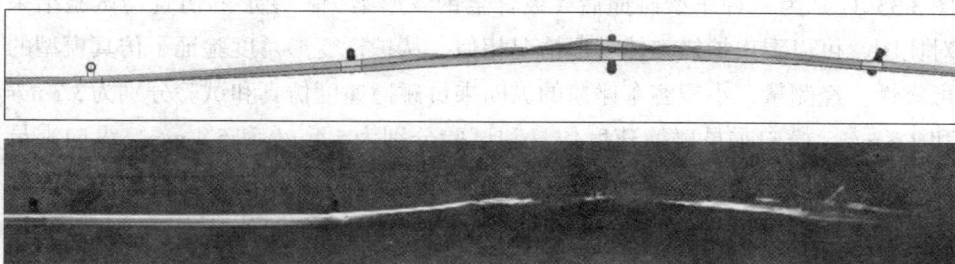

中型客车（上为仿真，下为试验）

中型货车（上为仿真，下为试验）

（c）护栏变形

图3.34　B级合金钢波形梁护栏仿真与试验结果

3.5.2　A级合金钢波形梁护栏

A级合金钢波形梁护栏由三波形梁板、立柱、防阻块及紧固件组成，其中三波形梁板、立柱和防阻块材料为合金钢（护栏板材料屈服强度大于700 MPa，延伸率大于20%；立柱和防阻块材料屈服强度大于650 MPa，延伸率大于21%），三波形梁板为4320 mm（长）×506 mm（宽）×85 mm（高）×2.5 mm（厚）、立柱为140 mm（外径）×3 mm（厚）×2350 mm（长）、防阻块为140 mm（宽）×185 mm（宽）×400 mm（高）×3 mm（厚），梁板中心高度为697 mm，立柱通过打桩方式在土中埋深为1.4 m，立柱间距为4 m。根据《公路护栏安全性能评价标准》（JTG B05-01—2013）中A级碰撞条件（1.5 t小型客车、碰撞速度为100 km/h、碰撞角度为20°，10 t中型客车、碰撞速度为60 km/h、碰撞角度为20°，10 t中型货车、碰撞速度为60 km/h、碰撞角度为20°）建立仿真模型并组织实车足尺碰撞试验，图3.35为A级合金钢波形梁护栏仿真与试验结果。图3.35（a）为A级合金钢波形梁护栏仿真模型。图3.35（b）为三种车型碰撞A级合金钢波形梁护栏过程的仿真与试验对比图，可以看出仿真与试验的三种车型行驶姿态基本相同，从车辆行驶姿态角度验证了仿真模型的准确性。图3.35（c）为三种车型碰撞后A级合金钢波形梁护栏变形的仿真与试验结果对比图，可以看出护栏整体变形情况相似，从护栏变形角度验证了仿真模型的可靠性。经测量，小型客车碰撞的纵向乘员碰撞速度仿真和试验分别为3.3 m/s和2.6 m/s，横向乘员碰撞速度仿真和试验分别为5.4 m/s和5.4 m/s，纵向乘员碰撞后加速度仿真和试验分别为86.3 m/s²和91.1 m/s²，横向乘员碰撞后加速度仿真和试验分别为128.7 m/s²和133.6 m/s²，仿真值与试验值基本一致，从缓冲性能指标验证了仿真模型的可靠性。

(a) 仿真模型

小型客车（左为仿真，右为试验）

中型客车（左为仿真，右为试验）

中型货车（左为仿真，右为试验）

（b）碰撞过程

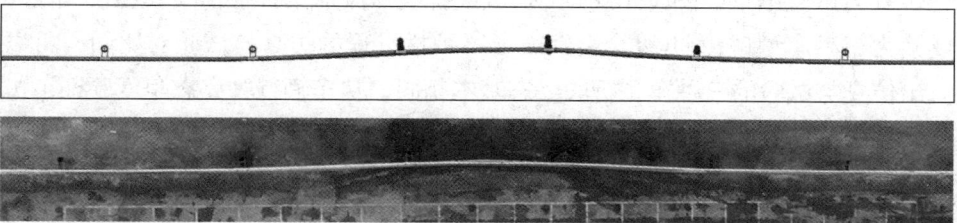

小型客车（上为仿真，下为试验）

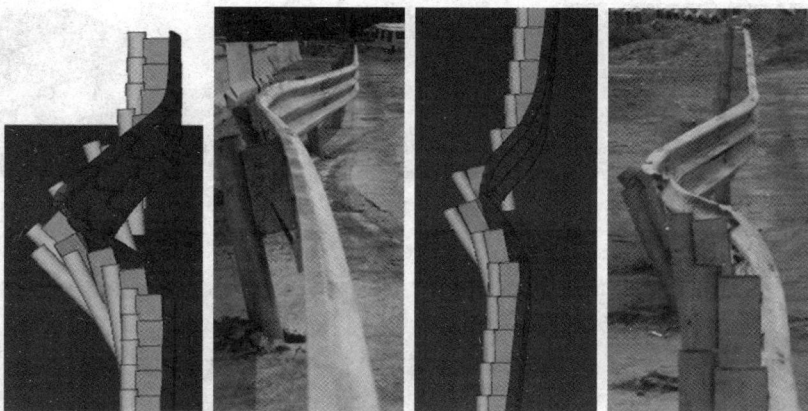

中型客车（左为仿真，右为试验）　　中型货车（左为仿真，右为试验）

（c）护栏变形

图3.35　A级合金钢波形梁护栏仿真与试验结果

3.5.3 SB级合金钢波形梁护栏

SB级合金钢波形梁护栏由三波形梁板、立柱、防阻块及紧固件组成，其中三波形梁板、立柱和防阻块材料为合金钢（护栏板材料屈服强度大于700 MPa，延伸率大于20%；立柱和防阻块材料屈服强度大于650 MPa，延伸率大于21%），三波形梁板为4320 mm（长）×506 mm（宽）×85 mm（高）×3 mm（厚）、立柱为140 mm（外径）×3 mm（厚）×2600 mm（长）、防阻块为140 mm（宽）×185 mm（宽）×400 mm（高）×3 mm（厚），梁板中心高度为697 mm，立柱通过打桩方式在土中埋深为1.65 m，立柱间距为2 m。根据《公路护栏安全性能评价标准》（JTG B05-01—2013）中SB级碰撞条件（1.5 t小型客车、碰撞速度为100 km/h、碰撞角度为20°，10 t中型客车、碰撞速度为80 km/h、碰撞角度为20°，18 t大型货车、碰撞速度为60 km/h、碰撞角度为20°）建立仿真模型并组织实车足尺碰撞试验，图3.36为SB级合金钢波形梁护栏仿真与试验结果。图3.36（a）为SB级合金钢波形梁护栏仿真模型。图3.36（b）为三种车型碰撞SB级合金钢波形梁护栏过程的仿真与试验对比图，可以看出仿真与试验的三种车型行驶姿态基本相同，从车辆行驶姿态角度验证了仿真模型的准确性。图3.36（c）为三种车型碰撞后SB级合金钢波形梁护栏变形的仿真与试验结果对比图，可以看出护栏整体变形情况相似，从护栏变形角度验证了仿真模型的可靠性。

（a）仿真模型

小型客车（左为仿真，右为试验）

中型客车（左为仿真，右为试验）

大型货车（左为仿真，右为试验）

（b）碰撞过程

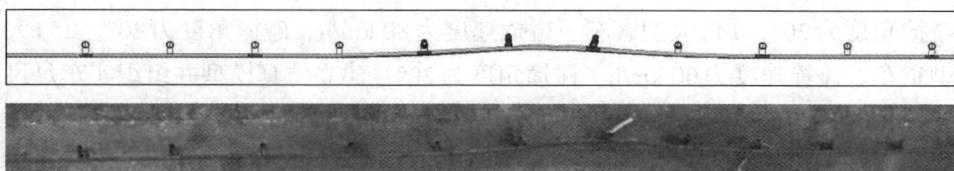

小型客车（上为仿真，下为试验）

中型客车（上为仿真，下为试验）

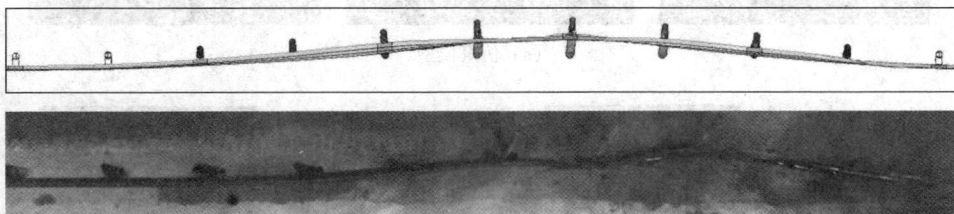

大型货车（上为仿真，下为试验）

（c）护栏变形

图3.36　SB级合金钢波形梁护栏仿真与试验结果

3.5.4 SA级合金钢波形梁护栏

SA级合金钢波形梁护栏由三波形梁板、立柱、防阻块、T形立柱、套管、横梁及紧固件组成，其中三波形梁板、立柱、防阻块和横梁材料为合金钢（护栏板材料屈服强度大于700 MPa，延伸率大于20%；立柱和防阻块材料屈服强度大于650 MPa，延伸率大于21%），三波形梁板为3320 mm（长）×506 mm（宽）×85 mm（高）×3 mm（厚）、立柱为130 mm（宽）×130 mm（宽）×4.5 mm（厚）×2540 mm（长）、防阻块为300 mm（宽）×200 mm（宽）×290 mm（高）×3 mm（厚）、T形立柱为102 mm（外径）×4.5 mm（厚）、套管为76 mm（外径）×5 mm（厚）×390 mm（长）、横梁为89 mm（外径）×4 mm（厚）×2994 mm（长），三波形梁板中心高度为697 mm，横梁中心高度为1300 mm，立柱通过打桩方式在土中埋深为1.65 m，立柱间距为3 m。根据《公路护栏安全性能评价标准》（JTG B05-01—2013）中SA级碰撞条件（1.5 t小型客车、碰撞速度为100 km/h、碰撞角度为20°，14 t大型客车、碰撞速度为80 km/h、碰撞角度为20°，25 t大型货车、碰撞速度为60 km/h、碰撞角度为20°）建立仿真模型并组织实车足尺碰撞试验，图3.37为SA级合金钢波形梁护栏仿真与试验结果。图3.37（a）为SA级合金钢波形梁护栏仿真模型。图3.37（b）为三种车型碰撞SA级合金钢波形梁护栏过程的仿真与试验对比图，可以看出仿真与试验的三种车型行驶姿态基本相同，从车辆行驶姿态角度验证了仿真模型的准确性。图3.37（c）为三种车型碰撞后SA级合金钢波形梁护栏变形的仿真与试验结果对比图，可以看出护栏整体变形情况相似，从护栏变形角度验证了仿真模型的可靠性。

(a) 仿真模型

小型客车（左为仿真，右为试验）

大型客车（左为仿真，右为试验）

大型货车（左为仿真，右为试验）

（b）碰撞过程

小型客车（上为仿真，下为试验）

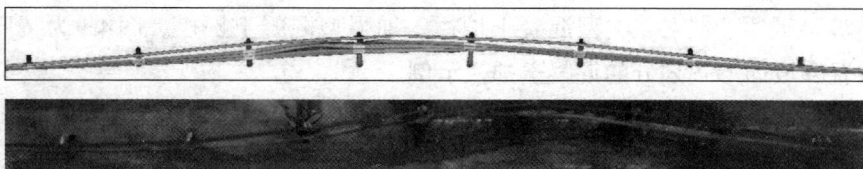

大型客车（上为仿真，下为试验）

大型货车（上为仿真，下为试验）

（c）护栏变形

图3.37 SA级合金钢波形梁护栏仿真与试验结果

第4章 有限元仿真技术与混凝土护栏

4.1 概 述

混凝土护栏是刚性护栏的主要代表形式，具有碰撞后基本不变形的特点，主要通过坡面使车辆爬升（或倾斜）来吸收碰撞能量，并引导车辆改变运动方向，从而达到有效保护乘员安全的目的。混凝土护栏按照设置位置、坡面形式、基础形式、施工工艺等有多种划分方法。

按照设置位置，公路混凝土护栏可划分为路基中央分隔带混凝土护栏、路侧混凝土护栏、桥梁混凝土护栏，其中，中央分隔带混凝土护栏又分为整体式中央分隔带混凝土护栏和分离式中央分隔带混凝土护栏两类。当车辆碰撞时，公路护栏与车辆的接触面叫迎撞面，公路混凝土护栏的坡面是指迎撞面的形式和尺寸，是公路混凝土护栏的重要几何特征。按照坡面形式，混凝土护栏可分为单坡型混凝土护栏、F型混凝土护栏、加强型混凝土护栏。图4.1为按照设置位置和坡面形式划分的混凝土护栏示例。

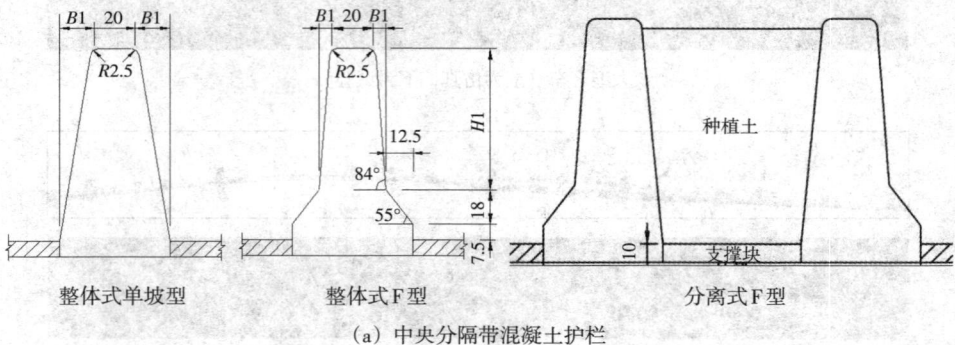

整体式单坡型　　　　整体式F型　　　　分离式F型

（a）中央分隔带混凝土护栏

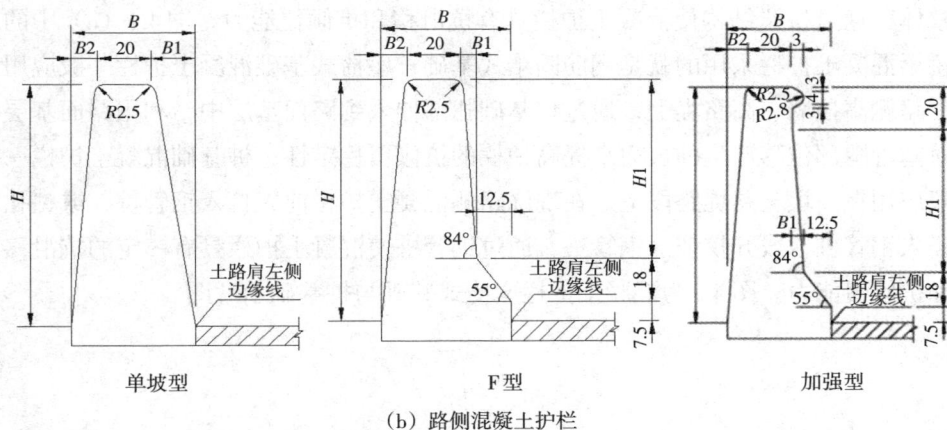

（b）路侧混凝土护栏

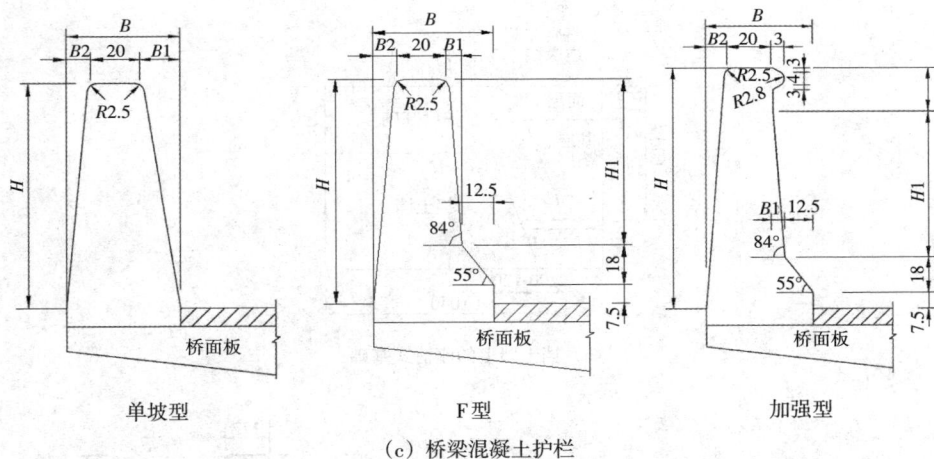

（c）桥梁混凝土护栏

图4.1 按照设置位置和坡面形式划分的混凝土护栏示例（尺寸单位：cm）

H—混凝土护栏路面以上高度；B—混凝土护栏总宽度；B1—单坡型护栏迎撞面斜面宽，

F型和加强型护栏迎撞面84°斜面宽；B2—混凝土护栏背部斜面宽；R—倒角半径

按照基础形式，公路混凝土护栏可划分为平摆浮搁式基础混凝土护栏、嵌固式基础混凝土护栏、钢筋固结基础混凝土护栏、座椅式基础混凝土护栏、桩基础混凝土护栏。平摆浮搁式基础混凝土护栏被碰撞后一般会发生较大变形，防护等级一般也比较低，多用于临时防护设施和可移动防护设施；嵌固式基础混凝土护栏通过将混凝土底部嵌入路面以下一定深度，利用两侧具有一定强度的路面嵌固使混凝土护栏具有较高的抗滑移和抗倾覆能力，图4.1（a）所示的中央分隔带混凝土护栏采用的就是嵌固式基础；钢筋固结基础混凝土护栏通过在桥梁结构中预埋设置钢筋，现浇混凝土墙体时将钢筋与混凝土结构形成一个整体，通过桥梁结构使混凝土护栏具有抗滑移和抗倾覆能力，图4.1（c）中的桥梁混凝土护栏采用的就是钢筋固结式基础；座椅式基础混凝土护栏一般应用在路侧高挡墙、高路堤上，通过将基础腿部伸入到路面基层中，利用路面基层对基础腿部位移产生的抗力来提高护栏的抗倾覆稳定性；桩基础混凝土护栏一般应用在高填土路堤路段上，在现浇路侧混凝土护栏前先打入钢管桩，或钻孔插入钢管桩，或开挖埋入钢管桩，通过钢管桩使混凝土护栏具有一定的抗滑移和抗倾覆能力。图4.2为混凝土护栏座椅式基础与桩基础示意图。

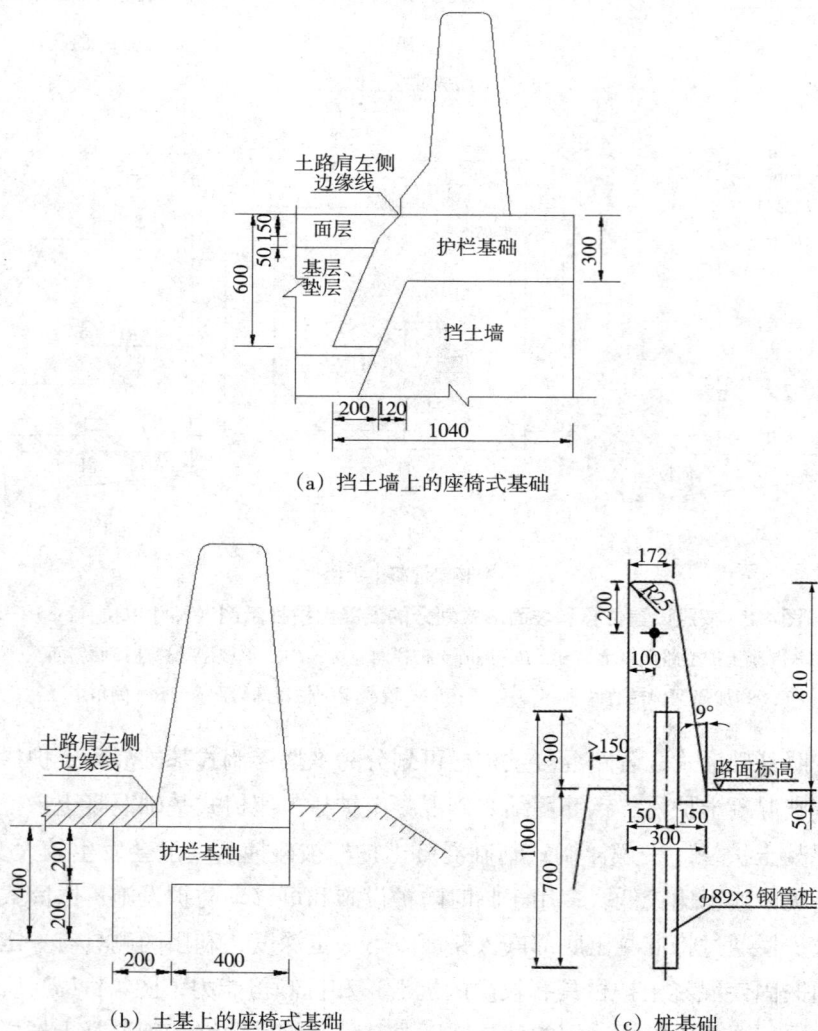

（a）挡土墙上的座椅式基础

（b）土基上的座椅式基础

（c）桩基础

图4.2　混凝土护栏座椅式基础和桩基础示意图（尺寸单位：mm）

根据施工工艺，混凝土护栏可分为现浇混凝土护栏和预制混凝土护栏两种。现浇混凝土护栏整体性良好，预制混凝土护栏的整体性受预制块长度和预制块之间连接两方面影响。从增加混凝土护栏整体强度和稳定性的角度考虑，预制混凝土护栏的长度宜尽量长一些，但考虑到浇筑、安装、伸缩缝等情况，预制块的长度不可能做得太长，我国混凝土护栏预制块长度多在4～6 m。预制块之间连接推荐采用纵向企口连接、纵向连接栓、纵向连接钢筋等方式，如图4.3所示。

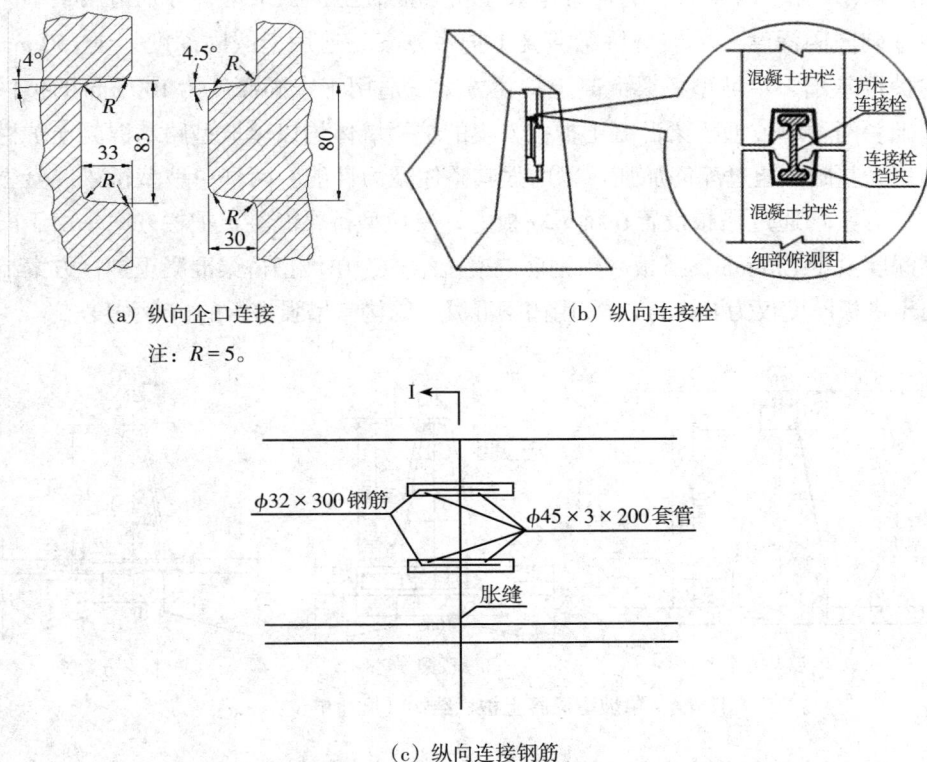

（a）纵向企口连接　　　　　　　　　　　　　（b）纵向连接栓

注：R = 5。

（c）纵向连接钢筋

图4.3　预制混凝土护栏几种纵向连接（尺寸单位：mm）

4.2　单坡型混凝土护栏

《公路交通安全设施设计细则》（JTG/T D81—2017）中规定了不同应用位置单坡型混凝土护栏结构形式。为研究单坡型混凝土护栏的防护能力，建立基于有限元方法的计算机仿真模型，下面对不同应用位置的单坡型混凝土护栏进行碰撞分析，并采用实车足尺碰撞试验对分析结果进行验证。

4.2.1 安全性能仿真分析

单坡型混凝土护栏根据不同应用位置分为单坡型路基混凝土护栏和单坡型桥梁混凝土护栏，如图4.4所示。图4.4（a）为单坡型路基混凝土护栏结构，护栏采用嵌固式基础，路面以下嵌固深度为100 mm，护栏路面以上有效高度为960 mm，坡面高度为810 mm；顶面宽度为200 mm，底面宽度为500 mm。图4.4（b）和图4.4（c）为两种单坡型桥梁混凝土护栏结构，分别适用于不同的基础嵌固深度，单坡型桥梁混凝土护栏方案一适用于嵌固深度大于150 mm的护栏基础，单坡型桥梁混凝土护栏方案二适用于嵌固深度为100 mm的护栏基础。两种单坡型桥梁混凝土护栏方案的护栏墙体均以单坡型路基混凝土护栏结构为基础，通过配筋加强，以增强其整体受力性能。两种单坡型桥梁混凝土护栏方案均通过搭板设置在桥梁翼板上，单坡型桥梁混凝土护栏方案一由于嵌固深度大于150 mm，搭板采用钢筋混凝土结构；单坡型桥梁混凝土护栏方案二由于搭板厚度仅为100 mm，采用槽钢混凝土结构来增强搭板的抗弯强度。

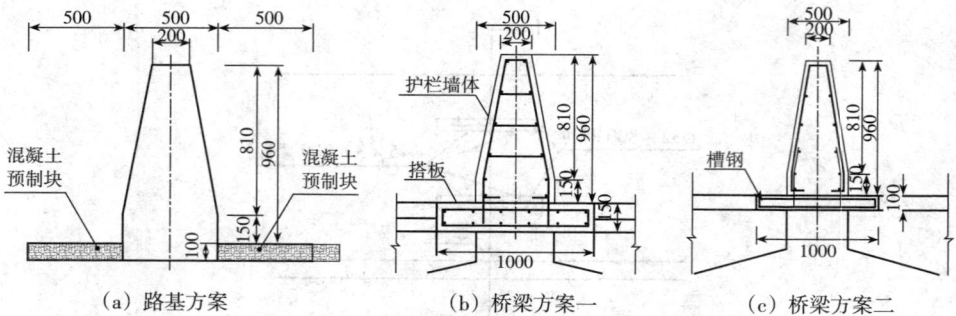

图4.4 单坡型混凝土护栏结构（尺寸单位：mm）

根据《公路护栏安全性能评价标准》（JTG B05-01—2013）中SA级大型客车碰撞条件（14 t大型客车、碰撞速度为80 km/h、碰撞角度为20°）对三种单坡型混凝土护栏结构进行碰撞分析，图4.5为单坡型混凝土护栏模型与仿真结果。图4.5（a）为护栏仿真模型。图4.5（b）和图4.5（c）为大型客车碰撞后三种单坡型混凝土护栏的变形及应力分布情况，可见路基护栏受损面积较大，结构出现了通长裂纹；两种桥梁护栏受损程度减轻、未出现裂纹，搭板也未出现结构破坏等现象，可见两种单坡型桥梁混凝土护栏结构强度高于单坡型路基混凝土护栏结构。

路基护栏　　　桥梁护栏方案一　　　桥梁护栏方案二

（a）护栏仿真模型

路基护栏　　　桥梁护栏方案一　　　桥梁护栏方案二

（b）护栏变形

路基护栏　　　桥梁护栏方案一　　　桥梁护栏方案二

（c）护栏应力

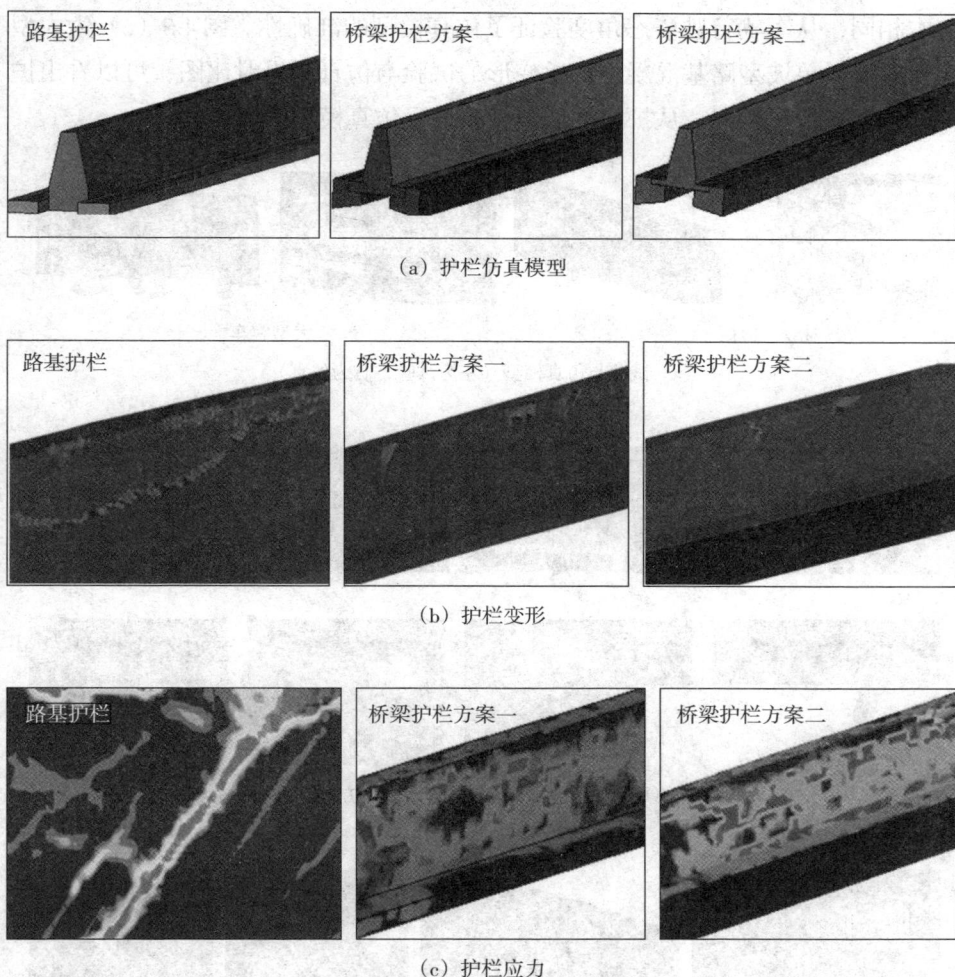

图4.5　单坡型混凝土护栏模型与仿真结果

4.2.2　试验验证

为了对单坡型混凝土护栏的仿真计算结果进行验证，选取最不利的单坡型路基混凝土护栏组织实车足尺碰撞试验，并与仿真计算结果进行对比，验证仿真模型的准确性。根据《公路护栏安全性能评价标准》（JTG B05-01—2013）中SA级大型客车碰撞条件（14 t大型客车、碰撞速度为80 km/h、碰撞角度为20°）组织实车足尺碰撞试验，图4.6为单坡型路基混凝土护栏试验与仿真结果。图4.6（a）为试验与仿真模型。图4.6（b）为大型客车碰撞单坡型路基混凝土护栏过程的试验与仿真对比图，可以看出仿真与试验的大型客车行驶姿态基本相同,从车辆行驶姿态角度验证了仿真模型的准确性。图4.6(c)为大型客车碰撞后单坡型路基混凝土护栏变形的试验与仿真结果对比图,可以看出护栏整体变形情况相似,从护栏变形角度验证了仿真模型的可靠性。

护栏   大型客车

(a)试验与仿真模型(左为试验,右为仿真)

(b)碰撞过程(上为试验,下为仿真)

(c)护栏变形(左为试验,右为仿真)

图4.6   单坡型路基混凝土护栏试验与仿真结果

4.3   加强型混凝土护栏

加强型坡面的主要特征是在护栏迎撞面顶部设置阻爬坎,该种形式的混凝土护栏在路基、桥梁上得到广泛应用。下面建立基于有限元方法的计算机仿真模型,对不同形式的加强型坡面混凝土护栏进行碰撞分析,并采用实车足尺碰撞试验对仿真分析结果进行验证。

4.3.1 路基护栏

4.3.1.1 嵌固式基础型

加强型坡面嵌固式基础路基混凝土护栏结构由两侧中央分隔带混凝土护栏墙体、种植土、枕梁、支撑块及连接方钢组成，如图4.7所示。护栏设计防护等级为SA级，路面以上有效高度为1000 mm，路面以下嵌固深度为100 mm，单侧护栏顶宽140 mm、底宽320 mm，护栏底部设厚度100 mm、宽度400 mm的C30钢筋混凝土预制枕梁间距为4000 mm；双侧护栏形成槽形，槽形底部设厚度为100 mm、宽度400 mm的C30钢筋混凝土预制支撑块间距为2000 mm，上部填种植土，护栏采用预制安装，预制块之间采用方钢和锚固钢板连接。

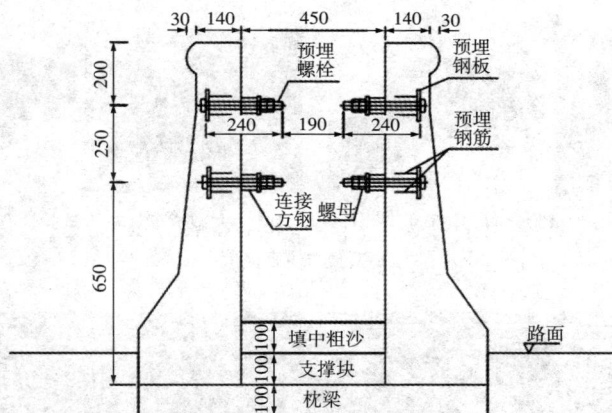

图4.7　加强型坡面嵌固式基础路基混凝土护栏结构（尺寸单位：mm）

根据《公路护栏安全性能评价标准》（JTG B05-01—2013）中SA级碰撞条件（1.5 t小型客车、碰撞速度为100 km/h、碰撞角度为20°，14 t大型客车、碰撞速度为80 km/h、碰撞角度为20°，25 t大型货车、碰撞速度为60 km/h、碰撞角度为20°）建立仿真模型并组织实车足尺碰撞试验，图4.8为加强型坡面嵌固式基础路基混凝土护栏试验与仿真结果。图4.8（a）为试验与仿真模型。图4.8（b）为三种车型碰撞加强型坡面嵌固式基础路基混凝土护栏过程的试验与仿真对比图，可以看出试验与仿真的三种车型行驶姿态基本相同，从车辆行驶姿态角度验证了仿真模型的准确性。图4.8（c）为三种车型碰撞后加强型坡面嵌固式基础路基混凝土护栏变形的试验与仿真结果对比图，可以看出护栏整体变形情况相似，从护栏变形角度验证了仿真模型的可靠性。经测量，小型客车碰撞的纵向乘员碰撞速度仿真和试验分别为2.9 m/s和3.8 m/s，横向乘员碰撞速度仿真和试验分别为6.0 m/s和7.6 m/s，纵向乘员碰撞后加速度仿真和试验分别为44.9 m/s²和32.6 m/s²，横向乘员碰撞后加速度仿真和试验分别为131.7 m/s²和136.2 m/s²，仿真值与试验值基本一致，从缓冲性能指标验证了仿真模型的可靠性。

护栏（上为试验，下为仿真）　　　　　　　　　小型客车（左为试验，右为仿真）

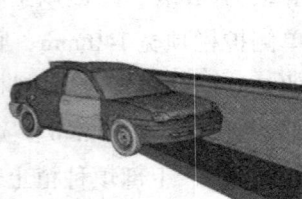

大型客车（左为试验，右为仿真）　　　　　大型货车（左为试验，右为仿真）

（a）试验与仿真模型

小型客车碰撞（上为试验，下为仿真）

大型客车碰撞（上为试验，下为仿真）

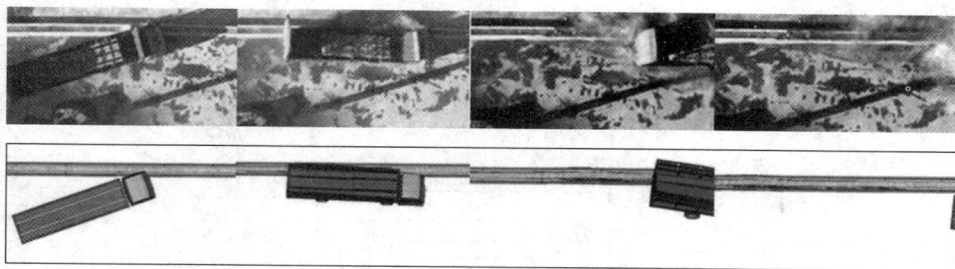

大型货车碰撞（上为试验，下为仿真）

（b）碰撞过程

小型客车碰撞（左为试验，右为仿真）

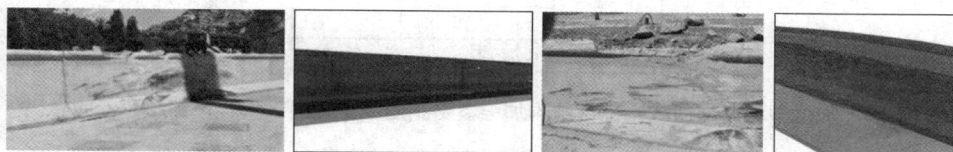

大型客车碰撞（左为试验，右为仿真）

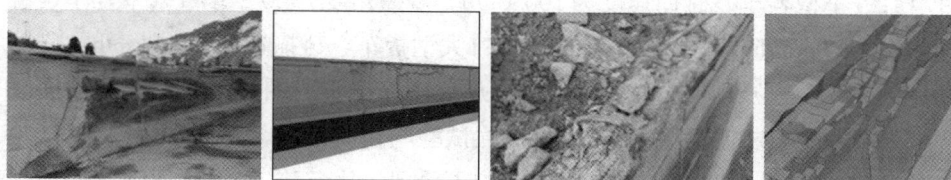

大型货车碰撞（左为试验，右为仿真）

（c）护栏变形

图4.8 加强型坡面嵌固式基础路基混凝土护栏试验与仿真结果

4.3.1.2 嵌固式基础钢结构加强型

加强型坡面嵌固式基础钢结构加强型路基混凝土护栏结构由两侧中央分隔带混凝土护栏墙体、支撑横梁、加高横梁、套管、种植土、枕梁、支撑块及连接方钢组成。该结构为4.3.1.1中加强型坡面嵌固式基础路基混凝土护栏在路面加铺100 mm后的加强结构，如图4.9所示。护栏设计防护等级为SA级，路面以上有效高度为1000 mm，混凝土护栏墙体顶面通过植螺栓设置加高横梁，双侧加高横梁之间设置支撑横梁；护栏底部设钢筋混凝土预制枕梁间距为4000 mm，两侧护栏形成槽形底部设钢筋混凝土预制支撑块间距为2000 mm，上部填种植土。

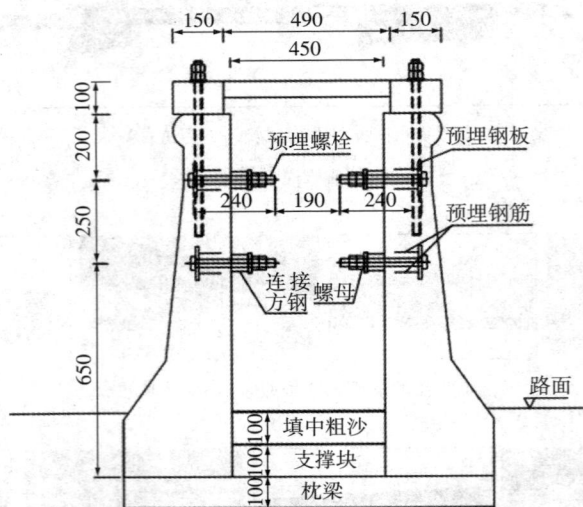

图4.9 加强型坡面嵌固式基础钢结构加强型路基混凝土护栏结构（尺寸单位：mm）

根据《公路护栏安全性能评价标准》（JTG B05-01—2013）中SA级碰撞条件（1.5 t小型客车、碰撞速度为100 km/h、碰撞角度为20°，14 t大型客车、碰撞速度为80 km/h、碰撞角度为20°，25 t大型货车、碰撞速度为60 km/h、碰撞角度为20°）建立仿真模型并组织实车足尺碰撞试验，图4.10为加强型坡面嵌固式基础钢结构加强型路基混凝土护栏试验与仿真结果。图4.10（a）为试验与仿真模型。图4.10（b）为三种车型碰撞加强型坡面嵌固式基础钢结构加强型路基混凝土护栏过程的试验与仿真对比图，可以看出仿真与试验的三种车型行驶姿态基本相同，从车辆行驶姿态角度验证了仿真模型的准确性。图4.10（c）为三种车型碰撞后加强型坡面嵌固式基础钢结构加强型路基混凝土护栏变形的试验与仿真结果对比图，可以看出护栏整体变形情况相似，从护栏变形角度验证了仿真模型的可靠性。经测量，小型客车碰撞的纵向乘员碰撞速度仿真和试验分别为4.2 m/s和4.3 m/s，横向乘员碰撞速度仿真和试验分别为6.6 m/s和6.3 m/s，纵向乘员碰撞后加速度仿真和试验分别为65.7 m/s²和61.7 m/s²，横向乘员碰撞后加速度仿真和试验分别为147.3 m/s²和173.8 m/s²，仿真值与试验值基本一致，从缓冲性能指标验证了仿真模型的可靠性。

护栏（上为试验，下为仿真）

小型客车（左为试验，右为仿真）

大型客车（左为试验，右为仿真）

大型货车（左为试验，右为仿真）

（a）试验与仿真模型

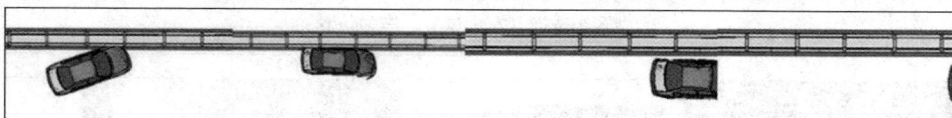

小型客车碰撞（上为试验，下为仿真）

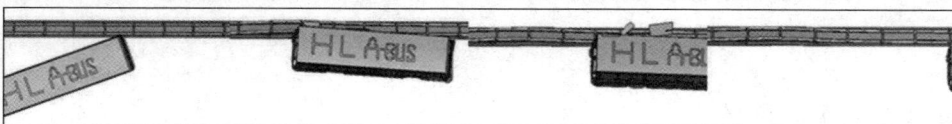

大型客车碰撞（上为试验，下为仿真）

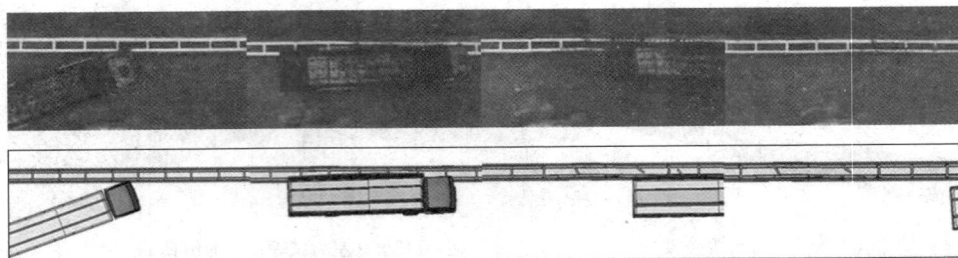

大型货车碰撞（上为试验，下为仿真）

（b）碰撞过程

小型客车碰撞（左为试验，右为仿真）

大型客车碰撞（左为试验，右为仿真）

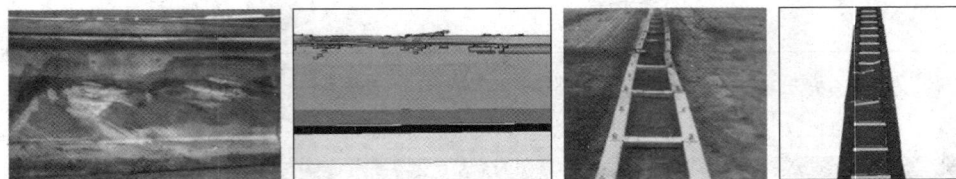

大型货车碰撞（左为试验，右为仿真）

（c）护栏变形

图4.10　加强型坡面嵌固式基础钢结构加强型路基混凝土护栏试验与仿真结果

4.3.2　桥梁护栏

4.3.2.1　可拆装型

为满足改扩建工程项目对护栏的高防护等级和方便拆装再利用需求，提出通用于临时和永久护栏设置的加强型坡面可拆装桥梁混凝土护栏结构，如图

4.11所示。护栏设计防护等级为SA级，护栏结构由护栏墙体、纵向连接构件、前部焊接锚固构件、背部抗剪挡块组成，护栏墙体采用预制工艺，由多个预制块组成，护栏路面以上有效高度为1 m，预制块之间采用槽钢和墙体预埋螺栓进行纵向连接。

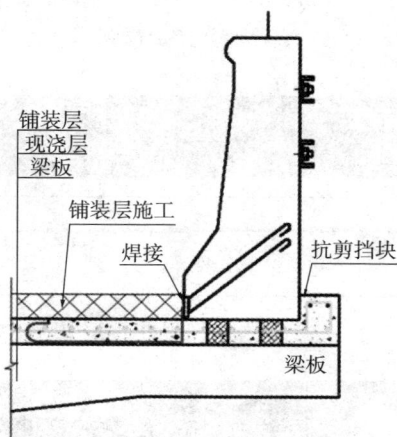

铺装层
现浇层
梁板
铺装层施工
焊接
抗剪挡块
梁板

图4.11 加强型坡面可拆装桥梁混凝土护栏结构

根据《公路护栏安全性能评价标准》（JTG B05-01—2013）中SA级碰撞条件（1.5 t小型客车、碰撞速度为100 km/h、碰撞角度为20°，14 t大型客车、碰撞速度为80 km/h、碰撞角度为20°，25 t大型货车、碰撞速度为60 km/h、碰撞角度为20°）建立仿真模型并组织实车足尺碰撞试验，图4.12为加强型坡面可拆装桥梁混凝土护栏试验与仿真结果。图4.12（a）为试验与仿真模型。图4.12（b）为三种车型碰撞加强型坡面可拆装桥梁混凝土护栏过程的试验与仿真对比图，可以看出试验与仿真的三种车型行驶姿态基本相同，从车辆行驶姿态角度验证了仿真模型的准确性。图4.12（c）为三种车型碰撞后加强型坡面可拆装桥梁混凝土护栏变形的试验与仿真结果对比图，可以看出护栏整体变形情况相似，从护栏变形角度验证了仿真模型的可靠性。

护栏（左为试验，右为仿真）　　　　小型客车（左为试验，右为仿真）

大型客车（左为试验，右为仿真）　　　　大型货车（左为试验，右为仿真）

（a）试验与仿真模型

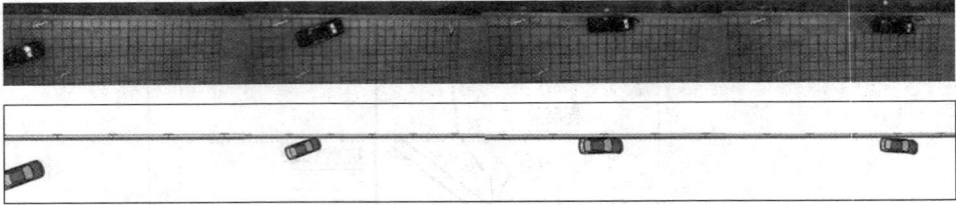

小型客车碰撞（上为试验，下为仿真）

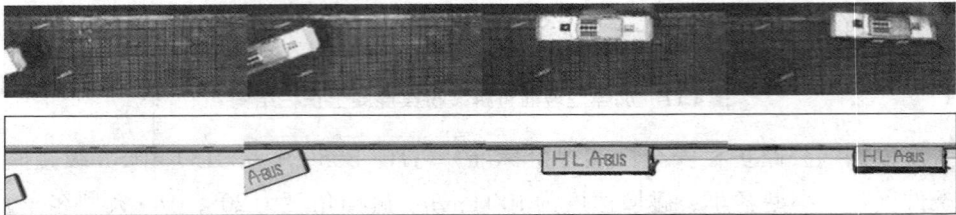

大型客车碰撞（上为试验，下为仿真）

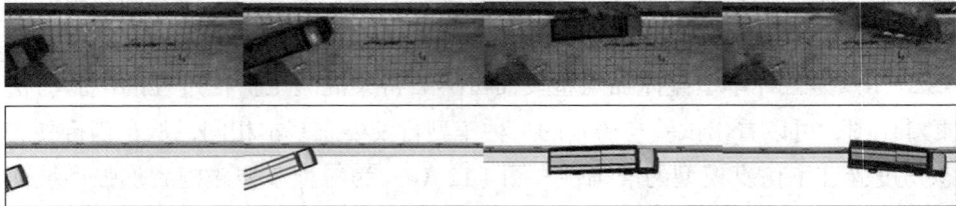

大型货车碰撞（上为试验，下为仿真）

（b）碰撞过程

小型客车碰撞（左为试验，右为仿真）

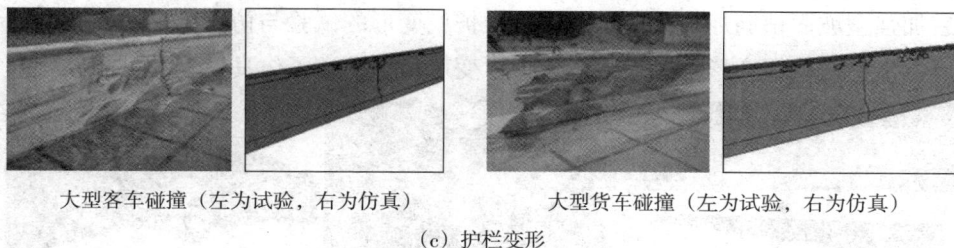

大型客车碰撞（左为试验，右为仿真）   大型货车碰撞（左为试验，右为仿真）

（c）护栏变形

图4.12　加强型坡面可拆装桥梁混凝土护栏试验与仿真结果

4.3.2.2　植筋加高改造型

为提升既有早期建设的桥梁混凝土护栏的防护能力，同时避免大规模拆除重建造成的经济浪费，采用植筋加高的方式对原桥梁护栏进行改造升级，改造后结构如图4.13所示。通过在原护栏底座顶面凿毛、植筋设置植筋加高段，桥面以上有效高度为1100 mm；原护栏基座底部坡面角度与F型坡面角度相同，但爬升段长度有所增大。护栏设计防护等级为SS级。

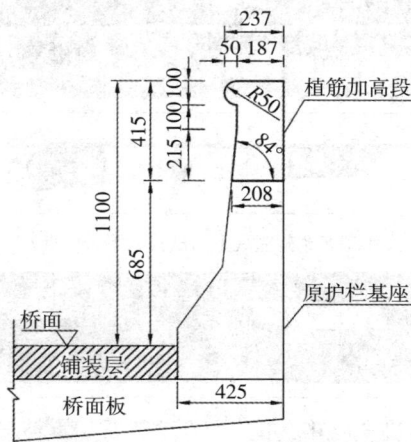

图4.13　加强型坡面植筋加高改造桥梁混凝土护栏结构（尺寸单位：mm）

根据《公路护栏安全性能评价标准》（JTG B05-01—2013）中SS级碰撞条件（1.5 t小型客车、碰撞速度为100 km/h、碰撞角度为20°，18 t大型客车、碰撞速度为80 km/h、碰撞角度为20°，33 t大型货车、碰撞速度为60 km/h、碰撞角度为20°）建立仿真模型并组织实车足尺碰撞试验，图4.14为加强型坡面植筋加高改造桥梁混凝土护栏试验与仿真结果。图4.14（a）为试验与仿真模型。图4.14（b）为三种车型碰撞加强型坡面植筋加高改造桥梁混凝土护栏过程的试验与仿真对比图，可以看出试验与仿真的三种车型行驶姿态基本相同，从车辆行驶姿态角度验证了仿真模型的准确性。图4.14（c）为三种车型碰撞后加强型坡面植筋加高改造桥梁混凝土护栏变形的试验与仿真结果对比图，可以看出护栏整体变形情况相似，从护栏变形角度验证了仿真模型的可靠性。

护栏（上为试验，下为仿真）　　　　小型客车（左为试验，右为仿真）

大型客车（左为试验，右为仿真）　　大型货车（左为试验，右为仿真）

（a）试验与仿真模型

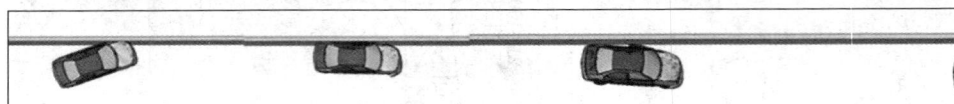

小型客车碰撞（上为试验，下为仿真）

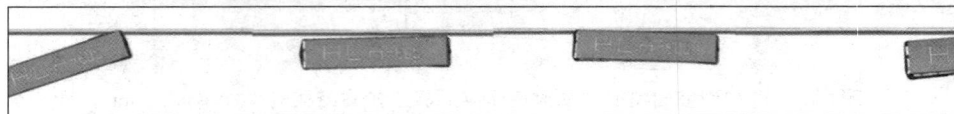

大型客车碰撞（上为试验，下为仿真）

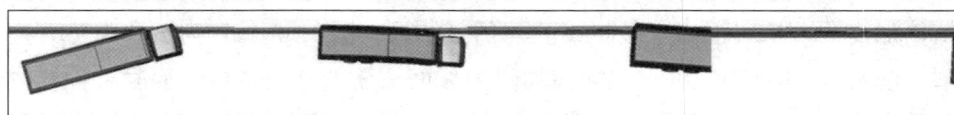

大型货车碰撞（上为试验，下为仿真）

（b）碰撞过程

小型客车碰撞（左为试验，右为仿真）

大型客车碰撞（左为试验，右为仿真）

大型货车碰撞（左为试验，右为仿真）

（c）护栏变形

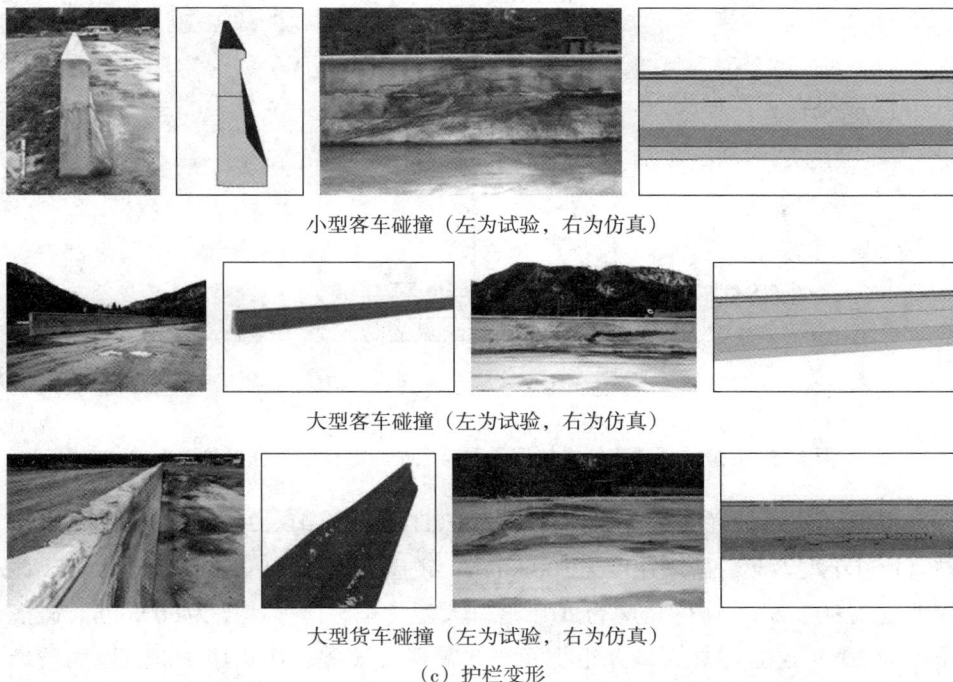

图4.14 加强型坡面植筋加高改造桥梁混凝土护栏试验与仿真结果

4.4 F型混凝土护栏

《公路交通安全设施设计细则》（JTG/T D81—2017）中规定了F型坡面混凝土护栏的结构形式。研究人员采用该种坡面研发了玻璃纤维筋桥梁混凝土护栏和安全经济型桥梁混凝土护栏。下面建立基于有限元方法的计算机仿真模型，对F型坡面玻璃纤维筋桥梁混凝土护栏和安全经济型桥梁混凝土护栏进行碰撞分析，并采用实车足尺碰撞试验对分析结果进行验证。

4.4.1 玻璃纤维筋桥梁混凝土护栏

为消除钢筋混凝土护栏中钢筋锈蚀所引起的耐久性问题，通过比选采用玻璃纤维筋部分替代钢筋。玻璃纤维筋为非金属材料，具有抗拉性能强、轻质、抗腐蚀、耐久性好的优点。研发的F型坡面玻璃纤维筋桥梁混凝土护栏结构如图4.15所示，护栏设计防护等级为SS级，桥面以上有效高度为1100 mm，底部宽度为430 mm，顶部宽度为215 mm；护栏墙体采用直径为12，16，18 mm三种型号的玻璃纤维筋。

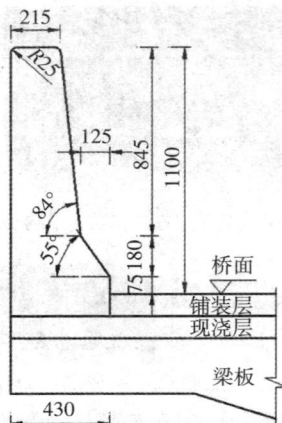

图4.15　F型坡面玻璃纤维筋桥梁混凝土护栏结构（尺寸单位：mm）

　　根据《公路护栏安全性能评价标准》（JTG B05-01—2013）中SS级碰撞条件（1.5 t小型客车、碰撞速度为100 km/h、碰撞角度为20°，18 t大型客车、碰撞速度为80 km/h、碰撞角度为20°，33 t大型货车、碰撞速度为60 km/h、碰撞角度为20°）建立仿真模型并组织实车足尺碰撞试验，图4.16为F型坡面玻璃纤维筋桥梁混凝土护栏试验与仿真结果。图4.16（a）为试验与仿真模型。图4.16（b）为三种车型碰撞F型坡面玻璃纤维筋桥梁混凝土护栏过程的试验与仿真对比图，可以看出试验与仿真的三种车型行驶姿态基本相同，从车辆行驶姿态角度验证了仿真模型的准确性。图4.16（c）为三种车型碰撞后F型坡面玻璃纤维筋桥梁混凝土护栏变形的试验与仿真结果对比图，可以看出护栏整体变形情况相似，从护栏变形角度验证了仿真模型的可靠性。经测量，小型客车碰撞的纵向乘员碰撞速度仿真和试验分别为4.3 m/s和3.1 m/s，横向乘员碰撞速度仿真和试验分别为5.4 m/s和5.6 m/s，纵向乘员碰撞后加速度仿真和试验分别为166.4 m/s² 和178.7 m/s²，横向乘员碰撞后加速度仿真和试验分别为118.9 m/s² 和141.4 m/s²，仿真值与试验值基本一致，从缓冲性能指标验证了仿真模型的可靠性。

护栏（上为试验，下为仿真）　　　　　小型客车（左为试验，右为仿真）

大型客车（左为试验，右为仿真）　　　　大型货车（左为试验，右为仿真）

(a) 试验与仿真模型

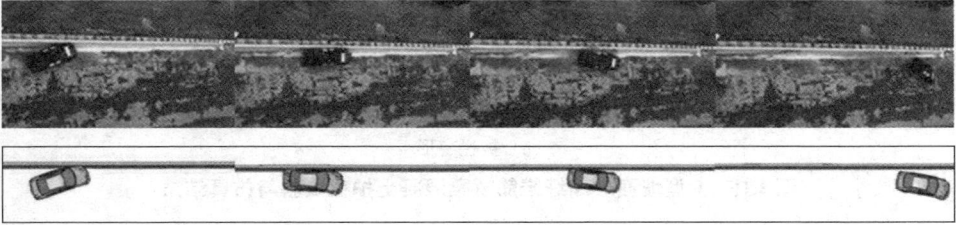

小型客车（上为试验，下为仿真）

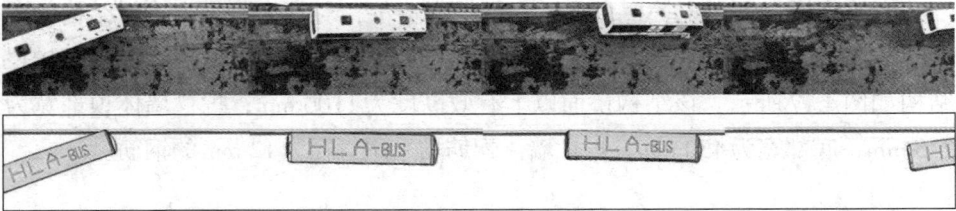

大型客车（上为试验，下为仿真）

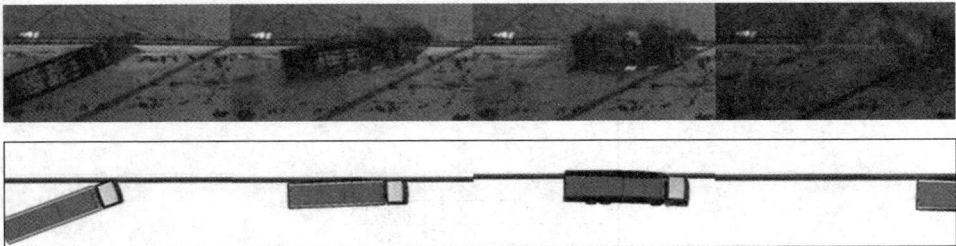

大型货车（上为试验，下为仿真）

(b) 碰撞过程

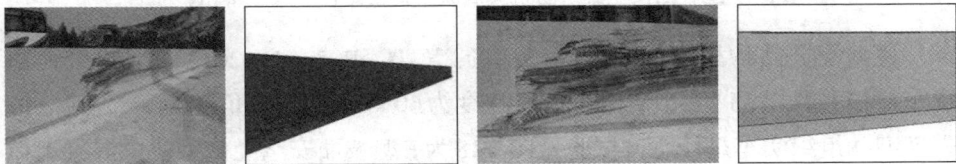

小型客车（左为试验，右为仿真）

大型客车（左为试验，右为仿真）

大型货车（左为试验，右为仿真）

（c）护栏变形

图4.16　F型坡面玻璃纤维筋桥梁混凝土护栏试验与仿真结果

4.4.2　安全经济型桥梁混凝土护栏

为减轻桥梁混凝土护栏自重、降低护栏造价，对常规混凝土护栏结构的混凝土墙体及配筋进行了优化研究，研发的F型坡面安全经济型桥梁混凝土护栏结构如图4.17所示。该结构桥面以上有效高度为1100 mm，护栏墙体顶部宽为215 mm，底部宽为430 mm，护栏墙体配筋均采用直径为12 mm的钢筋。

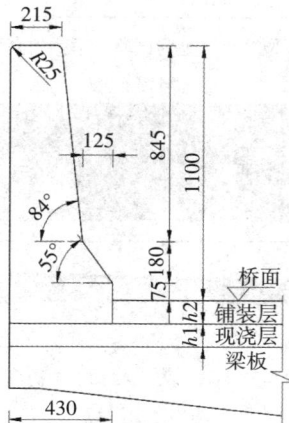

图4.17　F型坡面安全经济型桥梁混凝土护栏结构（尺寸单位：mm）

根据《公路护栏安全性能评价标准》（JTG B05-01—2013）中SS级大型货车碰撞条件（33 t大型货车、碰撞速度为60 km/h、碰撞角度为20°）建立仿真模型并组织实车足尺碰撞试验，图4.18为F型坡面安全经济型桥梁混凝土护栏试验与仿真结果。图4.18（a）为试验与仿真模型。图4.18（b）为大型货车碰撞F型坡面安全经济型桥梁混凝土护栏过程的试验与仿真对比图，可以看出试验与仿真的车辆行驶姿态基本相同，从车辆行驶姿态角度验证了仿真模型的准确性。图4.18（c）为大型货车碰撞后F型坡面安全经济型桥梁混凝土护栏变形的试验与仿真结果对比图，可以看出护栏整体变形情况相似，从护栏变形角度验证了仿真模型的可靠性。

护栏（上为试验，下为仿真）　　　大型货车（左为试验，右为仿真）

（a）试验与仿真模型

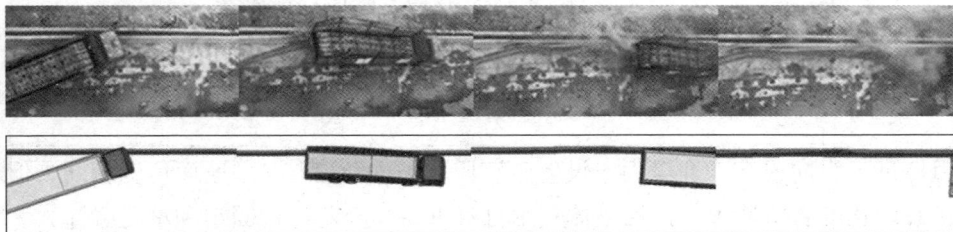

大型货车（上为试验，下为仿真）

（b）碰撞过程

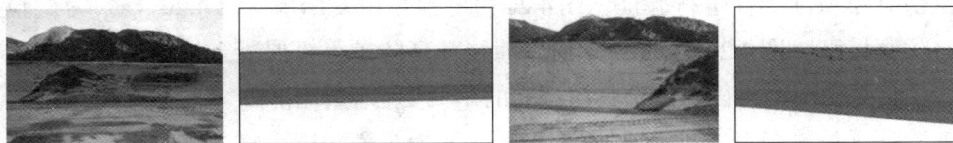

大型货车（左为试验，右为仿真）

（c）护栏变形

图4.18　F型坡面安全经济型桥梁混凝土护栏试验与仿真结果

4.5　其他混凝土护栏

4.5.1　路基高防护等级混凝土护栏

路基高防护等级混凝土护栏结构如图4.19所示。护栏路面以上有效高度为1500 mm，路面以下700 mm埋入土中，混凝土墙体为1000 mm一节，利用传

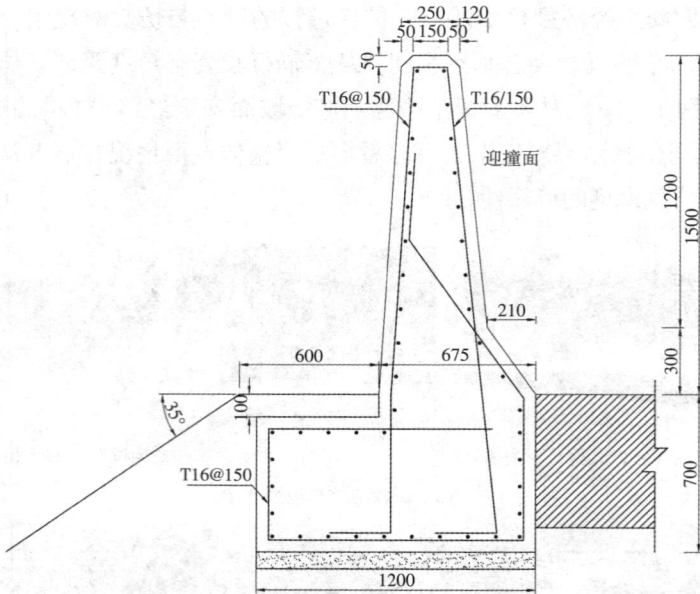

图4.19 路基高防护等级混凝土护栏结构（尺寸单位：mm）

力杆进行纵向连接，迎撞面未设置竖直段，坡面角度与F型坡面角度相同，但爬升段长度有所增大。护栏整体利用自身重力和土基进行固定和承受碰撞力。

按照38 t鞍式列车、碰撞速度为65 km/h、碰撞角度为20°的碰撞条件，建立仿真模型并组织实车足尺碰撞试验，对路基高防护等级混凝土护栏安全性能及仿真模型准确性进行验证，图4.20为试验与仿真结果。图4.20（a）为试验与仿真模型。图4.20（b）为车辆碰撞路基高防护等级混凝土护栏过程的试验与仿真对比图，可以看出仿真与试验的车辆姿态基本相同，从车辆行驶姿态角度验证了仿真模型的准确性。图4.20（c）为车辆碰撞后路基高防护等级混凝土护栏变形图，可以看出护栏整体变形情况相似，从护栏变形角度验证了仿真模型的可靠性。

护栏（上为试验，下为仿真）　　　鞍式列车（左为试验，右为仿真）

（a）试验与仿真模型

（b）碰撞过程（上为试验，下为仿真）

（c）护栏变形（左为试验，右为仿真）

图 4.20 路基高防护等级混凝土护栏试验与仿真结果

4.5.2 桥梁嵌固式基础混凝土护栏

桥梁嵌固式基础混凝土护栏结构如图 4.21 所示，路面以上有效高度为 1020 mm，顶面宽度为 236 mm；护栏混凝土墙体路面以下采用倒凸形嵌固式基础嵌入双幅桥梁之间，总嵌固深度为 370 mm，护栏设计防护等级为 SA 级。

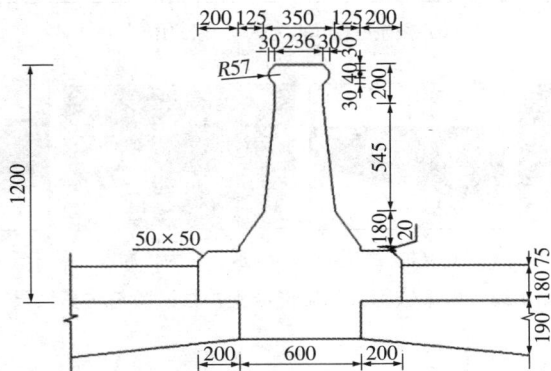

图 4.21 桥梁嵌固式基础混凝土护栏结构（尺寸单位：mm）

为验证倒凸形嵌固式基础的可靠性和仿真结果的准确性，选取《公路护栏安全性能评价标准》（JTG B05-01—2013）中SS级（较SA级高一个等级）大型货车碰撞条件（33 t大型货车、碰撞速度为60 km/h、碰撞角度为20°）建立仿真模型并组织实车足尺碰撞试验，图4.22为桥梁嵌固式基础混凝土护栏试验与仿真结果。图4.22（a）为试验与仿真模型。图4.22（b）为大型货车碰撞桥梁嵌固式基础混凝土护栏过程的试验与仿真对比图，可以看出试验与仿真的车辆行驶姿态基本相同，从车辆行驶姿态角度验证了仿真模型的准确性。图4.22（c）为大型货车碰撞后桥梁嵌固式基础混凝土护栏变形的试验与仿真结果对比图，可以看出护栏整体变形情况相似，从护栏变形角度验证了仿真模型的可靠性。

护栏（上为试验，下为仿真）　　　　大型货车（左为试验，右为仿真）

（a）试验与仿真模型

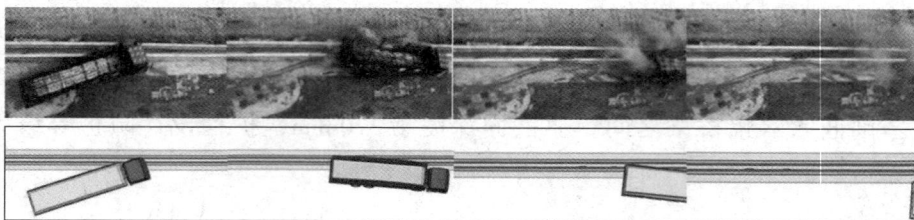

（b）碰撞过程（上为试验，下为仿真）

（c）护栏变形（左为试验，右为仿真）

图4.22　桥梁嵌固式基础混凝土护栏试验与仿真结果

第5章 有限元仿真技术与金属梁柱式护栏

5.1 概　述

金属梁柱式护栏属于半刚性护栏，其基本结构如图5.1（a）所示，由横梁和立柱组成，部分结构设有防阻块（连接块）和混凝土基座。虽然金属梁柱式护栏与波形梁护栏都属于半刚性护栏，但是金属梁柱式护栏的刚度一般都高于波形梁护栏，在同等碰撞能量下，其变形一般都远小于波形梁护栏。金属梁柱式护栏结构强度与刚度要低于混凝土护栏，车辆碰撞时利用横梁和立柱产生的小幅变形来吸收碰撞能量，并迫使碰撞车辆改变方向，护栏的变形会减少碰撞荷载对车辆的冲击，对车辆和桥面板有一定的缓冲保护作用，其变形吸能形态如图5.1（b）所示。

|（a）基本结构|（b）变形吸能形态|

图5.1　金属梁柱式护栏基本结构与变形吸能形态

金属梁柱式护栏按照横梁数量可分为双横梁、三横梁、四横梁和五横梁等类型。其中，双横梁多用在B级结构中，在我国应用较少，图5.2（a）是国外应用的双横梁金属梁柱式护栏；深圳湾跨海大桥采用了三横梁金属梁柱式护栏，如图5.2（b）所示；杭州湾跨海大桥采用了四横梁金属梁柱式护栏，如图5.2（c）所示，同时在通航段采用了五横梁金属梁柱式护栏，如图5.2（d）所示。

(a) 双横梁　　　　　　　　　　　　　　　(b) 三横梁

(c) 四横梁　　　　　　　　　　　　　　　(d) 五横梁

图5.2　不同横梁数量的金属梁柱式护栏

金属梁柱式护栏一般为强梁强柱结构，横梁在迎撞面直接与事故车辆接触，抵抗车辆碰撞并改变车辆方向，从而发挥导向功能，横梁是金属梁柱式护栏设计中考虑的关键因素之一。金属梁柱式护栏的横梁一般为钢管结构，主要包括圆形管、矩形管、方形管、异形管（如椭圆形管、D形管等）四类断面形式，如图5.3所示。在加工方便性和经济性方面，圆形管、矩形管和方形管可采用标准构件，加工方便快捷，在实际工程中应用较为广泛。

(a) 圆形管　　　　(b) 矩形管　　　　(c) 方形管　　　　(d) 椭圆形管

图5.3　不同横梁断面形式的金属梁柱式护栏

一直以来，对金属梁柱式护栏结构的研究都在持续开展且不断深入，并通过横梁与立柱形式的多样化组合，取得了一些科研成果。湖北省跨长江的缆索承重桥梁较多，湖北交通投资集团有限公司联合北京华路安交通科技有限公司，依托湖北武穴长江公路大桥和湖北棋盘洲长江公路大桥开展了缆索承重桥梁专用型钢护栏研究，开发了八（HA）级金属梁柱式桥梁护栏并取得了系列成果，同时将研究成果归纳总结编制成中国工程建设标准化协会《缆索承重桥梁八级型钢护栏技术规程》。针对缆索承重桥梁的大跨径伸缩缝位置，武汉交通工程建设投资集团有限公司联合北京华路安交通科技有限公司，依托武汉青山长江大桥开展了大跨径伸缩缝位置金属梁柱式护栏研究，研发了通过碰撞试验验证的SS级大跨径伸缩缝金属梁柱式护栏结构，研究成果获得了中国公路建设行业协会科技进步一等奖，并归纳总结形成了中国工程建设标准化协会《公路桥梁伸缩缝处护栏设置技术规程》（T/CECS G：D83-07—2023）。深圳市交通主管部门为了改善路侧波形梁护栏景观不通透的现状，由深圳市城市交通规划设计研究中心股份有限公司联合北京华路安交通科技有限公司，依托广深高速虎背山隧道—深圳段开展品质提升工作，研究开发了三横梁A级金属梁柱式护栏和SB级金属梁柱式护栏，由于其应用效果良好，中国公路学会发布了《D形管梁钢护栏》（T/CHTS 20022—2022）团体标准。为了保证有限元方法的准确性，采用基于有限元方法的计算机仿真技术与实车足尺碰撞试验对金属梁柱式护栏进行对比分析。图5.4为新型金属梁柱式护栏。

（a）缆索承重桥梁金属梁柱式护栏　（b）伸缩缝处金属梁柱式护栏　（c）路基位置金属梁柱式护栏

图5.4　新型金属梁柱式护栏

5.2　A级金属梁柱式护栏

A级金属梁柱式护栏采用立柱和三横梁结构组合，具有美观、通透等特点。该类护栏通过设置混凝土基础应用在公路路基段，包括连续基础形式和独立基础形式，均满足《公路护栏安全性能评价标准》（JTG B05-01—2013）的安全性能指标要求。下面对A级金属梁柱式护栏建立基于有限元方法的计算机仿真模型，并采用实车足尺碰撞试验对有限元仿真方法的准确性进行验证。

5.2.1 连续基础形式

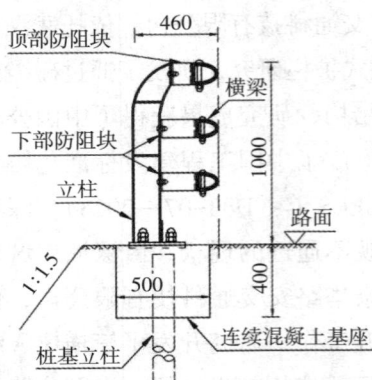

图5.5 连续基础形式A级金属梁柱式护栏结构（尺寸单位：mm）

连续基础形式A级金属梁柱式护栏由横梁、立柱、内套管、螺栓紧固件、锚固基础组成，结构如图5.5所示。护栏路面以上高1000 mm，宽460 mm；横梁布设3层，均为半椭圆形钢管，横梁背部焊接防阻块；立柱由翼板、腹板与肋板焊接而成，按照2000 mm间距布置；立柱通过法兰锚固在连续的混凝土基座上，混凝土基座埋深400 mm，混凝土基座内按照4000 mm间距设置桩基立柱。

根据《公路护栏安全性能评价标准》（JTG B05-01—2013）中A级碰撞条件（1.5 t小型客车、碰撞速度为100 km/h、碰撞角度为20°，10 t中型客车、碰撞速度为60 km/h、碰撞角度为20°，10 t中型货车、碰撞速度为60 km/h、碰撞角度为20°）建立仿真模型并组织实车足尺碰撞试验，图5.6为连续基础形式A级金属梁柱式护栏试验与仿真模型。

(a) 护栏（上为试验，下为仿真）   (b) 小型客车（左为试验，右为仿真）

(c) 中型客车（左为试验，右为仿真）   (d) 中型货车（左为试验，右为仿真）

图5.6 连续基础形式A级金属梁柱式护栏试验与仿真模型

图5.7为三种车型碰撞连续基础形式A级金属梁柱式护栏过程的试验与仿真对比图，可以看出试验与仿真的三种车型行驶姿态基本相同，从车辆行驶姿

态角度验证了仿真模型的准确性。图5.8为三种车型碰撞后连续基础形式A级金属梁柱式护栏变形的试验与仿真结果对比图，可以看出护栏整体变形情况相似，从护栏变形角度验证了仿真模型的可靠性。

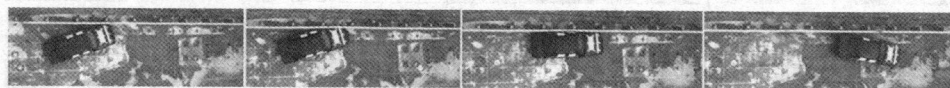

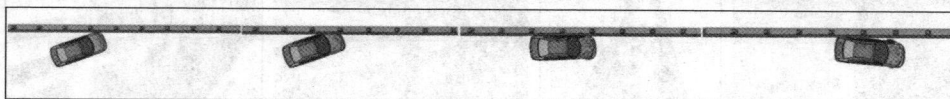

（a）小型客车（上为试验，下为仿真）

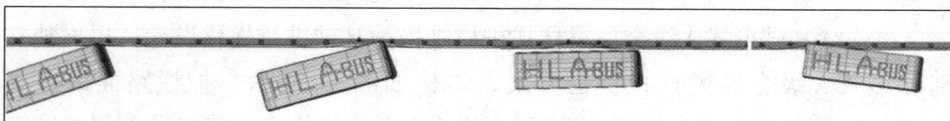

（b）中型客车（上为试验，下为仿真）

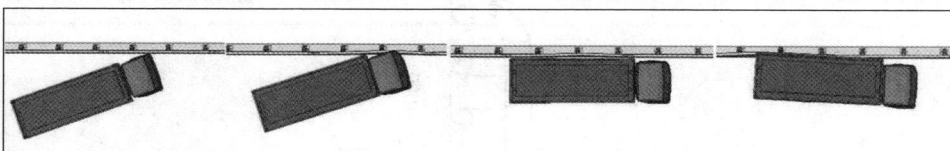

（c）中型货车（上为试验，下为仿真）

图5.7 车辆碰撞连续基础形式A级金属梁柱式护栏过程试验与仿真对比

（a）小型客车碰撞后护栏变形图（左为试验，右为仿真）

（b）中型客车碰撞后护栏变形图（左为试验，右为仿真）

（c）中型货车碰撞后护栏变形图（左为试验，右为仿真）

图5.8　连续基础形式A级金属梁柱式护栏变形试验与仿真对比

5.2.2　独立基础形式

以连续基础形式A级金属梁柱式护栏结构为基础进行优化设计，提出独立基础形式A级金属梁柱式护栏方案，结构如图5.9所示。护栏路面以上高1000 mm、宽460 mm；横梁布设3层，均为半椭圆形钢管，横梁背部焊接防阻块；立柱由翼板、腹板与肋板焊接而成，按照2000 mm间距布置；每个立柱通过法兰锚固在独立的混凝土基座上，每个混凝土基座埋深600 mm，基座内均设置桩基立柱。

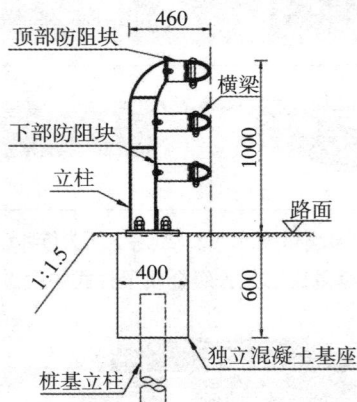

图5.9　独立基础形式A级金属梁柱式护栏结构（尺寸单位：mm）

根据《公路护栏安全性能评价标准》（JTG　B05-01—2013）中A级碰撞条件（1.5 t小型客车、碰撞速度为100 km/h、碰撞角度为20°，10 t中型客车、碰撞速度为60 km/h、碰撞角度为20°，10 t中型货车、碰撞速度为60 km/h、碰撞

角度为20°）建立仿真模型并组织实车足尺碰撞试验，图5.10为独立基础形式
A级金属梁柱式护栏试验与仿真模型。

（a）护栏（上为试验，下为仿真）　　　　（b）小型客车（左为试验，右为仿真）

（c）中型客车（左为试验，右为仿真）　　　（d）中型货车（左为试验，右为仿真）

图5.10　独立基础形式A级金属梁柱式护栏试验与仿真模型

图5.11为三种车型碰撞独立基础形式A级金属梁柱式护栏过程的试验与仿
真对比图，可以看出试验与仿真的三种车型行驶姿态基本相同，从车辆行驶姿
态角度验证了仿真模型的准确性。图5.12为三种车型碰撞后独立基础形式A级
金属梁柱式护栏变形的试验与仿真结果对比图，可以看出护栏整体变形情况相
似，从护栏变形角度验证了仿真模型的可靠性。

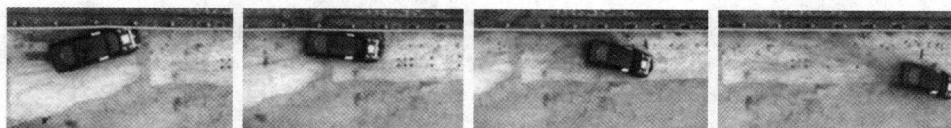

（a）小型客车（上为试验，下为仿真）

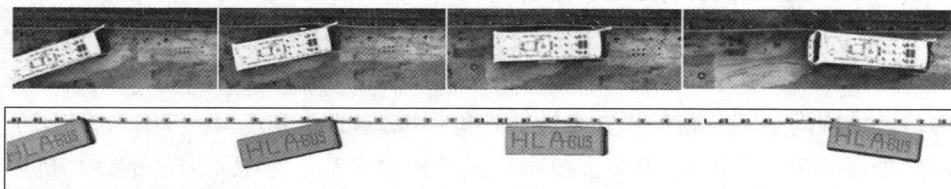

（b）中型客车（上为试验，下为仿真）

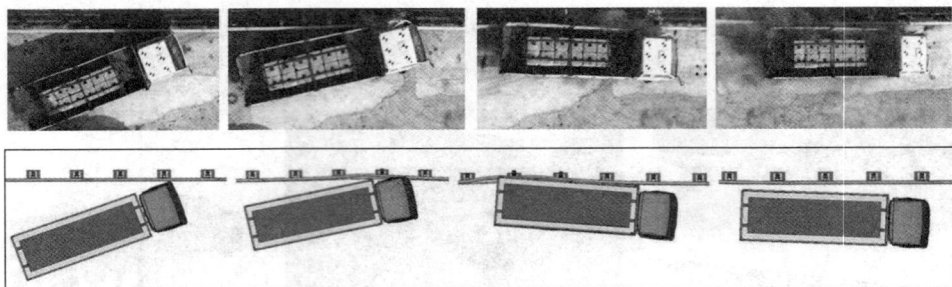

（c）中型货车（上为试验，下为仿真）

图5.11　车辆碰撞独立基础形式A级金属梁柱式护栏过程试验与仿真对比

（a）小型客车碰撞后护栏变形图（左为试验，右为仿真）

（b）中型客车碰撞后护栏变形图（左为试验，右为仿真）

（c）中型货车碰撞后护栏变形图（左为试验，右为仿真）

图5.12　独立基础形式A级金属梁柱式护栏变形试验与仿真对比

5.3　SB级金属梁柱式护栏

在A级金属梁柱式护栏的基础上优化提升得到SB级金属梁柱式护栏结构，该结构满足《公路护栏安全性能评价标准》（JTG B05-01—2013）的安全性能指标要求。下面对SB级金属梁柱式护栏建立基于有限元方法的计算机仿真模型，并采用实车足尺碰撞试验对有限元仿真方法的准确性进行验证。

5.3.1 连续基础形式

连续基础形式SB级金属梁柱式护栏由横梁、立柱、内套管、螺栓紧固件、锚固基础组成,结构如图5.13所示。护栏路面以上高1150 mm、宽460 mm;横梁布设3层,均为半椭圆形钢管,横梁背部焊接防阻块;立柱由翼板、腹板与肋板焊接而成,按照2000 mm间距布置;立柱通过法兰锚固在连续的混凝土基座上,混凝土基座埋深400 mm,混凝土基座内按照4000 mm间距设置桩基立柱。

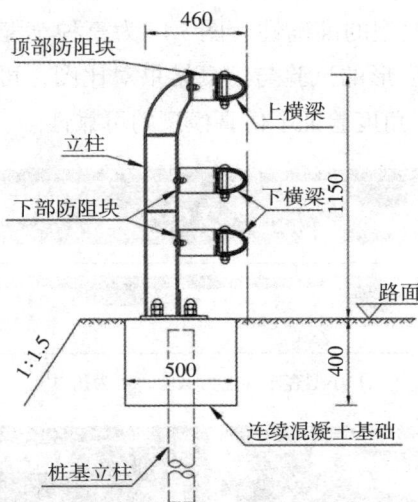

图5.13 连续基础形式SB级金属梁柱式护栏结构(尺寸单位:mm)

根据《公路护栏安全性能评价标准》(JTG B05-01—2013)中SB级碰撞条件(1.5 t小型客车、碰撞速度为100 km/h、碰撞角度为20°,10 t中型客车、碰撞速度为80 km/h、碰撞角度为20°,18 t大型货车、碰撞速度为60 km/h、碰撞角度为20°)建立仿真模型并组织实车足尺碰撞试验,图5.14为连续基础形式SB级金属梁柱式护栏试验与仿真模型。

(a)护栏(上为试验,下为仿真)   (b)小型客车(左为试验,右为仿真)

（c）中型客车（左为试验，右为仿真）　　　　（d）大型货车（左为试验，右为仿真）

图5.14　连续基础形式SB级金属梁柱式护栏试验与仿真模型

图5.15为三种车型碰撞连续基础形式SB级金属梁柱式护栏过程的试验与仿真对比图，可以看出试验与仿真的三种车型行驶姿态基本相同，从车辆行驶姿态角度验证了仿真模型的准确性。图5.16为三种车型碰撞后连续基础形式SB级金属梁柱式护栏变形的试验与仿真结果对比图，可以看出护栏整体变形情况相似，从护栏变形角度验证了仿真模型的可靠性。

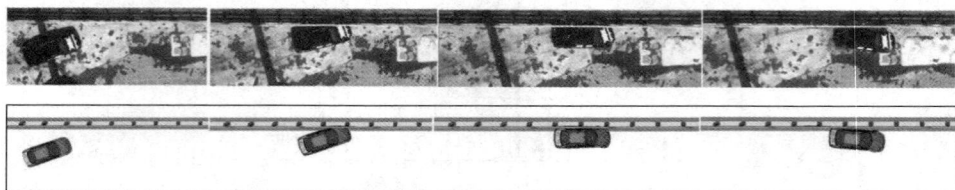

（a）小型客车（上为试验，下为仿真）

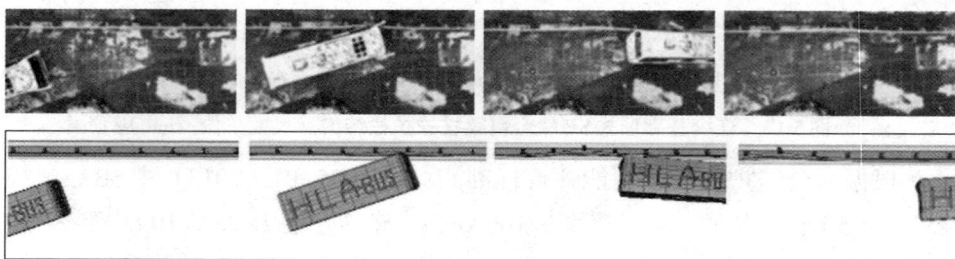

（b）中型客车（上为试验，下为仿真）

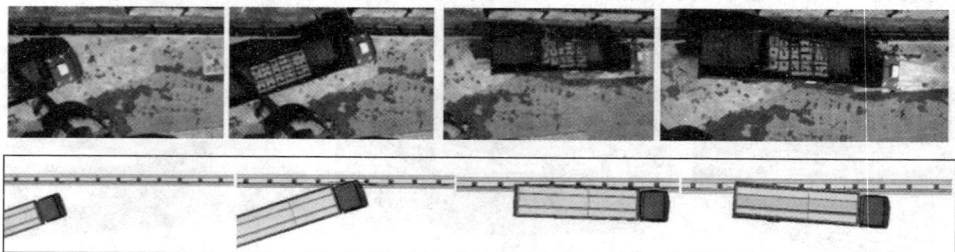

（c）大型货车（上为试验，下为仿真）

图5.15　车辆碰撞连续基础形式SB级金属梁柱式护栏过程试验与仿真对比

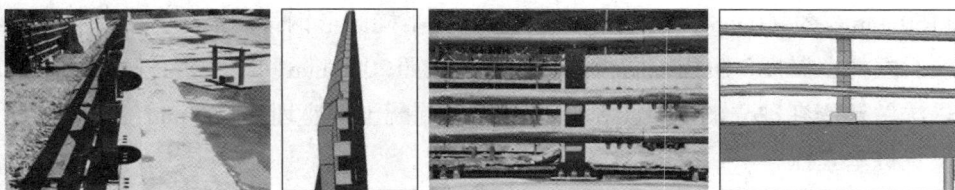

（a）小型客车碰撞后护栏变形图（左为试验，右为仿真）

（b）中型客车碰撞后护栏变形图（左为试验，右为仿真）

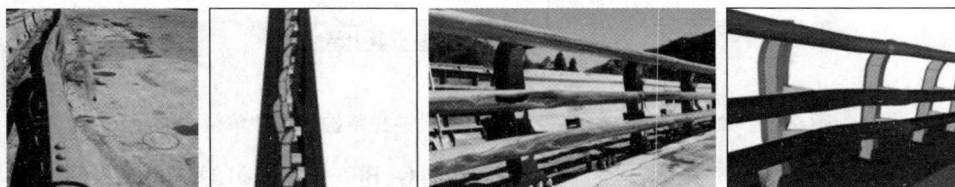

（c）大型货车碰撞后护栏变形图（左为试验，右为仿真）

图5.16 连续基础形式SB级金属梁柱式护栏变形试验与仿真对比

经测量，小型客车碰撞的纵向乘员碰撞速度仿真和试验分别为3.82 m/s和3.60 m/s，横向乘员碰撞速度仿真和试验分别为6.53 m/s和7.00 m/s，纵向乘员碰撞后加速度仿真和试验分别为38.50 m/s²和41.68 m/s²，横向乘员碰撞后加速度仿真和试验分别为145.84 m/s²和164.70 m/s²，仿真值与试验值基本一致，从缓冲性能指标验证了仿真模型的可靠性。小型客车碰撞后护栏最大横向动态位移外延值仿真和试验分别为0.48 m和0.50 m，中型客车碰撞后护栏最大横向动态位移外延值仿真和试验分别为0.83 m和0.80 m，仿真值与试验值基本一致，从车辆碰撞后护栏变形指标验证了仿真模型的可靠性。中型客车碰撞后车辆最大动态外倾值仿真和试验分别为0.56 m和0.50 m，从车辆碰撞后车辆外倾指标验证了仿真模型的可靠性。

5.3.2 独立基础形式

以连续基础形式SB级金属梁柱式护栏结构为基础进行优化设计，提出独立基础形式SB级金属梁柱式护栏方案，结构如图5.17所示。护栏路面以上高

1150 mm、宽460 mm；横梁布设3层，均为半椭圆形钢管，横梁背部焊接防阻块；立柱由翼板、腹板与肋板焊接而成，按照2000 mm间距布置；每个立柱通过法兰锚固在独立的混凝土基座上，每个混凝土基座埋深600 mm，基座内均设置桩基立柱。

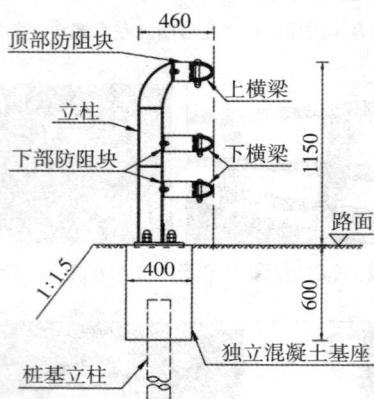

图5.17　独立基础形式SB级金属梁柱式护栏结构（尺寸单位：mm）

根据《公路护栏安全性能评价标准》（JTG B05-01—2013）中SB级碰撞条件（1.5 t小型客车、碰撞速度为100 km/h、碰撞角度为20°，10 t中型客车、碰撞速度为80 km/h、碰撞角度为20°，18 t大型货车、碰撞速度为60 km/h、碰撞角度为20°）建立仿真模型并组织实车足尺碰撞试验，图5.18为试验与仿真模型。

（a）护栏（上为试验，下为仿真）　　　　（b）小型客车（左为试验，右为仿真）

（c）中型客车（左为试验，右为仿真）　　（d）大型货车（左为试验，右为仿真）

图5.18　独立基础形式SB级金属梁柱式护栏试验与仿真模型

图5.19为三种车型碰撞独立基础形式SB级金属梁柱式护栏过程的试验与仿真对比图，可以看出试验与仿真的三种车型行驶姿态基本相同，从车辆行驶

姿态角度验证了仿真模型的准确性。图5.20为三种车型碰撞后独立基础形式SB级金属梁柱式护栏变形的试验与仿真结果对比图，可以看出护栏整体变形情况相似，从护栏变形角度验证了仿真模型的可靠性。

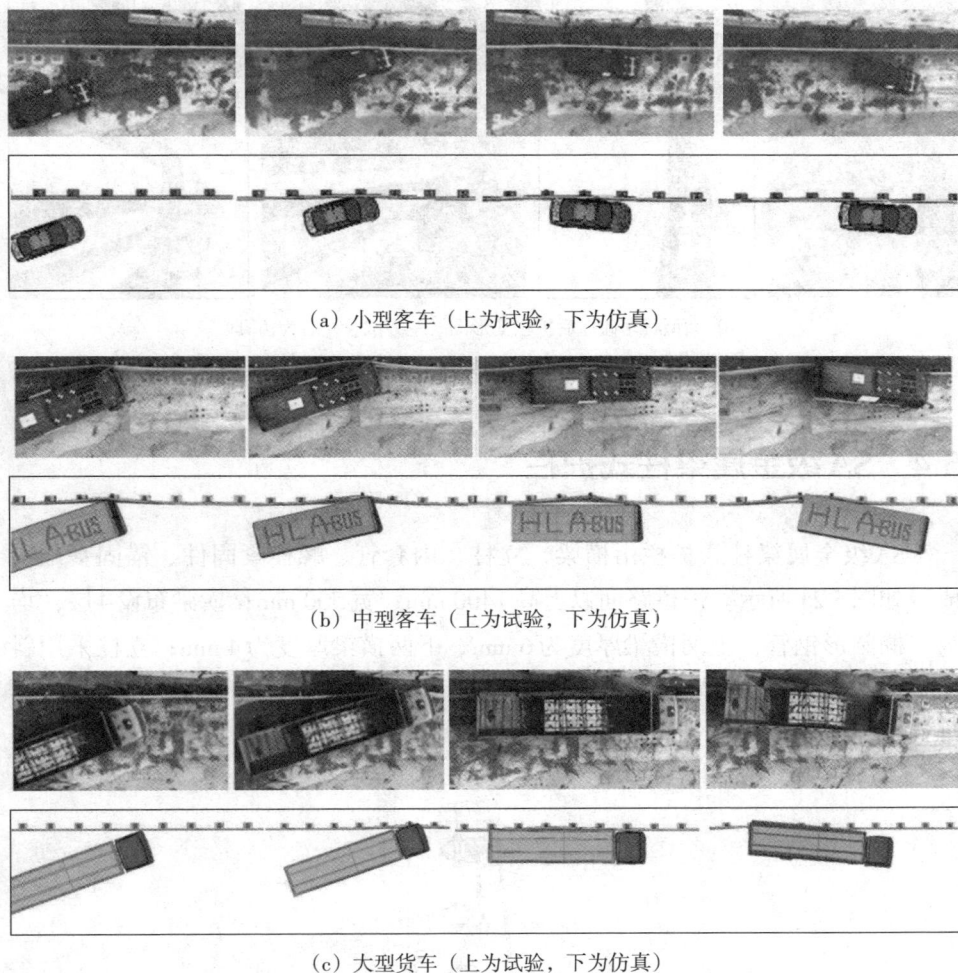

(a) 小型客车（上为试验，下为仿真）

(b) 中型客车（上为试验，下为仿真）

(c) 大型货车（上为试验，下为仿真）

图5.19 车辆碰撞独立基础形式SB级金属梁柱式护栏过程试验与仿真对比

(a) 小型客车碰撞后护栏变形图（左为试验，右为仿真）

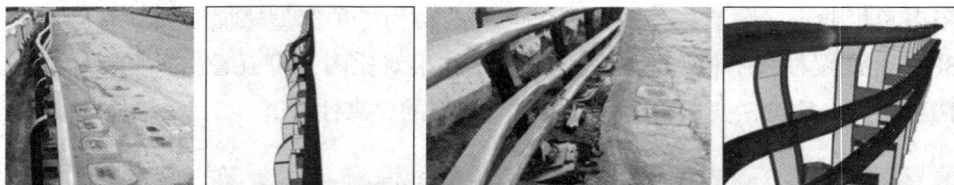

（b）中型客车碰撞后护栏变形图（左为试验，右为仿真）

（c）大型货车碰撞后护栏变形图（左为试验，右为仿真）

图5.20　独立基础形式SB级金属梁柱式护栏变形试验与仿真对比

5.4　SA级金属梁柱式护栏

　　SA级金属梁柱式护栏由横梁、立柱、内套管、螺栓紧固件、锚固基础组成，如图5.21所示。护栏路面以上高1400 mm、宽500 mm；横梁布设4层，均为半椭圆形钢管，上两横梁厚度为6 mm、下两横梁厚度为4 mm；立柱采用斜H形，由翼板、腹板与加强肋板焊接而成，按照2000 mm间距布置，通过法兰进行锚固。

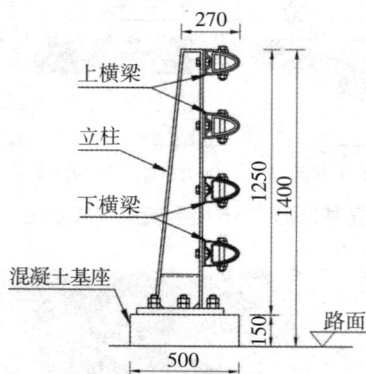

图5.21　SA级金属梁柱式护栏结构（尺寸单位：mm）

　　根据《公路护栏安全性能评价标准》（JTG　B05-01—2013）中SA级碰撞

条件（1.5 t小型客车、碰撞速度为100 km/h、碰撞角度为20°，14 t大型客车、碰撞速度为80 km/h、碰撞角度为20°，25 t大型货车、碰撞速度为60 km/h、碰撞角度为20°）建立仿真模型并组织实车足尺碰撞试验，图5.22为SA级金属梁柱式护栏试验与仿真模型。

（a）护栏（上为试验，下为仿真）　　　　　（b）小型客车（左为试验，右为仿真）

（c）大型客车（左为试验，右为仿真）　　　　（d）大型货车（左为试验，右为仿真）

图5.22　SA级金属梁柱式护栏试验与仿真模型

图5.23为三种车型碰撞SA级金属梁柱式护栏过程的试验与仿真对比图，可以看出试验与仿真的三种车型行驶姿态基本相同，从车辆行驶姿态角度验证了仿真模型的准确性。图5.24为三种车型碰撞后SA级金属梁柱式护栏变形的试验与仿真结果对比图，可以看出护栏整体变形情况相似，从护栏变形角度验证了仿真模型的可靠性。

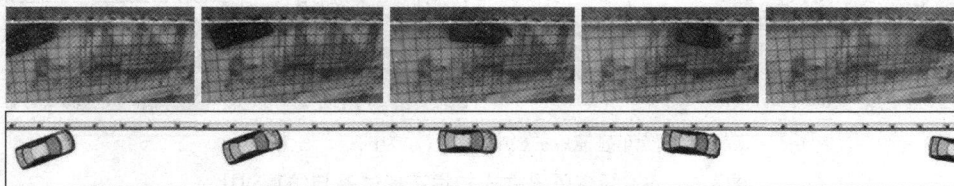

（a）小型客车（上为试验，下为仿真）

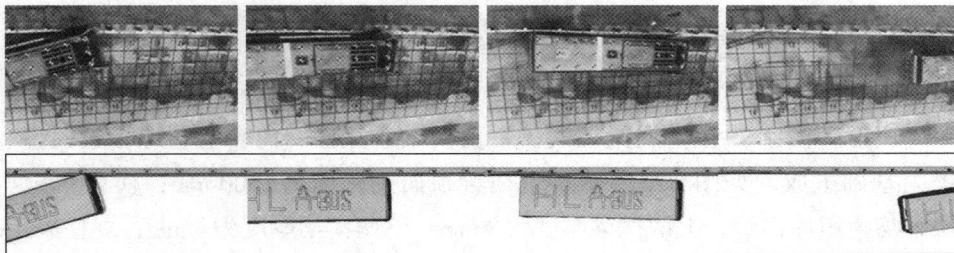

（b）大型客车（上为试验，下为仿真）

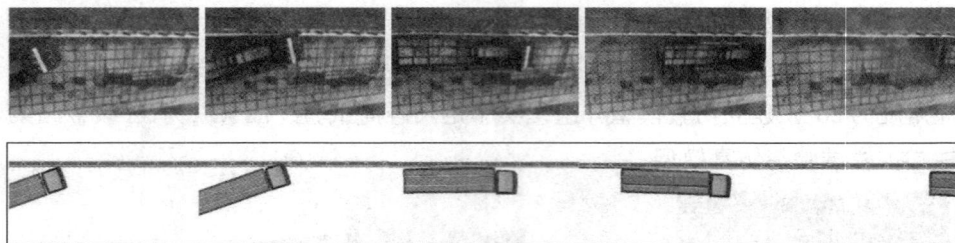

（c）大型货车（上为试验，下为仿真）

图5.23　车辆碰撞SA级金属梁柱式护栏过程试验与仿真对比

（a）小型客车碰撞后护栏变形图（左为试验，右为仿真）

（b）大型客车碰撞后护栏变形图（左为试验，右为仿真）

（c）大型货车碰撞后护栏变形图（左为试验，右为仿真）

图5.24　SA级金属梁柱式护栏变形试验与仿真对比

5.5　SS级金属梁柱式护栏

矩形管横梁SS级金属梁柱式护栏由横梁、立柱、内套管、螺栓紧固件、锚固基础组成，如图5.25所示。上横梁顶面到路面高1500 mm；横梁布设4层，均为矩形钢管，上两横梁厚度为8 mm、下两横梁厚度为4 mm；立柱采用斜H形，按照2000 mm间距布置，通过法兰进行锚固。

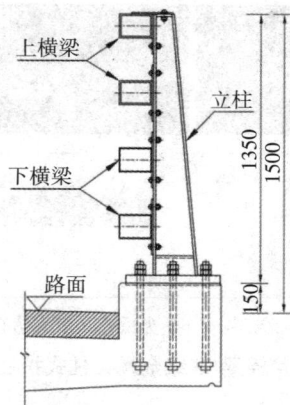

图5.25 矩形管横梁SS级金属梁柱式护栏结构（尺寸单位：mm）

根据《高速公路护栏安全性能评价标准》（JTG/T F83-01—2004）中SS级碰撞条件（1.5 t小型客车、碰撞速度为100 km/h、碰撞角度为20°，18 t大型客车、碰撞速度为80 km/h、碰撞角度为20°）建立仿真模型并组织实车足尺碰撞试验，图5.26为矩形管横梁SS级金属梁柱式护栏试验与仿真模型。

（a）小型客车（左为试验，右为仿真）　　（b）大型客车（左为试验，右为仿真）

图5.26 矩形管横梁SS级金属梁柱式护栏试验与仿真模型

两种车型碰撞矩形管横梁SS级金属梁柱式护栏过程的试验与仿真对比如图5.27所示，可以看出试验与仿真的两种车型行驶姿态基本相同，从车辆行驶姿态角度验证了仿真模型的准确性。

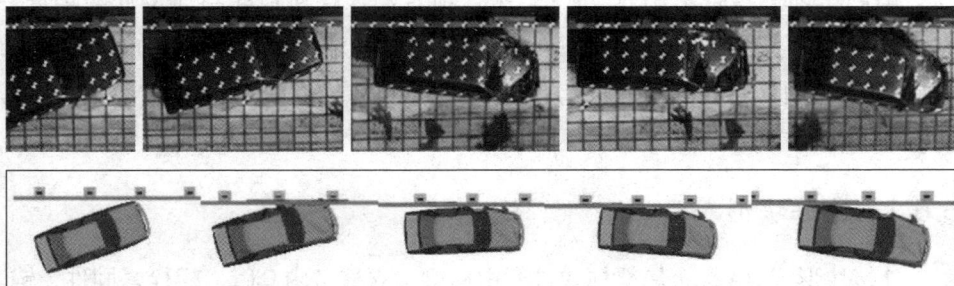

（a）小型客车（上为试验，下为仿真）

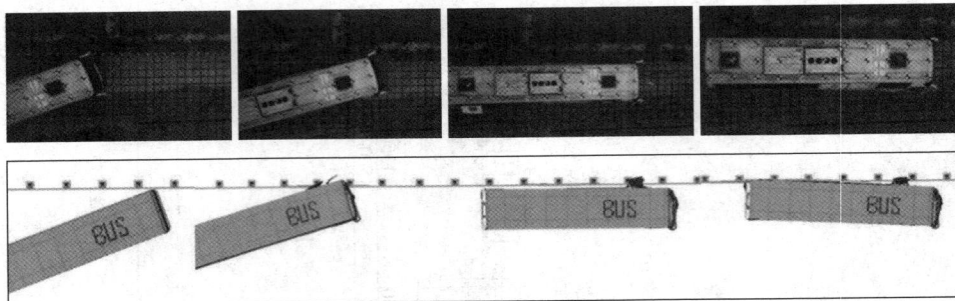

（b）大型客车（上为试验，下为仿真）

图5.27　车辆碰撞矩形管横梁SS级金属梁柱式护栏过程试验与仿真对比

小型客车碰撞护栏后，护栏结构没有损坏，护栏主要部件没有脱落，结构变形小于50 mm，只在碰撞区域有划痕及局部凹陷；大型客车碰撞后，矩形管横梁SS级金属梁柱式护栏变形的试验与仿真结果对比如图5.28所示，可以看出护栏整体变形情况相似，从护栏变形角度验证了仿真模型的可靠性。

图5.28　矩形管横梁SS级金属梁柱式护栏变形试验与仿真对比（左为试验，右为仿真）

5.6　HA级金属梁柱式护栏

《公路交通安全设施设计细则》（JTG/T D81—2017）中规定：跨越大型饮用水水源一级保护区和高速铁路的桥梁以及特大悬索桥、斜拉桥等缆索承重桥梁，护栏防护等级宜采用八（HA）级。现有的连接块形式金属梁柱式护栏、槽钢连接形式金属梁柱式护栏均满足HA级安全性能指标要求。下面建立基于有限元方法的计算机仿真模型，并采用实车足尺碰撞试验对有限元仿真方法的准确性进行验证。

5.6.1　连接块形式

连接块形式HA级金属梁柱式护栏由横梁、立柱、内套管、螺栓紧固件、锚固基础组成，如图5.29所示。护栏桥面以上高度为1660 mm；横梁布设4层，均为矩形钢管，横梁背部焊接的矩形连接块与立柱通过螺栓连接；立柱采用斜H形，由翼板、腹板和加劲肋焊接而成，按照1500 mm间距布置，通过法兰进行锚固。

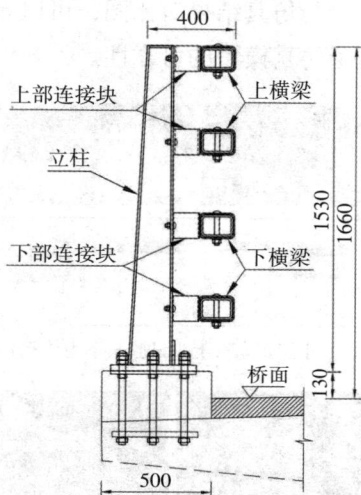

图5.29　连接块形式HA级金属梁柱式护栏（尺寸单位：mm）

根据《公路护栏安全性能评价标准》（JTG B05-01—2013）中HA级碰撞条件（1.5 t小型客车、碰撞速度为100 km/h、碰撞角度为20°，25 t特大型客车、碰撞速度为85 km/h、碰撞角度为20°，40 t整体式货车、碰撞速度为65 km/h、碰撞角度为20°，55 t鞍式列车、碰撞速度为65 km/h、碰撞角度为20°）建立仿真模型并组织实车足尺碰撞试验，图5.30为连接块形式HA级金属梁柱式护栏试验与仿真模型。

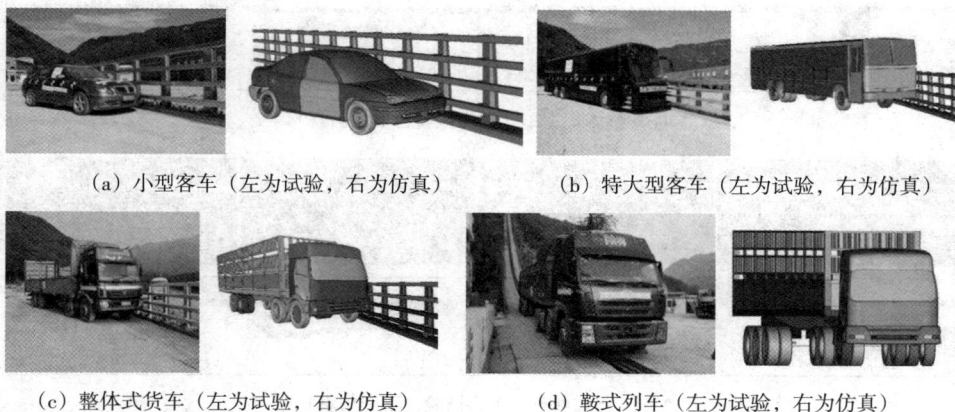

（a）小型客车（左为试验，右为仿真）　　　（b）特大型客车（左为试验，右为仿真）

（c）整体式货车（左为试验，右为仿真）　　　（d）鞍式列车（左为试验，右为仿真）

图5.30　连接块形式HA级金属梁柱式护栏试验与仿真模型

图 5.31 为四种车型碰撞连接块形式 HA 级金属梁柱式护栏过程的试验与仿真对比图，可以看出试验与仿真的四种车型行驶姿态基本相同，从车辆行驶姿态角度验证了仿真模型的准确性。图 5.32 为四种车型碰撞后连接块形式 HA 级金属梁柱式护栏变形的试验与仿真结果对比图，可以看出护栏整体变形情况相似，从护栏变形角度验证了仿真模型的可靠性。

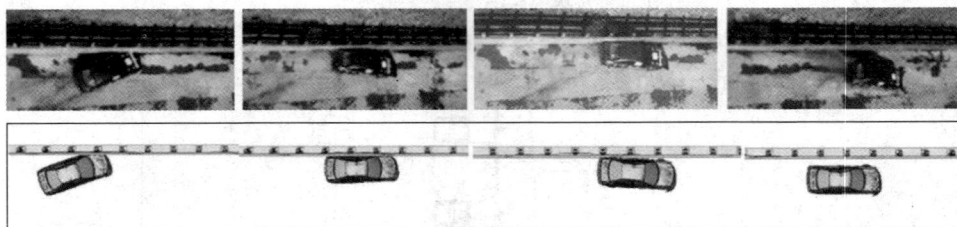

（a）小型客车（上为试验，下为仿真）

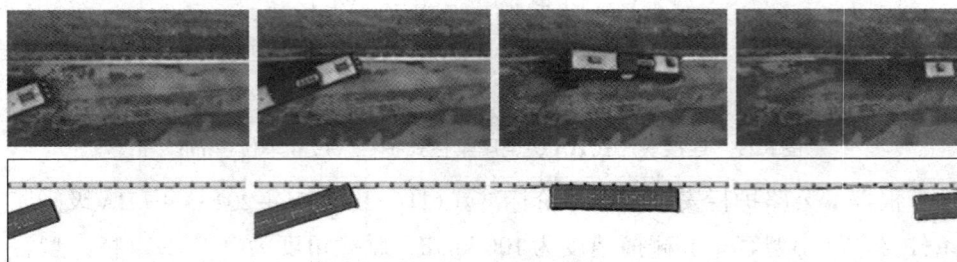

（b）特大型客车（上为试验，下为仿真）

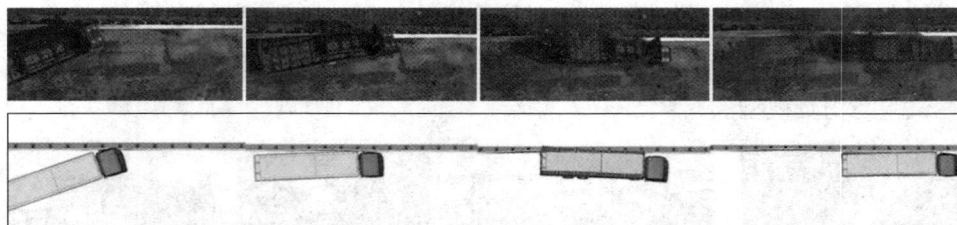

（c）整体式货车（上为试验，下为仿真）

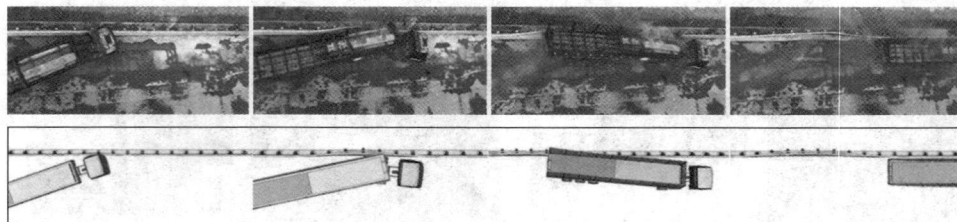

（d）鞍式列车（上为试验，下为仿真）

图 5.31　车辆碰撞连接块形式 HA 级金属梁柱式护栏过程试验与仿真对比

（a）小型客车碰撞后护栏变形图（左为试验，右为仿真）

（b）特大型客车碰撞后护栏变形图（左为试验，右为仿真）

（c）整体式货车碰撞后护栏变形图（左为试验，右为仿真）

（c）鞍式列车碰撞后护栏变形图（左为试验，右为仿真）

图5.32 连接块形式HA级金属梁柱式护栏变形试验与仿真对比

特大型客车碰撞后护栏最大横向动态位移外延值仿真和试验分别为0.65 m和0.60 m，整体式货车碰撞后护栏最大横向动态位移外延值仿真和试验分别为0.55 m和0.55 m，鞍式列车碰撞后护栏最大横向动态位移外延值仿真和试验分别为0.92 m和0.95 m，仿真值与试验值基本一致，从车辆碰撞后护栏变形指标验证了仿真模型的可靠性。特大型客车碰撞后车辆最大动态外倾值仿真和试验分别为0.45 m和0.50 m，整体式货车碰撞后车辆最大动态外倾值仿真和试验分别为0.30 m和0.25 m，鞍式列车碰撞后车辆最大动态外倾值仿真和试验分别为1.10 m和1.10 m，仿真值与试验值基本一致，从大型车辆碰撞后车辆外倾指标验证了仿真模型的可靠性。

5.6.2　槽钢连接形式

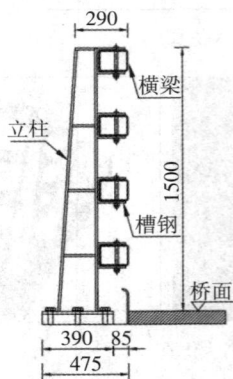

图5.33　槽钢连接形式HA级金属梁柱式护栏（尺寸单位：mm）

槽钢连接形式HA级金属梁柱式护栏由横梁、立柱、内套管、螺栓紧固件、锚固基础组成，如图5.33所示。护栏桥面以上高1500 mm；横梁布设4层，均为矩形钢管；立柱采用斜H形，由翼板、腹板、顶部盖板与肋板焊接而成，按照1600 mm间距布置，通过法兰进行锚固，立柱前侧焊接槽钢，槽钢通过螺栓与横梁连接。

根据连接块形式HA级金属梁柱式护栏试验中的护栏变形情况，选择最不利碰撞车型（即鞍式列车）对槽钢连接形式HA级金属梁柱式护栏进行仿真和实车足尺碰撞分析。根据《公路护栏安全性能评价标准》（JTG B05-01—2013）中HA级鞍式列车碰撞条件（55 t鞍式列车、碰撞速度为65 km/h、碰撞角度为20°）建立仿真模型并组织实车足尺碰撞试验，图5.34为槽钢连接形式HA级金属梁柱式护栏试验与仿真模型。

（a）护栏（上为试验，下为仿真）　　　　（b）鞍式列车（左为试验，右为仿真）
图5.34　槽钢连接形式HA级金属梁柱式护栏试验与仿真模型

图5.35为鞍式列车碰撞槽钢连接形式HA级金属梁柱式护栏过程的试验与仿真对比图，可以看出试验与仿真的车辆行驶姿态基本相同，从车辆行驶姿态角度验证了仿真模型的准确性。图5.36为鞍式列车碰撞后槽钢连接形式HA级金属梁柱式护栏变形的试验与仿真结果对比图，可以看出护栏整体变形情况相似，从护栏变形角度验证了仿真模型的可靠性。

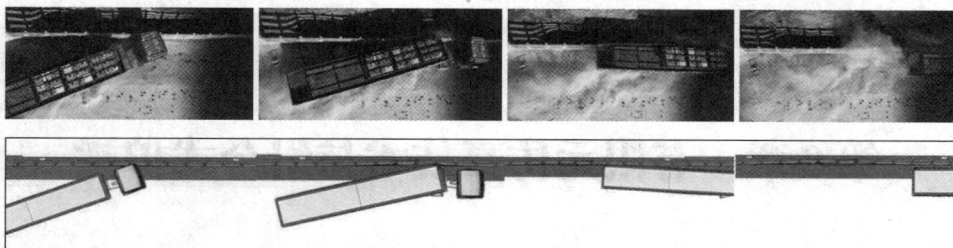

图 5.35 车辆碰撞槽钢连接形式 HA 级金属梁柱式护栏过程试验与仿真对比
（上为试验，下为仿真）

图 5.36 槽钢连接形式 HA 级金属梁柱式护栏变形试验与仿真对比（左为试验，右为仿真）

第6章 有限元仿真技术与组合式护栏

6.1 概 述

组合式护栏的结构特点是下部为钢筋混凝土结构、上部为金属梁柱式结构，上部结构和下部结构通过有效方式进行连接组合。组合式护栏的下部钢筋混凝土结构多采用基本型坡面和F型坡面，上部金属梁柱式钢结构可以设计为多种样式（单横梁、双横梁等），如图6.1（a）所示。组合式护栏下部混凝土墙体中多预埋螺栓，上部钢结构多设置法兰，通过预埋螺栓将上部钢结构和下部混凝土结构进行连接。车辆碰撞过程中，组合式护栏通过利用下部混凝土结构的坡面和刚度、上部金属梁柱式结构的小幅变形来吸收碰撞能量，如图6.1（b）所示。

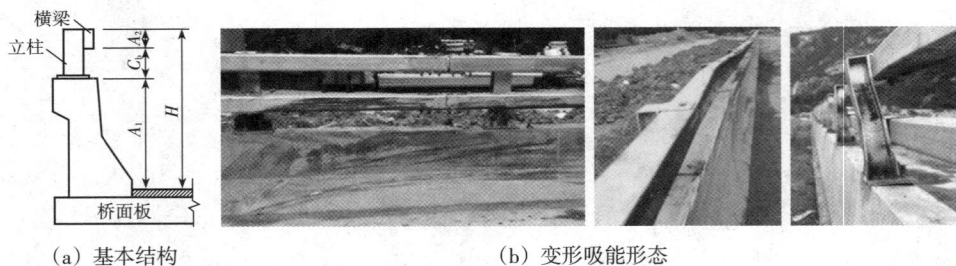

（a）基本结构 　　　　　　　　（b）变形吸能形态

图6.1　组合式护栏基本结构与变形吸能形态

组合式护栏相对于混凝土护栏具有景观相对通透的优点，在我国早期建造的桥梁上得到了较为广泛的应用。我国早期建造的组合式护栏多按照1994年出版的《高速公路交通安全设施设计及施工技术规范》（JTJ 074—94）设计，它由新泽西坡面的钢筋混凝土结构、牛角形铸钢立柱、圆管横梁组成，如图6.2（a）所示。护栏的防护能力应与交通流特性相匹配进行设计，我国早期建设的公路上，交通流中车型组成比较单一、大型车辆比较少、运行车速比较低，早期建设的桥梁组合式护栏达到了良好的安全防护效果。但是随着我国交通事业的快速发展，公路交通流中车型越来越复杂、大型车辆逐渐增多、运行速度也越来越高，早期建设的桥梁组合式护栏越来越不能适应这种交通流特性，车辆穿越这种桥梁组合式护栏的事故发生较多，而且由于桥梁地处高位，车辆坠桥后很容易发生恶性事故，如图6.2（b）所示。为提升早期建造的桥梁组合式护栏的安全防护能力，山东高速股份有限公司联合北京华路安交通科技有限公司开展了"桥梁组合式护栏改造设计优化与试验工程研究"项目。通过项目研究，对桥梁组合式护栏的安全性能影响因素进行分析，有的放矢地制定了加高混凝土护栏改造方案、包封混凝土护栏改造方案和加强钢构件组合式护栏改造方案，如图6.2（c）所示。这些改造提升方案已在工程实际中实施并被纳入中国公路学会《高速公路护栏改造技术指南》（T/CHTS 10030—2021）团体标准，在一定程度上推动了行业进步。牛角组合式桥梁护栏改造方案中的加强钢构件组合式护栏经过碰撞试验验证，防护能力可以达到SS级，安全性能大幅度提升。

（a）护栏结构

（b）事故照片

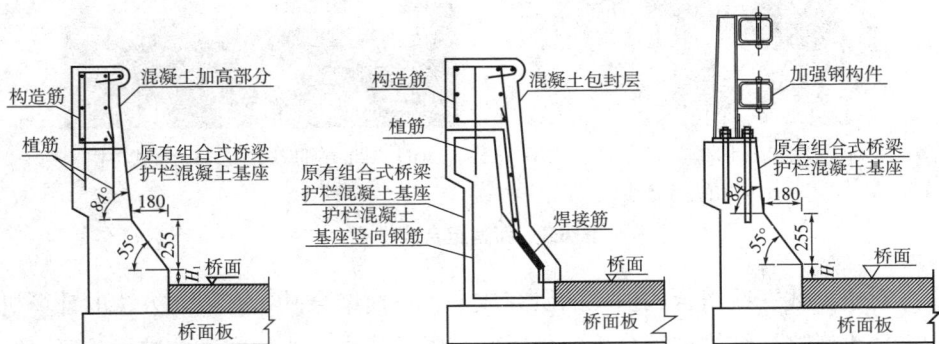

（c）改造设计方案（尺寸单位：mm）

图6.2 牛角立柱组合式桥梁护栏

　　组合式护栏下部钢筋混凝土结构属于强度和刚度比较大的刚性结构，上部金属梁柱式结构为碰撞后有一定变形的半刚性结构，如何通过合理研究使上下刚度较为匹配是组合式护栏研究开发的关键点之一。随着认识的不断深入，研究人员在组合式护栏方面取得了一些科研成果：浙江省金塘跨海大桥采用了一种双横梁组合式护栏［如图6.3（a）所示］，该护栏经碰撞试验验证防护能量达到425 kJ以上；北京市西六环跨三家店水库和丰沙铁路路段采用了一种双横梁组合式护栏［如图6.3（b）所示］，该护栏经碰撞试验验证防护能量达到630 kJ以上；湖南省汝郴高速公路赤石特大桥采用了一种三横梁组合式护栏［如图6.3（c）所示］，该护栏经碰撞试验验证防护能量达到760 kJ以上；湖北省鄂咸高速公路桥梁路段采用了一种三横梁组合式护栏［如图6.3（d）所示］，与常规组合式护栏上部结构和下部混凝土护栏采用法兰连接不同，该护栏立柱与下部混凝土基础采用插入式进行连接，该护栏经碰撞试验验证防护能量达到400 kJ及以上。

（a）浙江省金塘大桥组合式护栏　　　　（b）北京市西六环跨三家店水库组合式护栏

（c）湖南省汝郴高速公路赤石特大桥　　　　（d）湖北省鄂咸高速公路组合式护栏
　　　　组合式护栏

图6.3　新型组合式护栏

　　对于上述一些组合式护栏的研究成果，下面结合基于有限元方法的计算机仿真技术对这些结构进行分析，同时对有限元仿真方法的准确性进行验证。

6.2 旧式组合式桥梁护栏

公路上常见的以牛角形组合式护栏为代表的旧式组合式桥梁护栏是依据《高速公路交通安全设施设计及施工技术规范》（JTJ 074—94）设计的。《公路交通安全设施设计规范》（JTG D81—2006）中提高了对桥梁护栏防撞等级要求，高速公路桥梁护栏一般需达到SB级及以上。由于大中型车穿越旧式组合式桥梁护栏事故较多，因此需重点关注对中大型车辆的防护。按照SB级防撞等级中大型车辆碰撞条件对牛角形组合式护栏进行安全性能评价，并对有限元仿真方法的准确性进行验证。《公路交通安全设施设计规范》（JTG D81—2017）中对桥梁护栏的安全防护能力提出了更高要求，因此为提升旧式组合式桥梁护栏的安全防护能力，需对其进行升级改造。拆除重建是旧式组合式桥梁护栏升级改造的一种有效方式，但是这样建设周期长、建设费用高、原结构得不到再利用，因此宜在既有结构保持不动的基础上进行合理加强，这样既能再利用既有结构，又能提升其安全性能。

6.2.1 牛角形组合式护栏

牛角形组合式护栏由下部混凝土基座和上部钢结构组成，下部钢筋混凝土基座高685 mm，迎撞面为新泽西坡面；上部钢结构由铸钢立柱和横梁组成，横梁中心距混凝土基座顶部高度为300 mm，距桥面高1000 mm左右，图6.4为牛角形组合式护栏结构图。

按照SB级中型车辆碰撞条件（10 t中型客车、碰撞速度为80 km/h、碰撞角度为20°，10 t中型货车、碰撞速度为 80 km/h、碰撞角度为20°）建立仿真模型并组织实车足尺碰撞试验，图6.5为牛角形组合式护栏试验与仿真模型。

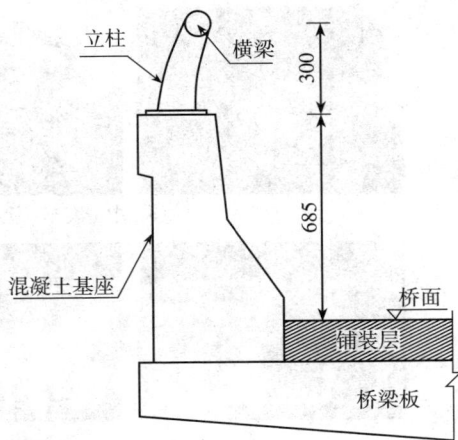

图6.4 牛角形组合式护栏结构图
（尺寸单位：mm）

（a）护栏（左为试验，右为仿真）

（b）中型客车（左为试验，右为仿真）　　（c）中型货车（左为试验，右为仿真）

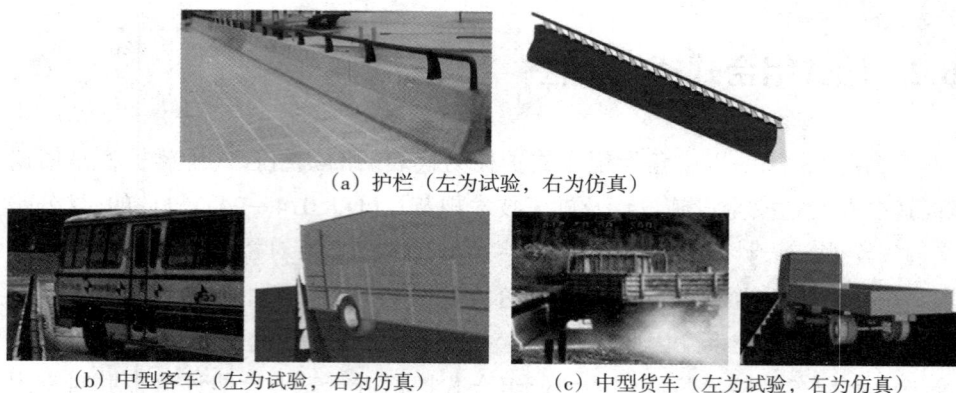

图6.5　牛角形组合式护栏试验与仿真模型

图6.6为两种车型碰撞牛角形组合式护栏过程的试验与仿真对比图，可以看出试验与仿真的两种车型行驶姿态基本相同，从车辆行驶姿态角度验证了仿真模型的准确性。

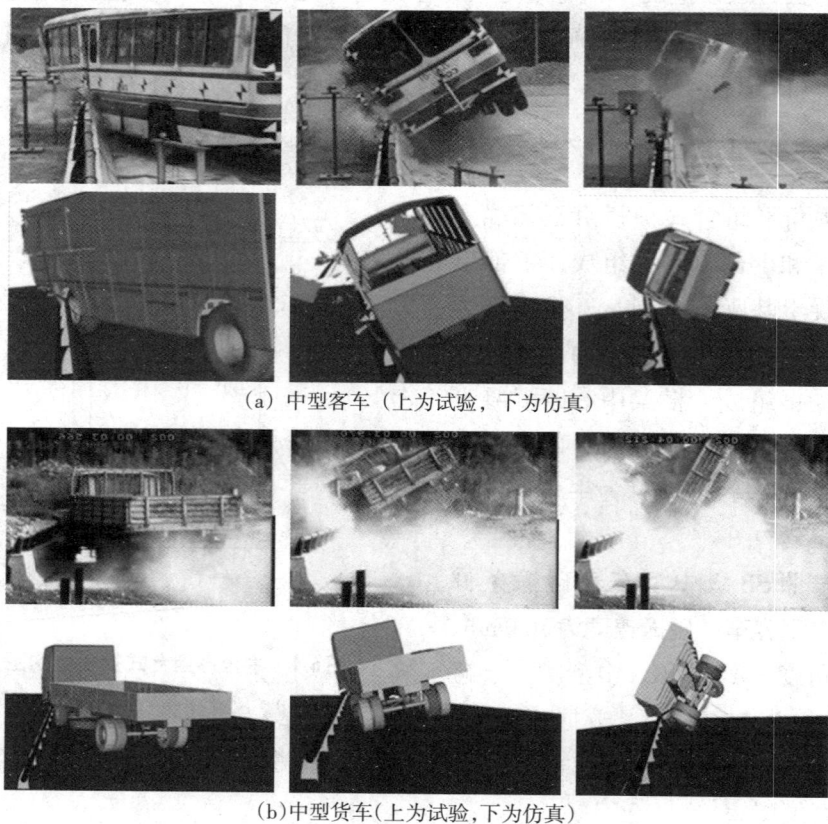

（a）中型客车（上为试验，下为仿真）

（b）中型货车（上为试验，下为仿真）

图6.6　车辆碰撞牛角形组合式护栏过程试验与仿真对比

图6.7为两种车型碰撞后牛角形组合式护栏变形的试验与仿真结果对比图，可以看出护栏整体变形情况相似，从护栏变形角度验证了仿真模型的可靠性。

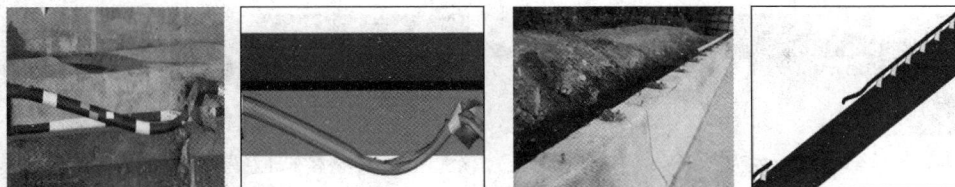

（a）中型客车碰撞后护栏变形图 （b）中型货车碰撞后护栏变形图

（左为试验，右为仿真） （左为试验，右为仿真）

图6.7 牛角形组合式护栏变形试验与仿真对比

6.2.2 牛角形组合式护栏改造结构

牛角形组合式护栏改造结构由原下部混凝土基座和改造后的上部钢结构组成。上部钢结构由钢横梁、内套管、立柱、槽钢、螺栓紧固件组成，采用双层矩形横梁结构及斜H型钢立柱，横梁与立柱之间通过槽钢和螺栓连接，地脚螺栓通过植螺栓方式锚入原混凝土基座中，立柱间距为2000 mm，最上方横梁顶面距桥面高1305 mm。图6.8为牛角形组合式护栏改造结构图，护栏防护等级为SS级。

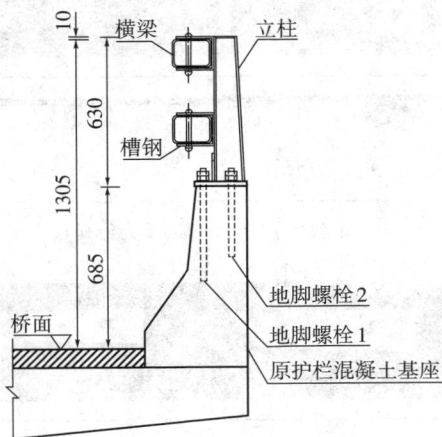

图6.8 牛角形组合式护栏改造结构图（尺寸单位：mm）

根据《公路护栏安全性能评价标准》（JTG B05-01—2013）中SS级碰撞条件（1.5 t小型客车、碰撞速度为100 km/h、碰撞角度为20°，18 t大型客车、碰撞速度为 80 km/h、碰撞角度为 20°、33 t 大型货车、碰撞速度为 60 km/h、碰撞角度为 20°）建立仿真模型并组织实车足尺碰撞试验，图 6.9 为 SS 级牛角形组合式护栏改造结构试验与仿真模型。

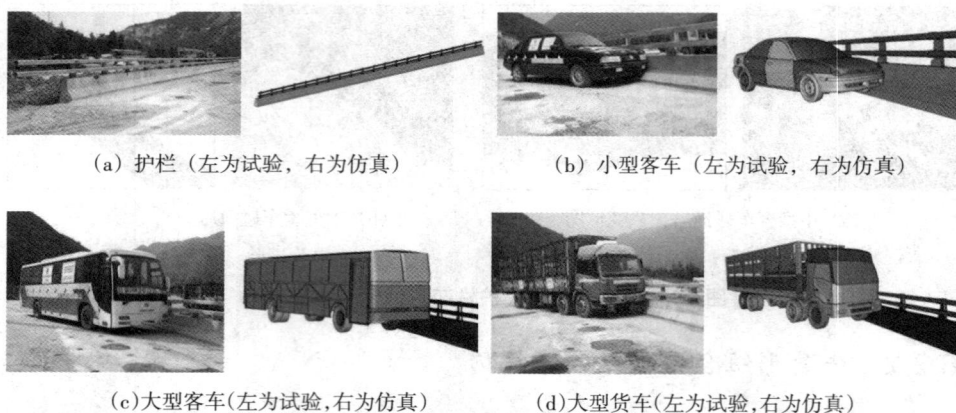

（a）护栏（左为试验，右为仿真）　　　（b）小型客车（左为试验，右为仿真）

（c）大型客车（左为试验，右为仿真）　　（d）大型货车（左为试验，右为仿真）

图6.9　SS 级牛角形组合式护栏改造结构试验与仿真模型

图 6.10 为三种车型碰撞 SS 级牛角形组合式护栏改造结构过程的试验与仿真对比图，可以看出试验与仿真的三种车型行驶姿态基本相同，从车辆行驶姿态角度验证了仿真模型的准确性。

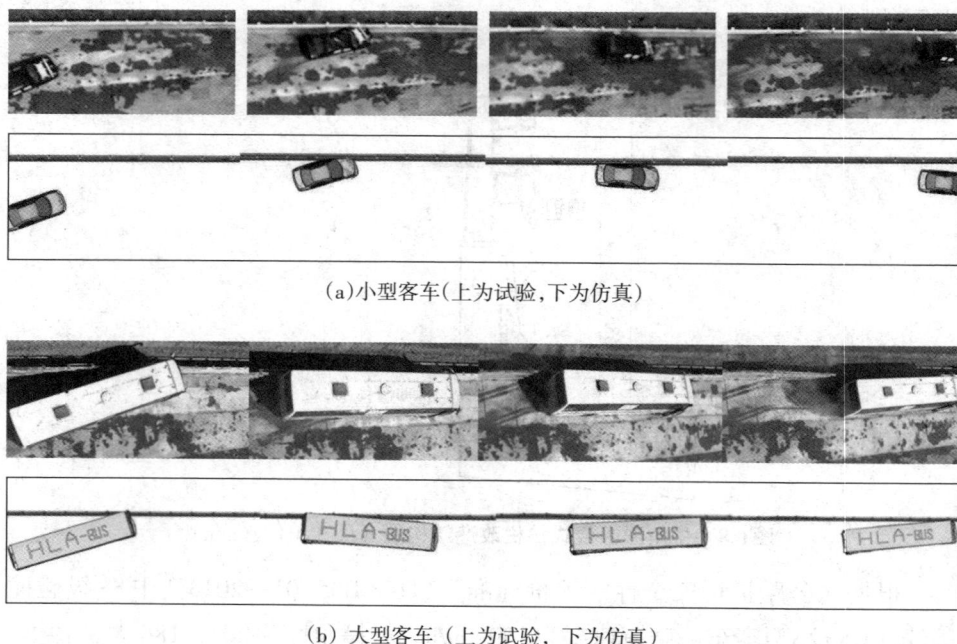

（a）小型客车（上为试验，下为仿真）

（b）大型客车（上为试验，下为仿真）

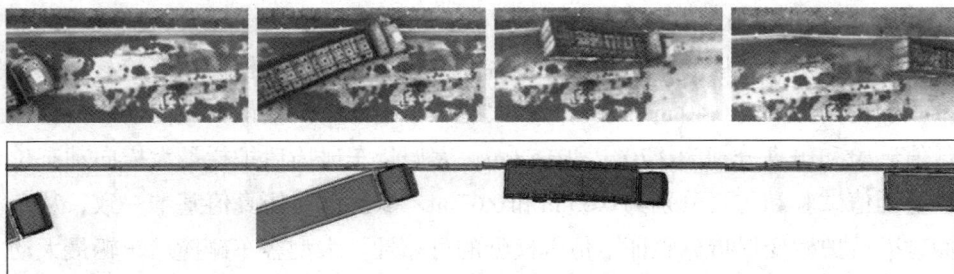

（c）大型货车（上为试验，下为仿真）

图6.10 车辆碰撞SS级牛角形组合式护栏改造结构过程试验与仿真对比

图6.11为三种车型碰撞后SS级牛角形组合式护栏改造结构变形的试验与仿真结果对比图，可以看出护栏整体变形情况相似，从护栏变形角度验证了仿真模型的可靠性。

（a）小型客车碰撞后护栏变形图（左为试验，右为仿真）

（b）大型客车碰撞后护栏变形图（左为试验，右为仿真）

（c）大型货车碰撞后护栏变形图（左为试验，右为仿真）

图6.11 SS级牛角形组合式护栏改造结构变形试验与仿真对比

经测量，小型客车碰撞的纵向乘员碰撞速度试验和仿真分别为4.1 m/s和5.3 m/s，横向乘员碰撞速度试验和仿真分别为6.9 m/s和6.5 m/s，纵向乘员碰撞后加速度试验和仿真分别为72.8 m/s²和62.3 m/s²，横向乘员碰撞后加速度试验和仿真分别为70.5 m/s²和72.2 m/s²，试验值与仿真值基本一致，从缓冲性能指标验证了仿真模型的可靠性。小型客车碰撞后护栏最大横向动态位移外延值试验和仿真分别为0.40 m和0.43 m，大型客车碰撞后护栏最大横向动态位移外延值试验和仿真分别为0.70 m和0.58 m，大型货车碰撞后护栏最大横向动态位移外延值试验和仿真分别为0.65 m和0.67 m，试验值与仿真值基本一致，从车辆碰撞后护栏变形指标验证了仿真模型的可靠性。大型客车碰撞后车辆最大动态外倾值试验和仿真分别为0.45 m和0.54 m，大型货车碰撞后车辆最大动态外倾值试验和仿真分别为0.70 m和0.65 m，试验值与仿真值基本一致，从大型车辆碰撞后车辆外倾指标验证了仿真模型的可靠性。

6.3　SA级组合式桥梁护栏

双横梁SA级组合式桥梁护栏是依据《公路交通安全设施设计规范》（JTG D81—2006）设计的，其安全性能执行的是《高速公路护栏安全性能评价标准》（JTG/T F83-01—2004）。三横梁SA级组合式桥梁护栏是依据《公路交通安全设施设计规范》（JTG D81—2017）设计的，其安全性能执行的是《公路护栏安全性能评价标准》（JTG B05-01—2013）。下面对这两种组合式护栏建立基于有限元方法的计算机仿真模型，并采用实车足尺碰撞试验对有限元仿真方法的准确性进行验证。

6.3.1　双横梁结构

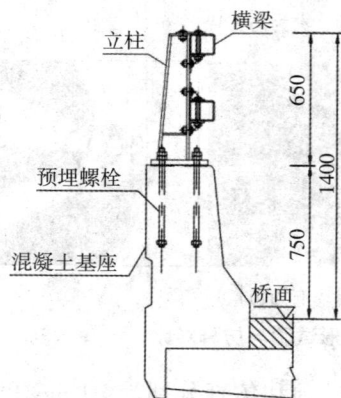

图6.12　双横梁SA级组合式桥梁护栏结构图（尺寸单位：mm）

双横梁SA级组合式桥梁护栏由下部混凝土基座和上部双横梁钢结构组成。下部钢筋混凝土基座高750 mm，迎撞面为F型坡面；上部钢结构横梁采用矩形钢管、斜H型钢立柱，通过预埋螺栓锚固在混凝土基座上，立柱间距为2000 mm；钢结构顶面距桥面高1400 mm。图6.12为双横梁SA级组合式桥梁护栏结构图。

参照《高速公路护栏安全性能评价标准》（JTG/T F83-01—2004）中护栏实车足尺碰撞试验条件并对大型车碰撞条件进行调整

（1.5 t 小型客车、碰撞速度为 100 km/h、碰撞角度为 20°，22 t 大型货车、碰撞速度为 65 km/h、碰撞角度为 20°），建立仿真模型并组织实车足尺碰撞试验，图 6.13 为双横梁 SA 级组合式桥梁护栏试验与仿真模型。

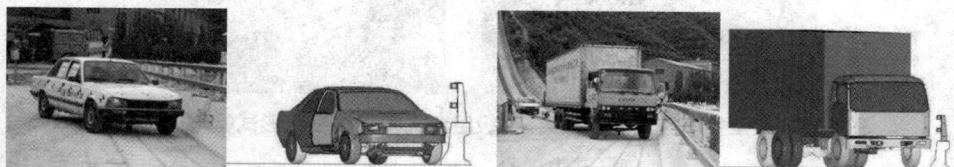

（a）小型客车（左为试验，右为仿真）　　　（b）大型货车（左为试验，右为仿真）

图 6.13　双横梁 SA 级组合式桥梁护栏试验与仿真模型

图 6.14 为两种车型碰撞双横梁 SA 级组合式桥梁护栏过程的试验与仿真对比图，可以看出试验与仿真的两种车型行驶姿态基本相同，从车辆行驶姿态角度验证了仿真模型的准确性。

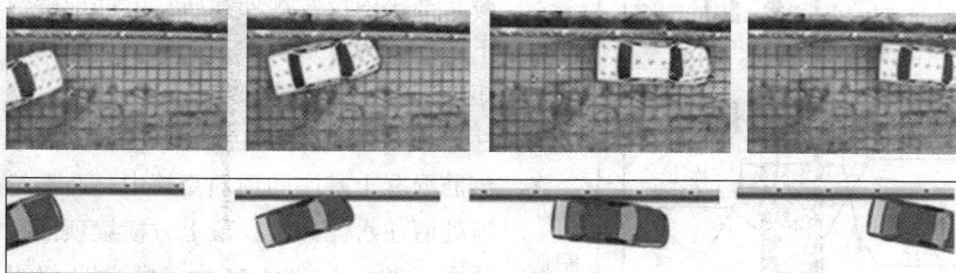

（a）小型客车（上为试验，下为仿真）

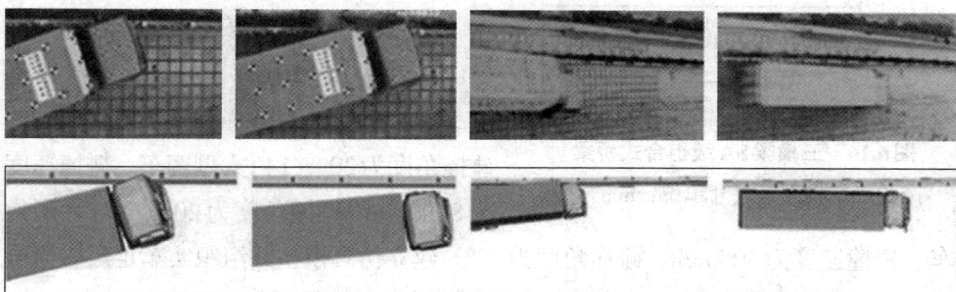

（b）大型货车（上为试验，下为仿真）

图 6.14　车辆碰撞双横梁 SA 级组合式桥梁护栏过程试验与仿真对比

小型客车碰撞护栏后，护栏几乎无变形；大型货车碰撞后双横梁 SA 级组合式桥梁护栏变形的仿真与试验结果对比如图 6.15 所示，可以看出护栏整体变形情况相似，从护栏变形角度验证了仿真模型的可靠性。

图6.15　大型货车碰撞后双横梁SA级组合式桥梁护栏变形试验与仿真对比

（左为试验，右为仿真）

6.3.2　三横梁结构

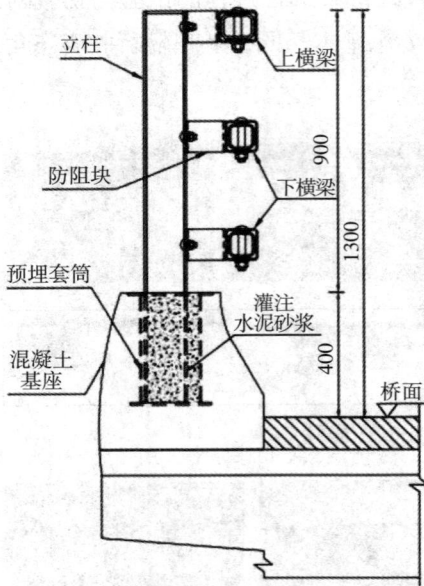

图6.16　三横梁SA级组合式桥梁护栏结构图（尺寸单位：mm）

三横梁SA级组合式桥梁护栏由下部钢筋混凝土基座和上部三横梁钢结构组成。下部钢筋混凝土基座高400 mm，混凝土基座内设置预埋套筒；上部钢结构下两横梁为方形钢管，上横梁为加强的矩形钢管，横梁背部均焊接防阻块；立柱采用H型钢，间距为2000 mm，插入钢筋混凝土基座的预埋套筒中，并在缝隙处灌注水泥砂浆；最上方横梁顶面距桥面1300 mm。图6.16为三横梁SA级组合式桥梁护栏结构图。

根据《公路护栏安全性能评价标准》（JTG B05-01—2013）中SA级碰撞条件（1.5 t小型客车、碰撞速度为100 km/h、碰撞角度为20°，14 t大型客车、碰撞速度为80 km/h、碰撞角度为20°，25 t大型货车、碰撞速度为60 km/h、碰撞角度为20°）建立仿真模型并组织实车足尺碰撞试验，图6.17为三横梁SA级组合式桥梁护栏试验与仿真模型。

（a）护栏（左为试验，右为仿真）　　　　（b）小型客车（左为试验，右为仿真）

（c）大型客车（左为试验，右为仿真）　　　（d）大型货车（左为试验，右为仿真）

图6.17　三横梁SA级组合式桥梁护栏试验与仿真模型

图6.18为三种车型碰撞三横梁SA级组合式桥梁护栏过程的试验与仿真对比图，可以看出试验与仿真的三种车型行驶姿态基本相同，从车辆行驶姿态角度验证了仿真模型的准确性。

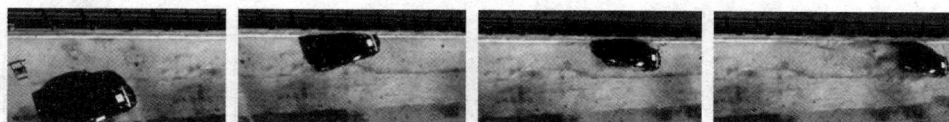

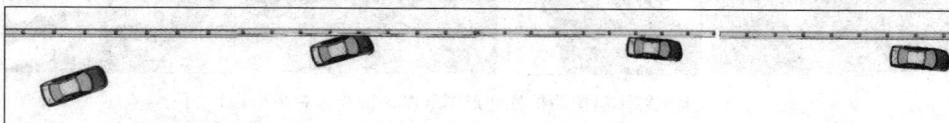

（a）小型客车（上为试验，下为仿真）

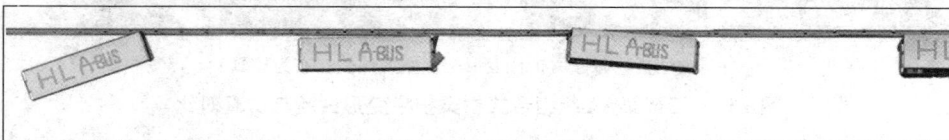

（b）大型客车（上为试验，下为仿真）

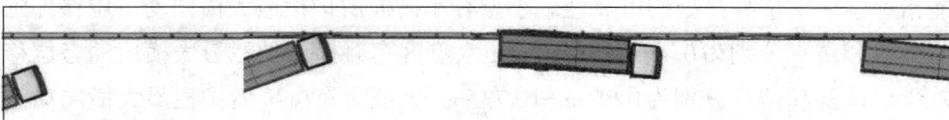

（c）大型货车（上为试验，下为仿真）

图6.18　车辆碰撞三横梁SA级组合式桥梁护栏过程试验与仿真对比

图6.19为三种车型碰撞后三横梁SA级组合式桥梁护栏变形的试验与仿真结果对比图，可以看出护栏整体变形情况相似，从护栏变形角度验证了仿真模型的可靠性。

(a) 小型客车碰撞后护栏变形图（左为试验，右为仿真）

(b) 大型客车碰撞后护栏变形图（左为试验，右为仿真）

(c) 大型货车碰撞后护栏变形图（左为试验，右为仿真）

图6.19　三横梁SA级组合式桥梁护栏变形试验与仿真对比

经测量，小型客车碰撞的纵向乘员碰撞速度试验和仿真分别为4.7 m/s和4.8 m/s，横向乘员碰撞速度试验和仿真分别为6.6 m/s和6.7 m/s，纵向乘员碰撞后加速度试验和仿真分别为47.8 m/s² 和59.9 m/s²，横向乘员碰撞后加速度试验和仿真分别为114.4 m/s² 和109.7 m/s²，试验值与仿真值基本一致，从缓冲性能指标验证了仿真模型的可靠性。小型客车碰撞后护栏最大横向动态位移外延值试验和仿真分别为0.45 m和0.50 m，大型客车碰撞后护栏最大横向动态位移外延值试验和仿真分别为0.65 m和0.73 m，大型货车碰撞后护栏最大横向动态位移外延值试验和仿真分别为0.85 m和0.72 m，试验值与仿真值基本一致，从车辆碰撞后护栏变形指标验证了仿真模型的可靠性。大型客车碰撞后车辆最大动态外倾值试验和仿真分别为0.60 m和0.67 m，大型货车碰撞后车辆最大动态外倾值试验和仿真分别为0.70 m和0.64 m，试验值与仿真值基本一致，从大型车辆碰撞后车辆外倾指标验证了仿真模型的可靠性。

6.4 特高等级组合式桥梁护栏

为降低危险路段车辆穿越护栏造成恶性事故的概率，需在一些危险路段设置特高等级组合式桥梁护栏。双横梁特高等级组合式桥梁护栏是依据《公路交通安全设施设计规范》（JTG D81—2006）设计的，其安全性能执行的是《高速公路护栏安全性能评价标准》（JTG/T F83-01—2004）。三横梁特高等级组合式桥梁护栏是依据《公路交通安全设施设计规范》（JTG D81—2017）设计的，其安全性能执行的是《公路护栏安全性能评价标准》（JTG B05-01—2013）。下面对这两种组合式护栏建立基于有限元方法的计算机仿真模型，并采用实车足尺碰撞试验对有限元仿真方法的准确性进行验证。

6.4.1 双横梁结构

双横梁特高等级组合式桥梁护栏由下部钢筋混凝土基座和上部双横梁钢结构组成，下部钢筋混凝土基座高850 mm，迎撞面为F型坡面；上部钢结构横梁为矩形钢管、斜H型钢立柱，通过预埋螺栓锚固在混凝土基座上，立柱间距2000 mm；钢结构顶面距桥面高1400 mm。图6.20为双横梁特高等级组合式桥梁护栏结构图。

结合《高速公路护栏安全性能评价标准》（JTG/T F83-01—2004）规定和应用路段数据，确定护栏实车足尺碰撞试验条件如下：1.5 t小型客车、碰撞速度为100 km/h、碰撞角度为20°，33 t大型货车、碰撞速度为65 km/h、碰撞角度为20°。建立仿真模型并组织实车足尺碰撞试验，图6.21为双横梁特高等级组合式桥梁护栏试验与仿真模型。

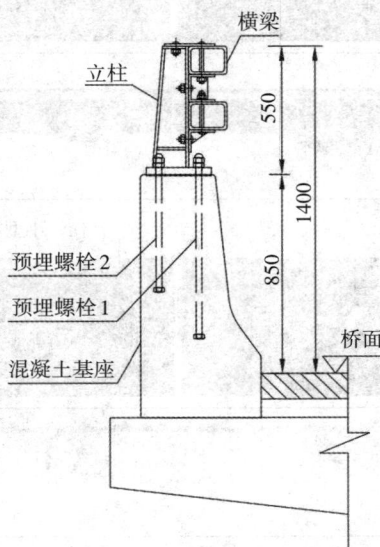

图6.20 双横梁特高等级组合式桥梁护栏结构图（尺寸单位：mm）

（a）护栏（左为试验，右为仿真）

（b）小型客车（左为试验，右为仿真）　　　（c）大型货车（左为试验，右为仿真）

图6.21　双横梁特高等级组合式桥梁护栏试验与仿真模型

图6.22为两种车型碰撞双横梁特高等级组合式桥梁护栏过程的试验与仿真对比图，可以看出试验与仿真的两种车型行驶姿态基本相同，从车辆行驶姿态角度验证了仿真模型的准确性。

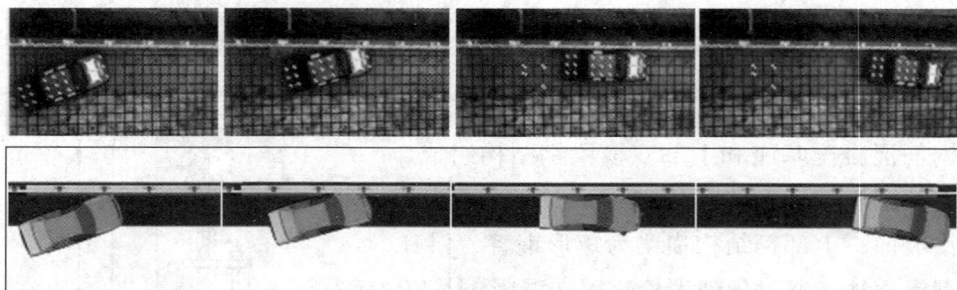

（a）小型客车（上为试验，下为仿真）

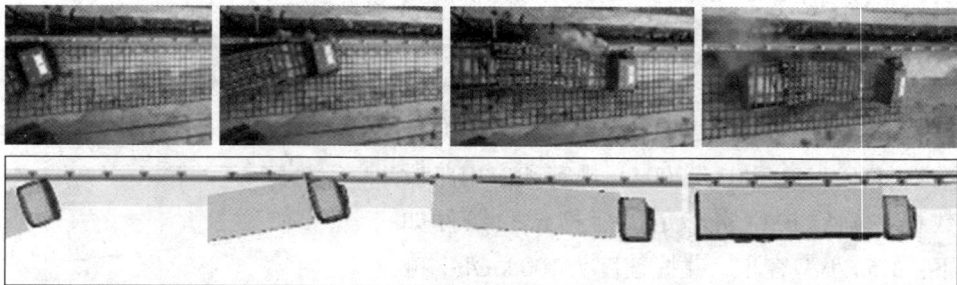

（b）大型货车（上为试验，下为仿真）

图6.22　车辆碰撞双横梁特高等级组合式桥梁护栏过程试验与仿真对比

图6.23为两种车型碰撞后双横梁特高等级组合式桥梁护栏变形的试验与仿真结果对比图，可以看出护栏整体变形情况相似，从护栏变形角度验证了仿真

模型的可靠性。

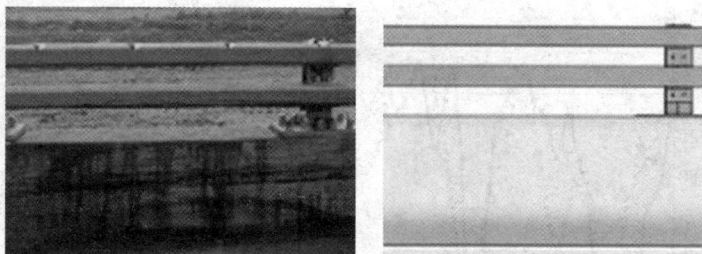

（a）小型客车碰撞后护栏变形图（左为试验，右为仿真）

（b）大型货车碰撞后护栏变形图（左为试验，右为仿真）

图6.23 双横梁特高等级组合式桥梁护栏变形试验与仿真对比

图6.24为车辆在x，y，z方向的加速度曲线，可见试验曲线与仿真曲线基本一致：在x方向，试验结果最大值为127 m/s²，仿真结果最大值为119 m/s²；在y方向，试验结果最大值为167 m/s²，仿真结果最大值为161 m/s²；在z方向，试验结果最大值为86 g，仿真结果最大值为90 m/s²。以上数值均不大于200 m/s²，缓冲能力指标满足评价标准要求，从加速度角度验证了仿真模型的准确性。

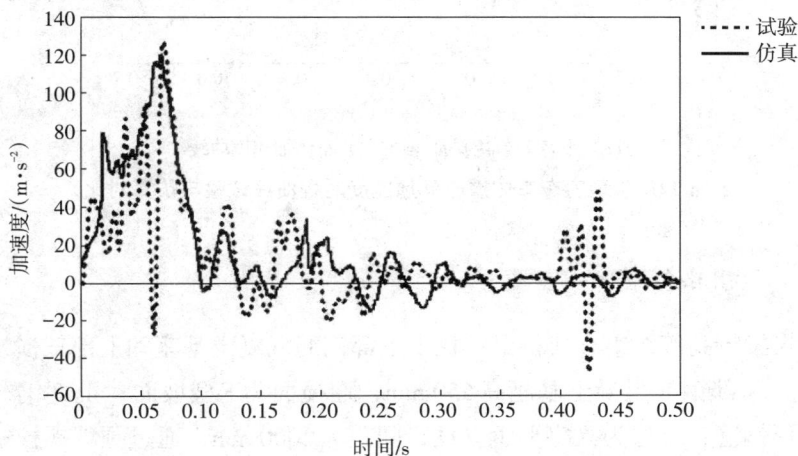

（a）小客车行车方向（x方向）车体加速度曲线

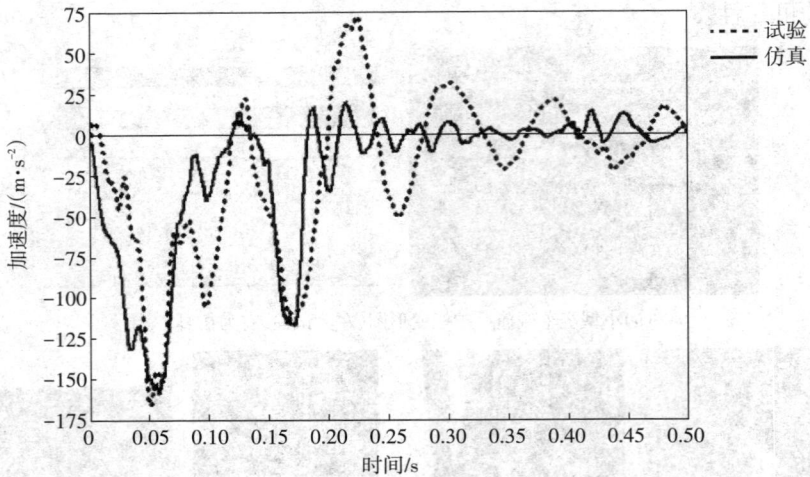

（b）小客车车宽方向（y方向）车体加速度曲线

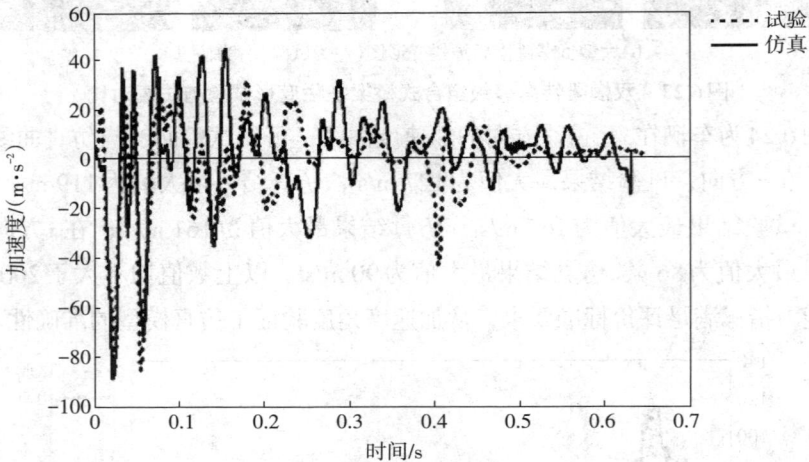

（c）小客车车高方向（z方向）车体加速度曲线

图6.24 小型客车车体重心处加速度时程曲线试验与仿真对比

6.4.2 三横梁结构

三横梁特高等级组合式桥梁护栏由下部钢筋混凝土基座和上部三横梁钢结构组成，下部钢筋混凝土基座高550 mm，迎撞面为F型坡面；上部钢结构横梁为矩形钢管，立柱为人字形钢立柱，间距为2000 mm，通过预埋螺栓锚固在混凝土基座上；钢结构顶面距桥面高1500 mm。图6.25为三横梁特高等级组合式桥梁护栏结构图。

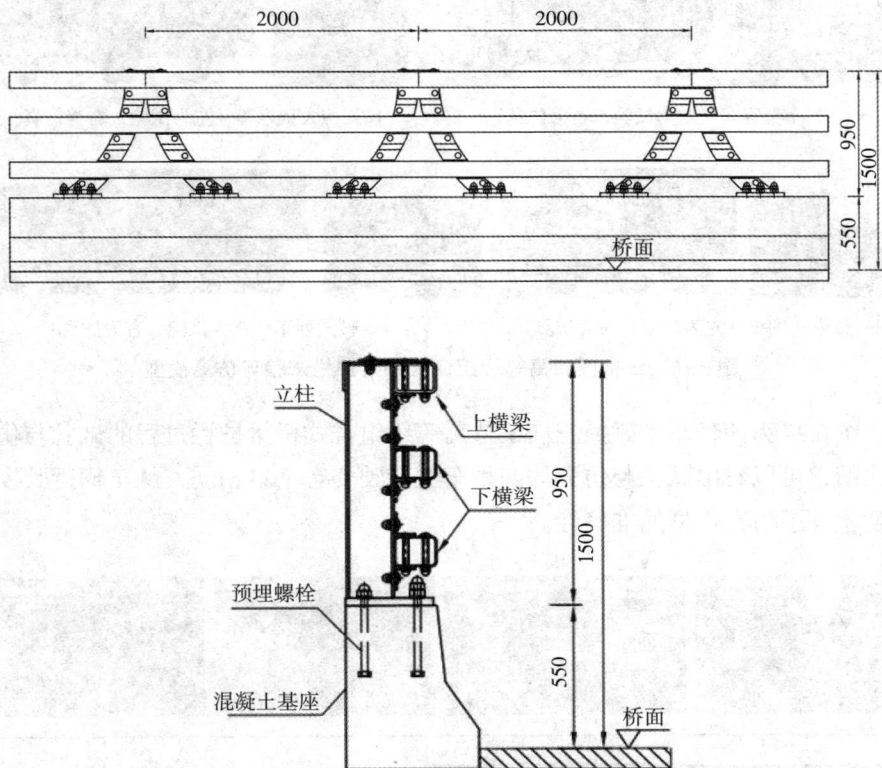

图6.25 三横梁特高等级组合式桥梁护栏结构图（尺寸单位：mm）

根据《公路护栏安全性能评价标准》（JTG B05-01—2013）中HA级碰撞条件（1.5 t小型客车、碰撞速度为100 km/h、碰撞角度为20°，25 t特大型客车、碰撞速度为85 km/h、碰撞角度为20°，40 t整体式货车、碰撞速度为65 km/h、碰撞角度为20°，55 t鞍式列车、碰撞速度为65 km/h、碰撞角度为20°）建立仿真模型并组织实车足尺碰撞试验，图6.26为三横梁特高等级组合式桥梁护栏试验与仿真模型。

（a）护栏（左为试验，右为仿真）

（b）小型客车（左为试验，右为仿真）　　（c）特大型客车（左为试验，右为仿真）

（d）整体式货车（左为试验，右为仿真）　　（e）鞍式列车（左为试验，右为仿真）

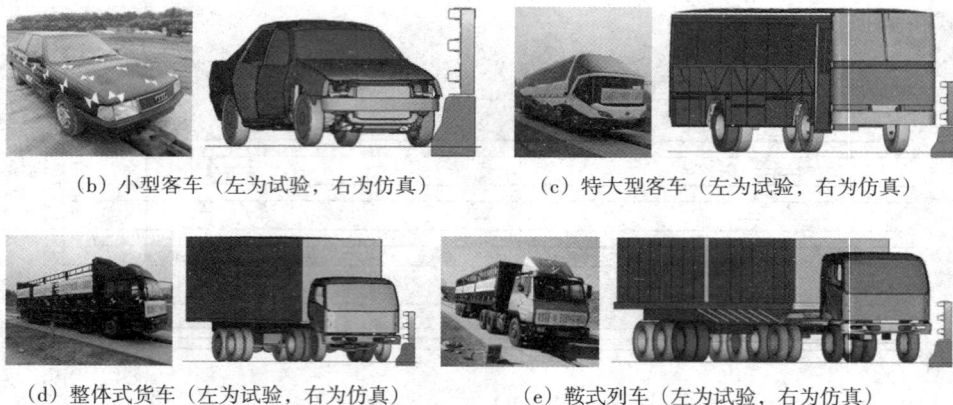

图6.26　三横梁特高等级组合式桥梁护栏试验与仿真模型

图6.27为四种车型碰撞三横梁特高等级组合式桥梁护栏过程的试验与仿真对比图，可以看出试验与仿真的四种车型行驶姿态基本相同，从车辆行驶姿态角度验证了仿真模型的准确性。

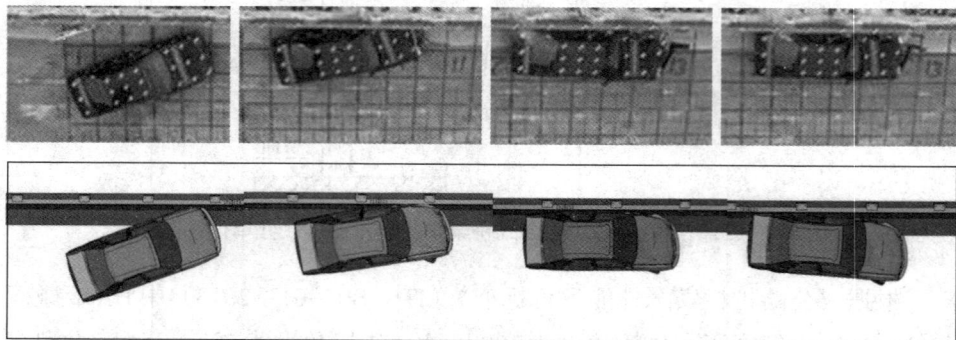

（a）小型客车（上为试验，下为仿真）

（b）特大型客车（上为试验，下为仿真）

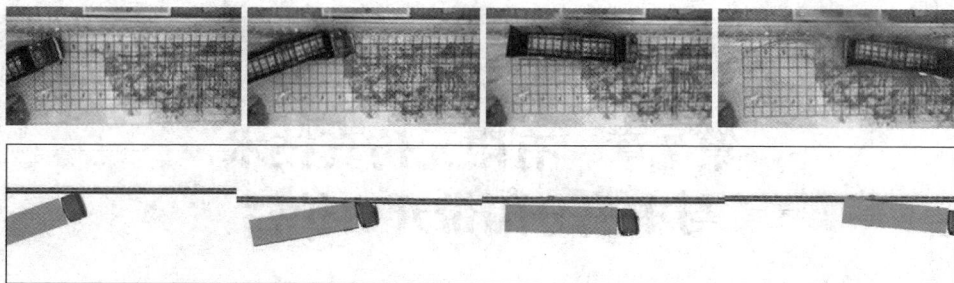

（c）整体式货车（上为试验，下为仿真）

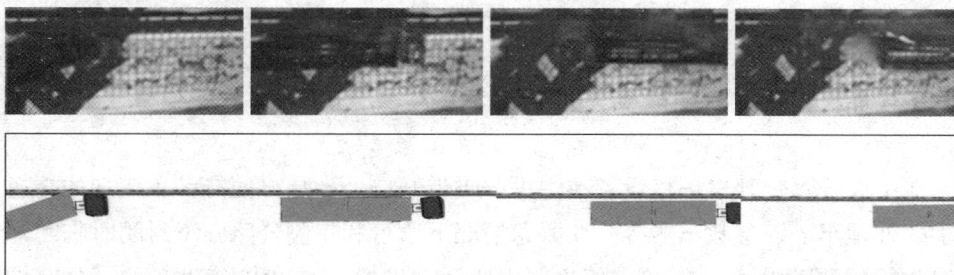

（d）鞍式列车（上为试验，下为仿真）

图6.27　车辆碰撞三横梁特高等级组合式桥梁护栏过程试验与仿真对比

图6.28为四种车型碰撞后三横梁特高等级组合式桥梁护栏变形的试验与仿真结果对比图，可以看出护栏整体变形情况相似，从护栏变形角度验证了仿真模型的可靠性。

（a）小型客车碰撞后护栏变形图　　　　（b）特大型客车碰撞后护栏变形图
　　（左为试验，右为仿真）　　　　　　　　　（左为试验，右为仿真）

（c）整体式货车碰撞后护栏变形图　　　　（d）鞍式列车碰撞后护栏变形图
　　（左为试验，右为仿真）　　　　　　　　　（左为试验，右为仿真）

图6.28　三横梁特高等级组合式桥梁护栏变形试验与仿真对比

第7章 有限元仿真技术 与中央分隔带开口护栏

7.1 概 述

中央分隔带开口护栏设置在中央分隔带开口处，是方便特种车辆（如交通事故处理车辆、急救车辆等）在紧急情况下通行和一侧公路施工封闭时临时开启放行的活动设施，在2013年之前也叫活动护栏，在2013年发布的《公路护栏安全性能评价标准》（JTG B05-01—2013）中，为统一按照使用位置命名的做法，将活动护栏的说法调整为中央分隔带开口护栏，同时对这种护栏的安全防护性能提出了具体要求。

我国早期建设的高速公路一般每隔2 km会设置一个开口，在开口位置大都会设置中央分隔带开口护栏。早期的中央分隔带开口护栏重点放在了易开启移动的功能上面，而对于防撞功能的考虑有所不足，从使用性能上可以分为三大类：第一类是易开启移动但不防撞的中央分隔带开口护栏；第二类是防撞能力不确定且不易开启移动的中央分隔带开口护栏；第三类是加固型中央分隔带开口护栏。图7.1（a）为几种易开启移动但不防撞型中央分隔带开口护栏结构，包括插拔式、推拉式和隔离栅式三种，其中插拔式和推拉式是此类中央分隔带开口护栏的典型代表，在早期高速公路中被广泛采用。这种类型的中央分隔带开口护栏没有任何防撞能力，仅能起到警示隔离作用，其中车辆碰撞推拉式中央分隔带开口护栏后还会产生大量飞溅物，对自身或其他车辆造成二次伤害。图7.1（b）为几种防撞能力不确定且不易开启移动型中央分隔带开口护栏，包括混凝土式、填充式和墩栏式三种，其中混凝土式中央分隔带开口护栏和填充式中央分隔带开口护栏是这类护栏的代表形式。这些护栏结构比较笨重，不具备开启移动方便的使用功能，同时多为分节结构，而且节与节之间没有做特殊处理，易对车辆造成绊阻，由于不易开启移动，此类中央分隔带开口护栏在早期公路上应用较少。图7.1（c）为几种加固型中央分隔带开口护栏，即对不防撞的中央分隔带开口护栏的加强措施，有的在推拉式或插拔式活动护栏两侧用波形梁加强，或者在两排活动护栏之间增加一道预制混凝土护栏，这些做法使中央分隔带开口护栏完全失去了易开启功能。图7.1（d）为这些中央分隔带开口护栏端部，可见早期的中央分隔带开口护栏端部均未与中央分隔带护栏做衔接过渡处理，车辆碰撞后会发生严重绊阻，存在安全隐患。

插拔式　　　　　　　　　推拉式　　　　　　　　　隔离栅式

（a）易开启移动但不防撞型中央分隔带开口护栏

混凝土式　　　　　　　　　填充式　　　　　　　　　墩栏式

（b）防撞能力不确定且不易开启移动型中央分隔带开口护栏

推拉式　　　　　　　　　加固插拔式　　　　　　　　加固混凝土式

（c）加固型中央分隔带开口护栏

推拉式　　　　　　　　端部插拔式　　　　　　　　端部混凝土式

（d）中央分隔带开口护栏端部处理

图7.1　早期中央分隔带开口护栏

　　中央分隔带开口护栏属于中央分隔带护栏的一部分，应具有一定的防撞功能，但是早期建设的中央分隔带开口护栏多只起警示隔离作用，因此发生过多起在中央分隔带开口位置的事故。图7.2为发生在中央分隔带开口位置的事故形态，主要包括车辆穿越中央分隔带开口护栏、碰撞中央分隔带开口护栏端部两种事故类型。从被动安全的角度出发，中央分隔带开口护栏不防撞是车辆穿越中央分隔带开口护栏的最根本原因；中央分隔带开口护栏没有和中央分隔带护栏实现无缝连接是碰撞端部易造成恶性事故的原因。

（a）车辆穿越中央分隔带开口护栏事故

（b）车辆碰撞中央分隔带开口护栏端部事故

图7.2　中央分隔带开口位置事故形态

　　为了消除或降低中央分隔带开口位置的安全隐患，技术人员着手研发具有防撞功能的中央分隔带开口护栏结构，2006年国家首台具有防撞功能的钢管预应力索中央分隔带开口护栏通过碰撞试验验证，开启了中央分隔带开口护栏具有防撞功能的里程碑。由于当时公路护栏的安全性能评价标准中尚未包含中央分隔带开口护栏，技术人员参考《高速公路护栏安全性能评价标准》（JTG/T F83-01—2004）中的A级碰撞条件，应用实车足尺碰撞试验验证钢管预应力索中央分隔带开口护栏的安全性能，其碰撞条件为1.5 t的小型客车以100 km/h沿20°角碰撞护栏、10 t的中型客车以60 km/h沿20°角碰撞护栏，碰撞点为中央分隔带开口护栏长度的1/3处位置。钢管预应力索中央分隔带开口护栏的研发，首次尝试解决了该位置护栏移动方便功能与防撞功能的矛盾，其结构具有较大创新性，获得了2007年中国公路学会科技进步二等奖，得到了业内人士的广泛认可并在实际工程中得到了大面积应用，如图7.3所示。

(a) 试验照片　　　　　　　　　　　　(b) 获奖照片

(c) 应用照片

图7.3　钢管预应力索中央分隔带开口护栏

　　钢管预应力索中央分隔带开口护栏通过实车足尺碰撞试验后，在国内多条高速公路中进行了应用，曾多次拦截事故车辆，降低了事故的严重程度。由于其良好的安全防护效果，在编制《公路护栏安全性能评价标准》（JTG B05-01—2013）的过程中，曾主要参考钢管预应力索中央分隔带开口护栏的碰撞条件进行编制，如图7.4（a）所示，采用大中型车和小型车在护栏长度的1/3处位置进行碰撞并评价其安全性能。但是2011年6月22日，某跨海大桥发生了一起小型客车碰撞中央分隔带开口护栏端部事故，如图7.4（b）所示，造成了4人死亡的严重后果，引起了标准主编的关注和重视。通过研究，《公路护栏安全性能评价标准》（JTG B05-01—2013）中规定，应采用小型客车、大（中）型客车、大（中）型货车分别在中央分隔带开口护栏中点和沿试验车辆行车方向距离中央分隔带开口护栏终点2 m的位置处组织实车足尺碰撞试验评价其安全性能［图7.4（c）］，对中央分隔带开口护栏提出了更严格的指标要求。钢管预应力索中央分隔带开口护栏在获得广大用户认可的同时，也有部分厂家提供了一些质量不合格的产品，如钢管中缺少预应力索主要受力构件，这直接影响了产品的质量，造成了极大的负面影响，如图7.4（d）所示。为进一步规范钢管预应力索中央分隔带开口护栏的安全应用技术，山东高速股份有限公司联合北京华路安交通科技有限公司、上海布克林金属防腐有限公司对钢管预应力索中央分隔带开口护栏进行了结构优化，并按照《公路护栏安全性能评价标准》（JTG B05-01—2013）的要求组织实施了实车足尺碰撞试验验证，各项指标满足评价标准的要求，防护能力达到了A级，如图7.4（e）所示。在此基础上，由山东高速股份有限公司组织编写、中国公路学会发布的《公路中央分隔带开口钢管预应力索护栏》（T/CHTS 20023—2022）团体标准，对行业发展起到一定的促进作用。

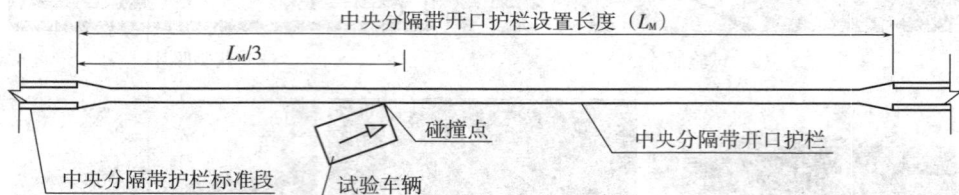

（a）钢管预应力索中央分隔带开口护栏碰撞位置

（b）某跨海大桥钢管预应力索中央分隔带开口护栏端部事故

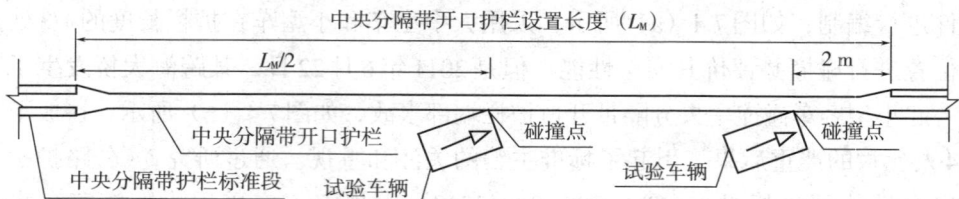

（c）《公路护栏安全性能评价标准》（JTG B05-01—2013）中央分隔带开口护栏碰撞位置

（d）缺少预应力索的中央分隔带开口护栏及事故

（e）钢管预应力索中央分隔带开口护栏优化结构

图7.4　钢管预应力索中央分隔带开口护栏优化历程

随着《公路护栏安全性能评价标准》（JTG B05-01—2013）的进一步实施，特别是《公路交通安全设施设计规范》（JTG D81—2017）规定"中央分隔带开口护栏防护等级宜与相邻路段保持一致"以来，中央分隔带开口护栏的种类和防护等级越来越多，除钢管预应力索中央分隔带开口护栏外，比较典型的是波形梁中央分隔带开口护栏和混凝土中央分隔带开口护栏。特别是波形梁中央分隔带开口护栏，由于其能够和中央分隔带波形梁护栏实现无缝衔接，也能够和中央分隔带混凝土护栏实现刚度平顺过渡，安全性能更加稳定；同时由于其大部分采用的是波形梁板标准件，在车辆碰撞后能够进行构件更换维护，诸多优点使得波形梁中央分隔带开口护栏在国内应用越来越多。山东高速股份有限公司联合北京华路安交通科技有限公司研发了SB级波形梁中央分隔带开口护栏，成功应用于济青高速公路改扩建工程中，与SB级波形梁中央分隔带护栏实现了无缝衔接；研发了SA级波形梁中央分隔带开口护栏，成功应用于京台高速公路改扩建工程中，与SA级波形梁中央分隔带护栏实现了无缝衔接；对混凝土中央分隔带开口护栏结构进行了探索研究，并取得了一定成果。

7.2　钢管预应力索中央分隔带开口护栏

7.2.1　A级结构

A级钢管预应力索中央分隔带开口护栏设计结构如图7.5所示，它由钢管预应力索单元框架结构、单元连接构件和端部过渡结构组成。单元框架结构通过合理匹配钢管和钢索，满足安全防护性能，达到结构轻巧和移动灵活的使用要求；单元连接构件将单元框架拼装成开口护栏主体结构，满足安全连接，达到开启方便要求；端部过渡结构满足开口护栏端部约束要求。

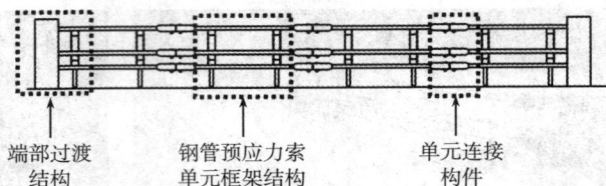

端部过渡   钢管预应力索   单元连接
结构   单元框架结构   构件

图7.5　A级钢管预应力索中央分隔带开口护栏设计结构

A级钢管预应力索中央分隔带开口护栏标准段结构如图7.6所示，它由主横梁、蝴蝶形肋板、横撑钢管、万向轮、立柱、锚具组成。主横梁为钢管预应力索结构，由φ48 mm×3 mm钢管和50 kN预应力钢索匹配构成，钢绞线通过挤压锚具和单孔夹片锚具固定在钢管两端，主横梁分3层分布，上、中、下层各包括2根；6根主横梁通过蝴蝶形肋板和横撑钢管连接成一整体，使其在车辆碰撞时能够协同受力；单元框架装有万向轮，能够灵活移动；在下端横撑钢管上焊有立柱，以防止车辆碰撞时护栏高度大幅降低。

图7.6　A级钢管预应力索中央分隔带开口护栏标准段结构

A级钢管预应力索中央分隔带开口护栏纵向连接结构如图7.7所示，它由锚垫板、外套管、内套管和连接销组成。锚垫板和钢管焊接，外套管卡在锚垫板上，内套管通过连接销将相邻单元框架的外套管连接，从而将单元框架连接成护栏主体。外套管除连接外，还起到封装锚具的作用。

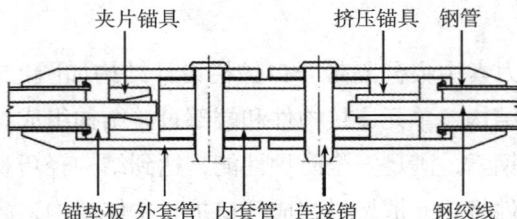

夹片锚具   挤压锚具　钢管

锚垫板　外套管　内套管　连接销   钢绞线

图7.7　A级钢管预应力索中央分隔带开口护栏纵向连接结构

A级钢管预应力索中央分隔带开口护栏端部过渡结构如图7.8所示。端部过渡结构是护栏固定的重要构件，当护栏拦阻失控车辆时，需要端部抵抗拉力和扭矩。通过单元构件试验，采用桁架式结构端部；开口护栏和中央分隔带波形梁护栏刚度不同，且存在变截面，易对车辆形成绊阻，可以通过设置导向板提高端部导向能力，实现刚度过渡。

图7.8 A级钢管预应力索中央分隔带开口护栏端部过渡结构

根据《高速公路护栏安全性能评价标准》（JTG/T F83-01—2004）中A级碰撞条件（1.5 t小型客车、碰撞速度为100 km/h、碰撞角度为20°，10 t中型客车、碰撞速度为60 km/h、碰撞角度为20°）建立仿真模型并组织实车足尺碰撞试验，图7.9为A级钢管预应力索中央分隔带开口护栏试验与仿真结果。图7.9（a）为两种车型碰撞A级钢管预应力索中央分隔带开口护栏过程的试验与仿真对比图，可以看出试验与仿真的两种车型行驶姿态基本相同，从车辆行驶姿态角度验证了仿真模型的准确性。图7.9（b）为两种车型碰撞后A级钢管预应力索中央分隔带开口护栏变形的试验与仿真结果对比图，可以看出护栏整体变形情况相似，从护栏变形角度验证了仿真模型的可靠性。

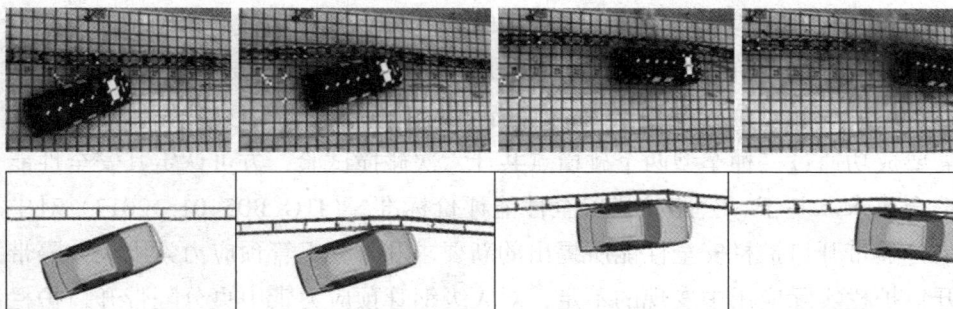

小型客车（上为试验，下为仿真）

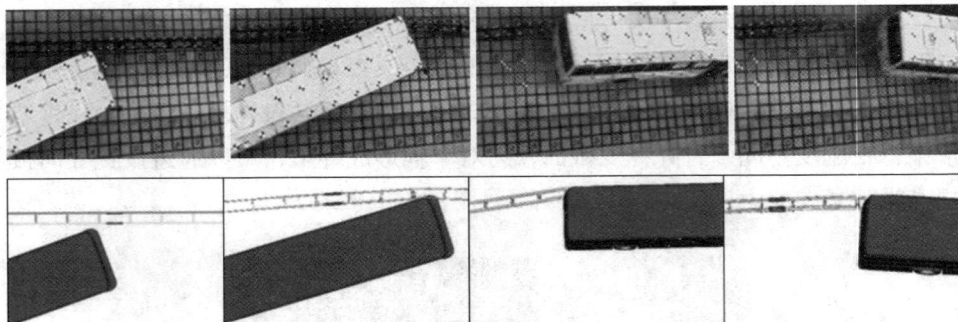

中型客车（上为试验，下为仿真）

（a）碰撞过程

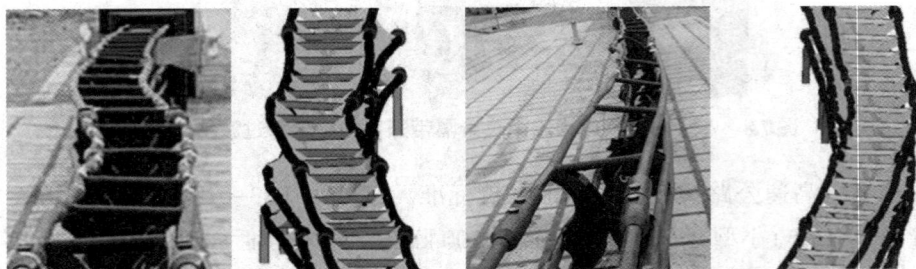

小型客车（左为试验，右为仿真）　　　中型客车（左为试验，右为仿真）

（b）护栏变形

图7.9　A级钢管预应力索中央分隔带开口护栏试验与仿真结果

7.2.2　A级优化结构

7.2.1节中A级钢管预应力索中央分隔带开口护栏结构按照当时的评价标准《高速公路护栏安全性能评价标准》（JTG/T F83-01—2004）要求，仅对护栏中间段1/3处位置进行了小型客车和中型客车两次碰撞试验检测，而《公路护栏安全性能评价标准》（JTG B05-01—2013）中明确规定碰撞点应包括开口护栏的中间点位置及终点2 m处位置两个碰撞点，即中央分隔带开口护栏需要成功通过三种车型两个碰撞点共计六次碰撞试验，方可认定其安全性能符合要求。基于《公路护栏安全性能评价标准》（JTG B05-01—2013）对中央分隔带开口护栏安全性能所提出的新要求和A级钢管预应力索中央分隔带开口护栏实际应用中发现的不足，对A级钢管预应力索中央分隔带开口护栏进行优化设计，得到的A级钢管预应力索中央分隔带开口护栏优化结构如图7.10所示。

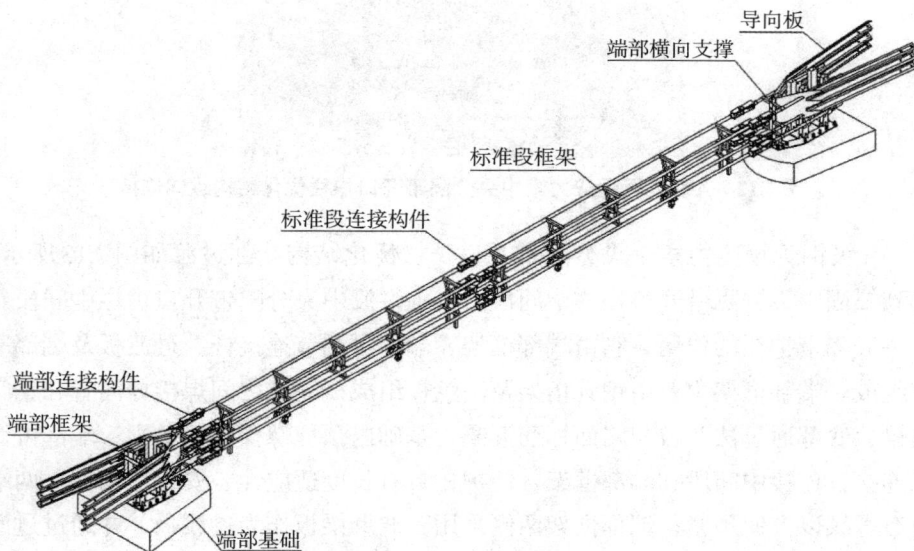

图7.10 A级钢管预应力索中央分隔带开口护栏优化结构

A级钢管预应力索中央分隔带开口护栏优化结构标准段如图7.11所示,它由横梁钢管、连接框架、钢绞线、锚具、支撑柱及万向轮等部件组成。横梁钢管内穿入钢绞线并在两端采用锚具施加一定预应力;每节设置三层两排共六根横梁钢管,横向连接框架设计为类"目"字通透形,弯管结构可以防止车辆碰撞时发生绊阻,底部设置支撑柱及万向轮。

图7.11 A级钢管预应力索中央分隔带开口护栏优化结构标准段

A级钢管预应力索中央分隔带开口护栏优化结构纵向连接如图7.12所示,主要由U形连接外套、U形连接内套组成,通过锚垫盖环、锚垫板及锚具固定在横梁钢管两端,通过通孔和连接销实现连接。

图7.12　A级钢管预应力索中央分隔带开口护栏优化结构纵向连接

A级钢管预应力索中央分隔带开口护栏优化结构端部过渡如图7.13所示，起到锚固中央分隔带开口护栏中间段、合理过渡中央分隔带开口护栏中间段到中央分隔带护栏的作用，它由端部框架、端部可调节连接杆、过渡板及端部基础组成。端部框架主要由钢管桁架及法兰板组成，立柱之间焊接导向管和钢管横梁，底部通过法兰板与路面钢筋混凝土基础内预埋螺栓连接锚固；端部可调节连接杆连接中间段和端部框架，使护栏具有长度适应性、安装适用性，两端设有螺纹以方便预紧；端部框架两侧采用三波形梁板作为过渡板，并通过过渡板实现中央分隔带开口护栏到中央分隔带护栏的过渡。

图7.13　A级钢管预应力索中央分隔带开口护栏优化结构端部过渡

根据《公路护栏安全性能评价标准》（JTG B05-01—2013）中A级碰撞条件（1.5 t小型客车、碰撞速度为100 km/h、碰撞角度为20°，10 t中型客车、碰撞速度为60 km/h、碰撞角度为20°，10 t中型货车、碰撞速度为60 km/h、碰撞角度为20°）建立护栏中间点碰撞位置仿真模型并组织实车足尺碰撞试验，图7.14为A级钢管预应力索中央分隔带开口护栏优化结构中间点碰撞位置试验与仿真结果。图7.14（a）为试验与仿真模型。图7.14（b）为三种车型碰撞A级钢管预应力索中央分隔带开口护栏优化结构过程的试验与仿真对比图，可以看出试验与仿真的三种车型行驶姿态基本相同，从车辆行驶姿态角度验证了仿真模型的准确性。图7.14（c）为三种车型碰撞后A级钢管预应力索中央分隔带开口护栏优化结构变形的试验与仿真结果对比图，可以看出护栏整体变形情况相似，从护栏变形角度验证了仿真模型的可靠性。

护栏（上为试验，下为仿真）　　小型客车（左为试验，右为仿真）

中型客车（左为试验，右为仿真）　　中型货车（左为试验，右为仿真）

（a）试验与仿真模型

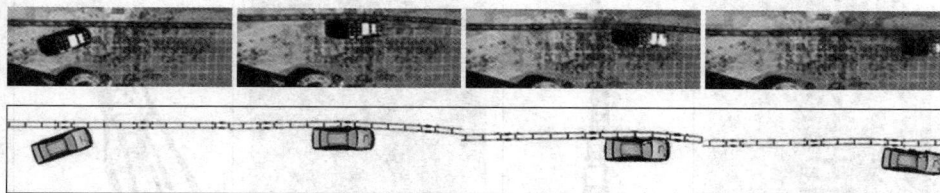

小型客车（上为试验，下为仿真）

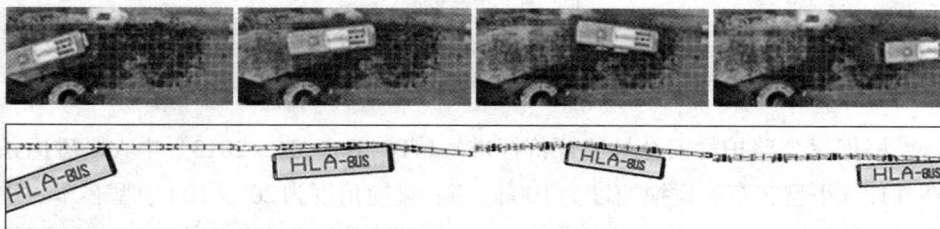

中型客车（上为试验，下为仿真）

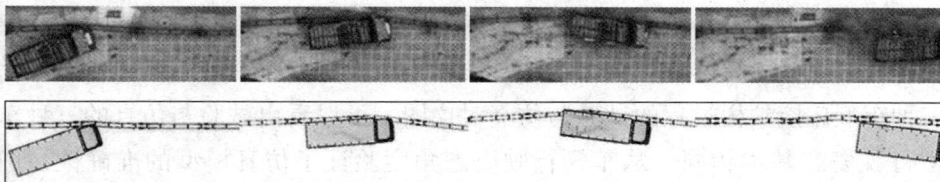

中型货车（上为试验，下为仿真）

（b）碰撞过程

小型客车（左为试验，右为仿真）

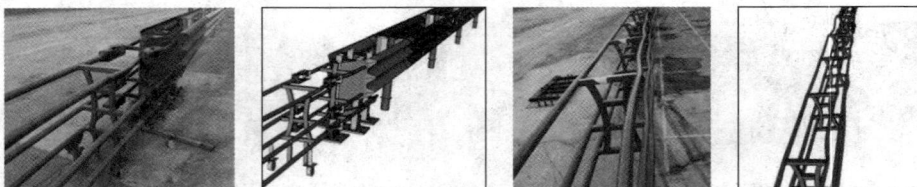

中型客车（左为试验，右为仿真）

中型货车（左为试验，右为仿真）

（c）护栏变形

**图7.14　A级钢管预应力索中央分隔带开口护栏优化结构中间点
碰撞位置试验与仿真结果对比**

根据《公路护栏安全性能评价标准》（JTG B05-01—2013）中A级碰撞条件（1.5 t小型客车、碰撞速度为100 km/h、碰撞角度为20°，10 t中型客车、碰撞速度为60 km/h、碰撞角度为20°，10 t中型货车、碰撞速度为60 km/h、碰撞角度为20°）建立护栏端部终点2 m处碰撞位置仿真模型并组织实车足尺碰撞试验，图7.15为A级钢管预应力索中央分隔带开口护栏优化结构端部终点2 m处碰撞位置试验与仿真结果。图7.15（a）为试验与仿真模型。图7.15（b）为三种车型碰撞护栏过程的试验与仿真对比图，可以看出试验与仿真的三种车型行驶姿态基本相同，从车辆行驶姿态角度验证了仿真模型的准确性。图7.15（c）为三种车型碰撞后护栏变形的试验与仿真结果对比图，可以看出护栏整体变形情况相似，从护栏变形角度验证了仿真模型的可靠性。

护栏（上为试验，下为仿真）　　　　小型客车（左为试验，右为仿真）

中型客车（左为试验，右为仿真）　　　　中型货车（左为试验，右为仿真）

（a）试验与仿真模型

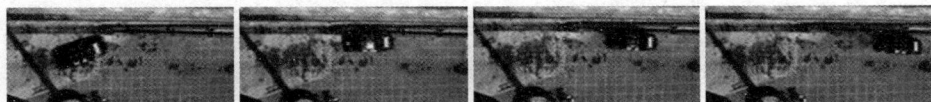

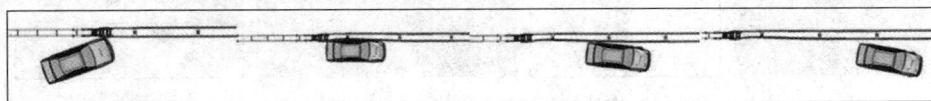

小型客车（上为试验，下为仿真）

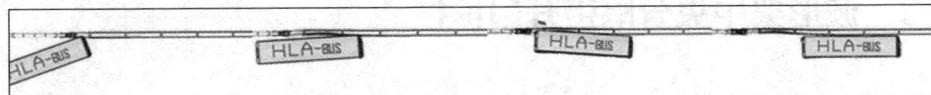

中型客车（上为试验，下为仿真）

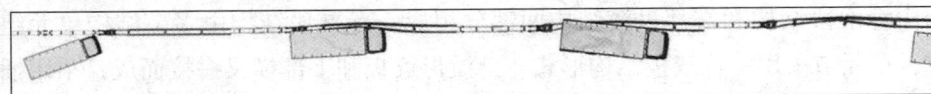

中型货车（上为试验，下为仿真）

（b）碰撞过程

小型客车（左为试验，右为仿真）

中型客车（左为试验，右为仿真）

中型货车（左为试验，右为仿真）

（c）护栏变形

图7.15 A级钢管预应力索中央分隔带开口护栏优化结构端部终点2 m处
碰撞位置试验与仿真结果对比

7.3 波形梁中央分隔带开口护栏

7.3.1 SB级结构

基于《公路交通安全设施设计规范》（JTG D81—2017）对中央分隔带开口护栏提出的方便开启要求，综合安全性、开启方便性、协调统一性及经济性等因素，提出SB级波形梁中央分隔带开口护栏的结构如图7.16所示。护栏结构由标准段结构和端部过渡结构两部分组成：标准段结构由多节结构单元组成，单元节采用一柱双板结构形式，由波形梁板和下部横梁拼接而成，采用插拔式设计，同时护栏底部设置万向轮，方便开启和移动；纵向连接采用销式连接，只需要插拔销子即可实现纵向连接和开启；端部与波形梁护栏过渡时由一节框架结构通过宽度渐变实现无缝衔接；端部与混凝土护栏过渡时采用特殊设计的端部过渡连接构件，保证合理的刚度过渡，降低车辆在过渡位置绊阻的风险。

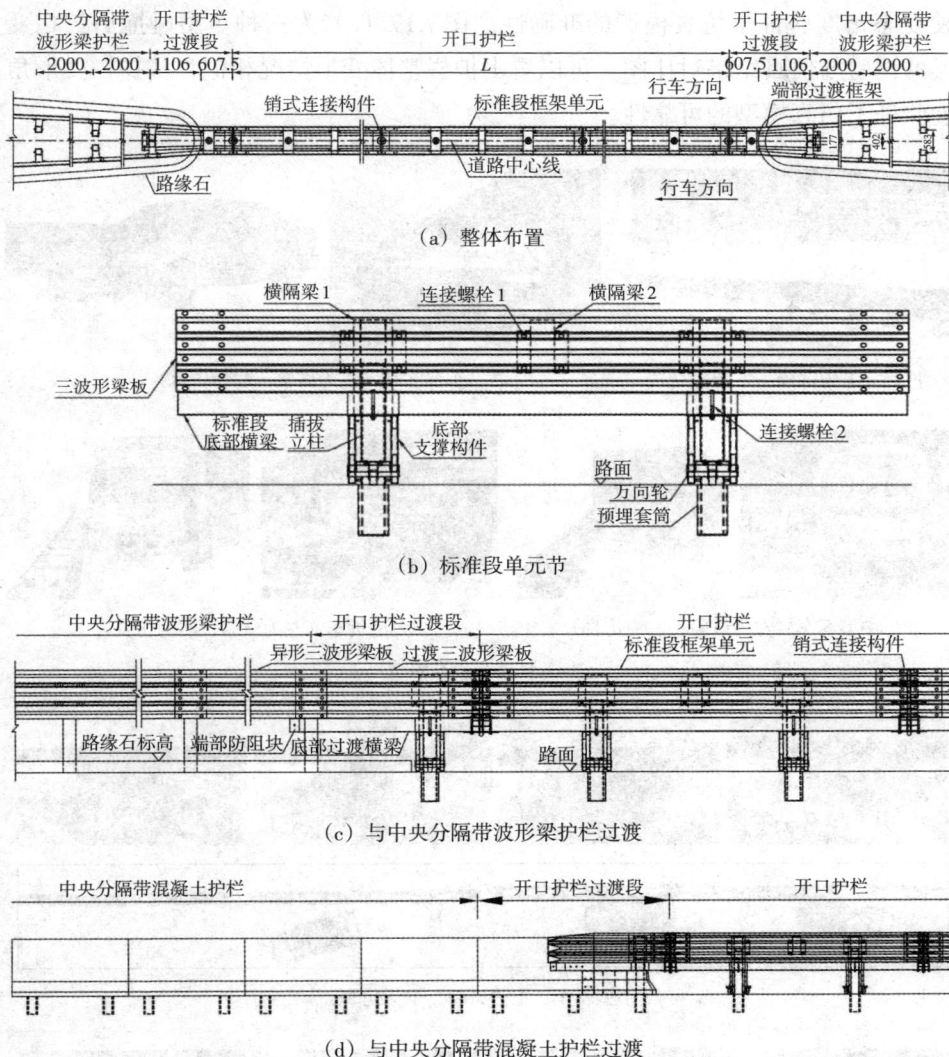

(a) 整体布置

(b) 标准段单元节

(c) 与中央分隔带波形梁护栏过渡

(d) 与中央分隔带混凝土护栏过渡

图7.16 SB级波形梁中央分隔带开口护栏结构（尺寸单位：mm）

根据《公路护栏安全性能评价标准》（JTG B05-01—2013）中SB级碰撞条件（1.5 t小型客车、碰撞速度为100 km/h、碰撞角度为20°，10 t中型客车、碰撞速度为80 km/h、碰撞角度为20°，18 t大型货车、碰撞速度为60 km/h、碰撞角度为20°）建立护栏中间点碰撞位置仿真模型并组织实车足尺碰撞试验，

图7.17为SB级波形梁中央分隔带开口护栏中间点碰撞位置试验与仿真结果。图7.17（a）为试验与仿真模型。图7.17（b）为三种车型碰撞护栏过程的试验与仿真对比图，可以看出试验与仿真的三种车型行驶姿态基本相同，从车辆行驶姿态角度验证了仿真模型的准确性。图7.17（c）为三种车型碰撞后护栏变形的试验与仿真结果对比图，可以看出护栏整体变形情况相似，从护栏变形角度验证了仿真模型的可靠性。

护栏（上为试验，下为仿真）　　　　　　小型客车（左为试验，右为仿真）

中型客车（左为试验，右为仿真）　　　　大型货车（左为试验，右为仿真）

（a）试验与仿真模型

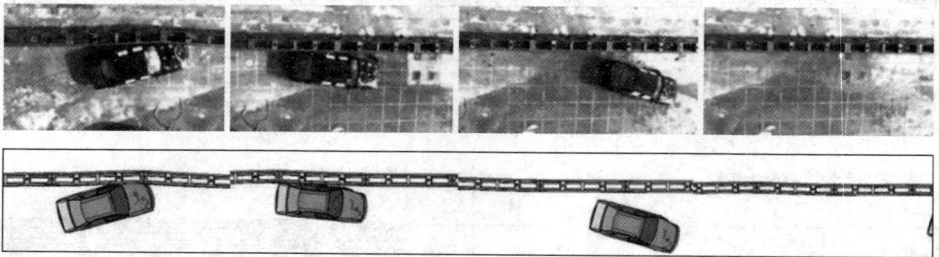

小型客车（上为试验，下为仿真）

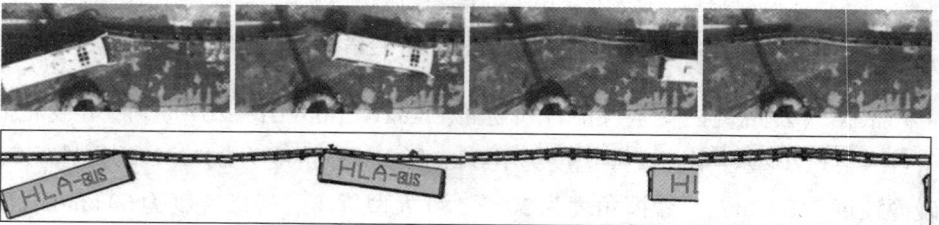

中型客车（上为试验，下为仿真）

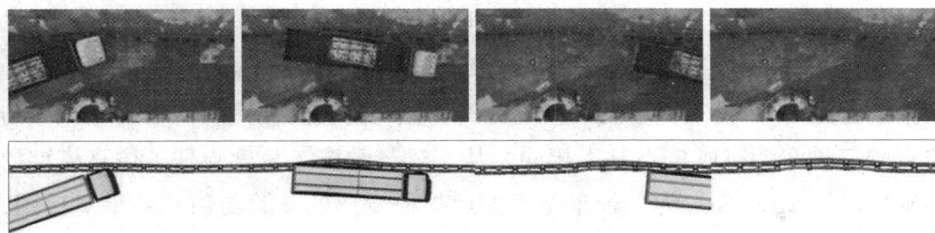

大型货车（上为试验，下为仿真）

（b）碰撞过程

小型客车（左为试验，右为仿真）

中型客车（左为试验，右为仿真）

大型货车（左为试验，右为仿真）

（c）护栏变形

图7.17 SB级波形梁中央分隔带开口护栏中间点碰撞位置试验与仿真结果对比

根据《公路护栏安全性能评价标准》（JTG B05-01—2013）中SB级碰撞条件（1.5 t小型客车、碰撞速度为100 km/h、碰撞角度为20°，10 t中型客车、碰撞速度为80 km/h、碰撞角度为20°，18 t大型货车、碰撞速度为60 km/h、碰撞角度为20°）建立过渡波形梁护栏端部终点2 m处碰撞位置仿真模型并组织实车足尺碰撞试验，图7.18为SB级波形梁中央分隔带开口护栏过渡波形梁护栏端部终点2 m处碰撞位置试验与仿真结果。图7.18（a）为试验与仿真模型。图7.18（b）为三种车型碰撞过程的试验与仿真对比图，可以看出试验与仿真的三种车型行驶姿态基本相同，从车辆行驶姿态角度验证了仿真模型的准确性。图7.18（c）为三种车型碰撞后护栏变形的试验与仿真结果对比图，可以看出护栏整体变形情况相似，从护栏变形角度验证了仿真模型的可靠性。

护栏（上为试验，下为仿真）　　　　　　小型客车（左为试验，右为仿真）

中型客车（左为试验，右为仿真）　　　大型货车（左为试验，右为仿真）

（a）试验与仿真模型

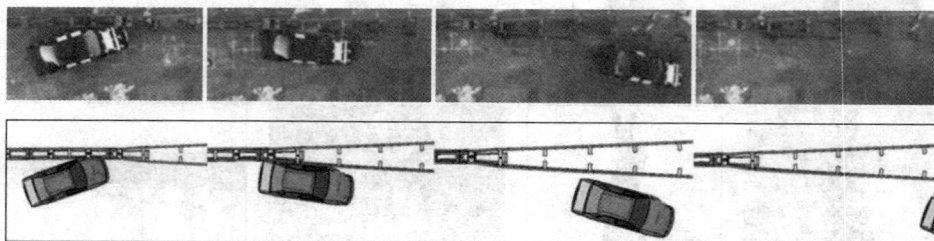

小型客车（上为试验，下为仿真）

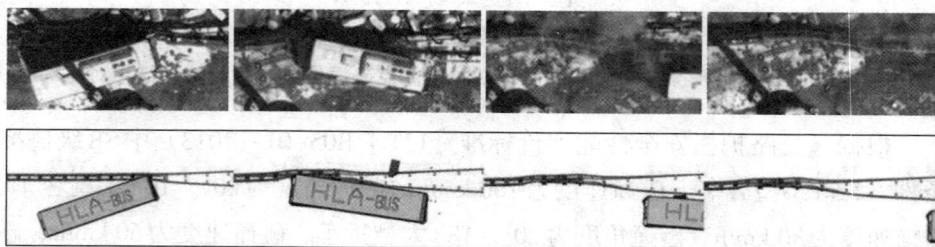

中型客车（上为试验，下为仿真）

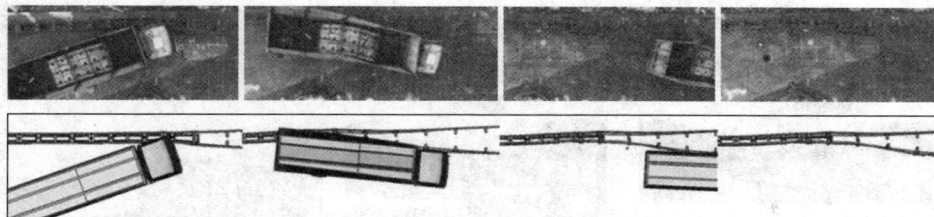

大型货车（上为试验，下为仿真）

（b）碰撞过程

小型客车（左为试验，右为仿真）

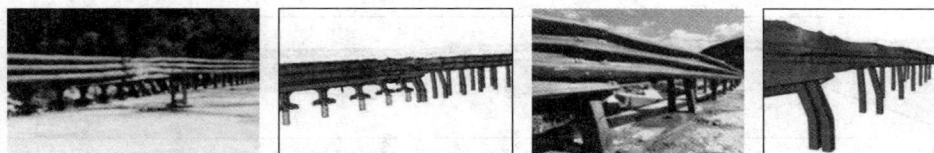

中型客车（左为试验，右为仿真）

大型货车（左为试验，右为仿真）

（c）护栏变形

图7.18　SB级波形梁中央分隔带开口护栏过渡波形梁护栏端部终点
2 m处碰撞位置试验与仿真结果对比

根据《公路护栏安全性能评价标准》（JTG B05-01—2013）中SB级碰撞条件（10 t中型客车、碰撞速度为80 km/h、碰撞角度为20°）建立过渡混凝土护栏端部终点2 m处碰撞位置仿真模型并组织实车足尺碰撞试验，图7.19为SB级波形梁中央分隔带开口护栏过渡混凝土护栏端部终点2 m处碰撞位置试验与仿真结果。图7.19（a）为试验与仿真模型。图7.19（b）为中型客车碰撞过程的试验与仿真对比图，可以看出试验与仿真的车型行驶姿态基本相同，从车辆行驶姿态角度验证了仿真模型的准确性。图7.19（c）为中型客车碰撞后护栏变形的试验与仿真结果对比图，可以看出护栏整体变形情况相似，从护栏变形角度验证了仿真模型的可靠性。

护栏（上为试验，下为仿真）　　　　中型客车（左为试验，右为仿真）

（a）试验与仿真模型

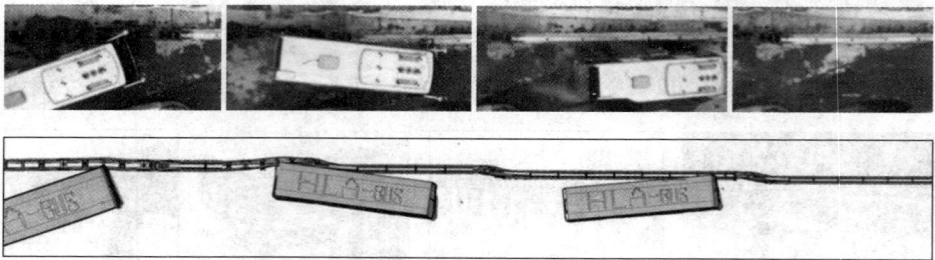

（b）碰撞过程（上为试验，下为仿真）

（c）护栏变形（左为试验，右为仿真）

图7.19　SB级波形梁中央分隔带开口护栏过渡混凝土护栏端部终点
2 m处碰撞位置试验与仿真结果对比

7.3.2　SA级结构

在SB级波形梁中央分隔带开口护栏的基础上对三波形梁板、横梁和立柱等进行加强设计，得到SA级波形梁中央分隔带开口护栏的结构如图7.20所示。护栏结构由标准段结构和端部过渡结构两部分组成：标准段结构由多节结构单元组成，单元节采用一柱双板结构形式，由波形梁板和下部横梁拼接而成，采用插拔式设计，同时护栏底部设置万向轮，方便开启和移动；纵向连接采用销式连接，只需要插拔销子即可实现纵向连接和开启；端部与波形梁护栏通过三波形梁板、过渡横梁与中央分隔带三波形梁护栏实现无缝衔接。

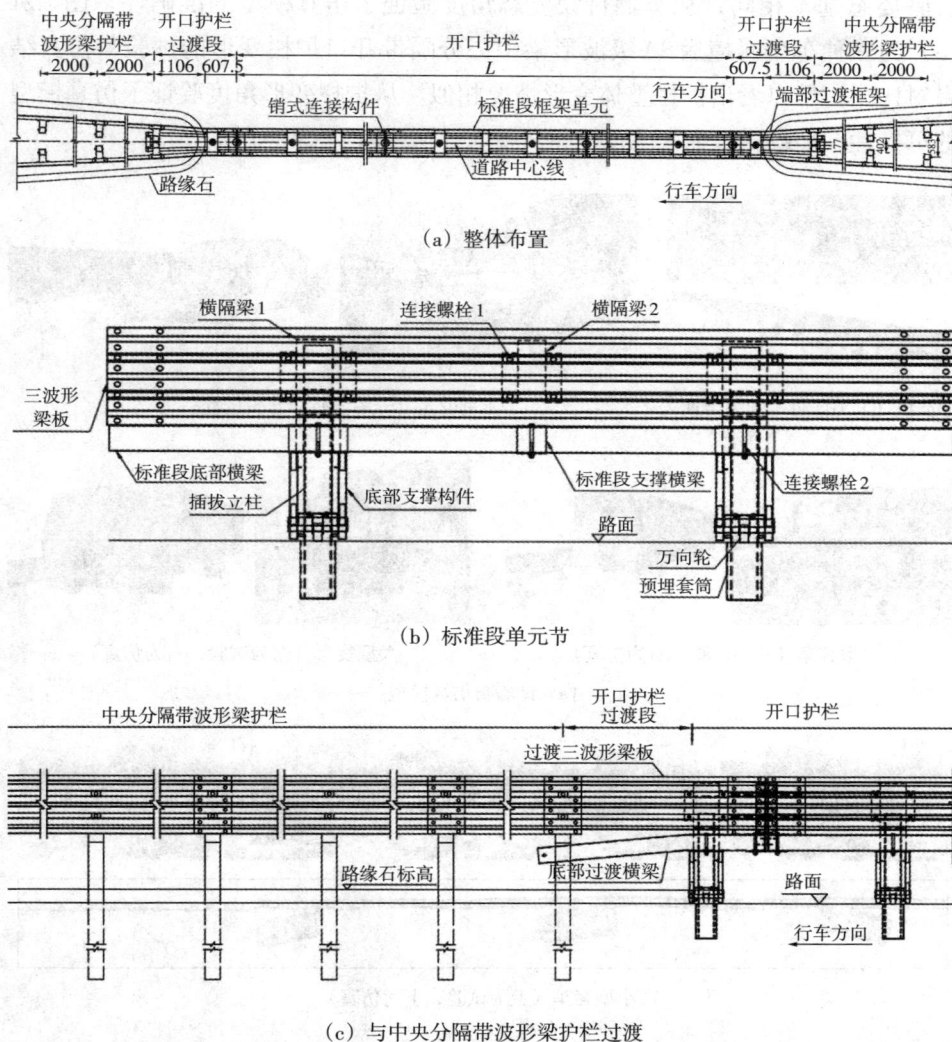

（a）整体布置

（b）标准段单元节

（c）与中央分隔带波形梁护栏过渡

图7.20 SA级波形梁中央分隔带开口护栏结构（尺寸单位：mm）

根据《公路护栏安全性能评价标准》（JTG B05-01—2013）中SA级碰撞条件（1.5 t小型客车、碰撞速度为100 km/h、碰撞角度为20°，14 t大型客车、碰撞速度为80 km/h、碰撞角度为20°，25 t大型货车、碰撞速度为60 km/h、碰撞角度为20°）建立护栏中间点碰撞位置仿真模型并组织实车足尺碰撞试验，图7.21为SA级波形梁中央分隔带开口护栏中间点碰撞位置试验与仿真结果。图7.21（a）为试验与仿真模型，图7.21（b）为三种车型碰撞SA级波形梁中央分隔带开口护栏过程的试验与仿真对比图，可以看出试验与仿真的三种车型行驶姿态基本相同，从车辆行驶姿态角度验证了仿真模型的准确性。图7.21（c）为三种车型碰撞后SA级波形梁中央分隔带开口护栏变形的试验与仿真结果对比图，可以看出护栏整体变形情况相似，从护栏变形角度验证了仿真模型的可靠性。

护栏（上为试验，下为仿真）　　　　　　小型客车（左为试验，右为仿真）

大型客车（左为试验，右为仿真）　　　　　大型货车（左为试验，右为仿真）

（a）试验与仿真模型

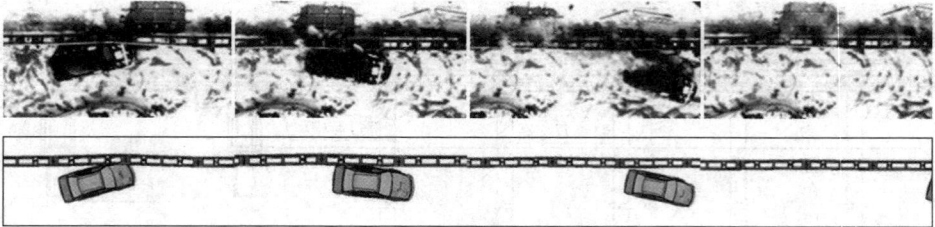

小型客车（上为试验，下为仿真）

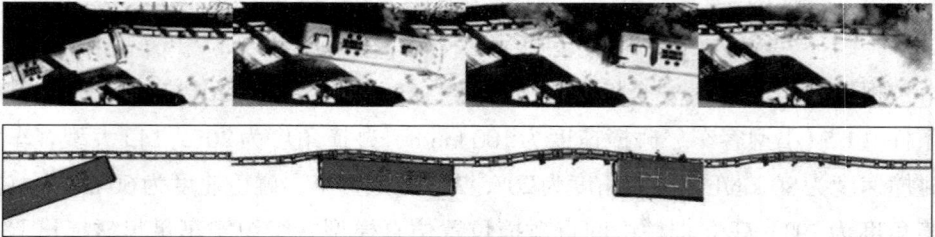

大型客车（上为试验，下为仿真）

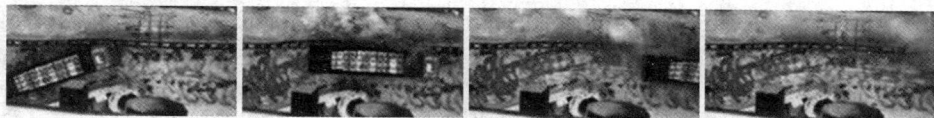

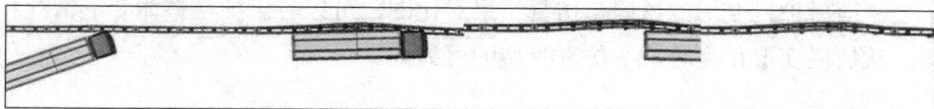

大型货车（上为试验，下为仿真）

（b）碰撞过程

小型客车（左为试验，右为仿真）

大型客车（左为试验，右为仿真）

大型货车（左为试验，右为仿真）

（c）护栏变形

图7.21 SA级波形梁中央分隔带开口护栏中间点碰撞位置试验与仿真结果对比

根据《公路护栏安全性能评价标准》（JTG B05-01—2013）中SA级碰撞条件（1.5 t小型客车、碰撞速度为100 km/h、碰撞角度为20°，14 t大型客车、碰撞速度为80 km/h、碰撞角度为20°，25 t大型货车、碰撞速度为60 km/h、碰撞角度为20°）建立护栏端部终点2 m处碰撞位置仿真模型并组织实车足尺碰撞试验，图7.22为SA级波形梁中央分隔带开口护栏端部终点2 m处碰撞位置试验与仿真结果。图 7.22（a）为试验与仿真模型。图 7.22（b）为三种车型碰撞护栏过程的试验与仿真对比图，可以看出试验与仿真的三种车型行驶姿态基本相同，从车辆行驶姿态角度验证了仿真模型的准确性。图 7.22（c）为三种车型碰撞后护栏变形的试验与仿真结果对比图，可以看出护栏整体变形情况相似，从护栏变形角度验证了仿真模型的可靠性。

护栏（上为试验，下为仿真）　　　　　小型客车（左为试验，右为仿真）

大型客车（左为试验，右为仿真）　　　大型货车（左为试验，右为仿真）

（a）试验与仿真模型

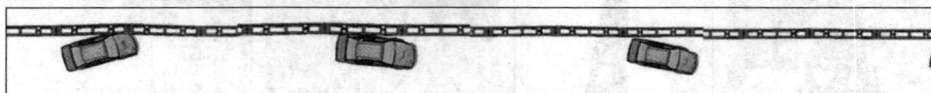

小型客车（上为试验，下为仿真）

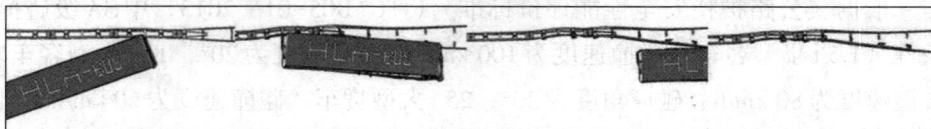

大型客车（上为试验，下为仿真）

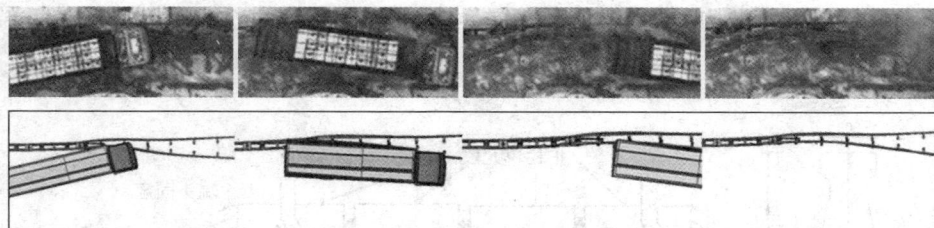

大型货车（上为试验，下为仿真）

（b）碰撞过程

小型客车（左为试验，右为仿真）

大型客车（左为试验，右为仿真）

大型货车（左为试验，右为仿真）

（c）护栏变形

图 7.22　SA 级波形梁中央分隔带开口护栏端部终点
2 m 处碰撞位置试验与仿真结果对比

7.4　混凝土中央分隔带开口护栏

混凝土中央分隔带开口护栏结构如图 7.23 所示，护栏路面以上有效高度为810 mm，护栏顶宽 300 mm，护栏底宽 580 mm，护栏坡面在 F 型的基础上设置阻爬坎，混凝土护栏分成若干个单元段、各段之间通过可拆卸的连接结构连接形成一个链条式结构，整个护栏采用在路面上平摆浮搁的方式设置，仅在两端进行固定。

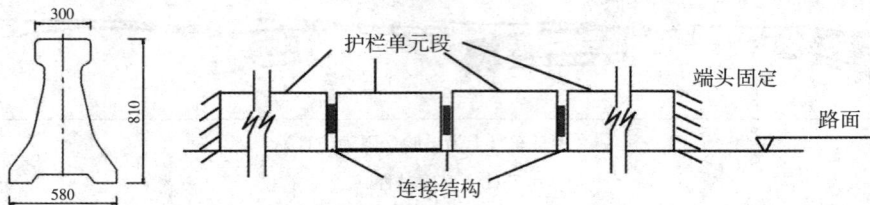

图7.23　混凝土中央分隔带开口护栏结构（尺寸单位：mm）

根据《高速公路护栏安全性能评价标准》（JTG/T F83-01—2004）中 A 级碰撞条件（1.5 t 小型客车、碰撞速度为100 km/h、碰撞角度为20°，10 t 中型客车、碰撞速度为60 km/h、碰撞角度为20°）建立仿真模型并组织实车足尺碰撞试验，图7.24为混凝土中央分隔带开口护栏试验与仿真结果。图7.24（a）为两种车型碰撞混凝土中央分隔带开口护栏过程的试验与仿真对比图，可以看出试验与仿真的两种车型行驶姿态基本相同，从车辆行驶姿态角度验证了仿真模型的准确性。图7.24（b）为两种车型碰撞后混凝土中央分隔带开口护栏变形的试验与仿真结果对比图，可以看出护栏整体变形情况相似，从护栏变形角度验证了仿真模型的可靠性。

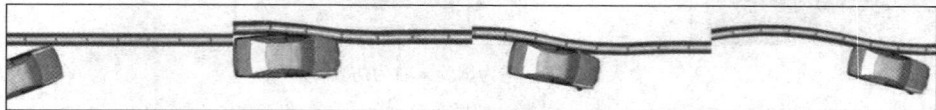

小型客车（上为试验，下为仿真）

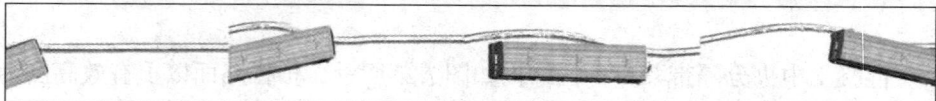

中型客车（上为试验，下为仿真）

（a）碰撞过程

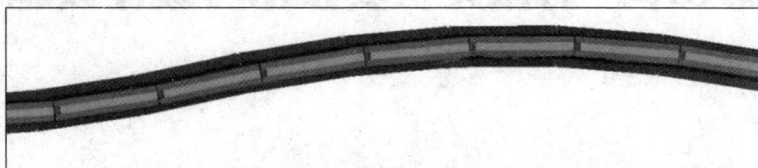

小型客车（上为试验，下为仿真）

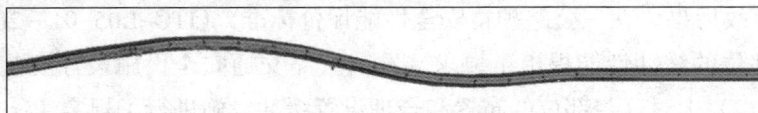

中型客车（上为试验，下为仿真）

（b）护栏变形

图7.24 混凝土中央分隔带开口护栏试验与仿真结果

第8章 有限元仿真技术与缓冲设施

8.1 概 述

在公路建设中存在护栏端部、收费站导流岛端部等位置，通过对早期建造的公路进行多年的运营实践，总结出事故车辆易正面碰撞这些部位并产生较为严重的事故后果。在《公路护栏安全性能评价标准》（JTG B05-01—2013）中对这些部位的缓冲性能提出了要求，在《公路交通安全设施设计规范》（JTG D81—2017）中对这些部位的布置和合理设置缓冲设施进行了规定。

我国早期建造的公路护栏主要依据《高速公路交通安全设施设计及施工技术规范》（JTJ 074—94）、《公路交通安全设施设计规范》（JTG D81—2006）和《公路交通安全设施设计细则》（JTG/T D81—2006）进行设计，对于护栏端头的规定1994年版规范和2006年版规范相差不大，仅以1994年版规范规定进行说明。1994年版规范的第2.1.10条定义护栏端头是指护栏开始端或结束端所设置的专门结构；在5.1.4条指出路侧波形梁护栏的起、讫点应进行端头处理，还规定上游直立式端头应设渐变段外展，下游端头可与标准段成一条直线 ［如图8.1（a）所示］；在5.1.9条指出设置于中央分隔带起点、终点及开口处的护栏应进行端头处理 ［如图8.1（b）所示］；在5.1.10条给出了交通分流三角地带端部处理意见 ［如图8.1（c）所示］，还指出在条件允许时应在危险三角区范围设置防撞垫。

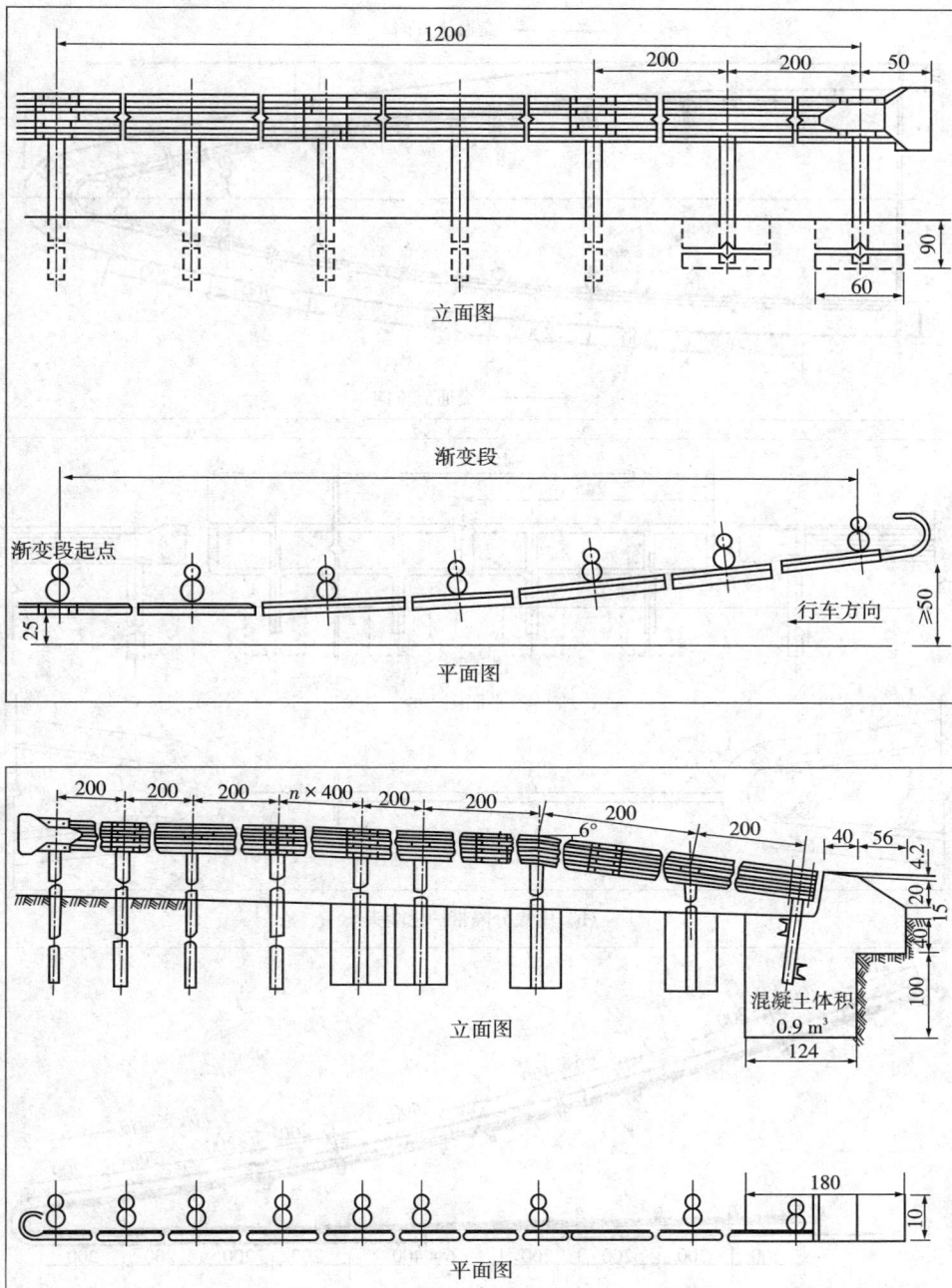

立面图

渐变段

渐变段起点

行车方向

平面图

立面图

混凝土体积
0.9 m³

平面图

（a）路侧波形梁护栏端头

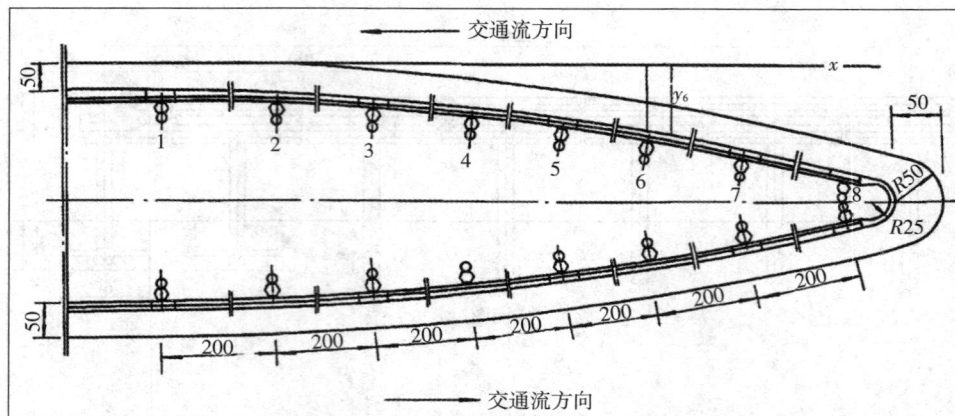

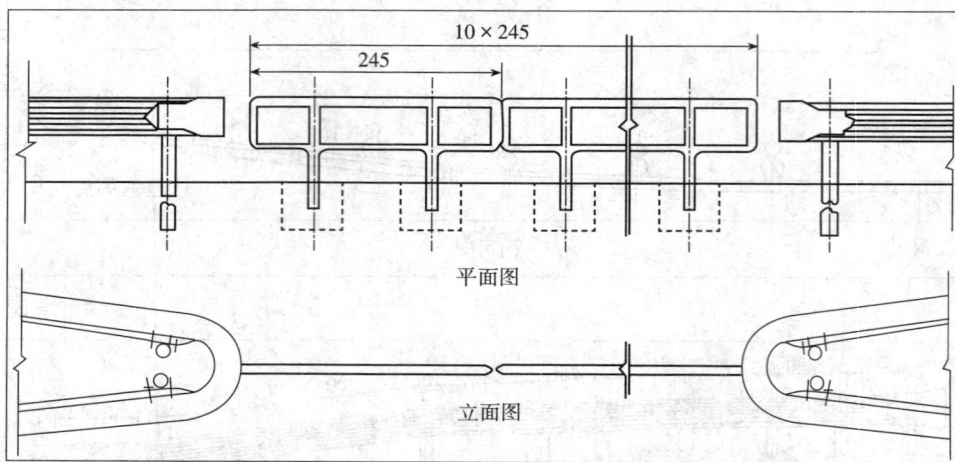

（b）中央分隔带护栏端头

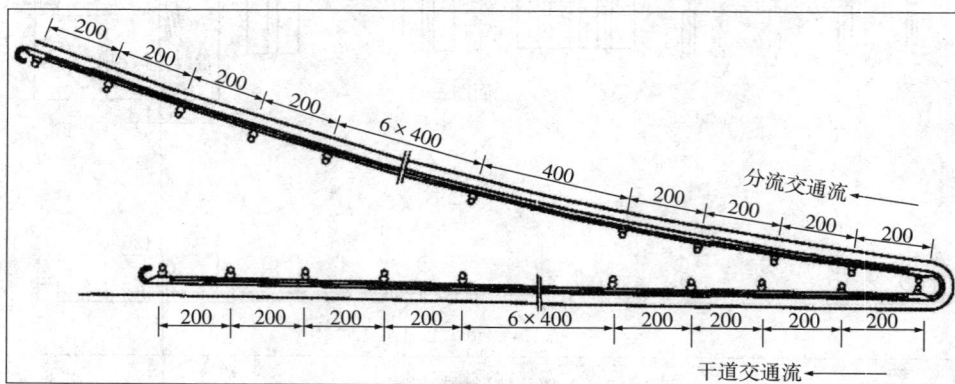

（c）分流三角地带护栏端头

图8.1 《高速公路交通安全设计及施工技术规范》（JTJ 074—94）对护栏端头的
规定（尺寸单位：cm）

根据早期护栏规范对护栏端头的规定，常用的护栏端头类型如图8.2所示。按照设置位置分为路侧护栏端头、中央分隔带开口护栏端头、出口分流三角端头，按照护栏形式分为波形梁护栏端头、混凝土护栏端头、梁柱式护栏端头、组合式护栏端头、缆索式护栏端头等，按照端头结构形式分为直立式护栏端头、地锚式护栏端头和U形护栏端头。直立式护栏端头和地锚式护栏端头多用在路侧，U形护栏端头多用在中央分隔带开口或分流出口三角端。

路侧护栏端头　　　　　中央分隔带开口护栏端头　　　　　出口分流三角端头

（a）按照设置位置分类

波形梁护栏端头　　　　　　混凝土护栏端头　　　　　　梁柱式护栏端头

组合式护栏端头　　　　　　　　　缆索式护栏端头

（b）按照护栏形式分类

直立式护栏端头　　　　　　　　　地锚式护栏端头

U形护栏端头

(c) 按照端头结构形式分类

图8.2 常用护栏端头

对于护栏端部来说，一旦发生车辆碰撞护栏端部的事故，往往是近乎正面的碰撞，一般车辆的动能需要全部被缓冲吸收，若是护栏端部不具备这样的能力，则会对乘员造成严重伤害。护栏端头高度一般与护栏标准段相同，高度大部分在1 m左右，由于小型车速度快，且乘员位置与端头位置高度接近，碰撞护栏端头后更易对乘员造成直接伤害。小型车辆碰撞直立式护栏端头或U形护栏端头，若端头的面积和刚度较大，车体就会产生较大变形，乘员会受到严重冲击，甚至危及生存空间；若端头的面积较小，相对于车体护栏端头就像钉子一样尖锐，很容易插入车体，对乘员造成直接伤害。车辆碰撞地锚式护栏端头，车辆沿坡面迅速爬升，易发生翻车和翻滚事故；车辆碰撞放置防撞桶的护栏端头，防撞桶粉碎，散落物大都会进入相邻车道，可见防撞桶的防护作用不确定，同时由于散落物进入相邻车道易造成二次事故，如图8.3所示。而大型车底盘高、速度低，且乘员所坐的位置一般高于护栏端部高度，即使端头插入车体也不会对乘员造成直接伤害，如图8.4所示。

(a) 直立式护栏端头

(b) U形护栏端头

(c) 地锚式护栏端头

(d) 防撞桶

图8.3 小型车碰撞护栏端头事故形态

(a) 大型货车碰撞护栏端头　　　　　　　(b) 大型客车碰撞护栏端头

图8.4 大型车碰撞护栏端头事故形态

在高速公路建设早期，车辆组成较为单一、运行速度较低，配套设置的护栏端头满足当时的交通流特性，起到了较好的安全防护作用。然而随着交通组成复杂化和运行速度提升，早期设置的护栏端头不能适应日益变化的交通流特性，安全防护能力不足逐渐体现出来。为提高公路的安全运营水平，交通运输主管部门于2013年发布了《公路护栏安全性能评价标准》（JTG B05-01—2013），对涉及上述部位的防护设施安全性能进行了规定：路侧护栏端头应通过小型客车正碰、偏碰、斜碰、正向侧碰、反向侧碰评价其安全性能，如图8.5（a）和图8.5（b）所示，这大大提高了对路侧护栏端头安全防护性能的要求；中央分隔带开口护栏要求在距离中央分隔带护栏终点2 m处位置进行小型客车、大中型客车、大中型货车碰撞评价其安全性能，如图8.5（c）所示，这势必要求中央分隔带开口护栏与中央分隔带护栏进行可靠连接，实质上是取消了该位置的护栏端头存在；对于分流三角端的防撞垫也要求通过小型客车正碰、偏碰、斜碰、正向侧碰、反向侧碰评价其安全性能，如图8.5（d）所示，这大大提高了对分流三角端护栏端头安全防护性能的要求。

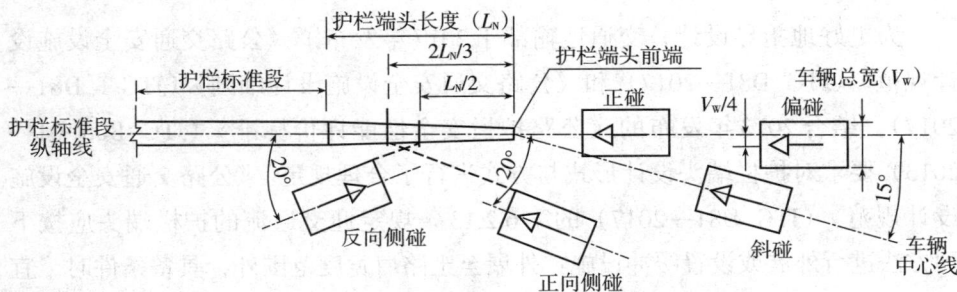

(a) 路侧无外展护栏端头

（b）路侧外展护栏端头

（c）中央分隔带开口护栏

（d）分流三角端防撞垫

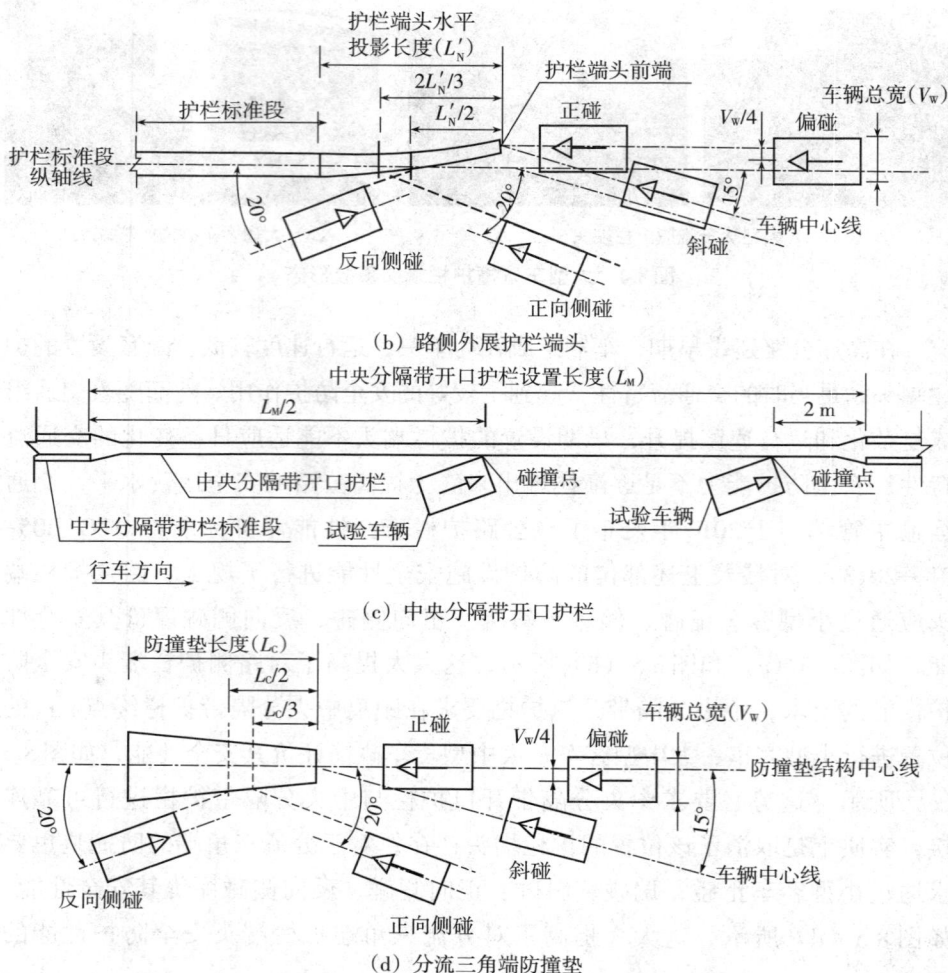

图8.5　《公路护栏安全性能评价标准》（JTG B05-01—2013）相关规定

为更好地指导设计，交通运输部于2017年发布了《公路交通安全设施设计规范》（JTG D81—2017）和《公路交通安全设施设计细则》（JTG/T D81—2017），结合2013年发布的《公路护栏安全性能评价标准》（JTG B05-01—2013）要求对护栏端头设计形式与方式进行了合理规定。《公路交通安全设施设计规范》（JTG D81—2017）的第6.2.13条规定迎交通流的护栏端头应按下列方法进行外展或设置缓冲设施：外展至土路肩宽度范围外，具备条件时，宜外展至计算净区宽度外；位于填挖交界时，应外展并埋入挖方路段不构成障碍物的土体内；无法外展时，高速公路、一级公路及作为干线的二级公路应设置防撞端头，或在护栏端头前设置防撞垫；作为集散的二级公路及三级、四级公路宜采用地锚式端头，并进行警示提醒或设置立面标记；作为干线的二级公路，宜考虑车辆碰撞对向车行道护栏下游端头的可能性。第6.4节规定中央分隔带开口护栏防护等级宜与相邻路段保持一致，同时应与相邻中央分隔带护栏能合理过渡。这样规定实质是将中央分隔带开口护栏与中央分隔带护栏合为一体，消除了中央分隔带护栏开口端头结构，降低了该位置的安全隐患程度。第6.5节规定在高速公路分流三角端设置可导向防撞垫，这样就有效降低了车辆碰撞分流三角端的严重程度。在《公路交通安全设施设计细则》（JTG/T D81—2017）中给出了波形梁护栏端部处理的方法，如图8.6所示。规范的最新规定将护栏端头消除或增加缓冲防撞设施，均可有效降低护栏刺穿车身的事故概率。

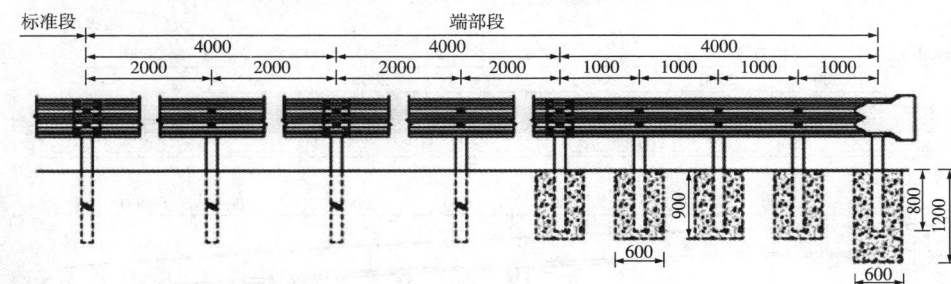

（a）外展圆头式（上为立面图，下为平面图）

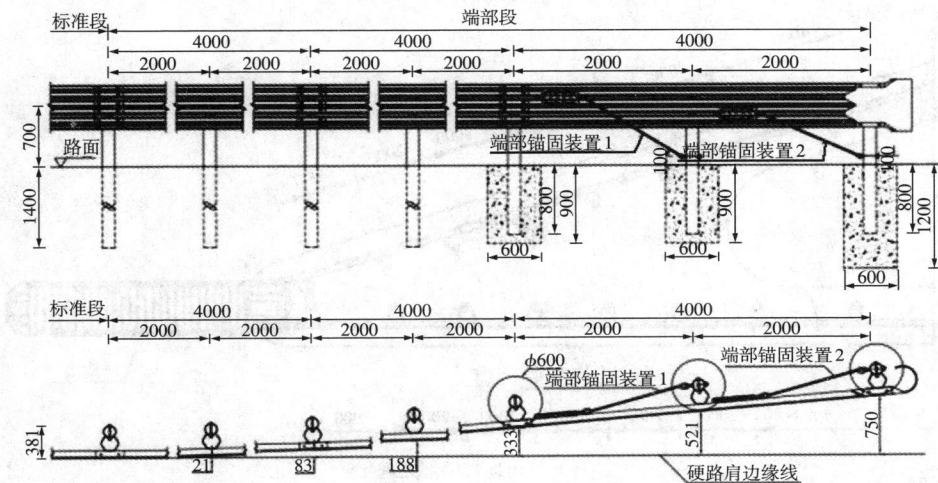

（b）钢丝绳锚固外展圆头式（上为立面图，下为平面图）

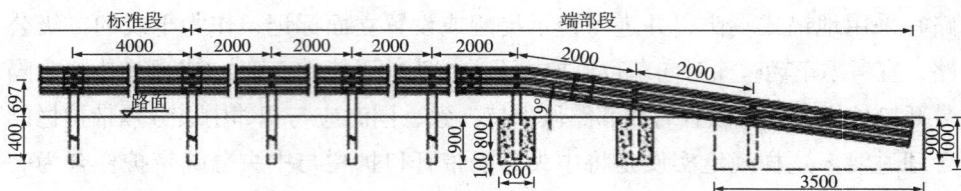

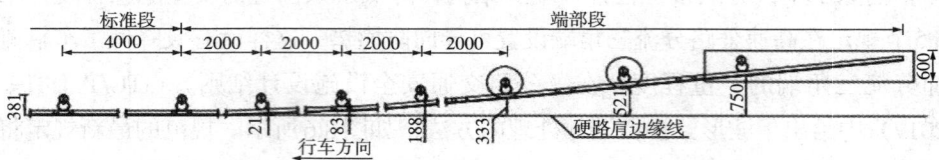

（c）外展地锚式（上为立面图，下为平面图）

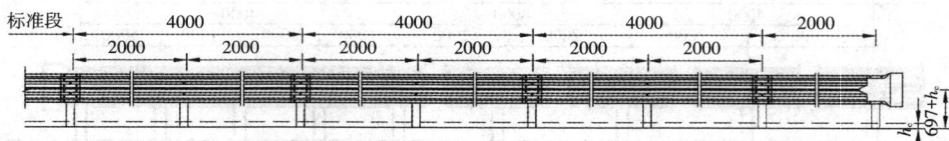

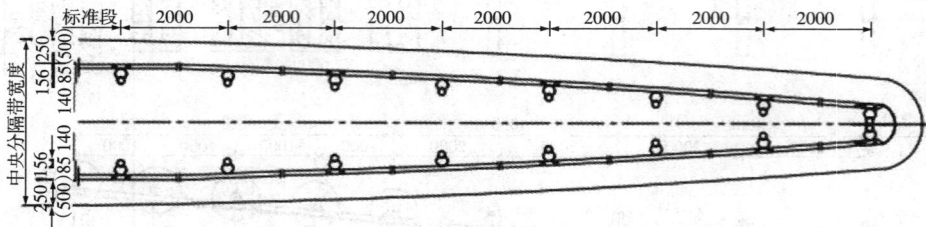

（d）中央分隔带端部处理（上为立面图，下为平面图）

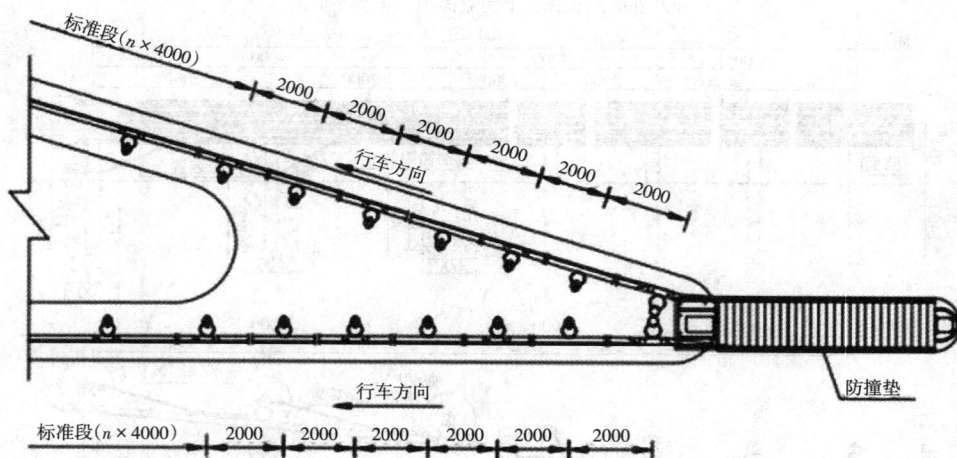

（e）三角地带端部处理

图8.6 《公路交通安全设施设计细则》(JTG/T D81—2017) 对护栏端部的规定（尺寸单位：mm）

由于早期公路护栏的安全性能评价标准中尚未包含防撞垫和护栏端头，为了降低护栏端部的安全隐患，研发出一种可导向防撞垫和卷板式护栏端头，科研人员参考国内外相关规范，结合我国交通流特性，确定了防撞垫的碰撞条件：1.5 t 小型客车，60 km/h 的碰撞速度，正面碰撞防撞垫；1.5 t 小型客车，100 km/h 的碰撞速度，20°角侧面碰撞防撞垫。同时，确定了卷板式护栏端头的碰撞条件：1.5 t 小型客车，100 km/h 的碰撞速度，正面碰撞端头；10 t 中型客车，60 km/h 的碰撞速度，20°角碰撞护栏标准段与端头段接合处，按照确定的碰撞条件对成果进行了实车足尺碰撞试验，以检验其安全性能。该成果的成功研发，为进一步开发更高防护等级可导向防撞垫奠定了基础，也为国内规范修订完善提供了一定参考，成果试验样品见图8.7。

(a) 防撞垫　　　　　　　　　　　(b) 卷板式护栏端头

图8.7　试验样品

随着《公路护栏安全性能评价标准》（JTG B05-01—2013）、《公路交通安全设施设计规范》（JTG D81—2017）的发布实施，对护栏端部、防撞垫等提出了更高的安全需求。通过对事故形态进行研究，结合现行规范要求，进一步探索防撞垫的安全应用技术，山东高速股份有限公司联合北京华路安交通科技有限公司共同研发出一种防撞垫结构，并按照《公路护栏安全性能评价标准》（JTG B05-01—2013）的要求组织实施了实车足尺碰撞试验验证，各项指标满足评价标准的要求，防护能力达到了评价标准中防撞垫的最高等级（TS级）。目前，该成果已在山东省、广东省得到大面积应用（如图8.8所示），且已在分流三角端处成功防护多次事故（如图8.9所示）。

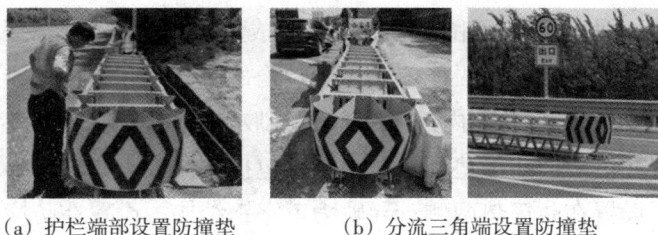

(a) 护栏端部设置防撞垫　　　　　　(b) 分流三角端设置防撞垫

图8.8　TS级防撞垫实际应用

图8.9 TS级防撞垫防护案例

对于上述护栏端部缓冲设施成果，下面采用计算机仿真技术对这些成果结构进行分析，并对波形梁护栏端部事故进行计算机仿真分析，以验证有限元仿真方法的准确性。

8.2 可导向防撞垫

8.2.1 早期可导向防撞垫

由于研究起步较晚，我国早期没有自主开发的可导向防撞垫产品和评价标准。在认识到相关防护的重要性后，在早期的研究中，对事故形态进行了分析，结合我国小型车辆特点并参考国外相关规范，确定了如表8.1所列的碰撞条件，对可导向防撞垫进行安全性能评价。

表8.1 碰撞试验条件

碰撞方式	车型	车质量/t	速度/(km·h⁻¹)	角度/(°)
正面中心	小型客车	1.5	60	0
侧面	小型客车	1.5	100	20

通过有限元仿真模拟和实车足尺碰撞试验相结合的方法开发的可导向防撞垫结构如图8.10所示，它由吸能单元、鼻端、立柱和导向结构组成。吸能单元由内侧吸能桶、外侧吸能桶和支撑板拼装而成，在外侧吸能桶上设有泄水孔，每套可导向防撞垫包括六个吸能单元。鼻端构件由鼻件和围板组成，安置在可导向防撞垫的最前端。鼻件内部可以放置橡胶类吸能材料，围板上贴有反光膜，立柱设置在可导向防撞垫后。导向结构包括导向板和导轨，导向板由多块双波板组成，设置在防撞垫两侧；导轨为工字钢结构，设置在防撞垫底部，与地面锚固。可导向防撞垫试验与仿真模型如图8.11所示。

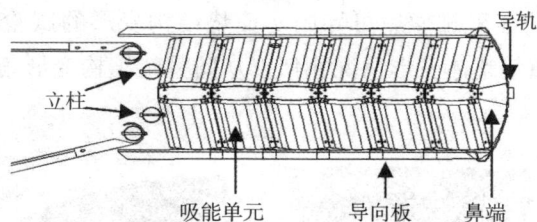

图 8.10　早期可导向防撞垫结构

（a）护栏（左为试验，右为仿真）　　　　（b）小型客车（左为试验，右为仿真）

图 8.11　可导向防撞垫试验与仿真模型

图 8.12 为小型客车正面碰撞、侧面碰撞可导向防撞垫过程的试验与仿真对比图，可以看出试验与仿真的小型客车行驶姿态基本相同，从车辆行驶姿态角度验证了仿真模型的准确性。

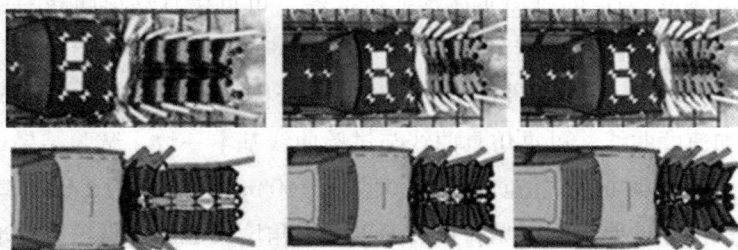

（a）正碰（上为试验，下为仿真）

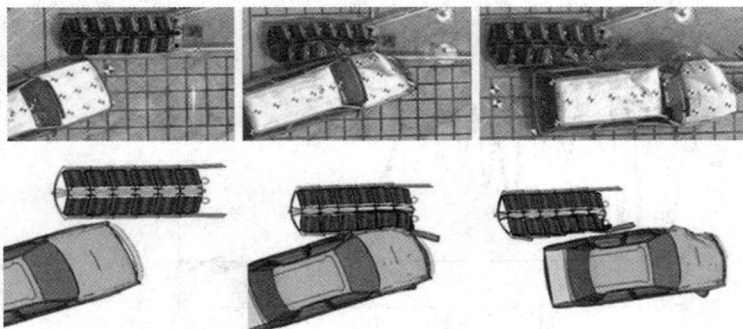

（b）侧碰（上为试验，下为仿真）

图 8.12　小型客车碰撞可导向防撞垫过程试验与仿真对比

图 8.13 为小型客车碰撞后可导向防撞垫结构变形的试验与仿真结果对比图，可以看出防撞垫整体变形情况相似，从防撞垫结构变形角度验证了仿真模型的可靠性。

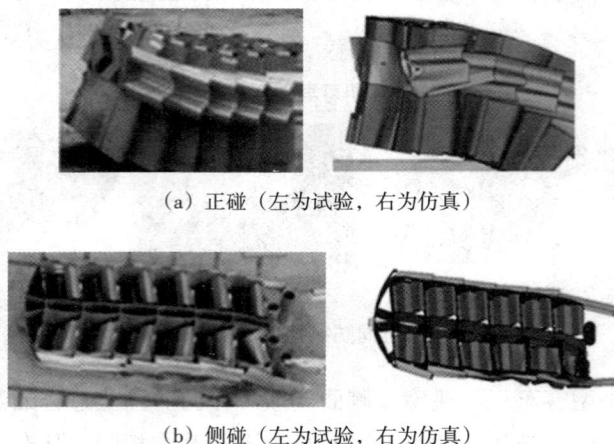

（a）正碰（左为试验，右为仿真）

（b）侧碰（左为试验，右为仿真）

图 8.13　碰撞后可导向防撞垫结构变形试验与仿真对比

图 8.14（a）为正面碰撞车体加速度曲线，可见仿真结果曲线与试验结果曲线基本一致，试验结果最大值为 107 m/s²，小于 200 m/s²，仿真结果最大值为 110 m/s²，误差为 2.8%，缓冲能力指标满足评价标准要求。图 8.14（b）为侧面碰撞车体加速度曲线，可见仿真曲线与试验曲线基本一致，试验结果最大值为 164 m/s²，小于 200 m/s²，仿真结果最大值为 160 m/s²，误差为 2.4%，缓冲能力指标满足评价标准要求。可见，从加速度曲线角度验证了仿真模型的准确性。

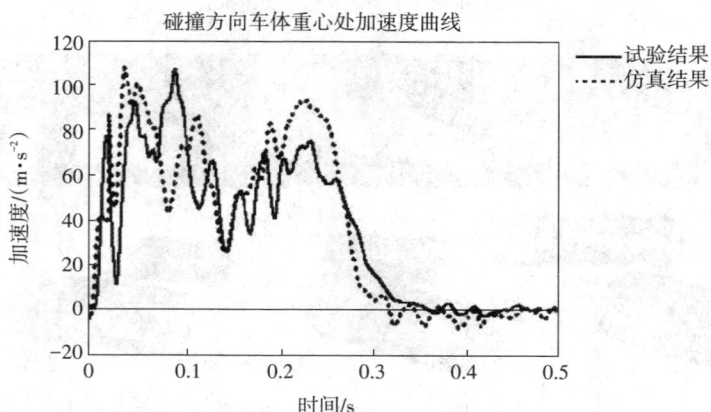

碰撞方向车体重心处加速度曲线

（a）正面碰撞车体加速度曲线

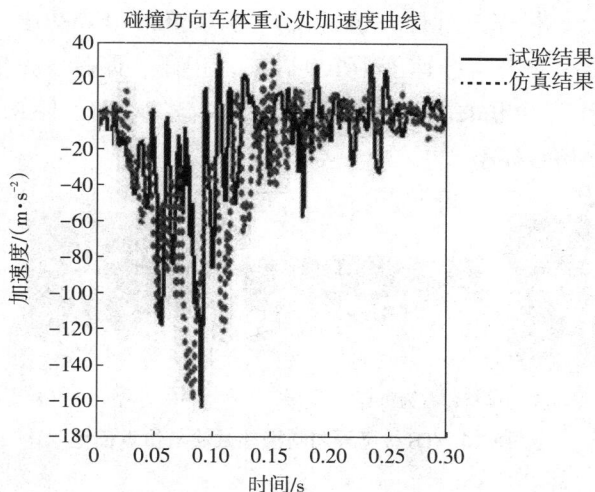

（b）侧面碰撞车体加速度曲线

图8.14 碰撞车体加速度曲线仿真与试验对比

8.2.2 TS级可导向防撞垫

在《公路护栏安全性能评价标准》（JTG B05-01—2013）中，对可导向防撞垫的防护等级、碰撞条件、评价标准进行了明确规定，其中最高防护等级为TS级。研发的TS级可导向防撞垫由鼻端、前端锚固件、双导轨、前端框架、中间框架、吸能盒、三波形梁板、端部框架、连接紧固件组成，吸能结构共八节，每节由吸能盒、中间框架及三波形梁板组成，鼻端贴有反光膜，整体结构通过前端锚固件和端部框架锚固在路面混凝土基础上。TS级可导向防撞垫结构见图8.15。

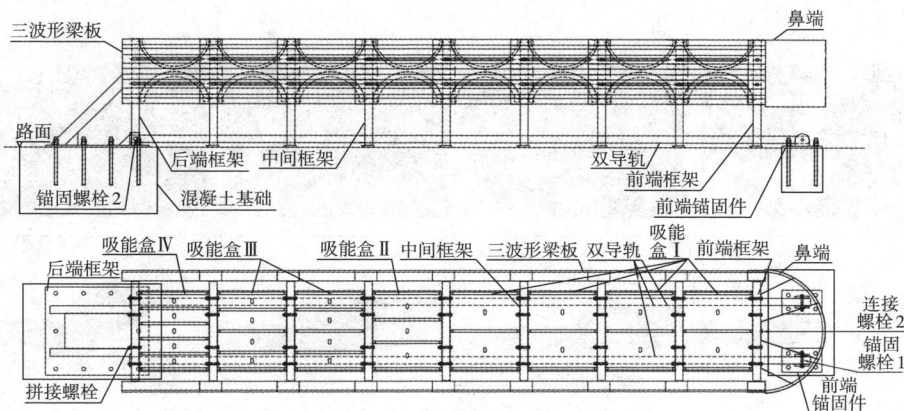

图8.15 TS级可导向防撞垫结构图

根据《公路护栏安全性能评价标准》（JTG B05-01—2013）中 TS 级碰撞条件（1.5 t 小型客车，碰撞速度为 100 km/h，正碰、偏碰、角度 15°斜碰、角度 20°正向侧碰）建立仿真模型并组织实车足尺碰撞试验，图 8.16 为 TS 级可导向防撞垫试验与仿真模型。

（a）护栏（左为试验，右为仿真）　　　（b）小型客车（左为试验，右为仿真）

图8.16　TS级可导向防撞垫试验与仿真模型

图 8.17 为小型客车正碰、偏碰、斜碰、正向侧碰 TS 级可导向防撞垫过程的试验与仿真对比图，可以看出试验与仿真的行驶姿态基本相同，从车辆行驶姿态角度验证了仿真模型的准确性。

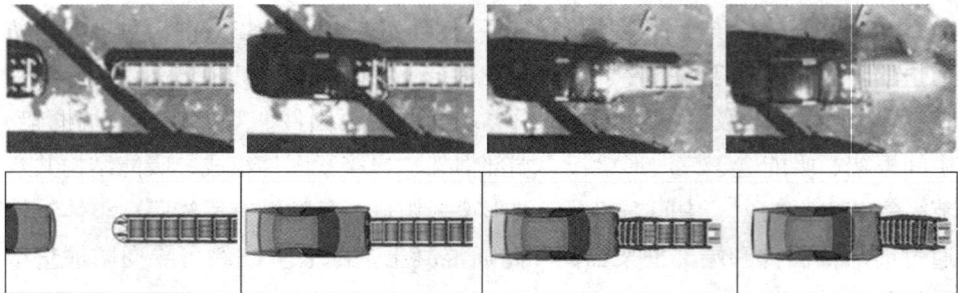

（a）正碰（上为试验，下为仿真）

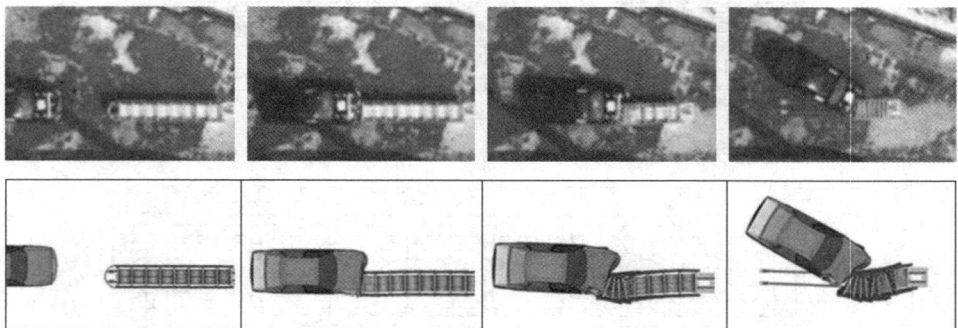

（b）偏碰（上为试验，下为仿真）

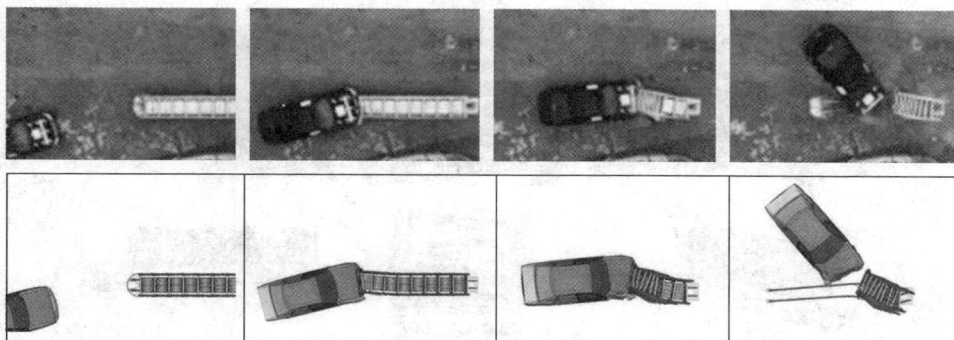

（c）斜碰（上为试验，下为仿真）

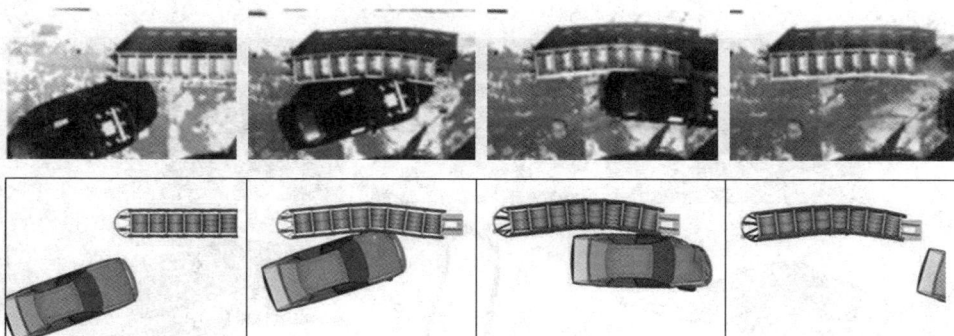

（d）正向侧碰（上为试验，下为仿真）

图8.17 小型客车碰撞 TS 级可导向防撞垫过程试验与仿真对比

图8.18 为小型客车正碰、偏碰、斜碰、正向侧碰 TS 级可导向防撞垫变形的试验与仿真对比图，可以看出防撞垫整体变形情况相似，从护栏变形角度验证了仿真模型的可靠性。

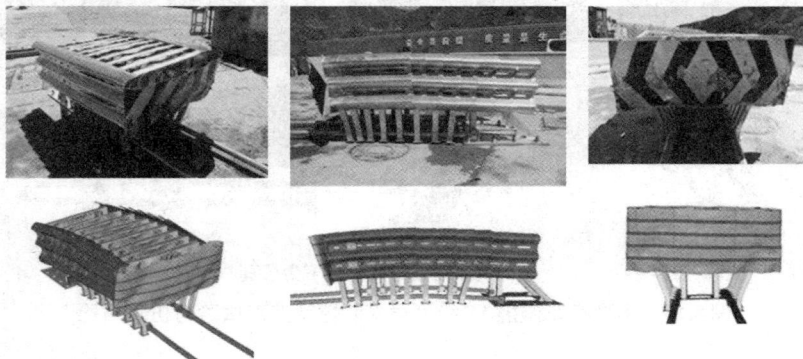

（a）正碰（上为试验，下为仿真）

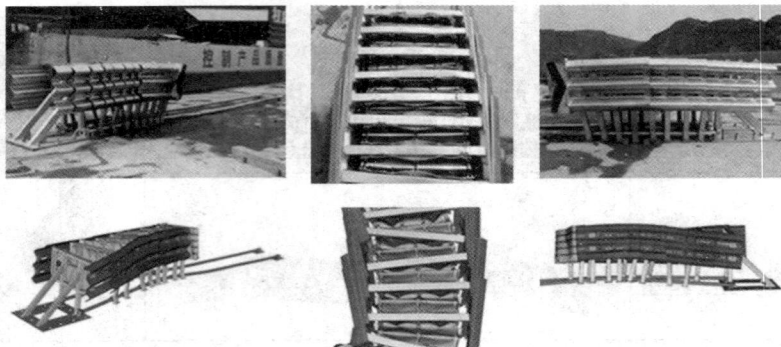

（b）偏碰（上为试验，下为仿真）

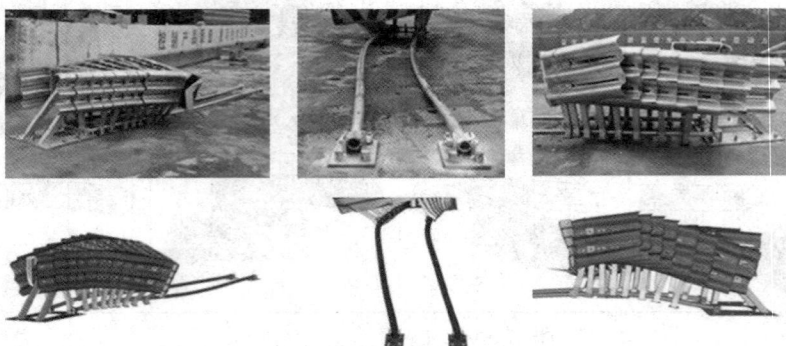

（c）斜碰（上为试验，下为仿真）

（d）正向侧碰（上为试验，下为仿真）

图8.18　小型客车碰撞TS级可导向防撞垫变形试验与仿真对比

8.3 波形梁护栏端头

8.3.1 波形梁护栏端部事故分析

圆头式波形梁护栏端头的结构形式为安装在波形梁端部的半圆形钢板；地锚式波形梁护栏端头的结构形式为波形梁端部嵌入地下。车辆碰撞这两种端头的事故屡见不鲜，结果往往是车毁人亡，如图8.19所示。

(a) 圆头式端头与事故　　　　　　　　(b) 地锚式端头与事故

图8.19　车辆碰撞护栏端部事故

事故调查结果表明，波形梁护栏端头事故对小车的伤害尤为严重。按照表8.2的碰撞条件建立小型客车碰撞圆头式端头、地锚式端头的仿真模型，对相关事故形态进行分析并验证仿真模型的准确性，仿真模型如图8.20所示。

表8.2　碰撞条件

方向	车辆	碰撞速度	碰撞角度	碰撞点
正面碰撞	1.5 t小型客车	100 km/h	垂直碰撞端头	端头前端，车辆中心

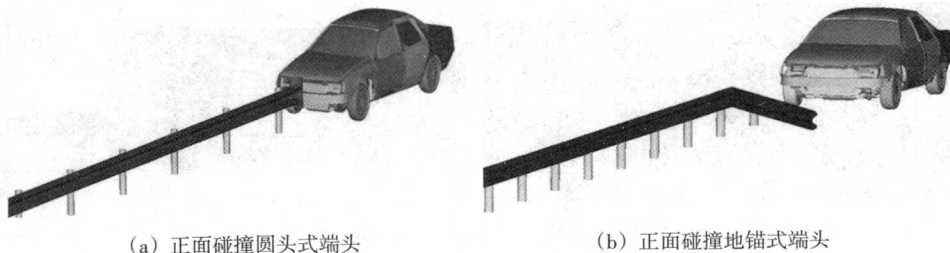

(a) 正面碰撞圆头式端头　　　　　　　(b) 正面碰撞地锚式端头

图8.20　仿真模型

图8.21为车辆碰撞常用波形梁护栏端头事故形态照片和相应的仿真结果，可见：车辆正面碰撞圆头式端头，波形梁板刺穿车体前端后侵入车体内

部，并发生大面积卷曲，占据了大部分乘员空间，严重危害乘员安全；车辆正面碰撞地锚式端头，车辆沿端头坡面爬升，逐渐失去平衡，落地时发生翻车事故。仿真结果与事故形态一致，说明通过仿真进行事故再现具有可行性。

（a）正面碰撞圆头式端头（上为事故，下为仿真）

（b）正面碰撞地锚式端头车辆轨迹

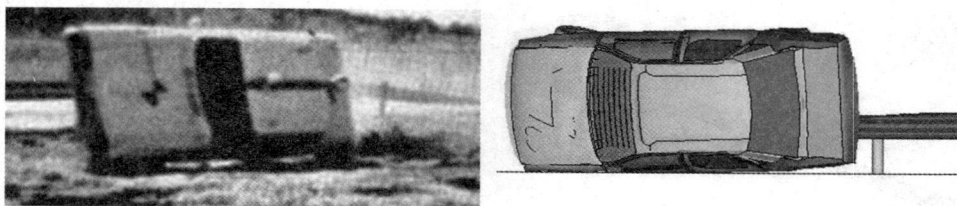

（c）正面碰撞地锚式端头结构（左为事故，右为仿真）

图 8.21　车辆碰撞常用波形梁护栏端头事故与仿真结果

通过对事故发生的过程和形态进行分析，从端头防护的角度出发，可以得出如下结论：端头不能随事故车辆移动是波形梁板插入车体的最主要原因，同时端头面积小，是波形梁板插入车体的另一原因；沿地锚式端头坡面爬升后的车辆，具有很高的速度，很难保持平衡，这是翻车的主要原因。

8.3.2 卷板式护栏端头

8.3.2.1 卷板式护栏端头结构设计

根据波形梁护栏端头的防护不足，提出卷板式护栏端头设计思路：使车辆正面碰撞护栏端头时，端头端部可以随事故车辆移动，以避免波形梁插入车体或导致翻车事故发生，端头端部在移动过程中，将其后的波形梁板展开并弯曲，以吸收车辆的动能，使其在一定的距离内停车；车辆碰撞到固定波形梁的立柱时，立柱能顺利倒下，防止绊阻车辆；同时为了保证车辆侧碰护栏时端部能够提供一定的约束力，在护栏的端部设置脱钩约束装置，其在车辆正碰波形梁护栏端头时能够顺利脱钩，在车辆侧碰波形梁护栏时对护栏板能够起到一定的约束作用，同时为标准段护栏的正常防护提供了足够的约束力。

根据以上的设计构思，可确定缓冲段卷板器、缓冲段可倒伏立柱、缓冲段脱钩约束装置和加强段约束装置的结构设计。卷板式护栏端头结构如图8.22所示。

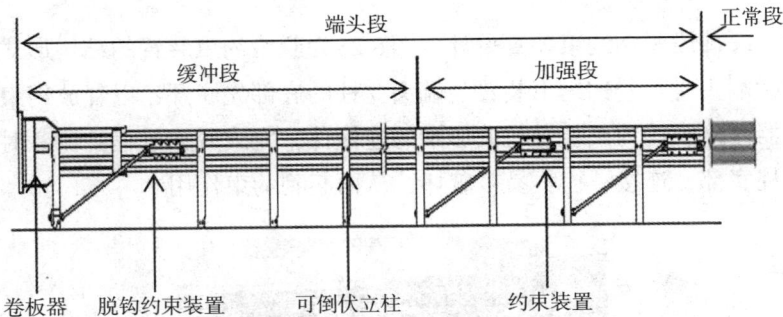

图8.22　卷板式护栏端头结构图

（1）缓冲段卷板器设计。图8.23为卷板器的结构形式，其主要由导向框架、挤压喉孔、弧线板和前端挡板等组成。导向框架为波形梁板和卷板器的衔接口，碰撞时，使卷板器沿波形梁长度方向移动；挤压喉孔通过变颈将波形梁板展开吸能；弧线板通过卷曲展开的波形梁来吸能，同时控制展开的波形梁的运动轨迹；前端挡板可增加碰撞接触面积，防止端头和波形梁板插入车体。

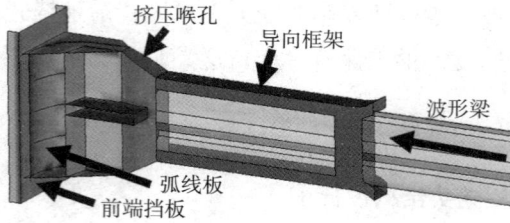

图8.23　卷板器结构图

（2）缓冲段可倒伏立柱设计。图8.24为可倒伏立柱结构形式，立柱由上部立柱、连接螺栓和底部立柱组成；底部立柱埋于混凝土中，通过大小螺栓和上部立柱相连。车辆正碰端头时，立柱的小螺栓先被剪断，上部立柱以大螺栓为轴旋转倒地，实现可倒伏功能，防止车辆绊阻。

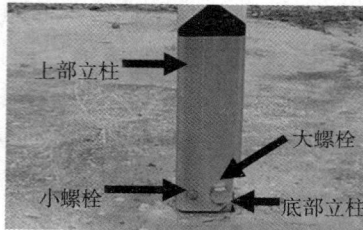

图8.24　可倒伏立柱

（3）缓冲段脱钩约束装置设计。图8.25为脱钩约束装置的结构形式，车辆正碰护栏端头时，脱钩约束装置与端头立柱的底部先脱开，以释放约束力，然后卷板器碰撞脱钩约束装置与波形梁的连接件，完成脱钩过程；侧碰时，力传递到立柱底部，连接螺栓不易被破坏，从而起到约束作用。

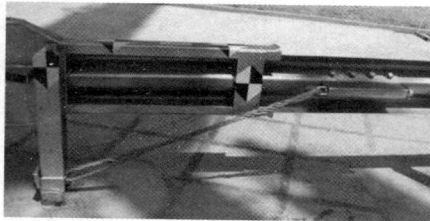

图8.25　脱钩约束装置

（4）加强段约束装置设计。根据以往护栏碰撞经验，160 kJ防护能力的半刚性护栏端部约束力为500 kN左右，因此必须在加强段设置约束装置。图8.26为采用的钢索约束装置，每根钢索能承受的最大拉力约为130 kN，则加强段设置四根约束装置，与缓冲段的脱钩约束装置协同承载，对正常段的约束力约为650 kN，相对于500 kN有1.3的安全系数，可以满足要求。

图8.26 钢索约束装置

图8.27是根据以上研究确定的波形梁护栏端头结构。

图8.27 波形梁护栏端头结构

8.3.2.2 卷板式护栏端头结构安全性能

参考国内外相关标准和我国的交通流特性，利用小型客车来评价乘员的风险指标，利用大中型车来评价端头能否为正常段护栏提供足够的约束力。当大型车侧面撞击正常段与端头段接合处时，要求符合《高速公路护栏安全性能评价标准》（JTG/T F83-01—2004）的规定。根据表8.3卷板式护栏端部碰撞试验条件，建立仿真模型并组织实车足尺碰撞试验，图8.28为卷板式护栏端头试验与仿真模型。

表8.3 碰撞条件

碰撞车辆	碰撞速度	碰撞角度和碰撞点
1.5 t小型客车	100 km/h	垂直碰撞端头前端，车辆中心
10 t中型客车	60 km/h	20°碰撞护栏正常段与端头段接合处

（a）护栏（左为试验，右为仿真）

197

（b）小型客车（左为试验，右为仿真）　　　（c）中型客车（左为试验，右为仿真）

图8.28　卷板式护栏端头试验与仿真模型

图8.29为中型客车碰撞试验护栏过程的试验与仿真对比图，可以看出试验与仿真的两种车型行驶姿态基本相同，从车辆行驶姿态角度验证了仿真模型的准确性。图8.30为两种车型碰撞后试验护栏变形的试验与仿真结果对比图，可以看出护栏整体变形情况相似，从护栏变形角度验证了仿真模型的可靠性。

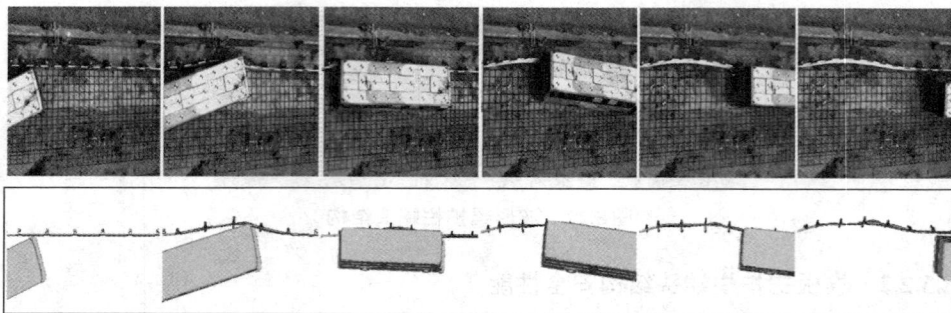

图8.29　中型客车碰撞试验护栏过程试验与仿真对比（上为试验，下为仿真）

（a）小型客车碰撞后

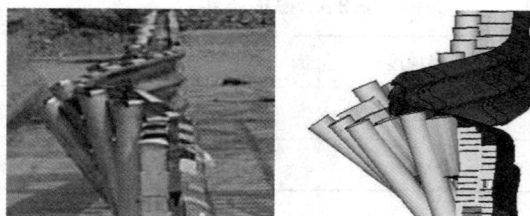

（b）中型客车碰撞后

图8.30　车辆碰撞后护栏变形试验与仿真对比（左为试验，右为仿真）

以 x 表示车辆的行驶方向、y 表示车辆的宽度方向、z 表示车辆的高度方向。正面碰撞时，车辆碰撞方向的加速度直接影响到乘员的安全，图8.31为车辆在 x 方向（碰撞方向）的加速度曲线，可见试验曲线与仿真曲线基本一致，试验结果最大值为 125 m/s²，仿真结果最大值为 119 m/s²；在 y 方向，试验结果最大值为 81 m/s²，仿真结果最大值为 60 m/s²；在 z 方向，试验结果最大值为 150 m/s²，仿真结果最大值为 148 m/s²，均不大于 200 m/s²。缓冲能力指标满足评价标准要求，从加速度角度验证了仿真模型的准确性。

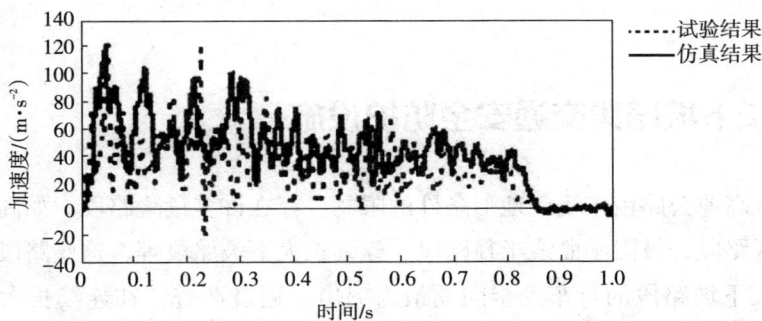

图8.31 车辆 x 方向加速度曲线试验与仿真对比

第9章 有限元仿真技术
与其他交通安全防护设施

9.1 长下坡路段交通安全防护设施

山区高速公路由于受到地形条件的限制，存在许多危险路段，如高速公路穿越雾区路段、极限小曲线半径路段、连续长大下坡路段等，这些路段中尤以连续长大下坡路段的行车安全问题最为突出。通过调查，在连续长大下坡路段，车辆刹车制动失灵导致的事故形态主要包括：制动失灵车辆由于车速快，在遇到右转的小半径弯道时，有可能越过左侧超车道，易穿越中央分隔带护栏，发生进入对向车道与对向车辆相撞的恶性二次事故，如图9.1（a）所示；制动失灵车辆在遇到左转的小半径弯道时，由于车速快转向困难，易侧翻或冲出护栏，造成车辆坠落路堤或陡崖、河流等事故，如图9.1（b）所示；制动失灵车辆由于在连续长下坡路上速度越来越快，受道路空间限制，很容易与前方正常行驶车辆发生追尾，如图9.1（c）所示。

（a）穿越中央分隔带　　　　　　　（b）坠崖　　　　　　　　　（c）追尾

图9.1　连续长大下坡事故

国内近年来开展了一些与长下坡安全治理相关的研究工作，主要集中在车辆失控的原因分析研究、长下坡路段安全管理方法的研究以及道路线形设计合理性研究等方面。特别是对于当车辆在长下坡路段已经制动失灵时，分别在避险车道网索吸能系统防护设施、路侧减速护栏设施等方面进行了研究，在研究过程中充分采用了有限元仿真技术对方案的可行性进行了探索，同时采用试验技术进行了验证。

9.1.1 避险车道网索吸能系统

避险车道是指在长陡下坡路段行车道外侧增设的供速度失控车辆驶离正线安全减速的专用车道。实践证明，避险车道是解决连续纵坡路段交通安全问题较有效的工程措施。避险车道主要具有以下两个作用：第一，使失控车辆从交通流中分离，避免其对其他车辆造成干扰；第二，使失控车辆停车，对乘员和货物形成保护。国内目前常用的避险车道形式为碎（砾）石路床避险车道，如图9.2（a）所示，其主要由引道、制动车道和辅助设施（如两侧护栏、端部防撞结构等）组成。通过引道诱导标识指引制动车辆进入避险车道入口后，利用碎（砾）石增大路床摩擦系数，同时多配合路面反坡将车辆动能转化为势能，使连续长下坡路段制动失灵的车辆在一定距离内安全停车，如图9.2（b）所示。避险车道辅助设施中的护栏和端部防撞结构除起到约束碎（砾）石的作用，还有有效降低车辆进入避险车道后从其两侧和端部发生越出或翻出事故概率的功能。根据国内现有的碎（砾）石路床避险车道的使用情况来看，部分避险车道存在防护能力不足问题，事故的形式多种多样，事故产生的因素也错综复杂，但有两种事故形式较为典型，具体体现在以下两个方面：避险车道长度不足，导致车辆冲出避险车道发生事故，如图9.2（c）所示；由于单纯的砾石阻尼力对车辆作用点低，在驶入避险车道后易发生车头下垂绊阻的事故，如图9.2（d）所示。

（a）常规避险车道示意图　　　　　　（b）成功停车

（c）冲出   （d）车头绊阻

图9.2 常规避险车道

网索避险车道是一种新型避险车道设计，它在常规避险车道上增设了网索吸能系统。图9.3（a）为网索吸能系统的结构组成与工作工程示意图，可见网索吸能系统主要由防护网、传力索、转向定滑轮和阻尼器组成，其工作过程为：车辆进入避险车道后，车体下部的车轮与路床产生滚动阻力强制车辆减速，车体上部车前脸碰撞防护网，防护网带动传力索随车辆前行，传力索拉动阻尼器转动，阻尼器通过刹车片摩擦或搅拌臂搅拌提供拦截阻力。图9.3（b）为阻尼器结构图，它由缠绳滚筒、传力轴、刹车片（搅拌臂）及封装设施组成。缠绳滚筒为钢管结构，钢管直径为400 mm，长度为500 mm；传力轴为圆钢结构，圆钢直径为216 mm，长度为955 mm；刹车片采用少金属材料，通过施加正压力产生阻尼作用，搅拌臂为钢铁材料，通过搅拌粒状或球状粒料产生阻尼作用，由于刹车片和搅拌臂均为提供阻尼力的设施，因此作用等价。图9.3（c）为防护网结构图，它由七根ϕ12 mm的横向钢丝绳和钢板支架构成。通过调查，货车车头宽度在$2.0 \sim 2.5$ m，考虑到防护网需要对车辆侧面形成一定包围，取防护网的长度为8 m。防护网宽度不宜过大，否则会造成驾驶员心

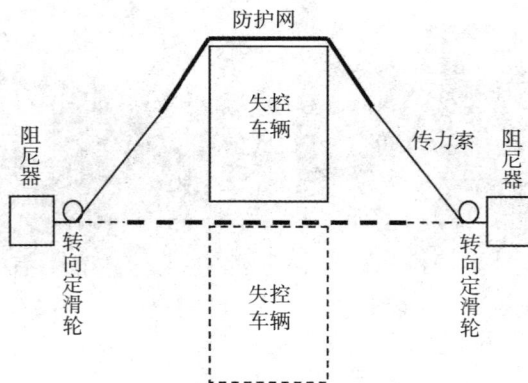

（a）结构组成与工作工程示意图

传力索

刹车片（搅拌臂）

传力轴

缠绳滚筒

（b）阻尼器结构图

φ12钢丝绳

钢板支架

500　　　　　　　　8000　　　　　　　　500

500 600

（c）防护网结构图

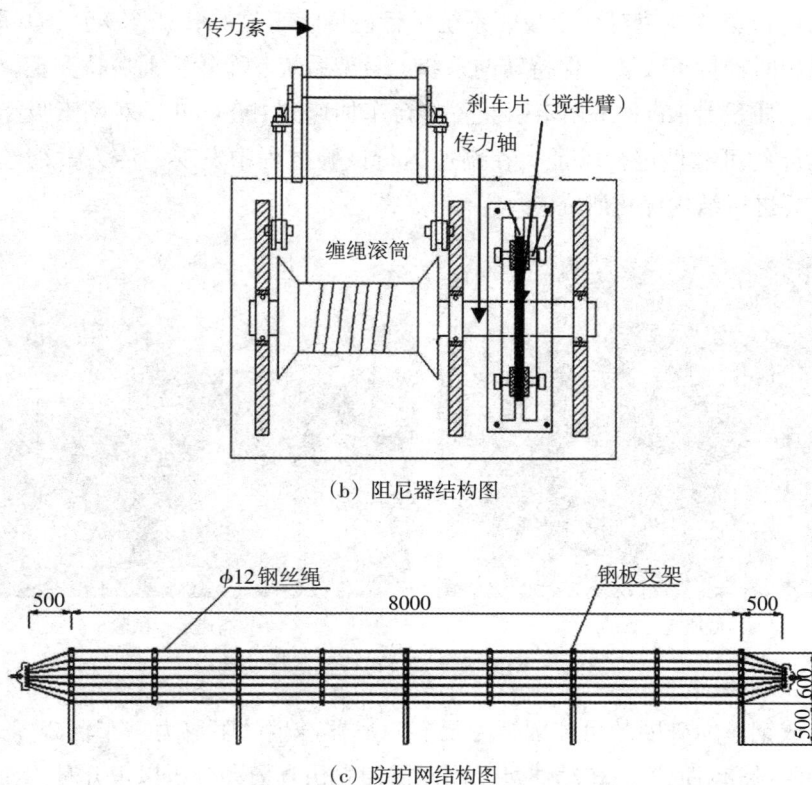

图9.3　网索吸能系统（尺寸单位：mm）

理恐慌；也不宜过小，否则会使防护网与车头之间接触面积小，对车辆形成较大破坏，通过分析取防护网的宽度为0.6 m。将大型货车的前保险杠作为防护拦截作用部位，通过调查得到大型货车前保险杠中心距地面高度为0.8 m左右，由此确定防护网下沿距地面为0.5 m。传力索采用φ24 mm的钢丝绳，传力索一端与防护网端部连接，另一端绕过转向定滑轮后缠绕于阻尼器的缠绳滚筒之上。

采用四轴整体式大型货车以低度对网索吸能系统进行碰撞运行试验，如图9.4（a）所示。由于试验为真人驾驶，为保障驾驶员的人身安全及车辆的可重复使用性，对车辆前部保险杠、翼子板、发动机盖、水箱及驾驶室和其他受力部件用型钢进行了加固。试验过程中，禁止制动装置起作用，以便对网索吸能系统的阻尼效果进行功能可行性研究。在20 km/h速度碰撞运行试验过程中发现，阻尼器基本实现预期目标：车辆碰撞防护网后，传力索被拉紧，在传力索作用下，缠绳滚筒开始启动旋转，在刹车片作用下，阻尼器为传力索提供阻尼力。采用台车以高速对网索吸能系统进行碰撞运行试验，如图9.4（b）所示。台车采用两轴货车改装，保持转向系统、悬架系统、车轮、前后桥完整，通过配重至总质量为10 t；采用牵引装置将台车加速到100 km/h，对网索吸能系统阻尼功能的可靠性进行验证；在高速运行试验过程中发现，传力索钢丝绳破断，需要进行结构优化研究。

（a）低速运行试验　　　　　　　　　　　　　（b）高速运行试验

图9.4　网索吸能系统可行性运行试验

造成钢丝绳破断的可能因素主要有阻尼器产生的阻尼力、车辆碰撞速度、车辆的质量和阻尼器的转动惯量，因此需建立仿真模型分析以上几种因素对钢丝绳破断的影响，找出钢丝绳破断的主要原因，为结构优化奠定基础。网索吸能系统的防护网钢板支架为薄壁金属件，单元类型设定为四边形壳单元，将最小特征长度控制在不小于8 mm，保证计算效率和精度；防护网和传力索中的钢丝绳采用释放弯矩和扭矩的梁单元模拟，面积取钢丝绳的有效受力面积；阻尼器缠绳滚筒、阻尼器传力轴及转向定滑轮采用释放轴向转动的刚体单元模拟，用质量点单元模拟这几种结构的质量，确保转动结构的转动惯量与实际相一致；刹车片采用六面体实体单元模拟。通过静力拉伸试验和Hopkinson压杆冲击试验确定钢板和刹车片的材料特性，通过拉力试验确定钢丝绳应力和应变曲线，作为材料参数输入有限元仿真模型，为方便分析，不考虑钢丝绳单元的破坏，而通过提取其最大张力来判断其是否断裂。图9.5（a）为建立的网索吸能系统仿真模型整体图，图9.5（b）为建立的网索吸能系统仿真模型局部图。按照第2章的车辆建模方法建立六轴大型货车仿真模型，如图9.5（c）所示，并通过配重将其总质量调整至55 t。将网索吸能系统有限元模型和货车有限元模型整合成碰撞模型。

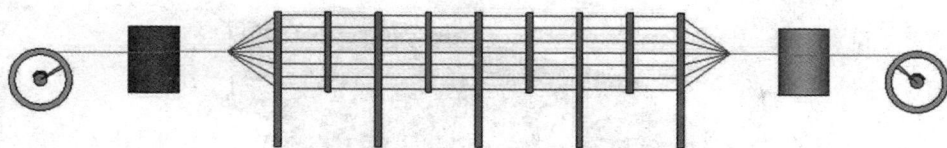

（a）网索吸能系统仿真模型整体图

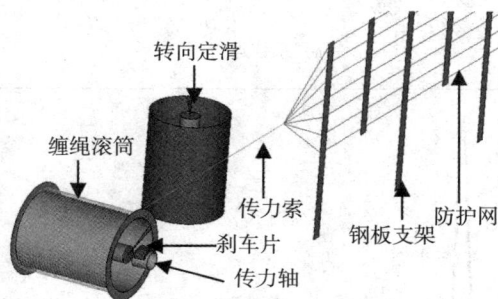

（b）网索吸能系统仿真模型局部图

（c）车辆仿真模型

图9.5 网索吸能系统有限元仿真模型

在碰撞模型中，地面和车体之间采用刚体墙类型接触，车辆和护栏之间采用自动搜索类型接触；通过"*initial_velocity_generation"关键字将大型货车碰撞前初速度设置为100 km/h；通过"*load_body"关键字将系统重力加速度设置为9.8 m/s²；通过施加刹车片和传力轴之间的压力获得阻尼力为25 kN。图9.6为整合建立的碰撞模型的计算结果，通过系统运行图［见图9.6（a）］可见车辆碰撞防护网后，传力索被拉紧并拖动阻尼器，刹车片在阻尼器旋转下提供阻尼力，网索吸能装置功能良好；通过传力索张力曲线［见图9.6（b）］可知，在车辆碰撞防护网初始时刻，传力索存在张力峰值为290 kN，强度为1470 MPa的纤维芯钢丝绳破断力为281 kN，说明钢丝绳传力索发生了破断。

（a）系统运行图

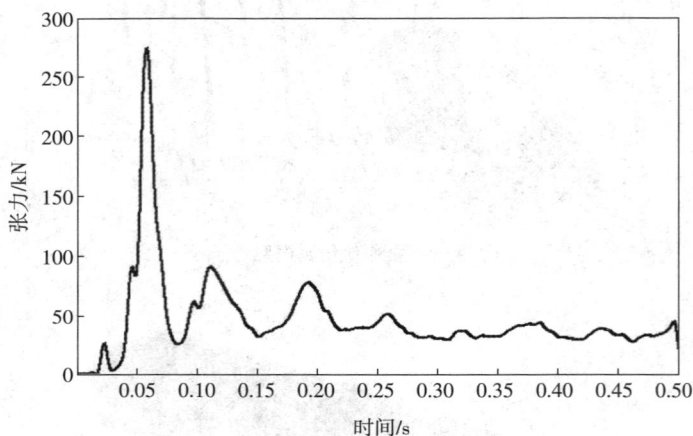

（b）传力索张力曲线

图9.6 初始调试仿真模型碰撞结果

初始调试仿真模型碰撞结果表明，对于网索吸能系统来说，传力索容易在车辆碰撞过程中存在拉力峰值，这与试验结果一致，表明了仿真结果的可靠性。由于车辆碰撞时传力索的拉力峰值使网索吸能系统易发生失效，因而需要对阻尼器产生的阻尼力、车辆碰撞速度、车辆的质量和阻尼器的转动惯量等几大因素对传力索峰值的影响做仿真计算分析，继而对网索吸能系统进行优化，以提高其可靠性。

为考察阻尼器产生的阻尼力对传力索峰值的影响，以初始调试时建立的碰撞仿真模型为基础，通过调整刹车片和传力轴之间的压力分别获得 25，50，150 kN 的阻尼力，其他参数保持不变。图9.7 为不同阻尼力下的碰撞结果，通过传力索张力曲线可见，阻尼力不同，传力索张力最大峰值没有明显变化，说明阻尼力不是钢丝绳破断的主要因素。当阻尼力为 25 kN 时，产生峰值后的传力索张力比较平稳；当阻尼力为 50 kN 时，产生峰值后的传力索张力产生了较大波动；当阻尼力进一步增加时，车头的变形量逐渐增加，当阻尼器的阻尼力达到150 kN时，驾驶室发生了明显变形，由于驾驶员的生存空间受到影响，有可能会危及乘员生命。通过仿真计算可以看出，阻尼器产生的阻尼力对于传力索峰值影响不大，考虑到网索吸能系统的稳定性，在以后的仿真模型和运行试验中，阻尼器的阻尼力均设定为25 kN。

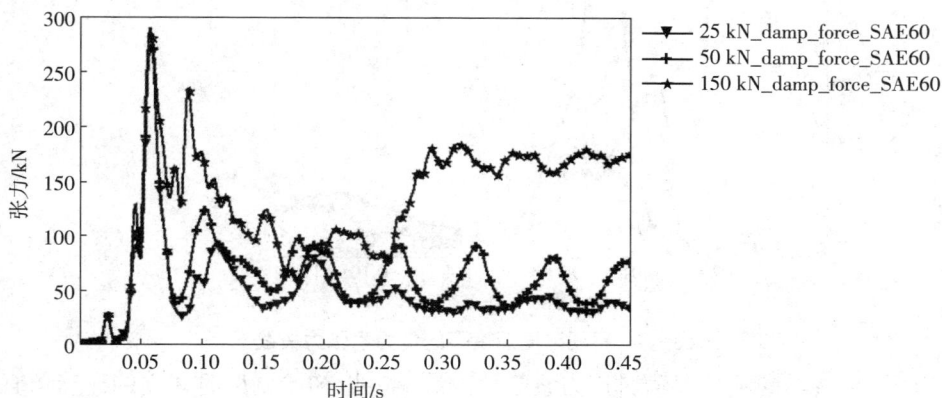

（a）不同阻尼力下的传力索张力曲线

（b）150 kN阻尼力下车头变形

图9.7 不同阻尼力下的碰撞结果

为考察不同车辆碰撞速度对传力索峰值的影响，以初始调试时建立的碰撞仿真模型为基础，保持阻尼器的阻尼力为25 kN，通过"*initial_velocity_genera-tion"关键字将不同大型货车碰撞前的初速度分别设置为20，60，100 km/h。图9.8为这三种初始碰撞速度下的传力索张力曲线，可见在20 km/h初始碰撞速度下传力索张力峰值为110 kN，在60 km/h初始碰撞速度下传力索张力峰值上升至175 kN，在100 km/h初始碰撞速度下传力索张力峰值上升至290 kN。从传力索张力曲线来看，随着初始碰撞速度的增加，传力索张力峰值有了大幅度增加，说明初始碰撞速度对传力索张力峰值的影响较大。通过仿真计算分析，为提高网索吸能系统的可靠性，在网索避险车道试验和应用中，应采取有效措施减小车辆与防护网的初始碰撞速度，以降低传力索破断的概率。

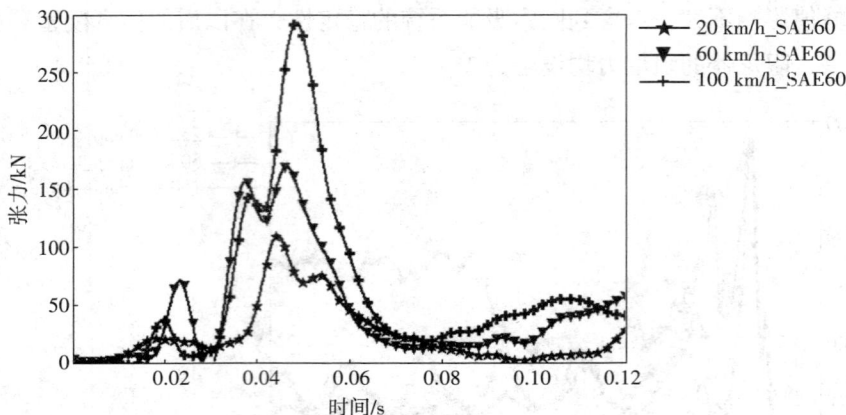

图9.8　不同碰撞速度下的传力索张力曲线

为考察不同吨位车辆对传力索峰值的影响，以初始调试时建立的碰撞仿真模型为基础，保持阻尼器的阻尼力为25 kN，碰撞速度为100 km/h，通过调整大型货车上的质量单元获得不同的货车总质量。图9.9为总质量分别为45，50，55 t的大型货车的传力索张力曲线，可见传力索张力大小和线形随着大型货车质量的变化没有明显不同，说明车辆质量对传力索张力峰值影响不大，它不是产生传力索张力峰值的主要因素。根据动量定理分析，在一定碰撞速度下，当车辆质量远大于被撞物体质量时，被撞物体的速度变化不会有明显区别。大型货车的质量远大于阻尼器的质量是其对传力索张力峰值影响不大的基本原因，这也为网索吸能系统适合拦截不同吨位货车提供了必要的数据支持。

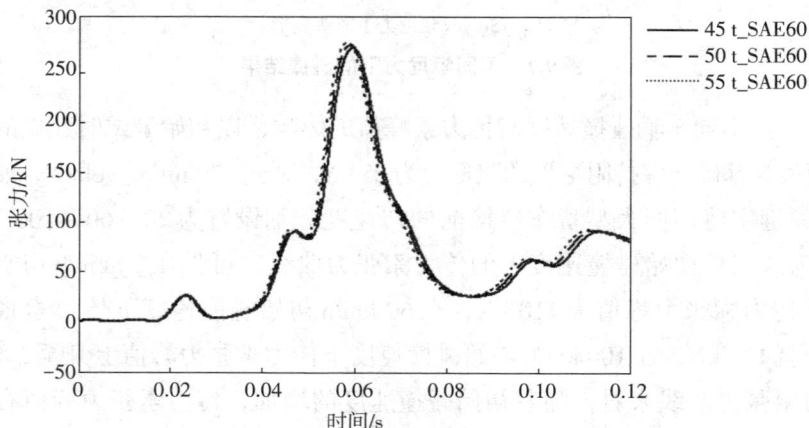

图9.9　不同车辆质量下的传力索张力曲线

为考察不同阻尼器转动惯量对传力索峰值的影响，以初始调试时建立的碰撞仿真模型为基础，保持阻尼器的阻尼力为 25 kN，碰撞速度为 100 km/h，通过调整缠绳滚筒上的质量点来改变阻尼器的转动惯量。图 9.10 为不同滚筒质量下的传力索张力曲线，可见在 130 kg 滚筒质量下传力索张力峰值为 195 kN，在 180 kg 滚筒质量下传力索张力峰值为 245 kN，在 230 kg 滚筒质量下传力索张力峰值为 290 kN。这说明随着滚筒转动惯量的增加，传力索张力增加，滚筒转动惯量对传力索张力峰值影响较大。根据动量定理分析，在一定碰撞速度下，当车辆质量远大于被撞物体质量时，被撞物体的速度变化不会有明显区别，即被撞物体的加速度不会有太大区别；根据牛顿第二定律，在加速度基本相等的前提下，被撞物体的质量越大则受到的碰撞力越大，这也是滚筒转动惯量对传力索峰值影响较大的原因。根据以上分析，减少滚筒初始旋转的转动惯量是降低传力索张力峰值的有效手段。

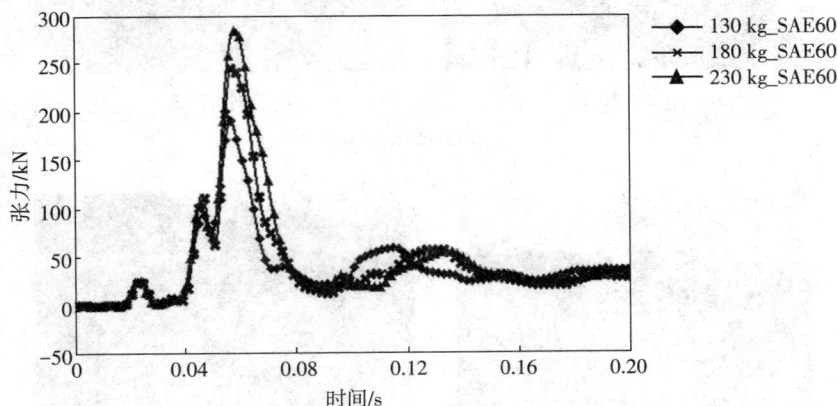

图 9.10 不同滚筒质量下的传力索张力曲线

为考察仿真分析的准确性组织实施试验验证，试验系统包括网索吸能系统、避险车道和试验用大型货车。在仿真计算分析的基础上，对网索吸能系统的结构和参数进行了优化：通过调整刹车片压力或搅拌臂集料控制其阻尼力为 25 kN 左右，在提供有效阻尼的同时，保证乘员不会受到严重伤害；将防护网放置在避险车道入口后的一定距离处，先让车辆通过砾石将速度降低，从而减少车辆与防护网的初始碰撞速度，降低传力索的破断概率；将滚筒质量降低为 130 kg，并设置初始旋转大盘，使传力索先在大盘上选装，从而减少初始滚动时的转动惯量，达到降低传力索张力峰值的目的，图 9.11（a）为优化后的两种阻尼器结构。建立避险车道总长为75 m，采用直径为3~6 cm的松散豆砾石作为路床填料，铺设厚度在入口30 m范围内由0 cm过渡到90 cm，路床反坡坡度为9.29%，将网索吸能系统的阻尼器对称设置在避险车道两边、转向定滑轮安装在避险车道两侧的混凝土防撞护栏上、传力索绕过转向定滑轮后与防护网连接、防护网设置在避险车道入口后30 m处，如图9.11（b）。图9.11（c）为试验用的两辆大型货车，车辆总成完整，转向系统、悬架系统、车轮、前后桥和轮胎气压符合正常行驶的技术要求，通过配载物将车辆总质量调整至55 t。

搅拌式

刹车片式

（a）阻尼器优化结构

整体视图

局部视图

（b）网索避险车道

大型货车1

大型货车2

（c）试验用大型货车

图9.11　安装网索吸能系统的避险车道试验设施

图9.12为试验结果，安装搅拌式阻尼器的网索避险车道在66.2 m的距离内使驶入速度为104 km/h的55 t大型货车停车，安装刹车片式阻尼器的网索避险车道在62.5 m的距离内使驶入速度为101 km/h的55 t大型货车停车，试验结果佐证了仿真计算的准确性。

（a）搅拌式阻尼器网索吸能系统

（b）刹车片式阻尼器网索吸能系统

图9.12 安装网索吸能系统的避险车道试验结果

9.1.2 减速护栏

除避险车道之外，连续长下坡路段安全治理的另一种工程措施是设置减速护栏。减速护栏在阻挡失控车辆翻越或穿越护栏驶出路外的同时，能够通过驾驶员主动贴靠摩擦护栏来吸收失控车辆的动能，达到为车辆安全减速的目的，因此具备防撞和减速的双重功能，其典型结构包括混凝土减速护栏和组合式减速护栏。

9.1.2.1 混凝土减速护栏

混凝土减速护栏结构通过波浪形迎撞摩擦面和特殊的坡面设计增大与车辆的摩擦系数，使车辆在主动贴靠混凝土减速护栏的过程中，通过车体与护栏接触摩擦面间的摩擦力做功来消耗车辆能量，实现对车辆的减速效果。波浪形迎撞摩擦面与混凝土墙体底部竖直段竖向平齐，使其较易与车辆发生贴靠；波浪形迎撞摩擦面分布高度为225 mm，使其有足够的接触面积与车辆摩擦，从而消耗车辆动能；波浪形迎撞摩擦面顶部高度为1200 mm，使其能与大型货车的合理部位贴靠，以达到减速效果。混凝土减速护栏结构如图9.13所示。

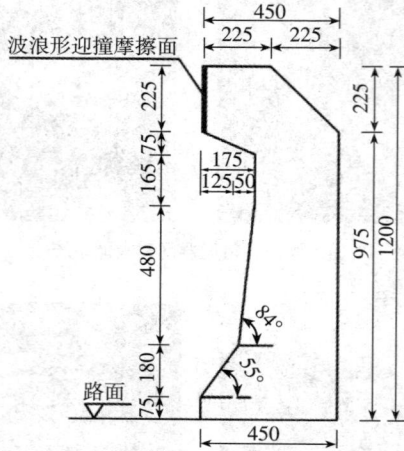

图9.13 混凝土减速护栏结构（尺寸单位：mm）

建立仿真模型分析混凝土减速护栏对车辆的减速效果，同时对有无波浪形迎撞摩擦面对于车辆的减速效果进行对比分析，如图9.14所示，采用总质量为55 t、速度为80 km/h的鞍式列车，以10°的碰撞角度分别对有无波浪形迎撞摩擦面两种护栏结构进行碰撞分析，如图9.14（a）所示。碰撞后，鞍式列车车辆重心速度时程曲线如图9.14（b）所示，图中上线B为无波浪形迎撞摩擦面时的速度曲线，下线A为波浪形迎撞摩擦面时的速度曲线。可以看出，混凝土减速护栏具有减速车辆的功能，并且有波浪形迎撞摩擦面的混凝土减速护栏对车辆的减速效果更优。

碰撞波浪形迎撞摩擦面

碰撞无波浪形迎撞摩擦面

（a）鞍式列车模型碰撞混凝土减速护栏

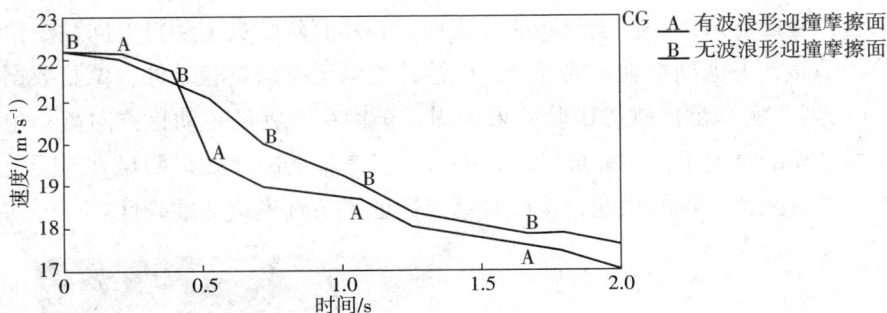

（b）车辆重心速度时程曲线对比图

图9.14 混凝土减速护栏仿真分析

根据《高速公路护栏安全性能评价标准》（JTG/T F83-01—2004）中SS级碰撞条件（1.5 t小型客车、碰撞速度为100 km/h、碰撞角度为20°，18 t大型客车、碰撞速度为80 km/h、碰撞角度为20°）建立仿真模型分析混凝土减速护栏的安全性能，仿真结果如图9.15所示。图9.15（a）为小型客车碰撞混凝土减速护栏的过程图，图9.15（b）为大型客车碰撞混凝土减速护栏的过程图，可见两种车型碰撞混凝土减速护栏后均平稳驶出，没有穿越、翻越、骑跨和下穿护栏现象，碰撞后车辆恢复到正常行驶姿态，行驶轨迹正常，各项指标符合《高速公路护栏安全性能评价标准》（JTG/T F83-01—2004）的相关规定。

（a）小型客车碰撞过程图

（b）大型客车碰撞过程图

图9.15　车辆碰撞混凝土减速护栏仿真结果

如图9.16所示，组织实车足尺碰撞试验，对混凝土减速护栏对车辆的减速效果进行验证。由于护栏减速功能的实现，必须有驾驶员主动打方向盘小角度向护栏贴靠，考虑到驾驶员的安全，碰撞速度低于碰撞试验条件，试验数据如表9.1所列。实车足尺碰撞试验结果表明，车辆在驾驶员主动打方向盘小角度向护栏贴靠的情况下，贴靠成功的概率大，且车辆的减速效果明显，混凝土减速护栏具有减速车辆的功能，该试验结果佐证了仿真模型的准确性。

图9.16　试验车辆及车辆与护栏摩擦图

表9.1　试验数据

车型	驶入速度 /(km·h⁻¹)	停止速度或驶出护栏速度 /(km·h⁻¹)	速度差 /(km·h⁻¹)	车辆与护栏摩擦距离 /m
整体式货车	21.5	0	21.5	42.0
	29.7	19.6	10.1	58.0
	35.1	21.3	13.8	56.0
鞍式列车	18.0	0	18.0	41.0
	30.3	15.7	14.6	55.8
	33.7	18.2	15.5	60.0

根据《高速公路护栏安全性能评价标准》（JTG/T F83-01—2004）中SS级碰撞条件（1.5 t小型客车、碰撞速度为100 km/h、碰撞角度为20°，18 t大型客

车、碰撞速度为80 km/h、碰撞角度为20°）组织实车足尺碰撞试验对混凝土减速护栏的安全性能进行验证，小型客车、大型客车碰撞后护栏及车辆损坏情况，如图9.17所示。碰撞后，车辆顺利导出并恢复行驶姿态，没有发生横转、掉头、翻车现象，行驶轨迹满足要求，各项指标符合《高速公路护栏安全性能评价标准》（JTG/T F83-01—2004）的相关规定，可见混凝土减速护栏具有良好的安全防护能力，验证了仿真模型的准确性。

图9.17　混凝土减速护栏试验结果

9.1.2.2　组合式减速护栏

组合式减速护栏结构在横梁上设置吸能钢管，使车辆在主动贴靠组合式减速护栏过程中通过吸能钢管变形吸能起到消耗车辆动能的作用。吸能钢管和护栏横梁通过螺栓连接；吸能钢管外边缘与混凝土墙体迎撞面竖向平齐，使其较易与车辆发生贴靠；吸能钢管截面宽度为175 mm，使其有足够的变形空间，从而有效吸能消耗车辆动能；吸能钢管顶部桥面以上高度为1300 mm，其迎撞面能与大型货车的合理部位贴靠，以达到减速效果；吸能钢管之间采用搭接方式，以方便安装和拆卸。组合式减速护栏结构如图9.18所示。

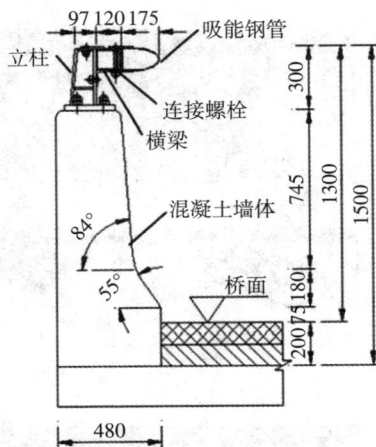

图9.18　组合式减速护栏结构

（尺寸单位：mm）

根据《高速公路护栏安全性能评价标准》（JTG/T F83-01—2004）中SS级碰撞条件（1.5 t小型客车、碰撞速度为100 km/h、碰撞角度为20°，18 t大型客车、碰撞速度为80 km/h、碰撞角度为20°）建立仿真模型并组织实车足尺碰撞试验，图9.19为组合式减速护栏试验与仿真结果。图9.19（a）为试验与仿真模型。图9.19（b）为两种车型碰撞组合式减速护栏过程的试验与仿真对比图，可以看出试验与仿真的两种车型行驶姿态基本相同，从车辆行驶姿态角度验证了仿真模型的准确性，图 9.19（c）为两种车型碰撞后组合式减速护栏变形的试验与仿真结果对比图，可以看出护栏整体变形情况相似，从护栏变形角度验证了仿真模型的可靠性。

护栏（左为试验，右为仿真）

小型客车（左为试验，右为仿真）   大型客车（左为试验，右为仿真）

（a）试验与仿真模型

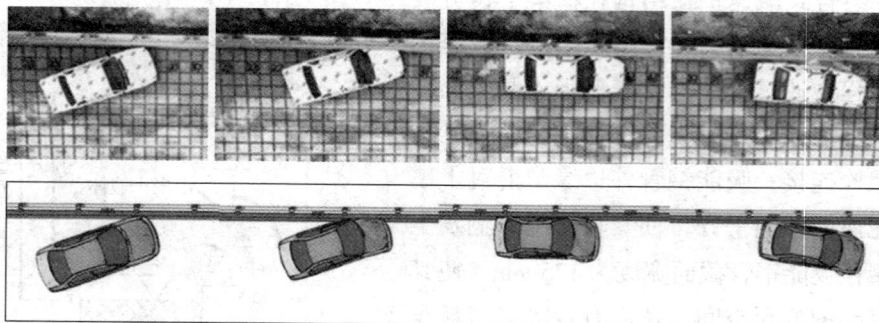

小型客车（上为试验，下为仿真）

大型客车（上为试验，下为仿真）

（b）碰撞过程

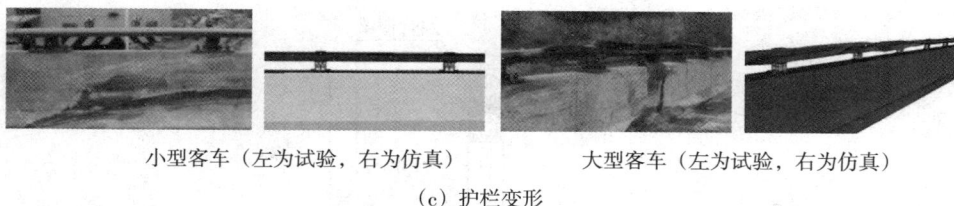

小型客车（左为试验，右为仿真） 　　大型客车（左为试验，右为仿真）

(c) 护栏变形

图9.19　组合式减速护栏试验与仿真结果对比

9.2　施工区临时交通安全防护设施

随着我国社会经济的快速发展，高速公路交通量迅速增加，不少先期建成的路段进入了升级改造阶段。在改扩建工程中，特别是扩建工程往往采用"保通"组织方案进行封闭施工，并且往往施工距离较长，施工周期较久，施工作业人数较多，因此施工区需设置大量安全防护设施，以保护道路行车与施工区人员的安全。国内常用的临时防护设施（如水马、锥形桶、防撞桶等）仅能起到隔离和警示作用，防护能力却严重不足，失控车辆冲入施工区对施工人员和施工机械造成损害的事故多有发生，如图9.20所示。

图9.20　车辆冲入施工区事故

为提高改扩建工程施工区的安全防护水平，公路交通科技人员着手研究开发具有防撞功能的临时护栏结构，在研究过程中采用计算机仿真分析技术对护栏结构的安全性能进行研究分析，并采用实车足尺碰撞试验技术对护栏安全性能进行验证，得到多种具有防撞功能的临时护栏结构，其中具有代表性的临时护栏结构是型钢临时护栏结构和混凝土临时护栏结构。

9.2.1　型钢临时护栏

型钢临时护栏结构平摆浮搁于路面上，两端通过锚钉锚固于路面，护栏标准节段（中间部分）与路面不做固定，设计防护等级为 A 级，主要由圆管横梁、方管横梁、连接销、槽钢支撑和侧板组成，结构如图9.21所示。

图中标注：连接销　圆管横梁　方管横梁　侧板　槽钢支撑

尺寸标注：79 37　381　600　103　6

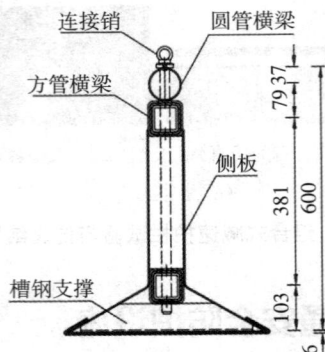

图9.21　型钢临时护栏结构（尺寸单位：mm）

根据《公路护栏安全性能评价标准》（JTG B05-01—2013）中 A 级碰撞条件（1.5 t 小型客车、碰撞速度为 100 km/h、碰撞角度为 20°，10 t 中型客车、碰撞速度为 60 km/h、碰撞角度为 20°，10 t 中型货车、碰撞速度为 60 km/h、碰撞角度为 20°）建立仿真模型并组织实车足尺碰撞试验，图9.22为型钢临时护栏试验与仿真结果。图9.22（a）为试验与仿真模型，图9.22（b）为三种车型碰撞型钢临时护栏过程的试验与仿真对比图，可以看出试验与仿真的三种车型行驶姿态基本相同，从车辆行驶姿态角度验证了仿真模型的准确性。图9.22（c）为三种车型碰撞后型钢临时护栏变形的试验与仿真结果对比图，可以看出护栏整体变形情况相似，从护栏变形角度验证了仿真模型的可靠性。

护栏（上为试验，下为仿真）　　　小型客车（左为试验，右为仿真）

中型客车（左为试验，右为仿真）　　　中型货车（左为试验，右为仿真）

（a）试验与仿真模型

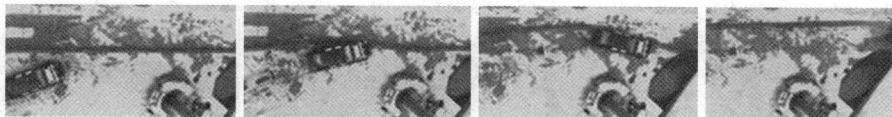

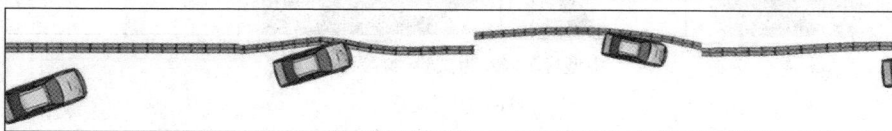

小型客车（上为试验，下为仿真）

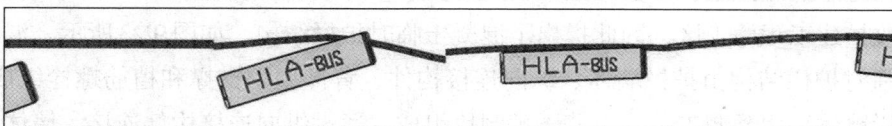

中型客车（上为试验，下为仿真）

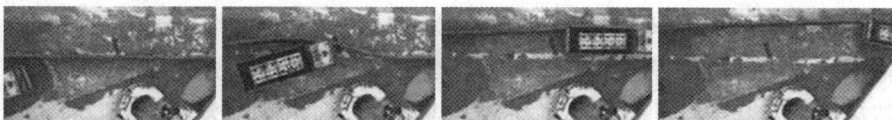

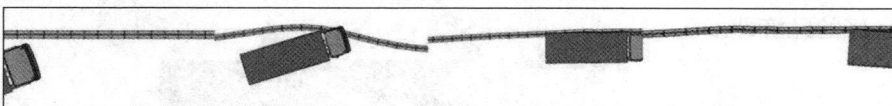

中型货车（上为试验，下为仿真）

（b）碰撞过程

小型客车（左为试验，右为仿真）

中型客车（左为试验，右为仿真）

中型货车（左为试验，右为仿真）

（c）护栏变形

图9.22　型钢临时护栏试验与仿真结果

9.2.2　混凝土临时护栏

通过9.2.1节中型钢临时护栏试验与仿真结果可以看出，型钢临时护栏结构在与车辆碰撞过程中会产生比较大的变形，并不适合应用于临近道路运营区的改扩建工程施工区，因此提出了混凝土临时护栏结构。如图9.23所示，混凝土临时护栏结构由护栏墙体、纵向连接构件、背部型钢支撑和植筋螺栓组成，护栏墙体采用预制工艺，由若干预制块组成，通过纵向连接构件连接，墙体背部设置梯形型钢支撑构件，并通过植筋螺栓锚固在路面上。混凝土临时护栏结构具有更高的防护等级（设计防护等级为SB级），并且受撞变形小可以有效提高施工区人员和机械设备的安全性。混凝土临时护栏结构方便拆装，可随施工区转移而重复利用，并且在施工任务完成后可就地吊装作为永久护栏使用，具有良好的经济性。

图9.23　混凝土临时护栏结构

根据《公路护栏安全性能评价标准》（JTG B05-01—2013）中SB级碰撞条件（1.5 t小型客车、碰撞速度为100 km/h、碰撞角度为20°，10 t中型客车、碰撞速度为80 km/h、碰撞角度为20°，18 t大型货车、碰撞速度为60 km/h、碰撞角度为20°）建立仿真模型并组织实车足尺碰撞试验，图9.24为混凝土临时护栏结构试验与仿真结果。图9.24（a）为试验与仿真模型。图9.24（b）为三种车型碰撞混凝土临时护栏结构过程的试验与仿真对比图，可以看出试验与仿真的三种车型行驶姿态基本相同，从车辆行驶姿态角度验证了仿真模型的准确性；图9.24（c）为三种车型碰撞后混凝土临时护栏结构变形的试验与仿真结果对比图，可以看出护栏整体变形情况相似，从护栏变形角度验证了仿真模型的可靠性。

护栏（上为试验，下为仿真）　　　　小型客车（左为试验，右为仿真）

中型客车（左为试验，右为仿真）　　　　大型货车（左为试验，右为仿真）

（a）试验与仿真模型

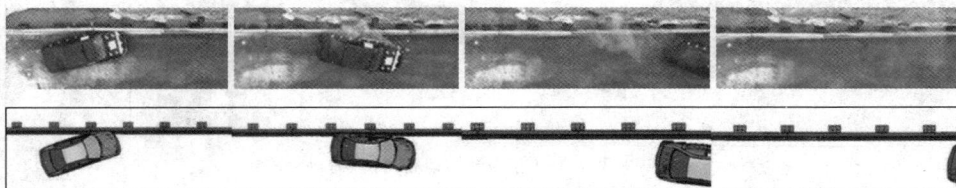

小型客车（上为试验，下为仿真）

中型客车（上为试验，下为仿真）

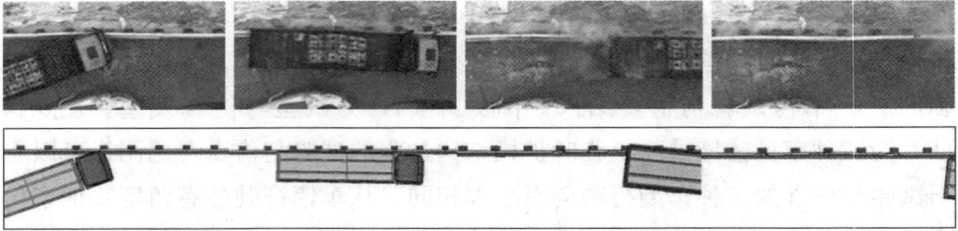

大型货车（上为试验，下为仿真）

（b）碰撞过程

小型客车（左为试验，右为仿真）

中型客车（左为试验，右为仿真）

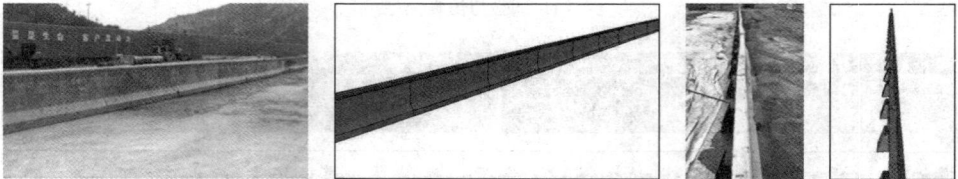

大型货车（左为试验，右为仿真）

（c）护栏变形

图9.24　混凝土临时护栏结构试验与仿真结果对比

第10章 有限元仿真技术
与护栏安全性能评价标准

10.1 概　述

　　公路护栏是重要的交通安全防护设施，科学合理地评价公路护栏的安全性能是对其进行设计与应用的基础。公路护栏的安全性能包括以下三个方面：具有一定的强度和高度，有效阻挡车辆穿越和翻越；具有适当的缓冲功能，降低对乘员的冲击程度；具有良好的导向功能，车辆碰撞公路护栏后不翻车、不侵入相邻车道。只有通过检测评定后各项性能技术指标均满足要求，才能确定公路护栏达到某一防护等级的安全性能要求，才能对相应的失控车辆提供有效的防护。而上述性能除了公路护栏的结构特性外，还与车辆质量、车辆重心高度、碰撞速度、碰撞角度等因素有关，这些因素对公路护栏安全性能的综合影响是复杂的。采用有限元方法了解这些影响因素，对于合理制定公路护栏安全性能评价标准具有重要意义。

10.2 缓冲性能直接评价法

　　车辆碰撞护栏时，对乘员安全的威胁主要体现在以下三个方面：碰撞引起的飞溅物对乘员的伤害；乘员剧烈碰撞引起的器官损伤；乘员生存空间的严重变形挤压导致的乘员伤害。这三个方面构成乘员风险的三大因素，护栏对乘员的保护性能表现为减少这三种伤害发生的能力。为避免第一种伤害，要求在护栏实车碰撞试验过程中，车辆和护栏不能出现主要构件的分离或飞溅；为避免第二种伤害，要求护栏有一定的缓冲功能，并采用具体的指标和标准进行评价；第三种伤害的大小与车辆自身性能有较大关系，目前通用的做法是，记录车辆碰撞试验中乘员生存空间的变形情况，由试验机构和用户机构判断是否会对乘员安全构成威胁。

　　车辆碰撞护栏时，乘员风险评价的重点在于对护栏缓冲功能的评价。与护栏缓冲功能有关的乘员伤害过程如下：车辆和护栏碰撞后，车辆受护栏阻滞而减速，而车内乘员由于惯性保持原来的速度，此时车辆和乘员产生相对速度，若车辆速度变化剧烈导致该相对速度较大，在一定时刻，乘员的局部身体部位就会与乘员舱内部的仪表盘、方向盘、挡风玻璃甚至安全带等构件发生碰撞挤压，导致乘员人体器官的变位及器官之间的挤压，从而对乘员造成伤害。在实际公路运营中，一般小型车辆的运行速度较大型车辆高，同时小型车辆的质量小，碰撞护栏后乘员容易受到冲击伤害，所以在公路护栏安全性能评价中，采用小型车辆评价公路护栏对车辆的缓冲保护性能。由于小型客车占小型车辆的绝对数量，所以对于公路护栏的缓冲性能评价采用小型客车具有代表性。

　　对于护栏缓冲性能指标的评价方法大体可分为直接评价法和间接评价法两类，直接评价法通过在试验车辆上安装的假人模拟车辆碰撞时乘员的运动响应，通过内置于假人体内的传感器采集假人头、胸、膝盖等重点部位的数据，借助这些数据分析实际碰撞事故中乘员的受伤程度，并参考相应评价指标基准值，评价乘员的风险。通过假人测得的伤害指标包括头部性能指标、胸部性能指标、腿部性能指标等。直接评价法能够较为直观地评判乘员在碰撞护栏时各部位的冲击伤害，在早期的护栏实车足尺碰撞试验中应用较为广泛。对于采用假人的护栏缓冲性能评价方法，欧盟在修订《道路（安全）防护系统》（以下简称EN1317）时进行的《公路护栏标准修订》（ROBUST）项目中，结合实车碰撞试验数据对此进行过分析。为制修订EN1317，欧盟进行过采用相同型号的车辆以近乎相同的碰撞速度和碰撞角度碰撞相同类型护栏的碰撞试验，表10.1为假人试验数据一致性测试的试验条件与试验结果。从护栏变形结果来看，这两次试验的一致性良好，但是所测得的假人HIC数据却分别为2168.279和173.480，发散性非常大。鉴于采用假人评价护栏缓冲功能的直接评价方法在测试过程中结果的发散性，目前国外标准中均取消了该种评价方法。

表 10.1　假人试验数据一致性测试的试验条件与试验结果

试验类型	护栏等级	车辆质量/kg	速度/(km·h⁻¹)	角度/(°)	护栏变形/m	假人HIC
TB11	B1	887	100.12	20	0.25	2168.279
TB11	B1	888	101.59	20	0.25	173.480

　　假人测得的数据在实车足尺碰撞试验中表现出较大的发散性，这可能与试验设备与试验数据的测量方法有关，这种局限性限制了较为直观的假人评价护

栏缓冲性能方法的推广与应用。为考察在有限元模型中是否也存在这种现象，同时考察在试验中假人 HIC 数据发散是否与安全带性能、假人坐姿、座椅位置有关，建立了有限元模型对该部分进行探索分析。设置假人的小型客车碰撞护栏仿真模型如图 10.1 所示，在小型客车驾驶员位置设置 50 百分位的假人模型，并设置安全带等约束系统，安全带的抗拉强度为 42.5 kN，将假人的汽车座椅设置于中间位置，包含假人与配重的车辆总质量为 1500 kg；以某梁柱式护栏作为碰撞对象，考察碰撞过程中乘员头部的指标响应；小型客车碰撞护栏速度为 100 km/h，碰撞角度为 20°。

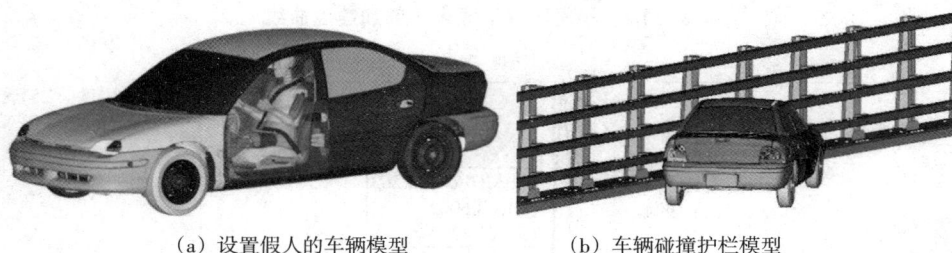

(a) 设置假人的车辆模型   (b) 车辆碰撞护栏模型

图 10.1　设置假人的小型客车碰撞护栏仿真模型

在实车足尺碰撞试验中，测量误差不可避免，实践结果证明，对于假人指标的测量出现了较大的发散性。在有限元计算中由于采用的是矩阵迭代计算，特别是显式计算方法会有误差的积累，不同的计算机硬件和 CPU 数量会有一定的计算差别，这是所有 CAE 软件的固有特性。为考察计算机硬件和 CPU 数量对计算结果的影响，采用相同的模型分别在不同的计算服务器上用 12CPU 和 16CPU 进行计算。图 10.2 为不同硬件下假人头部加速度曲线计算结果，可见两条加速度曲线基本吻合，在计算机 A 上采用 12CPU 进行计算的假人 HIC 为 335.705，在计算机 B 上采用 16CPU 进行计算的假人 HIC 为 334.266。计算结果表明，在计算机仿真模拟过程中，由于硬件原因所产生的误差较小，计算结果发散性可以接受。

安全带的抗拉强度是影响其性能的重要指标，在仿真模型中，将肩部安全带的抗拉强度由 42.5 kN 调整至 18.0 kN，考察安全带性能对于假人性能指标的影响。图 10.3 为两种不同安全带性能下假人头部加速度曲线，可见两条加速度曲线基本吻合，肩部安全带抗拉强度为 42.5 kN 时，假人的 HIC 指标为 335.705；肩部安全带抗拉强度为 18.0 kN 时，假人的 HIC 指标为 322.263，两者相差并不大。

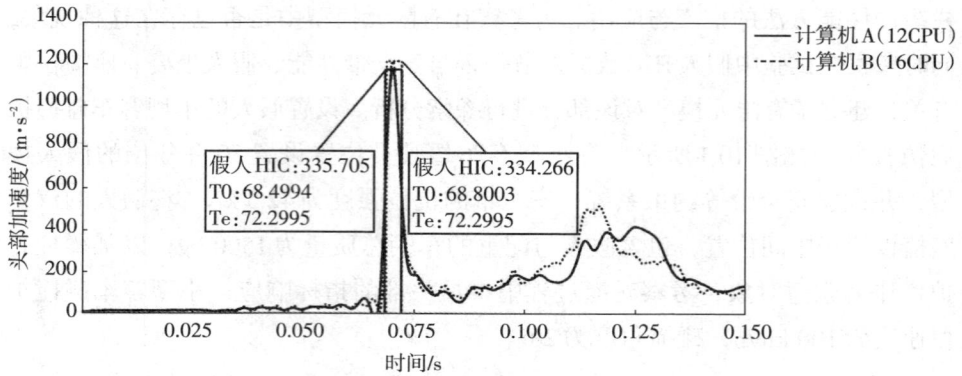

图10.2 不同硬件下假人头部加速度曲线

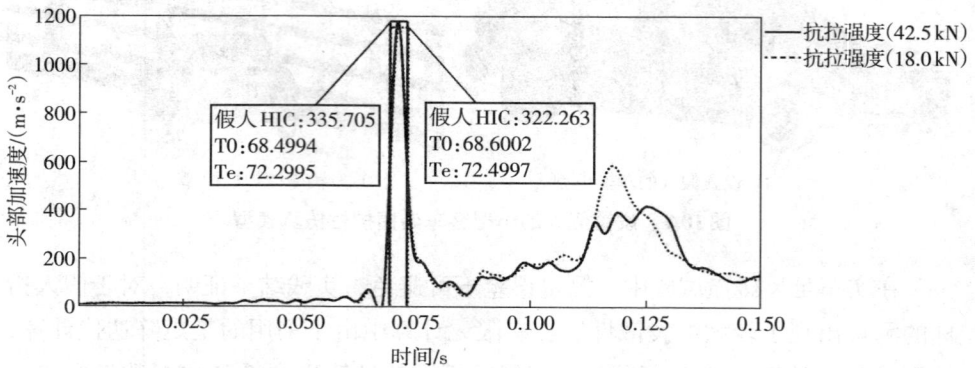

图10.3 不同安全带性能下假人头部加速度曲线

在实车足尺碰撞试验中，对于假人的坐姿设置可能有所不同，为考察假人坐姿对假人头部加速度指标的影响程度，在有限元仿真模型中将假人的腿部与竖直方向的夹角由42°调整为35°，如图10.4（a）所示。图10.4（b）为两种假人坐姿下计算的假人头部加速度曲线，可见两条加速度曲线基本吻合，假人腿部夹角为42°时假人HIC为335.705，假人腿部夹角为35°时假人HIC为344.310。

在实车足尺碰撞试验中，车辆座椅的位置可能会有所不同，为考察车辆座椅位置对假人头部加速度指标的影响程度，在有限元模型中将座椅向前平移80 mm，如图10.5（a）所示。图10.5（b）为两种座椅位置下计算的假人头部加速度曲线，可见两条加速度曲线基本吻合，座椅位于标准位置时假人HIC为335.705，座椅向前平移80 mm时假人HIC为327.504，两者相差不大。

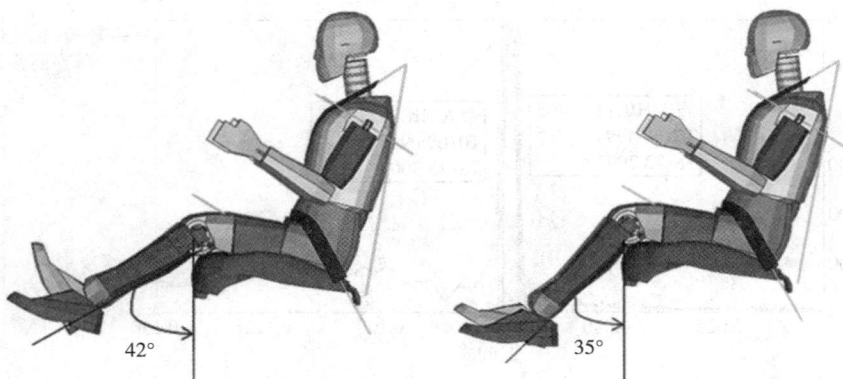

（a）假人腿部姿态

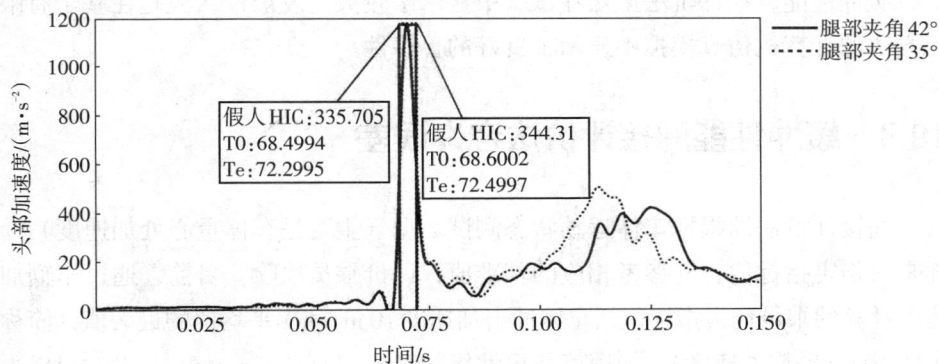

（b）假人头部加速度曲线

图10.4 不同假人坐姿与假人头部加速度曲线

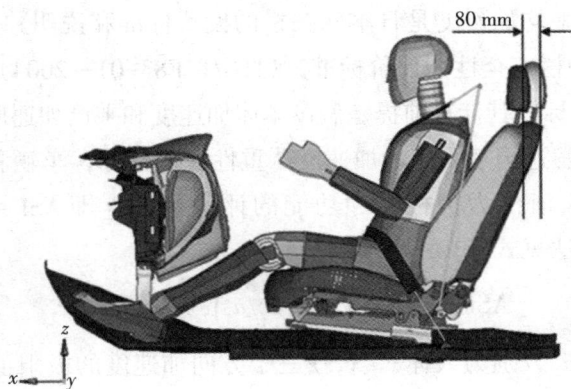

（a）座椅前后位置移动80 mm

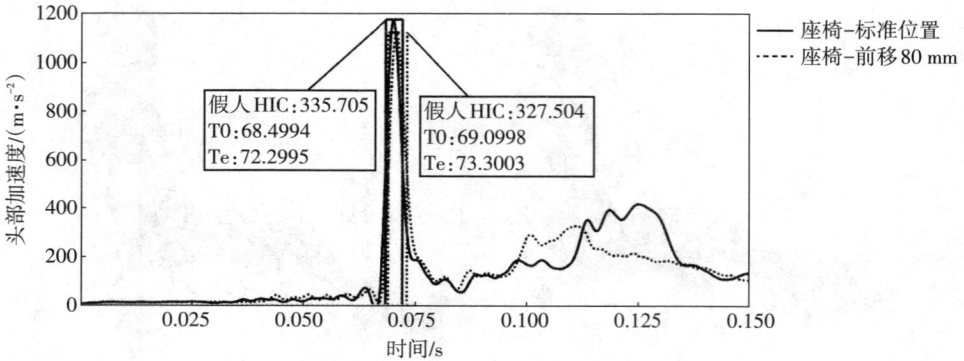

（b）假人头部加速度曲线

图10.5 不同座椅位置与假人头部加速度曲线

缓冲性能直接评价法虽然在试验中显示了较大的发散性，但是在基于有限元方法的计算机仿真模拟中显示了良好的鲁棒性。

10.3 缓冲性能间接评价法容许误差

间接评价法即根据车体运动状态测试数据（主要是车体重心处加速度）计算乘员伤害指标值，并参考相应的基准值，评价乘员风险。目前，通过车辆加速度计算的乘员伤害指标包括车体冲击加速度 10 ms 间隔平均值的最大值（简称车体 10 ms 平均加速度）、加速度严重性指数（acceleration severity index，ASI）、理论头部碰撞速度（theoretical head impact velocity，THIV）、碰撞后头部减速度（post-impact head deceleration，PHD）、乘员碰撞速度（occupant impact velocities，OIV）、乘员骑乘加速度（occupant ridedown accelerations，ORA）。

车体 10 ms 平均加速度是日本《护栏的设置标准和说明》（2004 年）和我国《高速公路护栏安全性能评价标准》（JTG/T F83-01—2004）中采用的护栏缓冲功能评价指标，其计算前提是假设车体加速度和乘员加速度相等。

ASI 是欧盟发达国家采用的加速度严重性评价指标，车辆和护栏碰撞全过程中 ASI(t) 最大值作为护栏缓冲功能的评价指标，即 ASI = max$\left[\text{ASI}(t)\right]$。ASI($t$)的计算方法见式（10.1）：

$$\text{ASI}(t) = \left[\left(\bar{a}_x/\hat{a}_x\right)^2 + \left(\bar{a}_y/\hat{a}_y\right)^2 + \left(\bar{a}_z/\hat{a}_z\right)^2\right]^{1/2} \tag{10.1}$$

式中，$\hat{a}_x$，$\hat{a}_y$，$\hat{a}_z$ 分别为人体 x，y，z 三个方向加速度的极限值，对于系有安全带的乘员，$\hat{a}_x = 120 \text{ m/s}^2$，$\hat{a}_y = 90 \text{ m/s}^2$，$\hat{a}_z = 100 \text{ m/s}^2$；$\bar{a}_x$，$\bar{a}_y$，$\bar{a}_z$ 分别为车辆上

定点 P（车辆重心或接近车辆重心）加速度 50 ms 间隔平均值的时程。

ASI 用于衡量在车辆碰撞护栏的全过程中，坐在点 P 附近的乘员感受到的车辆运动剧烈程度，其计算数据为车辆上定点 P 的加速度 50 ms 间隔平均值的时程。对原始加速度数据"50 ms 平均"的计算相当于"低通滤波"的过程，即假定车体加速度通过"相对较软"的接触传递给乘员，采用车体加速度评价乘员风险，实质是假定乘员在碰撞全过程中一直和车辆乘员舱保持接触。

美国的 Manual for Assessing Safety Hardware（以下简称 MASH）和欧盟 EN1317 均基于连枷空间模型（flail space model）评价公路护栏缓冲功能。如图 10.6 所示，连枷空间模型中将小型客车碰撞公路护栏过程中不被约束的假想的乘员头部的运动状态分为三个阶段，美国 MASH 和欧盟 EN1317 均以假想的乘员头部和乘员舱内部碰撞的瞬时相对速度（即乘员碰撞速度，对应于美国的 OIV 和欧盟的 THIV）以及碰撞后假想的乘员头部与车辆共同经受的车辆重心处加速度（即乘员碰撞后加速度，对应于美国的 ORA 和欧盟的 PHD）作为公路护栏缓冲功能的评价指标。美国 MASH 的评价指标 OIV 和 ORA 为纵向和横向分量，而欧盟 EN1317 的评价指标 THIV 和 PHD 为纵向和横向的合成值。

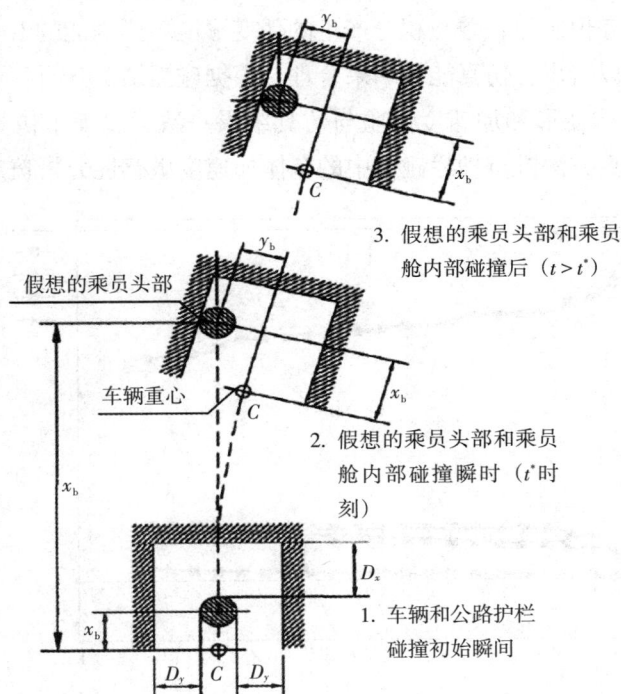

图 10.6 连枷空间模型

通过以上分析可知，间接评价法主要通过测量车体重心处加速度以计算乘员伤害指标值，继而参考相应的基准值来评价乘员风险。采用间接评价法评价护栏安全性能，主要考察小型客车重心位置冲击加速度，与车辆质量、碰撞速度、碰撞角度等参数有直接关系，因此有必要对冲击加速度指标相对于这些碰撞参数的敏感性进行分析，为制定合理的碰撞参数误差范围提供依据。以第6章的双横梁组合式护栏为例，建立有限元模型（如图10.7所示），对冲击加速度指标相对于碰撞参数的敏感性进行分析。

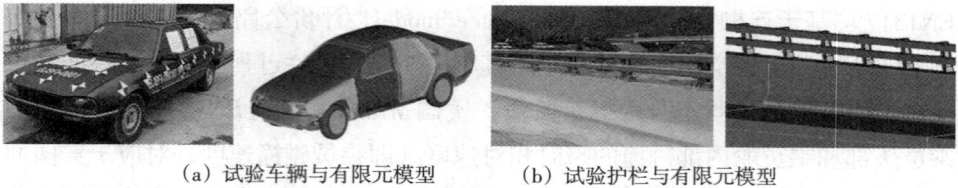

（a）试验车辆与有限元模型　　　（b）试验护栏与有限元模型

图10.7　小型客车碰撞双横梁组合式护栏模型

在第6章中，对小型客车碰撞护栏的试验结果和仿真结果进行了对比，表明试验结果与仿真结果一致。图10.8为在仿真模型中提取的能量变化曲线。可以看出，碰撞过程中动能逐渐减少，内能和摩擦能逐渐增加，总能量保持不变，符合能量守恒定律；单点积分产生的伪变形能不到内能的10%，满足仿真精度需要。可以看出，仿真能量结果合理。根据碰撞结果分析，可知仿真能量曲线合理，结构变形和加速度试验与仿真结果一致，验证了仿真模型的可靠性，为应用仿真方法进行护栏碰撞中的车体加速度敏感性分析奠定了基础。

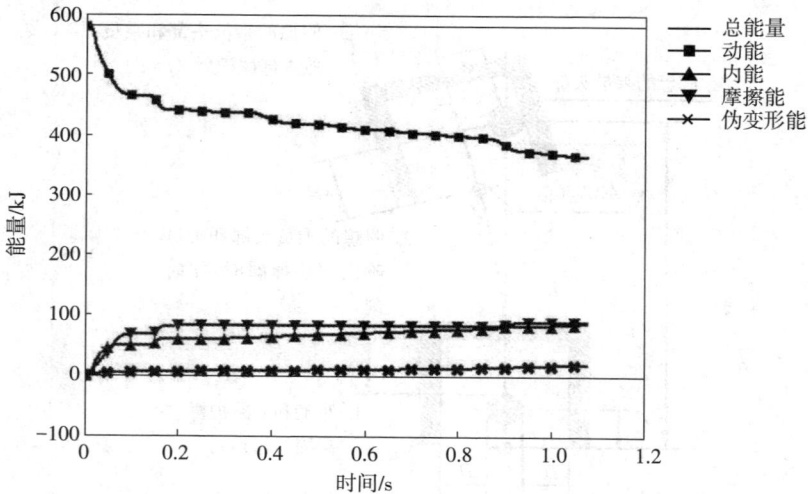

图10.8　小型客车碰撞双横梁组合式护栏能量变化曲线

敏感性分析用以考察碰撞参数对冲击加速度评价指标的影响，通过计算敏感度系数，估计冲击加速度对于碰撞参数的敏感程度，找出敏感因素，为合理确定碰撞参数误差范围奠定一定基础。敏感性分析包括单因素敏感性分析和多因素敏感性分析。单因素敏感性分析是指每次只改变一个参数的数值来进行分析，估算每个因素的变化对于冲击加速度产生的影响；多因素分析则是同时改变两个或两个以上因素进行分析，估算多因素同时发生变化对冲击加速度产生的影响。为了找出关键的敏感性因素，采用单因素敏感性分析方法。敏感度系数是冲击加速度指标变化的百分率与碰撞参数变化的百分率之比。敏感度系数高，表示冲击加速度指标对于该碰撞参数的敏感程度高，其计算方法见式（10.2）：

$$E = \frac{\Delta A/A}{\Delta I/I} \tag{10.2}$$

式中，E 为冲击加速度指标 A 对于碰撞参数 I 的敏感度系数；$\Delta I/I$ 为碰撞参数 I 的变化率；$\Delta A/A$ 为碰撞参数 I 发生 ΔI 变化时，冲击加速度 A 的相应变化率。

$E>0$，表示冲击加速度指标与碰撞参数同方向变化；$E<0$，表示冲击加速度指标与碰撞参数反方向变化；E 绝对值较大者，表明冲击加速度对该碰撞参数较为敏感。

表10.2为小型客车重心加速度最大值敏感性分析参数表，车辆质量、碰撞速度、碰撞角度的参数改动幅度为±10%，在仿真模型中，按照表10.2调整参数，考察车体冲击加速度指标对这些参数的敏感度。由于碰撞过程的复杂性，冲击加速度和碰撞参数之间不是简单的线性关系，因此仅对冲击加速度的最大值对碰撞参数的灵敏度进行分析。

表10.2 小型客车重心加速度最大值敏感性分析参数表

分析参数	车辆质量/t	碰撞角度/(°)	碰撞速度/(km·h⁻¹)
目标参数	1.50	20	100
目标参数增加10%	1.65	22	110
目标参数降低10%	1.35	18	90

图10.9为不同车辆质量的车体重心加速度曲线。可见：车辆质量分别为 1.65，1.50，1.35 t 的车体加速度最大值分别为 161，172，181 m/s²。即车辆越

轻，车体重心加速度越大；车辆越重，车体重心加速度越小。表10.3为不同车辆质量下，最大加速度灵敏度分析表。可见车辆质量上升10%，最大冲击加速度下降6.4%，敏感度系数为-0.64；车辆质量下降10%，最大冲击加速度上升5.2%，敏感度系数为-0.52；车体最大冲击加速度对于车辆质量的平均敏感度系数为-0.58。

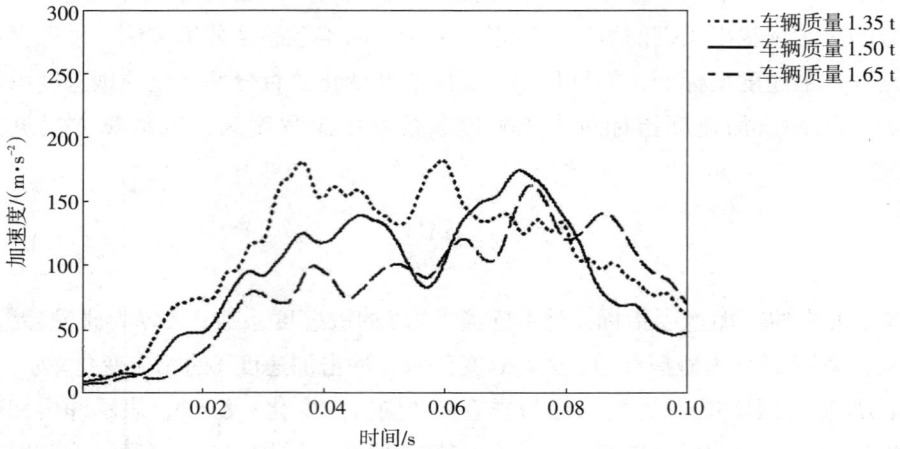

图10.9　不同车辆质量的车体重心加速度曲线

表10.3　不同车辆质量下最大加速度灵敏度分析表

碰撞参数（I）		评价指标（A）		敏感度系数（E）
车辆质量/t	变化率	加速度/(m·s⁻²)	变化率	A变化率/I变化率
1.50	—	172	—	—
1.65	10%	161	-6.4%	-0.64
1.35	-10%	181	5.2%	-0.52

　　图10.10为不同碰撞角度的车体重心加速度曲线，可见：碰撞角度分别为22°，20°，18°的车体加速度分别为193，172，137 m/s²。即车辆碰撞角度越大，车体重心加速度越大；车辆碰撞角度越小，车体重心加速度越小。表10.4为不同碰撞角度下最大加速度灵敏度分析表。可见碰撞角度上升10%，最大冲击加速度上升12.2%，敏感度系数为1.22；碰撞角度下降10%，最大冲击加速度下降20.3%，敏感度系数为2.03；车体最大冲击加速度对于碰撞角度的平均敏感度系数为1.63。

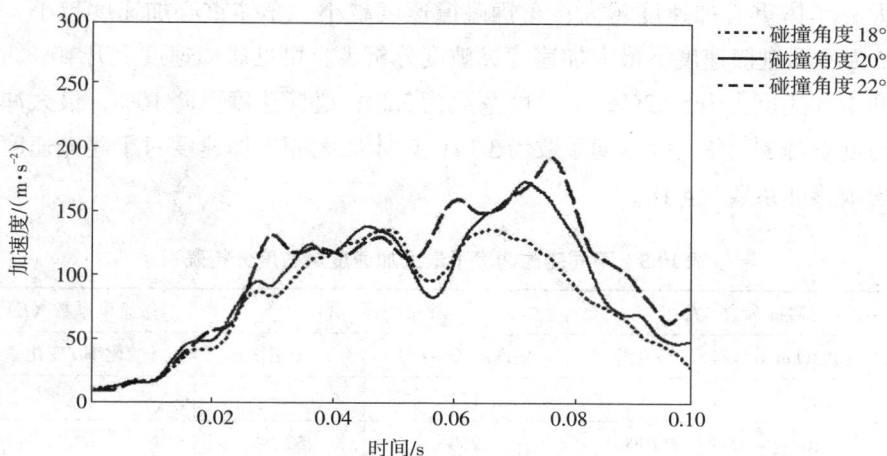

图 10.10　不同碰撞角度的车体重心加速度曲线

表 10.4　不同碰撞角度下最大加速度灵敏度分析表

碰撞参数（I）		评价指标（A）		敏感度系数（E）
碰撞角度/(°)	变化率	加速度/(m·s^{-2})	变化率	A 变化率/I 变化率
20	—	172	—	—
22	10%	193	12.2%	1.22
18	−10%	137	−20.3%	2.03

图 10.11 为不同碰撞速度的车体重心加速度曲线，可见：碰撞速度分别为 110，100，90 km/h 的车体加速度分别为 260，172，118 m/s^2。即车辆碰撞速度

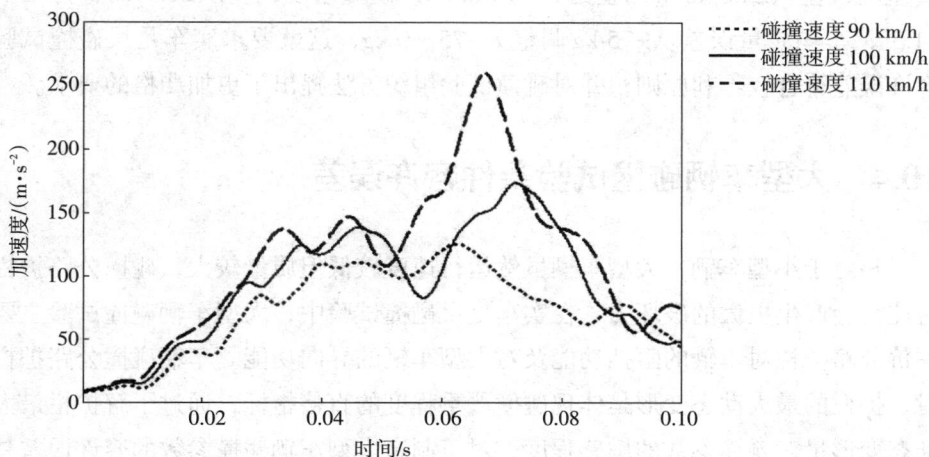

图 10.11　不同碰撞速度的车体重心加速度曲线

越大，车体重心加速度越大；车辆碰撞速度越小，车体重心加速度越小。表
10.5为不同碰撞速度下最大加速度灵敏度分析表。可见碰撞速度上升10%，最
大冲击加速度上升52.2%，敏感度系数为5.22；碰撞速度下降10%，最大冲击
加速度下降31.4%，敏感度系数为3.14；车体最大冲击加速度对于碰撞速度的
平均敏感度系数为4.18。

表10.5　不同碰撞速度下最大加速度灵敏度分析表

碰撞参数（I）		评价指标（A）		敏感度系数（E）
碰撞速度/(km·h^{-1})	变化率	加速度/(m·s^{-2})	变化率	A变化率/I变化率
100	—	172	—	—
110	10%	260	52.2%	5.22
90	–10%	118	–31.4%	3.14

通过分析可知，车辆质量、碰撞角度与碰撞速度的误差均对冲击加速度指
标形成较大影响，按照敏感程度，影响因素排序分别为碰撞速度、碰撞角度和
车辆质量。碰撞速度和碰撞角度的敏感度系数为正数，说明最大加速度随着这
两个参数的增加而增加；车辆质量的敏感度系数为负数，说明最大加速度随着
车辆质量的增加而减小。分析护栏冲击加速度最大值相对于碰撞参数的敏感
性，进而了解加速度对碰撞参数的敏感程度，对于制定碰撞参数的容许误差有
直接指导意义。《公路护栏安全性能评价标准》（JTG B05-01—2013）相对于
《高速公路护栏安全性能评价标准》（JTG/T F83-01—2004），将小型客车的碰
撞速度误差从±4.0 km/h调整为0～+4 km/h，碰撞角度误差从±1.5°调整为–1～
+1.5°，车辆质量误差从±75 kg调整为–75～0 kg，这就要求实车足尺碰撞试验
容许误差符合较不利原则，并对碰撞试验组织方法提出了更加严格的要求。

10.4　大型车辆碰撞试验条件容许误差

相对于小型车辆，大型车辆虽然运行速度较低但质量较大，碰撞公路护栏
时往往会产生更大的破坏力，在实车足尺碰撞试验中，大型车辆碰撞试验主要
评价公路护栏对车辆的阻挡功能及对大型车辆的导向功能。车辆碰撞公路护栏
时，护栏的最大动态变形是体现碰撞严重程度的直接指标，通过了解护栏最大
动态变形量对碰撞参数的敏感程度，对于制定大型车辆碰撞参数的容许误差具
有重要意义。以第5章的SS级四横梁矩形管金属梁柱式护栏为例，建立大型客

车碰撞护栏有限元模型（如图10.12所示），对护栏最大动态变形量相对于碰撞参数的敏感性进行分析。表10.6是在此基础上编制的护栏最大动态变形量敏感性分析参数表。

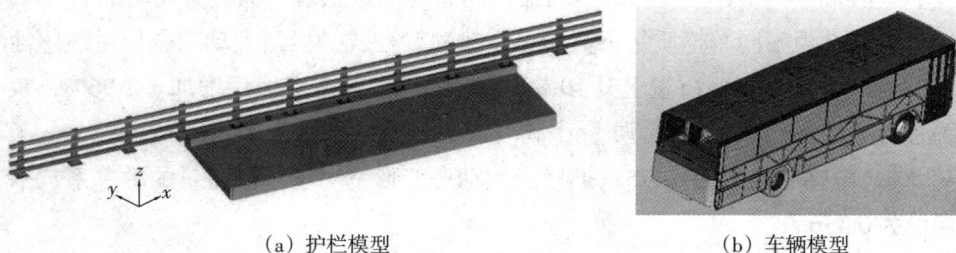

(a) 护栏模型   (b) 车辆模型

图10.12 大型客车碰撞SS级四横梁矩形管金属梁柱式护栏模型

表10.6 护栏最大动态变形量敏感性分析参数表

分析参数	车辆质量/t	碰撞角度/(°)	碰撞速度/(km·h⁻¹)
标准值	18.0	20	80
标准值增加10%	19.8	22	98
标准值降低10%	16.2	18	62

在仿真模型中，保持车辆碰撞速度为80 km/h，碰撞角度为20°，将车辆质量分别设定为18.0，19.8，16.2 t。图10.13反映了不同质量车辆碰撞梁柱式

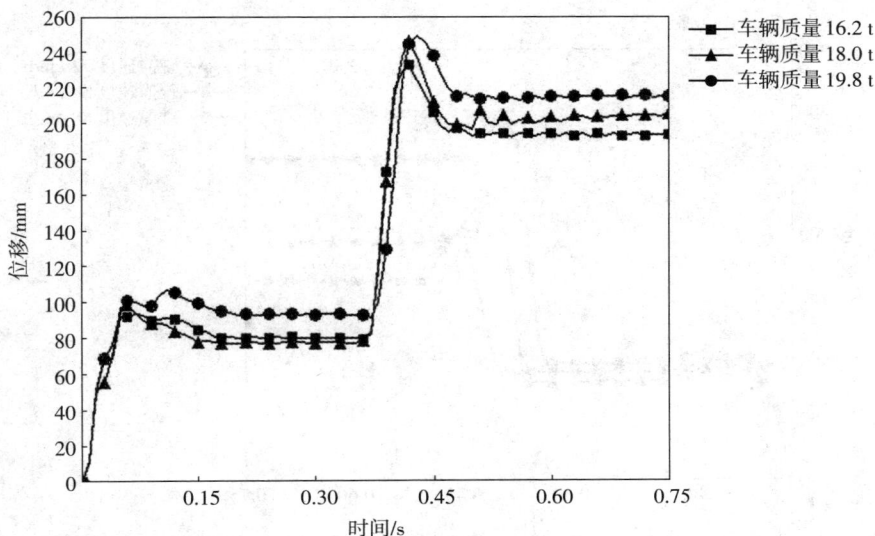

图10.13 不同车辆质量下大型客车碰撞梁柱式护栏位移时程曲线

护栏过程中，护栏出现最大动态变形量节点的位移时程曲线：各曲线第一个峰值出现在车头与护栏碰撞过程中，第二个峰值出现在车尾与护栏碰撞过程中；各工况下护栏最大动态变形量分别为232.7 mm（16.2 t）、244.3 mm（18.0 t）及249.1 mm（19.8 t），说明护栏的最大动态变形量随着车辆质量而增加。

表10.7为不同车辆质量下大型客车碰撞梁柱式护栏最大动态变形量敏感性分析表，可见：车辆质量上升10%，护栏的最大动态变形量增加了1.96%，敏感度系数为0.196；车辆质量下降10%，护栏的最大动态变形量减小了4.75%，敏感度系数为0.475；护栏最大动态变形量对于车辆质量的敏感系数平均值为0.336。

表10.7　不同车辆质量下大型客车碰撞梁柱式护栏最大动态变形量敏感性分析表

碰撞参数（I）		评价指标（A）		敏感系数（E）
车辆质量/t	变化率	最大动态变形量/mm	变化率	A变化率/I变化率
18.0	—	244.3	—	
19.8	10%	249.1	1.96%	0.196
16.2	−10%	232.7	−4.75%	0.475

图10.14反映了不同碰撞速度下大型客车碰撞梁柱式护栏出现最大动态变形量节点的位移时程曲线。可见：碰撞速度分别为72，80，88 km/h时，防撞护栏最大动态变形量分别是198.3，244.3，300.8 mm。该数据表明碰撞速度越大，碰撞过程中护栏的动态变形量越大；反之，则越小。

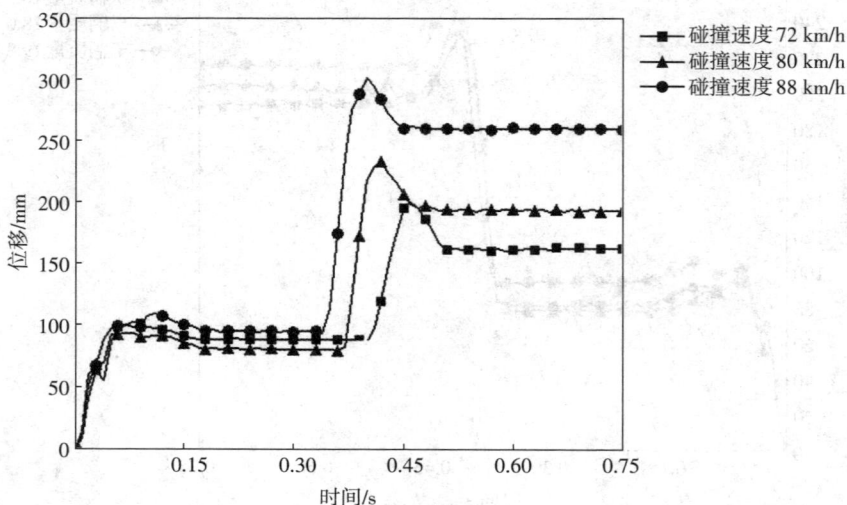

图10.14　不同碰撞速度下大型客车碰撞梁柱式护栏位移时程曲线

表 10.8 为不同碰撞速度下大型客车碰撞梁柱式护栏最大动态变形量敏感性分析表。可见：速度上升 10%，最大动态变形量增加 23.1%，敏感度系数为 2.31；速度下降 10%，最大动态变形量减小 18.8%，敏感度系数为 1.88；护栏最大动态变形量对于碰撞速度的平均敏感度系数为 2.10。

表 10.8 不同碰撞速度下大型客车碰撞梁柱式护栏最大动态变形量敏感性分析表

碰撞参数（I）		评价指标（A）		敏感度系数（E）
碰撞速度/(km·h⁻¹)	变化率	最大动态变形量/mm	变化率	A变化率/I变化率
80	—	244.3	—	—
88	10%	300.8	23.1%	2.31
72	−10%	198.3	−18.8%	1.88

图 10.15 反映了不同碰撞角度下，大型客车碰撞梁柱式护栏出现最大动态变形量节点的位移时程曲线。可见：碰撞角度分别为 18°，20°，22°时，梁柱式护栏最大动态变形量分别为 223.6，244.3，265.5 mm。该数据表明碰撞角度越大，碰撞过程中护栏的动态变形量越大；反之，则越小。

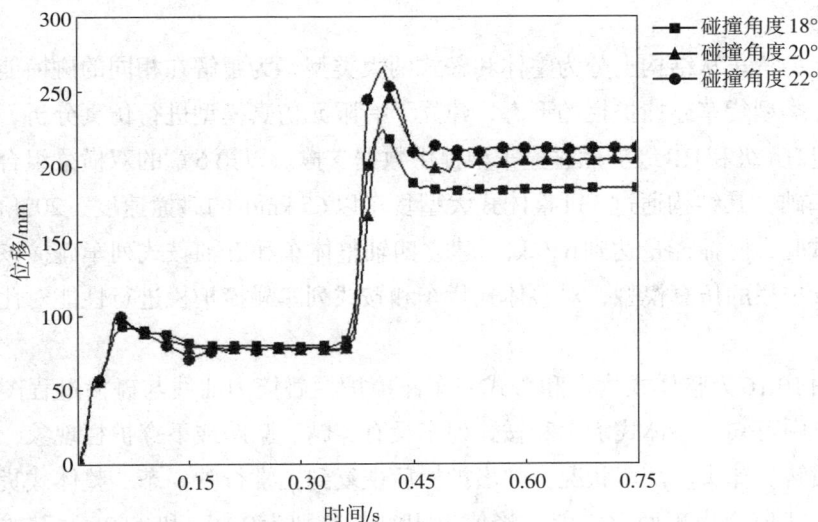

图 10.15 不同碰撞角度下大型客车碰撞梁柱式护栏位移时程曲线

表 10.9 为不同碰撞角度下大型客车碰撞梁柱式护栏最大动态变形量敏感性分析表。可见碰撞角度上升 10%，最大动态变形量增加 8.68%，敏感度系数为 0.868；碰撞角度下降 10%，最大动态变形量减小 8.47%，敏感度系数为

0.847；护栏最大动态变形量对于碰撞角度的平均敏感度系数为0.858。

表10.9　不同碰撞角度下大型客车碰撞梁柱式护栏最大动态变形量敏感性分析表

碰撞参数（I）		评价指标（A）		敏感度系数（E）
碰撞角度/(°)	变化率	最大动态变形量/mm	变化率	A变化率/I变化率
20	—	244.3	—	—
22	10%	265.5	8.68%	0.868
18	−10%	223.6	−8.47%	0.847

通过有限元方法系统计算防撞护栏最大动态变形量对车辆质量、碰撞速度及碰撞角度改变的敏感程度，得到护栏最大动态变形量对于车辆质量、碰撞速度、碰撞角度三者的平均敏感度系数分别为0.336，2.100，0.858，可见碰撞速度是影响防撞护栏最大动态变形量的最敏感因素。这一分析结果为《公路护栏安全性能评价标准》（JTG B05-01—2013）制定碰撞试验误差范围提供了有益依据。

10.5　大型货车车型影响分析

大型货车从结构上分为整体和鞍式两大类型，为了解在相同的碰撞能量下这两种类型货车碰撞护栏的形态，建立了有限元仿真模型进行仿真分析，为合理确定HA级和HB级护栏碰撞车型提供数据支撑。以第6章的双横梁组合式护栏为基础，其结构通过33 t整体式大型货车以65 km/h的碰撞速度、20°角进行碰撞试验，防撞能量达到630 kJ，建立四轴整体车和五轴鞍式列车碰撞该组合式桥梁护栏的仿真模型，对整体式货车和鞍式列车碰撞护栏进行性能对比仿真分析。

图10.16为整体式货车和鞍式列车碰撞护栏碰撞力曲线与碰撞过程图。从图10.6中可知，整体式货车和鞍式列车没有穿越、骑跨或下穿护栏现象，没有发生横转、掉头、翻车状况，驶出护栏后恢复到正常行驶姿态。整体式货车碰撞护栏碰撞力出现两次峰值，峰值出现时刻分别为0.16 s和0.52 s，鞍式列车碰撞护栏碰撞力出现三次峰值，峰值出现时刻分别为0.12，0.31，0.80 s。整体式货车由于车头和车厢碰撞出现第一次碰撞力峰值，由于车尾碰撞出现第二次碰撞力峰值；鞍式列车由于车头碰撞出现第一次碰撞力峰值，由于车厢碰撞出现第二次碰撞力峰值，由于车尾碰撞出现第三次碰撞力峰值。经分析，由于车

体较长，鞍式列车碰撞时间大于整体式货车，由于其车头可以转动，车体更容易离开护栏，鞍式列车的碰撞力峰值小于整体式货车的碰撞力峰值。整体式货车驶出角度为4.2°，鞍式列车驶出角度为2°。经分析，车头能够转动和车体较长也是鞍式列车驶出角度较小的原因。

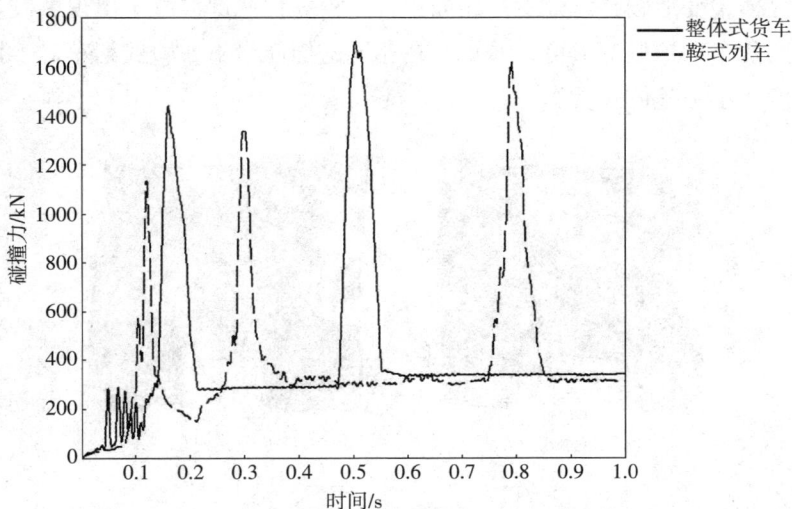

（a）碰撞力曲线

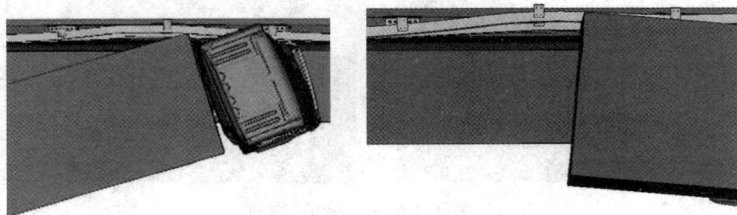

$t = 0.16$ s　　　　　　　　　　$t = 0.52$ s

（b）整体式货车碰撞

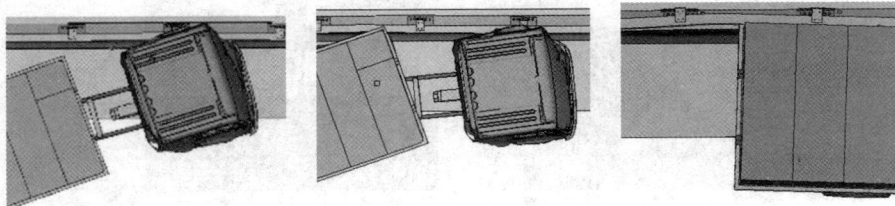

$t = 0.12$ s　　　　　$t = 0.31$ s　　　　　$t = 0.80$ s

（c）鞍式列车碰撞

图10.16　整体式货车和鞍式列车碰撞护栏碰撞力曲线与碰撞过程

图10.17为碰撞后货车与护栏变形图，可以看出碰撞后整体式货车和鞍式列车碰撞侧变形均较为严重，整体式货车前轴悬架系统破坏严重，鞍式列车由于碰撞后转向前轴悬架系统破坏较轻。整体式货车碰撞后，护栏横梁发生明显弯曲，在碰撞荷载作用下五根立柱底部混凝土出现明显裂纹；鞍式列车碰撞后，护栏横梁变形较整体式货车碰撞小，三根立柱底部混凝土出现裂纹。通过碰撞后的货车和护栏变形可以看出，在相同碰撞能量下，鞍式列车对于护栏的破坏程度要小于整体式货车。

(a) 整体式货车　　　　　　　　　　(b) 鞍式列车

(c) 整体式货车碰撞护栏变形

(d) 鞍式列车碰撞护栏变形

图10.17　货车与护栏变形图

图10.18为护栏最大动态变形点位移时程曲线，可见整体式货车碰撞护栏

最大动态变形值和残余变形值分别为 315 mm 和 257mm；鞍式列车碰撞护栏最大动态变形值和残余变形值分别为 158 mm 和 109 mm。

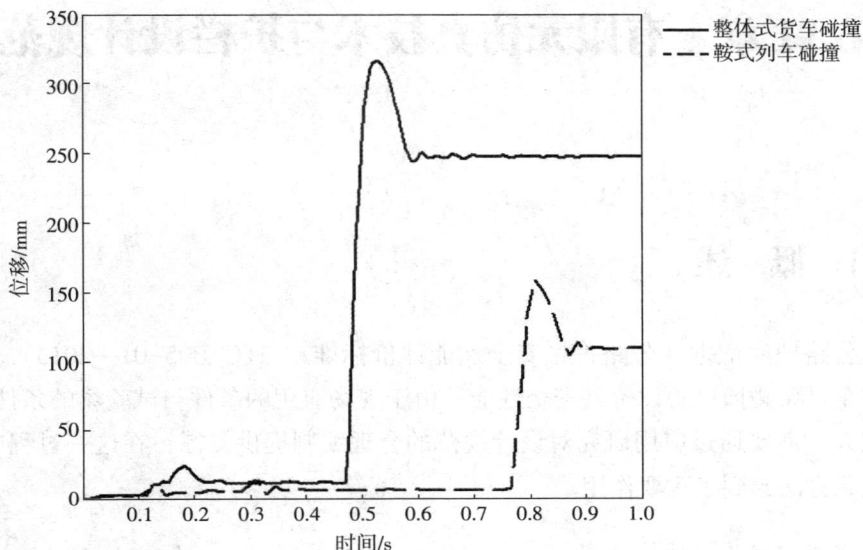

图10.18 护栏最大动态变形点位移时程曲线

运用经碰撞试验验证可靠性的仿真模型进行整体式货车和鞍式列车碰撞护栏对比分析，具有可靠性和科学性，对评价标准大型货车选型具有一定指导意义。

第11章　有限元仿真技术与护栏设计规范

11.1　概　述

公路护栏依据《公路护栏安全性能评价标准》（JTG B05-01—2013），采用实车足尺碰撞试验评价其安全性能，由于现场应用的条件与试验场的条件相差较大，需要通过应用研究对设计规范的合理编制提供支撑，在这一过程中，有限元方法起到了重要作用。

11.2　波形梁护栏应用设计指导

11.2.1　端部锚固的设计指导

在波形梁护栏实车足尺碰撞试验中，波形梁护栏的端部需要进行有效锚固，但是《公路交通安全设施设计细则》（JTG/T D81—2006）中对波形梁护栏端部锚固没有具体要求，下面采用有限元仿真技术与实车足尺碰撞试验相结合的方法分析护栏端部锚固对其安全性能的影响，为指导相关设计规范修订提供数据支撑。

以双层波形梁护栏为例进行波形梁护栏端部锚固分析，其结构为：护栏总高度为1085 mm，波形梁板厚3 mm，下层波形梁板中心距离路面600 mm，上层波形梁板中心距下层波形梁板中心为330 mm，ϕ140 mm × 4.5 mm厚的立柱间距按照4 m布置，立柱和波形梁之间设置4.5 mm厚的六角防阻块，路缘石高度为100 mm，靠车道侧与波形梁迎撞面竖向平齐。

按照双层波形梁护栏结构尺寸在实车足尺碰撞试验场建立72 m长的试验段：采用换填土压实方式使护栏基础压实度满足要求，护栏板和路缘石从早期建造的中央分隔带波形梁护栏上拆除得来，防阻块和立柱为重新购置，护栏上游端(沿行车方向护栏的起始端)和下游端(沿行车方向护栏的末端)均采用上、下两层钢丝绳进行锚固，上层钢丝绳用于锚固上层波形梁板，下层钢丝绳用于锚固下层波形梁板，在上游端上部钢丝绳上设置了测力计。

建立护栏有限元模型：波形梁板、防阻块、立柱为薄壁结构，采用壳单元模拟；路缘石在碰撞过程中几乎不变形，采用刚体单元模拟；护栏结构之间的连接螺栓采用梁单元模拟，通过释放梁单元的转动方向自由度模拟碰撞过程中螺栓沿轴向的转动；采用索单元模拟端部锚固钢丝绳，在 output 设置中输出索单元来提取锚固力变化时程曲线；采用静力拉伸试验和冲击试验获得材料属性，作为仿真参数输入护栏模型；钢丝绳端部约束，忽略土体建模，立柱底部在路面以下 15 cm 位置处约束。采用中型客车作为碰撞车型，车架形式为边梁式，车辆总长为 7.8 m，车宽为 2.3 m，车高为 2.85 m，两轴轮距为 3.78 m，胎压为 0.8 MPa，车辆质量为 6795 kg，配重至 10064 kg，车辆和护栏之间采用自动接触类型，路面采用刚体墙模拟，车辆的碰撞速度为 60 km/h，碰撞角度为 20°，碰撞点位于沿行车方向距离护栏起点 1/3 处的护栏长度位置。图 11.1 为试验模型和仿真模型。

(a) 双层波形梁护栏前视图

(b) 双层波形梁护栏后视图

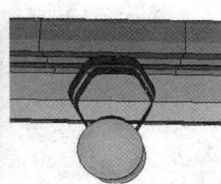

(c) 立柱 　　　　　　　　　　　　　　(d) 防阻块

（e）端部锚固 　　　　　　　　　　（f）车辆碰撞护栏模型

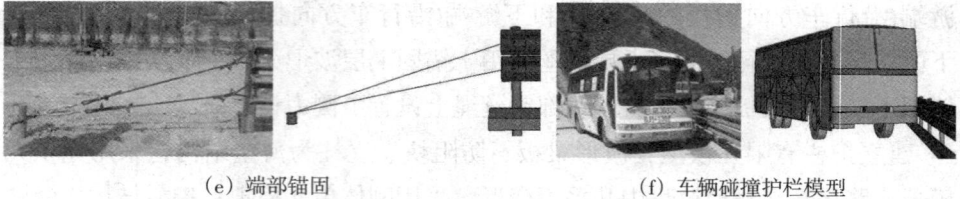

图11.1　双层波形梁护栏与车辆模型（左为试验，右为仿真）

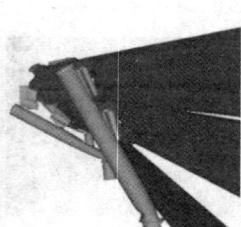

图11.2为中型客车碰撞双层波形梁护栏变形结果。从图11.2（a）可以看出，车辆碰撞护栏后逐渐转向并发生倾斜，护栏变形逐渐增大，当车尾接触护栏时，护栏的变形和车辆倾斜最大，而后在护栏碰撞力和车辆抗倾覆力矩的共同作用下，车辆恢复到正常行驶姿态。从图11.2（b）和图11.2（c）可以看出，在160 kJ碰撞能量下，双层波形梁护栏发生了较大变形，碰撞区立柱发生了弯曲，防阻块被压瘪。从图11.2（d）可以看出，护栏的上游端部防阻块发生了屈曲变形，说明碰撞力作用范围传到了上游端部。从图11.2（e）可以看出，车辆碰撞侧保险杠脱落，仅前脸位置发生了较小变形，说明双层波形梁护栏缓冲性能较好，可对车辆形成良好保护。从图11.2可以看出，双层波形梁护栏和车辆仿真变形结果与试验结果一致，从变形角度验证了仿真模型的可靠性。

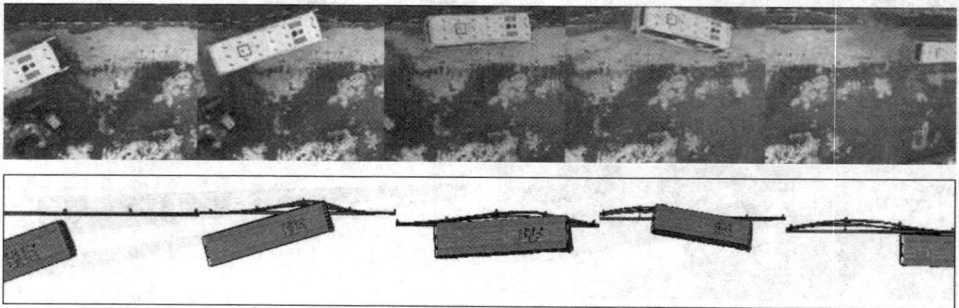

（a）碰撞过程（上为试验，下为仿真）

（b）波形梁变形（左为试验，右为仿真）　　　（c）立柱和防阻块变形（左为试验，右为仿真）

(d) 端部变形（左为试验，右为仿真）　　　　(e) 车辆变形（左为试验，右为仿真）

图11.2　中型客车碰撞双层波形梁护栏变形结果

图11.3为仿真模型输出的最大动态变形点位移时程曲线。从曲线可以看出，最大动态变形点位移出现了两次峰值：第一次峰值为1170 mm，出现在车头碰撞时；第二次峰值为1420 mm，出现在车尾碰撞时，这说明车尾对护栏的碰撞较车头碰撞严重。通过试验检测，双层波形梁护栏的最大动态变形量为1469 mm，护栏最大动态变形量仿真值与试验值之差为49 mm，误差为3.34%，从最大动态变形量角度说明了仿真模型的准确性。

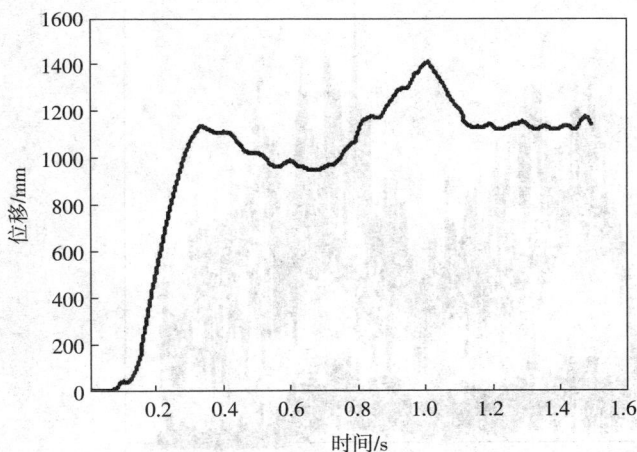

图11.3　中型客车碰撞双层波形梁护栏最大动态变形点位移时程曲线

在仿真模型中采用索单元来模拟钢丝绳，通过设置output可以获得每一计算步的索拉力，从而得到整个碰撞过程中索拉力的时程曲线。图11.4是在仿真计算结果中提取的上下游锚固钢丝绳拉力时程曲线，可见与最大动态变形点位移时程曲线相同，钢丝绳拉力曲线出现了两次峰值，一次出现在车头碰撞时刻，另一次出现在车尾碰撞时刻；发生在车尾碰撞时刻的拉力峰值较出现在车头碰撞时刻的拉力峰值大，说明车尾对护栏的碰撞较车头碰撞严重；上游锚固端钢丝绳拉力远大于下游锚固端钢丝绳拉力，这种差异是由于车辆对护栏的摩擦力主要沿行车方向，并且护栏的碰撞位置靠近上游端部产生的；上游和下游的上层板钢丝绳拉力略大于下层板钢丝绳拉力，说明大中型车碰撞护栏上部波形梁板承担的碰撞力略大于碰撞下部波形梁板承担的碰撞力。通过仿真计算得到，在10 t中型客车以60 km/h速度、20°角碰撞条件下，双层波形梁护栏上游上层板端部锚固力为127 kN，上游下层板端部锚固力为97 kN，下游上层板端部锚固力为25 kN，下游下层板端部锚固力为23 kN。在实车足尺碰撞试验中，通过设置在端部锚固钢丝绳上的测力计对钢丝绳拉力的最大值进行了记录，由于试验检测设备的问题，在试验中仅获得了上游锚固端上层板的最大拉力。通过测量可见，在160 kJ碰撞能量下试验护栏的测试锚固力达到了119 kN，仿真计算结果为127 kN，仿真结果与测试结果基本吻合，从护栏端部锚固力角度验证了大中型客车碰撞护栏仿真模型的可靠性。

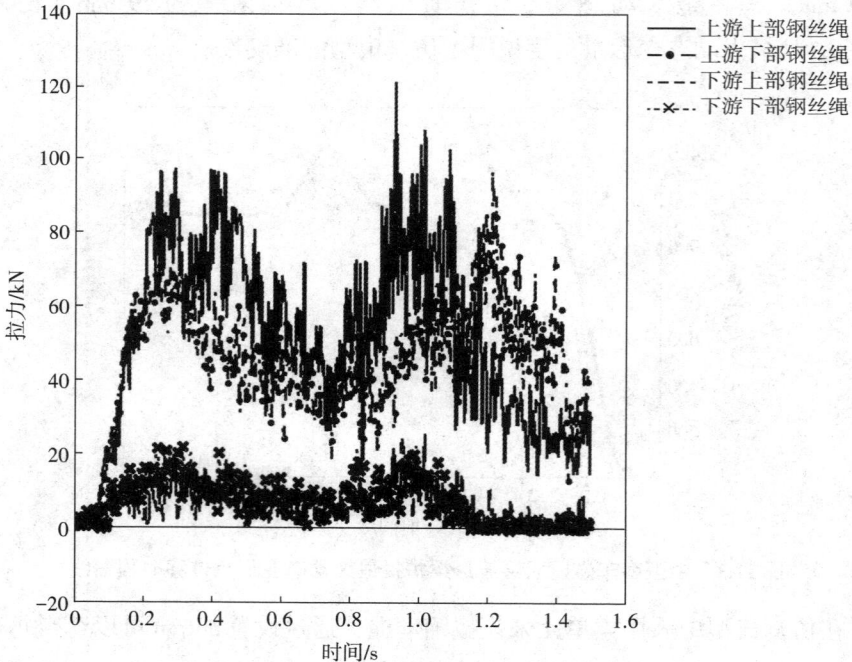

图11.4 锚固钢丝绳拉力时程曲线

以经实车足尺碰撞试验验证的仿真模型为基础，对波形梁护栏端部进行锚固分析。实车足尺碰撞试验中双层波形梁护栏总长度为72 m，两端进行钢丝绳锚固，碰撞点位置距上游端24 m位置处，为分析车辆碰撞点位置不同时对护栏端部锚固力大小的影响，在仿真模型中将车辆碰撞点位置分别移至距上游端 4 m 和 44 m 以及距下游端 16 m 处，其中距上游端 4 m 和距下游端 16 m 分别是满足护栏对大中型客车阻挡和导向的最上游和最下游的碰撞点位置。表 11.1 是经仿真计算得到的钢丝绳最大张力，可知护栏锚固端与车辆碰撞点位置越接近，锚固钢丝绳张力越大，上游端的钢丝绳最大张力大于下游端钢丝绳。由此可见，波形梁护栏最小设置长度设置双层波形梁护栏时，端部锚固设计应满足单层波形梁板的锚固力达到 130 kN 的要求。

表 11.1　不同碰撞点位置护栏端部钢丝绳碰最大锚固力　　　　　单位：kN

钢丝绳位置		碰撞点位置			
		距上游端 4 m	距上游端 24 m	距上游端 44 m	距下游端 16 m
上游端	下方	104	97	49	36
	上方	130	127	50	45
下游端	下方	20	23	36	58
	上方	16	25	31	50

为检验波形梁护栏端部锚固对护栏防护能力的影响，对双层波形梁护栏端部锚固与不锚固两种工况进行碰撞仿真，分析端部锚固对波形梁护栏防护能力的影响。在仿真模型中，分别设置护栏长度为 244，72，50 m，将双层波形梁护栏端部进行约束以模拟锚固，通过仿真计算得到这三种模型碰撞后护栏的变形和车辆形态基本一致，由此可见当护栏端部锚固时，若护栏设置长度能确保对碰撞车辆进行阻挡和导向，则护栏设置长度对其安全防护性能表现影响较小。表 11.2 为端部锚固与不锚固对车辆碰撞双层波形梁护栏结果的影响对比，可知中型客车碰撞双层波形梁护栏过程中，若波形梁板端部不锚固，在碰撞荷载作用下，防阻块会产生较大扭转变形，波形梁板端部有较大纵向位移，导致碰撞区域波形梁板产生较大的横向挠曲变形，从而大大降低护栏的整体防护能力，导致车辆穿越护栏。由此可见，波形梁板端部锚固对护栏防护能力有较大影响。

表 11.2　端部锚固与不锚固对车辆碰撞双层波形梁护栏结果的影响对比

工况	车辆形态	波形梁端部立柱和防阻块变形形态
碰撞前		

表 11.2（续）

工况		车辆形态	波形梁端部立柱和防阻块变形形态
碰撞后	端部锚固		
		护栏有效阻挡车辆	防阻块变形较小，波形梁板位移较小
	端部不锚固		
		车辆穿越护栏	防阻块变形明显，波形梁板位移较大

双层波形梁护栏端部立柱和防阻块具有自锚固功能，采用计算机仿真模型对实现端部自锚固功能的护栏长度进行研究。鉴于波形梁护栏上游端部对防护能力影响较大，为得到端部自锚固长度，在计算机仿真模型中设置长度为 1000 m 的波形梁护栏，释放其上游端部约束，并实施多个不同碰撞点（到端部距离不同）的模型，根据各仿真碰撞结果，得到波形梁护栏端部自锚固长度。在以速度为 60 km/h 的 10 t 中型客车以 20° 角碰撞双层波形梁护栏仿真模型中，分别将碰撞点位置设置为 30，40，50，70，120，170，190，210，220 m，通过仿真结果可知随着碰撞点距离波形梁护栏上游端部长度的增加，车辆形态发生穿越护栏→骑跨护栏→顺利导出的形态变化。当碰撞点距离波形梁护栏上游端部为 30 m 和 40 m 时，车辆会穿越护栏；当碰撞点距离波形梁护栏上游端部达到 50 m 时，车辆开始骑跨护栏；当碰撞点距离波形梁护栏上游端部达到 220 m 时，车辆能够顺利导出护栏，说明若是不采取端部锚固措施，距离上游端部 220 m 的范围内会影响护栏正常的安全防护性能。图 11.5 为改变碰撞点碰撞后的三种车辆形态图。波形梁护栏的六角防阻块结构是护栏自锚固功能较弱的最主要原因：为使波形梁护栏具有良好的缓冲功能，六角形托架结构刚度较弱，对抵抗波形梁护栏纵向变形能力较差。

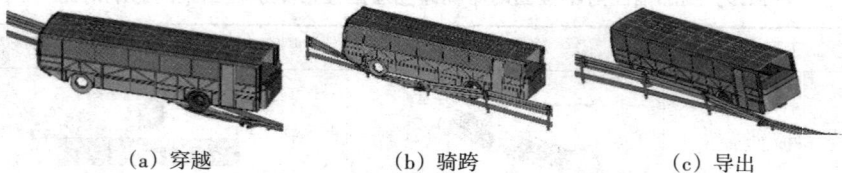

（a）穿越   （b）骑跨   （c）导出

图 11.5 改变碰撞点碰撞后的三种车辆形态图

外展式护栏端部可有效降低车辆正面碰撞的概率，以外展式护栏端部为基础，根据波形梁护栏端部锚固分析，提出几种护栏端部锚固方案。第一种为外展护栏端部钢丝绳锚固，钢丝绳一端连接于波形梁上，另一端锚固于地上或端部第一根立柱底部，钢丝绳破断力不小于130 kN，钢丝绳锚固方案的可行性已通过前述的试验和仿真进行了验证。第二种为外展护栏端部立柱锚固，六角防阻块刚度弱是波形梁护栏端部自锚固能力差的一个原因，在外展护栏端部取消六角防阻块，将波形梁板通过螺栓连接在立柱上，可增加波形梁护栏端部的自锚固能力。第三种为外展护栏端部地锚式锚固，为了使护栏端部在横向向行车道外延伸后端部锚固于地面上，3 mm波形梁护栏板截面的有效面积约为1500 mm²，取Q235屈服强度为235 MPa，则其可抵抗350 kN的拉力，因此，若地面锚固力足够强，则其强度满足设计要求。在实际设计中，可通过在埋于混凝土基础里的波形梁上焊接锚固钢筋以防止波形梁板脱出混凝土基础，同时加大混凝土基础，保证其具有足够的抗滑移和抗拔能力。

为考察第二种端部立柱锚固方式的可靠性，建立双层波形梁护栏端部立柱锚固准静力模型。上、下层波形梁板一端自由无约束，另一端上、下两块板各施加130 kN的拉力，改变锚固立柱根数。图11.6为ϕ140 mm × 4.5 mm厚立柱锚固准静力模型计算结果，可见当锚固立柱达到12根时，结构在承担上、下两层130 kN拉力时没有发生大变形，可以满足设计要求。根据准静力计算结果，可以在外展区端部每米设置一根ϕ140 mm × 4.5 mm立柱，立柱根数大于12根，让立柱直接与波形梁板连接，立柱基础可采用连续混凝土结构。

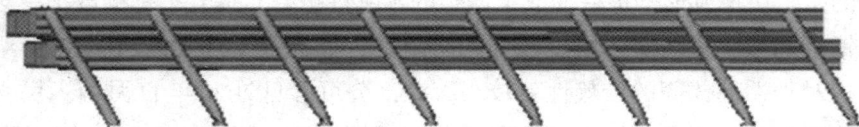

（a）8根锚固立柱

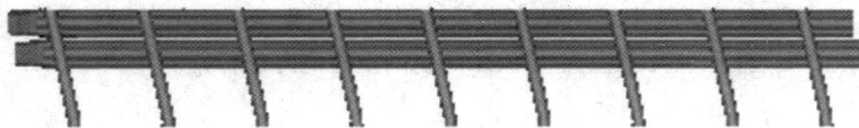

（b）9根锚固立柱

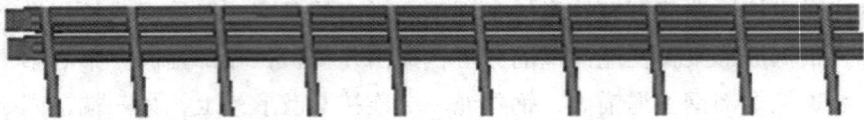

（c）10根锚固立柱

（d）11根锚固立柱

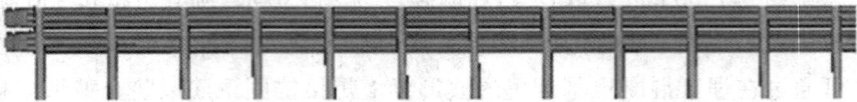

（e）12根锚固立柱

图11.6　立柱锚固准静力计算变形

在《公路交通安全设施设计细则》（JTG/T D81—2017）中第189~191页的图C.2.13中给出了波形梁护栏的端部锚固方式，同时在第174页的实车碰撞试验护栏变形及车辆动态外倾指标评价结果表的下注中说明"本形式护栏位于下游端部时，可与标准段护栏成一直线设置，但应按附录C图C.2.13的形式对端部进行加固处理"。《公路交通安全设施设计规范》（JTG D81—2017）强调了波形梁护栏的端部锚固，对于加强波形梁护栏端部附近标准段的安全防护能力具有重要意义，其中有限元仿真分析起到了至关重要的作用。需要说明的是，波形梁护栏端部锚固对于六角形防阻块类波形梁护栏影响较大，这是由于刚度较软的防阻块把波形梁护栏变成了偏柔的半刚性护栏，提升了标准段护栏对于端部锚固的依赖性。对于刚度较强的防阻块，如标准上规定的SB级波形梁护栏结构对于端部锚固的依赖性就较小，该部分可参见2020年11月由人民交通出版社股份有限公司出版的《公路SB级三波形梁钢护栏安全应用技术》。不管对于哪种波形梁护栏端部，应尽可能地将端部进行安全性能处理，例如设计规范第68页规定的"在填挖路基交界处护栏起点端头位置，应从填挖零点向挖方路段外展延伸一定长度至不构成障碍物的土体内并进行锚固"。

11.2.2 基础埋置方式设计指导

波形梁护栏立柱多采用打桩方式进行施工，实车足尺碰撞试验也基本按照立柱打桩方式进行评价，但是在应用过程中，当土基中存在孤石、通信管道及排水设施等可能导致无法打入立柱，这时一般会采用立柱埋入混凝土中的处理方式，图 11.7 为 $\phi 140 \text{ mm} \times 4.5 \text{ mm}$ 厚立柱打桩与埋桩的示例。以双层波形梁护栏结构为基础，通过计算机仿真分析结合实车足尺碰撞试验的方法，研究立柱打入土中和埋入混凝土中两种不同基础埋置方式对护栏防护性能的影响，从而有效指导双层波形梁护栏的实际工程应用，并为相关规范修订提供理论依据。

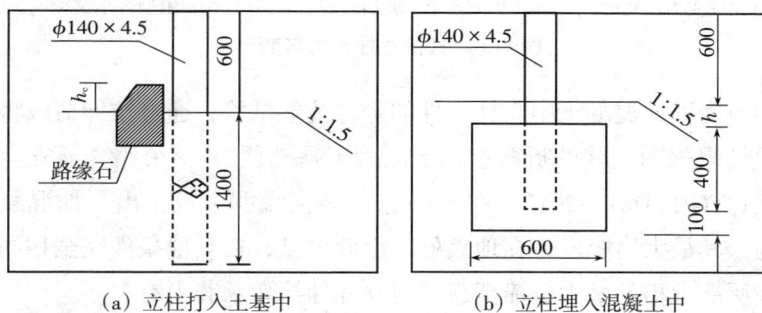

（a）立柱打入土基中　　　（b）立柱埋入混凝土中

图11.7　波形梁护栏立柱埋置方式（尺寸单位：mm）

车辆碰撞波形梁护栏过程中，立柱以受弯为主，立柱打入土基中时，立柱弯曲的同时会对地基土产生被动土压力。当立柱打入深度足够时，立柱发生折弯瞬间，折弯点的立柱弯矩达到其抗弯承载力，且路面位置的被动土压力达到土基容许承载力，立柱的受力示意图如图 11.8（a）所示。根据对图 11.8（a）的分析可知，车辆碰撞波形梁护栏过程中，打入土中的立柱受力具有以下特点：立柱抗弯承载力越大，即柱径和壁厚越大，所能承担的最大碰撞荷载越大；土基容许承载力越大，实际公路土基压实度越大，立柱所能承担的最大碰撞荷载越大；立柱所能承担的最大碰撞荷载与折弯点位置没有直接关系；当立柱打入深度足够时，其所能承载的最大碰撞荷载与打入深度没有直接关系；当立柱打入深度足够时，土基容许承载力越小，立柱折弯点下移；当立柱打入深度足够时，只要碰撞荷载作用下能够使立柱折弯，则折弯点位置与碰撞荷载大小无关。立柱深度主要提供锚固力，保证碰撞时立柱不被拔出。在锚固力得以保证的前提下，折弯点主要与立柱本身的刚度有关，而与碰撞荷载的大小无关，这一点在双层波形梁护栏研究开发时的小型客车和中型客车试验中得到了验证，如图11.8（b）和图11.8（c）所示。虽然大中型客车碰撞荷载明显大于小型客车碰撞，但是两种碰撞车型试验后的立柱折弯点位置均在路面以下10～12 cm。

（a）打桩立柱受力示意图　（b）小型客车试验后立柱折弯点　（c）中型客车试验后立柱折弯点

图11.8　打桩立柱受力与变形

图11.9为埋入混凝土中立柱构件的静力抗弯试验，通过拉伸荷载将立柱拉弯，试验结果表明立柱的折弯点位于混凝土基础顶面。《公路交通安全设施设计细则》（JTG/T D81—2017）在6.2.7条的条文说明中也指出：加混凝土封层后的立柱，其最大力矩发生在地表处。由此可见，在其他条件完全相同的前提下，立柱所能承担的最大碰撞荷载只与立柱的抗弯承载力有关。

图11.9　立柱静力抗弯试验

通过以上分析可知，立柱打入土中和埋入混凝土中两种基础埋置方式的主要区别在于立柱的折弯点有所不同，在有限元仿真模型中，通过接触将立柱折弯点分别设为路面、路面以下10 cm、路面以下20 cm，分析折弯点位置对护栏安全性能的影响。

表11.3显示了不同折弯点中型客车碰撞双层波形梁护栏车辆行驶轨迹对比结果，可知几种立柱折弯点位置的护栏变形及车辆行驶轨迹基本一致，说明立

柱折弯点位置对大中型客车碰撞护栏结果影响不大。

表11.3 不同折弯点中型客车碰撞双层波形梁护栏车辆行驶轨迹对比

时刻	折弯点	护栏变形及车辆行驶轨迹
$t = 0$ s	路面	
	路面以下 10 cm	
	路面以下 20 cm	
$t = 0.2$ s	路面	
	路面以下 10 cm	
	路面以下 20 cm	
$t = 0.4$ s	路面	
	路面以下 10 cm	
	路面以下 20 cm	
$t = 0.9$ s	路面	
	路面以下 10 cm	
	路面以下 20 cm	

图 11.10 为折弯点位于路面及路面以下 20 cm 的仿真模型在同一时刻的立柱、波形梁和防阻块的变形形态及车辆位置对比。通过对比两种工况，折弯点位于路面位置的立柱折弯角度较大，立柱的倾覆程度较为严重，但是两种工况的横梁高度却基本相同。这是由于双层波形梁护栏的防阻块是一种柔性结构，虽然折弯点处于路面的立柱倾覆程度大，但是具有柔性特征的防阻块通过拉伸变形使横梁高度的降低程度在两种工况下没有明显不同，由于波形梁护栏板的高度是影响护栏安全防护性能的最关键因素，因此表 11.3 中护栏变形和车辆行驶轨迹基本一致。

图 11.10 立柱、波形梁和防阻块变形与车辆位置

表 11.4 显示了不同折弯点小型客车碰撞双层波形梁护栏车辆行驶轨迹对比结果，可知几种立柱折弯点位置的护栏变形及车辆行驶轨迹基本一致，说明立柱折弯点位置对小型客车碰撞护栏结果影响不大。

表 11.4 不同折弯点小型客车碰撞双层波形梁护栏车辆行驶轨迹对比

时刻	折弯点	车辆运行姿态和轨迹
	路面	
$t = 0.1$ s	路面以下 10 cm	
	路面以下 20 cm	
	路面	
$t = 0.2$ s	路面以下 10 cm	
	路面以下 20 cm	

表 11.4（续）

时刻	折弯点	车辆运行姿态和轨迹
	路面	
$t = 0.3$ s	路面以下 10 cm	
	路面以下 20 cm	
	路面	
$t = 0.4$ s	路面以下 10 cm	
	路面以下 20 cm	

图 11.11 为改变立柱折弯点位置后小型客车车体重心处 10 ms 平均加速度时程曲线对比，可以看出这几种折弯点的加速度峰值均满足小于 200 m/s² 的要求，但随着立柱折弯点位置下移，加速度峰值逐渐减小。

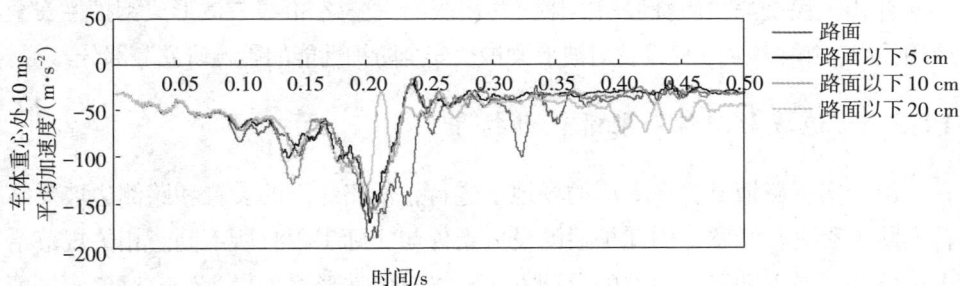

（a）行车方向（x 方向）车体重心处 10 ms 平均加速度

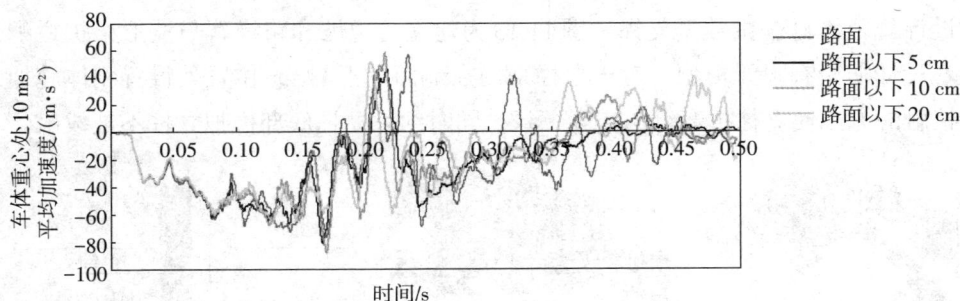

（b）车宽方向（y 方向）车体重心处 10 ms 平均加速度

图 11.11 不同立柱折弯位置工况下车体重心处加速度曲线

图 11.12 为改变折弯点位置时小型客车碰撞护栏后的车辆形态对比。可见随着折弯点位置下移，立柱对小型客车车轮的阻挡作用逐渐减弱，小型客车行车方向的车体重心处加速度峰值也逐渐减小。

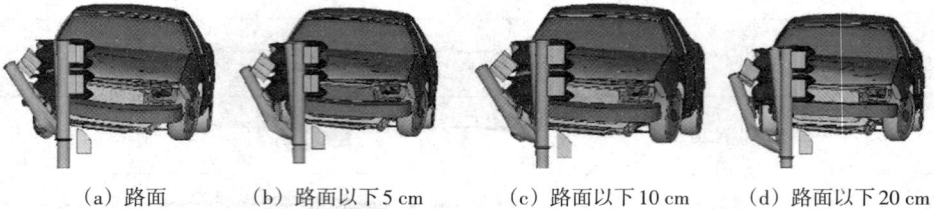

（a）路面　　　（b）路面以下 5 cm　　　（c）路面以下 10 cm　　　（d）路面以下 20 cm

图 11.12　不同立柱折弯位置工况下车体重心处加速度最大时刻车辆形态

根据以上基础埋置方式对护栏安全性能影响进行相关研究，得出以下研究结论：立柱打入土中和埋入混凝土中两种基础埋置方式的主要区别是立柱的折弯点不同；虽然有六角形防阻块的波形梁护栏的立柱折弯点位置对小型客车和大中型客车碰撞护栏结果影响不大，但是立柱打桩方式对于控制护栏板的下降程度有利。总体来说，设计规范中波形梁护栏埋桩方式对于有六角形防阻块的波形梁护栏安全防护性能影响不大，对于抗弯刚度更大立柱的波形梁护栏的相关影响参见2020 年由人民交通出版社股份有限公司出版的《公路 SB 级三波形梁钢护栏安全应用技术》第 4 章"立柱设置对波形梁护栏安全防护性能的影响研究"部分。

11.2.3　边坡和路缘石配套设计指导

由于实车碰撞试验在专用的场地上进行，而路缘石的设置和路侧边坡要结合实际工程进行调整，因此护栏的设置条件与实际工程有所不同。相关规范给出了路缘石设置和路侧边坡的设计方式，以双层波形梁护栏为研究对象，采用有限元仿真技术考察这些方式是否对护栏的防护能力造成了影响，为指导相关设计规范修订提供数据支撑。图 11.13 为建立的边坡和路缘石与波形梁护栏配套设计初始有限元模型，对于立柱采用在地面以下 12 cm 位置处设置刚体施加接触的方式使立柱折弯点与实际一致，同时约束立柱底部模拟立柱不被拔出。

（a）小型客车碰撞护栏　　　（b）中型客车碰撞护栏　　　（c）立柱边界条件

图 11.13　边坡和路缘石与波形梁护栏配套设计初始有限元模型

双层波形梁护栏实车足尺碰撞试验时没有设置边坡，实际工程中作为路侧护栏使用时，须考虑边坡设置对护栏安全性能的影响。分析边坡设置对护栏安全性能影响时，重点检验车辆碰撞护栏后，是否会沿边坡下滑而穿越或翻越护栏。边坡设置对护栏安全性能的影响与立柱外侧土路肩保护层厚度（即护栏立柱外边缘与路基边缘线距离）有关，该保护层厚度越小，车辆碰撞护栏后沿边坡下滑而穿越或翻越护栏的风险越大。相关规范要求将边坡设置在路侧波形梁护栏背部，同时要求波形梁护栏立柱外侧土路肩保护层厚度要大于25 cm。仿真模型中的基础处理方式是基于立柱背部土无限多而建立的，由于设置边坡会导致立柱背部土量减少，需要验证设置边坡后该种处理方式是否依然合适。按照规范建立4 m间距φ140 mm×4.5 mm（厚）立柱加4 mm厚双波板的波形梁护栏，设置压实度满足要求的边坡，立柱外边缘与路基边缘线的水平间距设置为25 cm。采用10 t中型客车以60 km/h速度15°角碰撞护栏，图11.14为边坡基础验证性试验结果。该结果表明，立柱的折弯点还是发生在12 cm位置处，说明边坡设置没有对立柱受力产生大的影响，仿真模型中的基础处理方式可以继续在边坡安全性能影响分析中使用。

(a) 边坡　　　　　　　　　　　　　　(b) 立柱变形

图11.14　边坡基础验证性试验

以图11.13的有限元仿真模型为基础，增加边坡设置，立柱外边缘与路基边缘线的水平间距为25 cm，如图11.15（a）所示。与实车足尺碰撞试验条件相同，仿真模型中小型客车碰撞条件如下：通过配重将总质量调整为1.5 t，车辆的碰撞速度为100 km/h，车辆碰撞角度为20°。中型客车碰撞条件如下：通过配重将总质量调整为10 t，车辆的碰撞速度为60 km/h，车辆碰撞角度为20°。图11.15（b）为设置边坡的有限元模型计算结果，可知设置边坡后，虽然车轮略越过路基边缘线，但未对护栏实际防护性能造成影响。通过分析研究，相关规范给出的边坡设置条件没有对护栏安全防护性能造成较大影响，较为合理。

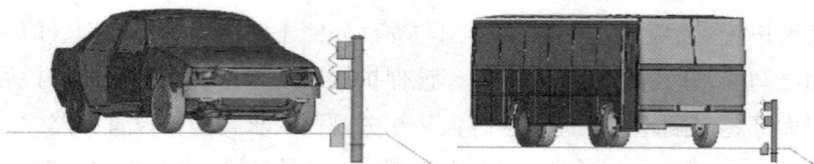

（a）设置边坡的有限元模型

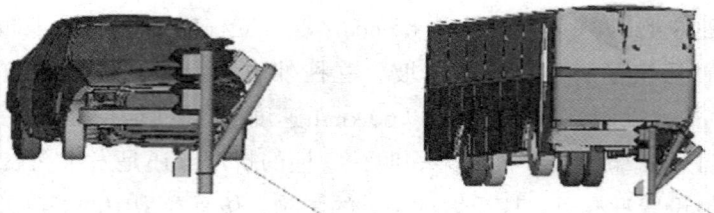

（b）设置边坡的有限元模型计算结果

图 11.15　设置边坡仿真

　　双层波形梁护栏实车足尺碰撞试验时，护栏迎撞面与路缘石内侧立面平齐，实际工程中还存在不设路缘石及路缘石突出护栏迎撞面两种情况，须考虑这两种情况对护栏安全性能的影响。在其他结构参数保持不变的基础上，将双层波形梁护栏仿真模型去掉路缘石，进行小型客车和中型客车碰撞双层波形梁护栏的仿真分析。有无路缘石车辆碰撞仿真计算结果对比如图 11.16 所示，可见不设路缘石和设置路缘石的碰撞过程结果基本一致，经检测，小型客车和中型客车碰撞的有路缘石和无路缘石的护栏最大动态变形量基本相同。

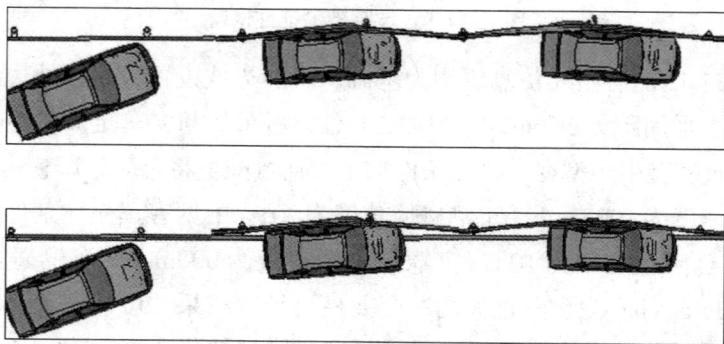

（a）小型客车仿真结果（上无路缘石，下有路缘石）

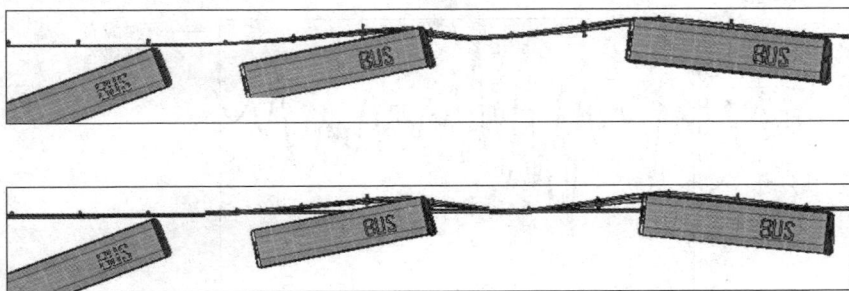

（b）中型客车仿真结果（上无路缘石，下有路缘石）

图11.16　有无路缘石车辆碰撞仿真计算结果

图11.17为有无路缘石车辆碰撞加速度时程曲线，可见去掉路缘石后，小型客车重心位置三方向加速度线形和最大值基本一致，说明在护栏迎撞面与路缘石迎撞侧立面平齐的情况下去掉路缘石，对车辆缓冲性能影响较小。

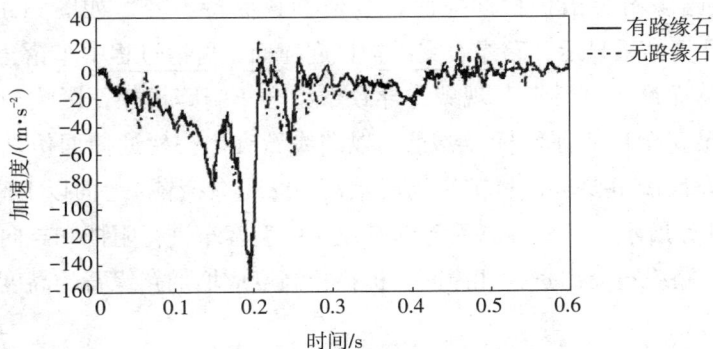

（a）小型客车长度方向加速度时程曲线

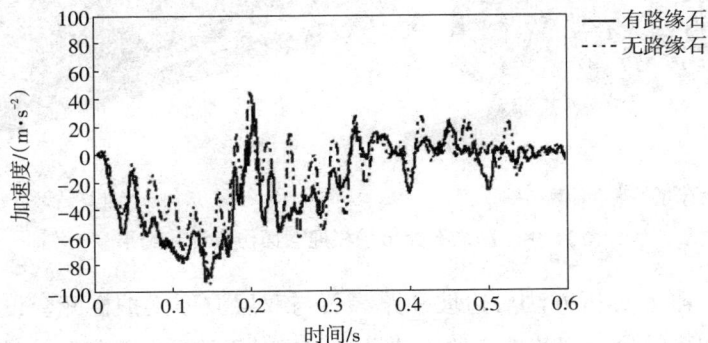

（b）小型客车宽度方向加速度时程曲线

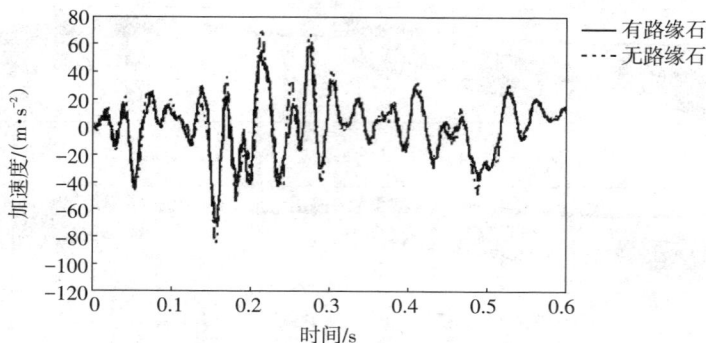

（c）小型客车高度方向加速度时程曲线

图 11.17　有无路缘石车辆碰撞加速度时程曲线

　　考虑到实际工程中由于施工误差会有路缘石突出护栏迎撞面的情况，以经碰撞试验验证的计算机仿真模型为基础，将路缘石沿行车道横向方向向内移动15 cm，使路缘石突出护栏迎撞面，其他参数保持不变，如图 11.18（a）所示。仿真计算结果显示，路缘石突出护栏迎撞面，碰撞过程中车轮会较早接触路缘石，从而产生"跳车"现象，导致中型客车骑跨护栏，影响护栏安全性能，不满足安全性能评价标准要求。以路缘石突出护栏迎撞面仿真模型为基础，根据设计规范要求，将护栏高度抬高 10 cm（路缘石地面以上高度），如图 11.18（b）所示。护栏提高后能够有效对中型客车进行阻挡和导向，设计规范中要求若路缘石突出护栏迎撞面，护栏板高度应增加路缘石的高度，这一规定是合理的。

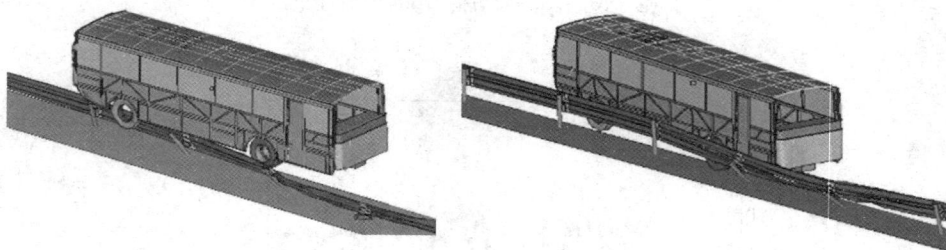

（a）未增加高度计算结果　　　　　　（b）增加高度计算结果

图 11.18　路缘石突出护栏迎撞面仿真计算结果

　　采用有限元分析方法对边坡和路缘石与双层波形梁护栏配套设计进行分析，得出如下结论：规范规定的边坡设置方式对于波形梁护栏防护性能影响不大，路缘石不突出护栏迎撞面或不设置路缘石两种方式对波形梁护栏防护性能影响不大，而路缘石突出护栏迎撞面后需要提升护栏板的有效高度。需要说明的是，该部分的分析以六角形防阻块波形梁护栏为对象，对于标准SB级波形梁护栏的分析请参见2020年由人民交通出版社股份有限公司出版的《公路SB级三波形梁钢护栏安全应用技术》第5章和第6章的相关内容。

11.3 混凝土护栏坡面设计指导

坡面是混凝土护栏结构合理设计的关键，交通运输部发布的《公路交通安全设施设计细则》（JTG/T D81—2017）给出了几种坡面推荐形式，但是没有给出坡面组成参数变化对于安全防护性能的影响分析。下面采用有限元仿真技术对坡面参数对混凝土护栏安全性能的影响做系统分析，为坡面的合理设计应用提供数据支撑。

11.3.1 单坡面

坡度α是单坡面混凝土护栏的特征值，也是影响其安全防护性能的关键因素。特别是对于大型客车和小型客车，若倾斜角度不合适，大型车碰撞后易发生较大侧倾甚至翻车，小型车碰撞后易发生内翻或加速度过高，如图11.19所示。

图11.19 单坡面坡度与车辆碰撞单坡面混凝土护栏翻车照片

在保持护栏高度不变的基础上，分别建立坡度为60°，65°，70°，75°，80°，84°，90°的单坡面混凝土护栏仿真模型，按照SS级护栏碰撞车型中的小型客车碰撞条件（1.5 t小型客车、碰撞速度为100 km/h、碰撞角度为20°）和大型客车碰撞条件（18 t大型客车、碰撞速度为80 km/h、碰撞角度为20°），对不同坡度单坡面混凝土护栏进行仿真碰撞分析。图11.20为小型客车在0.6 s时刻和大型客车在1.2 s时刻碰撞不同坡度单坡面混凝土护栏的仿真计算结果：当坡度α小于80°时，随着角度的减小，小型客车爬升的幅度和大型客车的倾斜程度越来越大，发生翻车的风险越来越高；当倾斜角α等于90°时，大型客车的侧倾量最小。表11.5为小型客车碰撞不同坡度单坡面混凝土护栏的乘员碰撞速度、乘员碰撞后加速度、全程10 ms平均加速度的仿真计算结果：乘员碰撞速度（纵向和横向）随着倾斜角α的增加呈逐渐增大的趋势，且均小于12 m/s；乘员碰撞后加速度随着倾斜角α的增加也呈逐渐增大的趋势。虽然小型客车全程10 ms的平均加速度超过200 m/s²，但是乘员碰撞速度和乘员碰撞后加速度尚满足评价标准要求。分析结果从侧面支撑了在隧道洞口等对车辆侧倾有严格要求的位置采用直壁式护栏结构比较合适的论断。

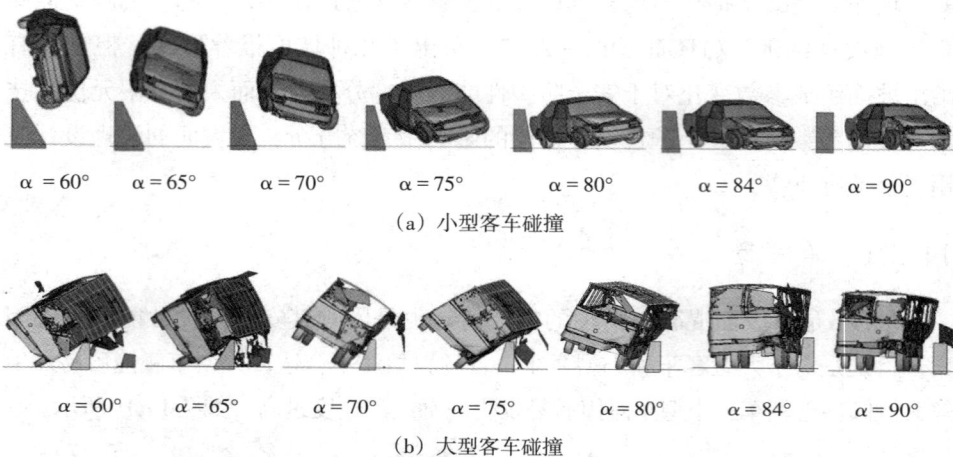

| α = 60° | α = 65° | α = 70° | α = 75° | α = 80° | α = 84° | α = 90° |

（a）小型客车碰撞

| α = 60° | α = 65° | α = 70° | α = 75° | α = 80° | α = 84° | α = 90° |

（b）大型客车碰撞

图11.20　小型客车和大型客车碰撞不同坡度的单坡面混凝土护栏

表11.5　小型客车碰撞不同坡度单坡面混凝土护栏的乘员缓冲指标

α/(°)	乘员碰撞速度/(m·s⁻¹)		乘员碰撞后加速度/(m·s⁻²)		全程10 ms平均加速度/(m·s⁻²)	
	纵向	横向	纵向	横向	纵向	横向
60	3.8	7.0	17.8	70.1	67.6	116.0
65	3.6	7.1	53.2	65.4	81.1	143.0
70	3.5	7.2	66.3	93.9	86.6	176.0
75	3.7	7.9	92.4	126.7	92.4	192.0
80	4.0	8.2	105.4	154.0	105.0	195.0
84	4.0	8.3	120.6	174.3	121.0	181.0
90	4.1	8.1	106.6	176.3	109.0	202.0

通过以上系统仿真碰撞分析可知，规范给出的单坡面混凝土护栏的坡度较

为合理，在《公路交通安全设施设计细则》（JTG/T D81—2017）中对于隧道洞口采用了过渡翼墙的处理方式，其本质是直壁式混凝土护栏。虽然其加速度值会高于常规的护栏坡面，但可以有效减少车辆的侧倾程度，降低车辆由于侧倾造成部分结构正面碰撞隧道壁的风险程度，因此是比较合理的设计方案。

11.3.2　F型坡面

F型坡面是设计规范中推荐的坡面形式之一，其结构相对于单坡面较为复杂，由第一竖直面高度 c、第一倾斜面高度 b、第一斜面倾斜角度 β、第一倾斜面宽度 s、第二倾斜面倾斜角度 α、第二倾斜面高度 a 等组成。下面建立有限元仿真模型，基于F型坡面建立不同坡面因素组合形成的护栏模型（护栏高度 h 保持不变），采用小型客车碰撞（1.5 t小型客车、碰撞速度为100 km/h、碰撞角度为20°）和大型客车碰撞（18 t大型客车、碰撞速度为80 km/h、碰撞角度为20°）分析不同坡面因素对护栏安全防护性能的影响。图11.21为F型坡面组合因素与所建立的有限元仿真模型。

图11.21　F型坡面组合因素与有限元模型

在坡面因素 a，b，c，s，β 值不变的情况下，进行角度 α 为70°，75°，80°，84°，90°的混凝土护栏仿真碰撞分析（护栏高度保持 h 不变），仿真结果如图11.22所示（小型客车在0.6 s时刻和大型客车在1.2 s时刻）。可见当坡度 α 小于80°时，随着角度的减小，小型客车爬升的幅度和大型客车的倾斜程度越来越大，发生翻车的风险越来越高。表11.6为小型客车碰撞不同倾斜角 α 的F型坡面混凝土护栏模型的乘员缓冲指标：总体上乘员碰撞速度、乘员碰撞后加速度、全程10 ms平均加速度随着角度 α 的增加呈逐渐增大趋势，乘员碰撞速度在 α 达到84°后趋于稳定，乘员碰撞后加速度在 α 达到90°时有所降低，全程10 ms平均加速度在 α 为90°时超过200 m/s²。

$\alpha=70°$	$\alpha=75°$	$\alpha=80°$	$\alpha=84°$	$\alpha=90°$

(a) 小型客车碰撞

$\alpha=70°$	$\alpha=75°$	$\alpha=80°$	$\alpha=84°$	$\alpha=90°$

(b) 大型客车碰撞

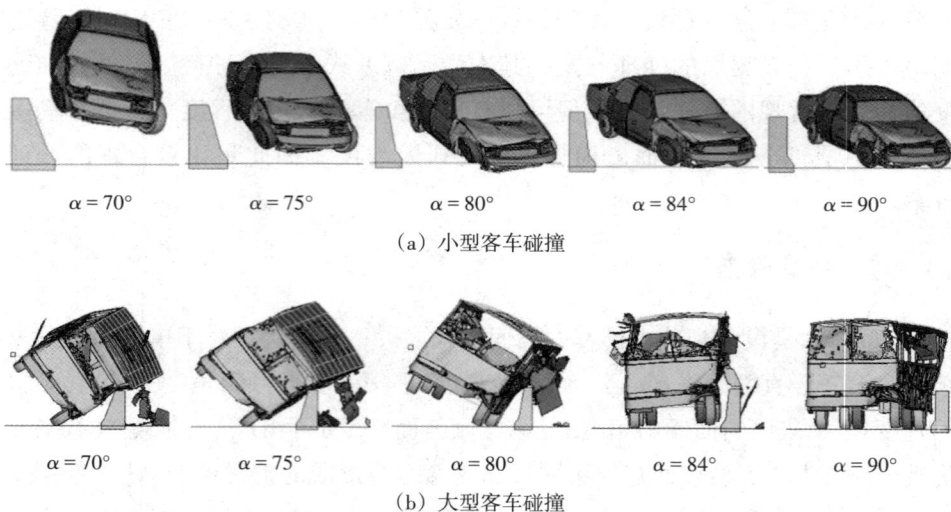

图 11.22　变 α 因素 F 型坡面仿真计算结果

表 11.6　小型客车碰撞不同倾斜角 α 的 F 型坡面混凝土护栏模型的乘员缓冲指标

$\alpha/(°)$	乘员碰撞速度/($m \cdot s^{-1}$)		乘员碰撞后加速度/($m \cdot s^{-2}$)		全程 10 ms 平均加速度/($m \cdot s^{-2}$)	
	纵向	横向	纵向	横向	纵向	横向
70	3.4	7.1	69.6	85.5	83.8	158.0
75	3.7	7.6	81.7	111.7	92.8	163.0
80	4.0	8.1	97.0	124.4	97.0	166.0
84	4.1	8.3	100.0	125.9	100.0	171.0
90	4.1	8.2	77.6	100.0	96.1	204.2

　　在坡面因素 a，b 值不变的情况下，考察角度 β 及横向距离 s 联动对车辆碰撞的影响，仿真结果如图 11.23 所示（小型客车在 0.6 s 时刻和大型客车在 1.2 s 时刻）。可知随着角度 β 减小、s 值增大，小型客车爬上坡面发生"跳车"现象越发明显，大型客车也越易沿着角度 β 坡面爬升。表 11.7 为小型客车碰撞变 β 和 s 因素 F 型坡面混凝土护栏模型的乘员碰撞速度、乘员碰撞后加速度、全程 10 ms 平均加速度的仿真计算结果。可知：在坡面因素 a，b 值不变的情况下，角度 β 和 s 值联动对小型客车乘员碰撞速度和乘员碰撞后加速度影响不大，即车辆在碰撞护栏过程中的乘员碰撞速度（纵向和横向）均小于 12 m/s，且变化不大；乘员碰撞后加速度（纵向和横向）均小于 200 m/s²，且变化不大。

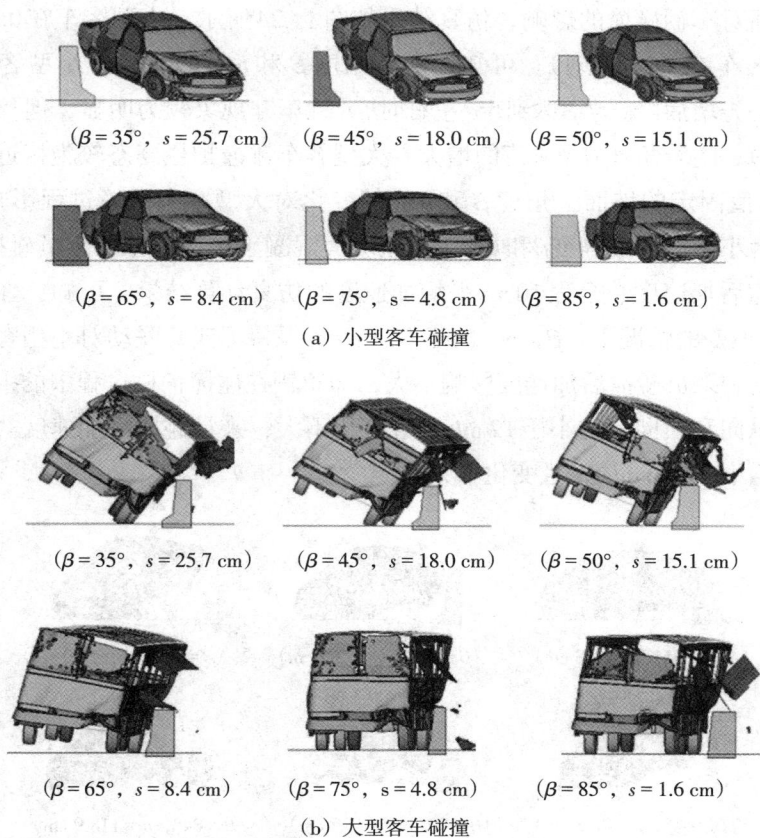

　　($\beta = 35°$，$s = 25.7$ cm)　　　($\beta = 45°$，$s = 18.0$ cm)　　　($\beta = 50°$，$s = 15.1$ cm)

　　($\beta = 65°$，$s = 8.4$ cm)　　　($\beta = 75°$，$s = 4.8$ cm)　　　($\beta = 85°$，$s = 1.6$ cm)

(a) 小型客车碰撞

　　($\beta = 35°$，$s = 25.7$ cm)　　　($\beta = 45°$，$s = 18.0$ cm)　　　($\beta = 50°$，$s = 15.1$ cm)

　　($\beta = 65°$，$s = 8.4$ cm)　　　($\beta = 75°$，$s = 4.8$ cm)　　　($\beta = 85°$，$s = 1.6$ cm)

(b) 大型客车碰撞

图 11.23　变 β 和 s 因素 F 型坡面仿真计算结果

表 11.7　小型客车碰撞变 β 和 s 因素 F 型坡面混凝土护栏的乘员缓冲指标

β，s 值	乘员碰撞速度/($m \cdot s^{-1}$)		乘员碰撞后加速度/($m \cdot s^{-2}$)		全程 10 ms 平均加速度/($m \cdot s^{-2}$)	
	纵向	横向	纵向	横向	纵向	横向
$\beta = 35°$，$s = 25.7$ cm	4.1	8.3	97.8	147	97.8	173.0
$\beta = 45°$，$s = 18.0$ cm	4.0	8.2	93.9	118	94.6	167.0
$\beta = 50°$，$s = 15.1$ cm	4.1	8.3	97.6	113	97.6	182.0
$\beta = 65°$，$s = 8.4$ cm	4.0	8.2	103.0	143.0	103.0	178.0
$\beta = 75°$，$s = 4.8$ cm	4.1	8.2	114.8	162.8	114.8	178.3
$\beta = 85°$，$s = 1.6$ cm	4.1	8.2	115.4	170.4	115.4	187.5

　　在坡面横向距离 s 不变的情况下，考察 β，a，b 值（$a + b = h$ 保持不变）联

动的坡面对车辆碰撞的影响，仿真结果如图11.24所示（小型客车在0.6 s时刻和大型客车在1.2 s时刻）。可知：随着角度β和b值的增大，小型客车"跳车"趋势先增后降，当β达到55°左右时，"跳车"现象较为明显，但仍在可接受范围内；随着角度β和b值的增大，大型客车碰撞护栏姿态较为接近，这说明对于s值固定的坡面，角度β和b值的变化对大型客车碰撞过程影响不大。表11.8为小型客车碰撞变β和b因素F型坡面混凝土护栏模型的乘员碰撞速度、乘员碰撞后加速度、全程10 ms平均加速度的仿真计算结果，可知：在坡面横向距离s不变的情况下，β，a，b值（$a+b=h$保持不变）联动对小型客车乘员碰撞速度和乘员碰撞后加速度影响不大，即车辆在碰撞护栏过程中的乘员碰撞速度（纵向和横向）均小于12 m/s，且变化不大；乘员碰撞后加速度（纵向和横向）均小于200 m/s²，且变化不大。

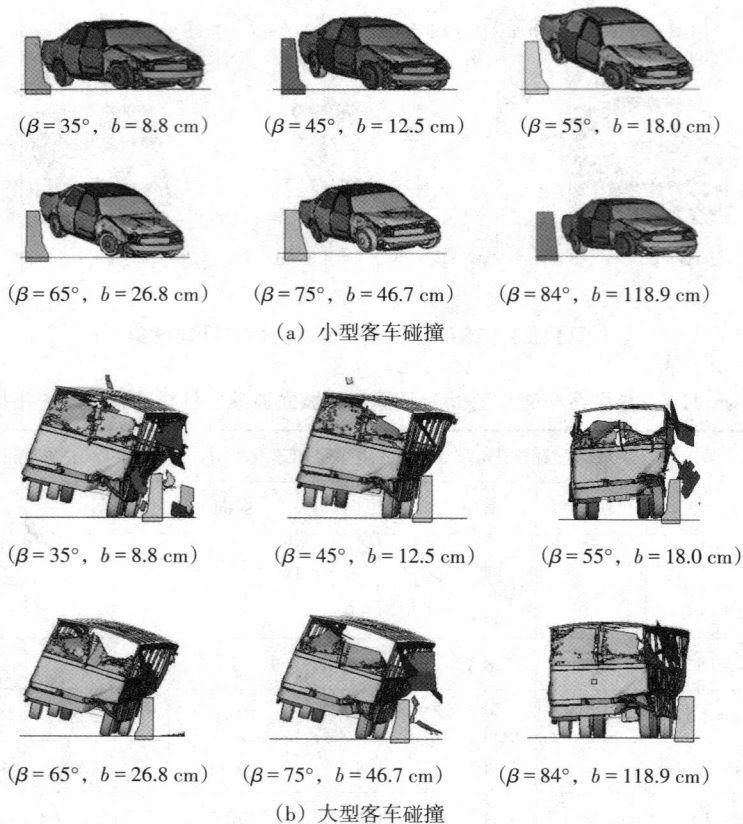

($\beta = 35°$，$b = 8.8$ cm) ($\beta = 45°$，$b = 12.5$ cm) ($\beta = 55°$，$b = 18.0$ cm)

($\beta = 65°$，$b = 26.8$ cm) ($\beta = 75°$，$b = 46.7$ cm) ($\beta = 84°$，$b = 118.9$ cm)

(a) 小型客车碰撞

($\beta = 35°$，$b = 8.8$ cm) ($\beta = 45°$，$b = 12.5$ cm) ($\beta = 55°$，$b = 18.0$ cm)

($\beta = 65°$，$b = 26.8$ cm) ($\beta = 75°$，$b = 46.7$ cm) ($\beta = 84°$，$b = 118.9$ cm)

(b) 大型客车碰撞

图11.24 变β和b因素F型坡面仿真计算结果

表11.8　小型客车碰撞变β和b因素F型坡面混凝土护栏的乘员缓冲指标

β，b值	乘员碰撞速度/(m·s⁻¹)		乘员碰撞后加速度/(m·s⁻²)		全程10 ms平均加速度/(m·s⁻²)	
	纵向	横向	纵向	横向	纵向	横向
β = 35°，b = 8.8 cm	4.1	8.4	113.4	153.7	113.4	186.4
β = 45°，b = 12.5 cm	4.1	9.6	113.1	156.8	113.1	174.1
β = 55°，b = 18.0 cm	4.1	8.3	100.0	125.9	100.0	171
β = 65°，b = 26.8 cm	4.0	8.2	76.8	115.4	87	179.3
β = 75°，b = 46.7 cm	4.0	8.2	102.7	135.5	102.7	185.2
β = 84°，b = 118.9 cm	4.1	8.3	117.7	168.9	117.7	181.2

在坡面角度 β 不变的情况下，考察 s，a，b 值（a + b = h 保持不变）联动的坡面对车辆碰撞的影响，仿真结果如图11.25所示（小型客车在0.6 s时刻和大型客车在1.2 s时刻）。可见：随着 s 值和 b 值的增大，小型客车爬升得越高，发生翻车的风险增大；大型客车随着 s 值和 b 值的增大，发生内翻的概率增加。表11.9为小型客车碰撞变 s 和 b 因素的F型坡面混凝土护栏模型的乘员缓冲指标：总体上乘员碰撞速度、乘员碰撞后加速度、全程10 ms平均加速度随着 s 值和 b 值的增加呈现不同程度的减小趋势并局部波动，乘员碰撞速度变化程度较小且值均小于12 m/s，乘员碰撞后加速度变化程度更为明显且值均小于200 m/s²，全程10 ms平均加速度变化程度也较为明显，但也出现了更多的波动性。

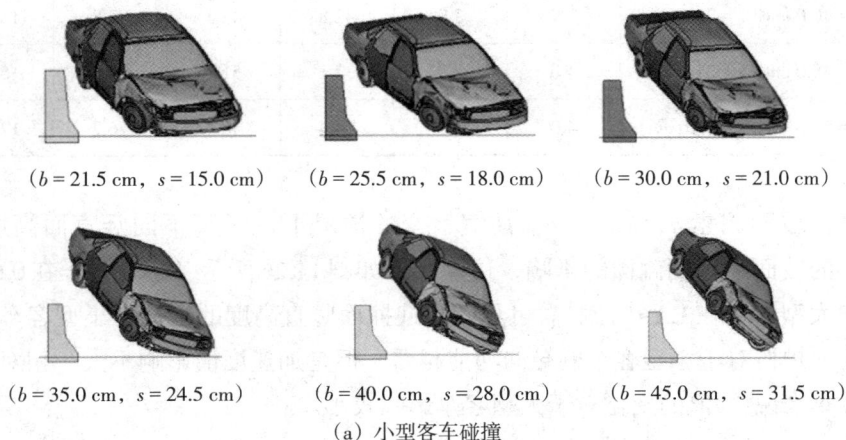

（b = 21.5 cm，s = 15.0 cm）　　（b = 25.5 cm，s = 18.0 cm）　　（b = 30.0 cm，s = 21.0 cm）

（b = 35.0 cm，s = 24.5 cm）　　（b = 40.0 cm，s = 28.0 cm）　　（b = 45.0 cm，s = 31.5 cm）

（a）小型客车碰撞

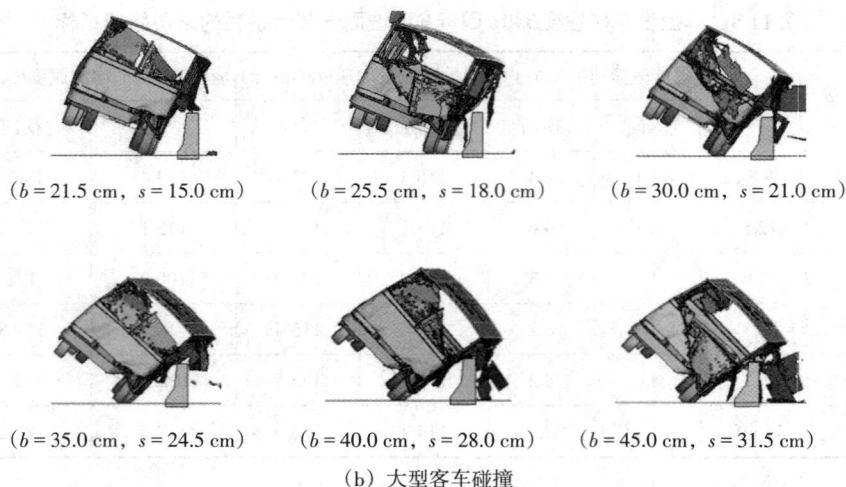

$(b = 21.5 \text{ cm}, s = 15.0 \text{ cm})$　　$(b = 25.5 \text{ cm}, s = 18.0 \text{ cm})$　　$(b = 30.0 \text{ cm}, s = 21.0 \text{ cm})$

$(b = 35.0 \text{ cm}, s = 24.5 \text{ cm})$　　$(b = 40.0 \text{ cm}, s = 28.0 \text{ cm})$　　$(b = 45.0 \text{ cm}, s = 31.5 \text{ cm})$

（b）大型客车碰撞

图 11.25　变 b 和 s 因素 F 型坡面仿真计算结果

表 11.9　小型客车碰撞变 b 和 s 因素 F 型坡面混凝土护栏模型的乘员缓冲指标

b，s 值	乘员碰撞速度 /(m·s⁻¹)		乘员碰撞后加速度 /(m·s⁻²)		全程 10 ms 平均加速度 /(m·s⁻²)	
	纵向	横向	纵向	横向	纵向	横向
$b = 21.5 \text{ cm}$，$s = 15.0 \text{ cm}$	4.1	8.3	66.1	68.1	94.3	185.0
$b = 25.5 \text{ cm}$，$s = 18.0 \text{ cm}$	4.0	8.2	53.8	68.8	86.4	177.0
$b = 30.0 \text{ cm}$，$s = 21.0 \text{ cm}$	4.0	8.1	44.4	52.1	88.0	179.0
$b = 35.0 \text{ cm}$，$s = 24.5 \text{ cm}$	4.0	8.2	38.8	47.0	83.9	176.0
$b = 40.0 \text{ cm}$，$s = 28.0 \text{ cm}$	3.9	7.9	32.8	48.3	82.8	183.0
$b = 45.0 \text{ cm}$，$s = 31.5 \text{ cm}$	4.0	7.9	37.1	51.4	85.2	168.0
$b = 50.0 \text{ cm}$，$s = 35.0 \text{ cm}$	4.0	7.8	34.4	48.4	76.7	172.0

　　在坡面因素 a，b，s，α，β 值不变的情况下，考察不同竖直面高度（c 值）的坡面对车辆碰撞的影响，仿真结果如图 11.26 所示（小型客车在 0.6 s 时刻和大型客车在 1.2 s 时刻）。可见随着迎撞面竖直高度的增加，小型客车爬升越高，护栏对于小型客车的导向功能越差，但是加速度值影响不大；相对于小型客车来说，c 值的变化对于大型客车影响较小。

(a) 小型客车姿态

(b) 小型客车加速度时程曲线

(c) 大型客车姿态

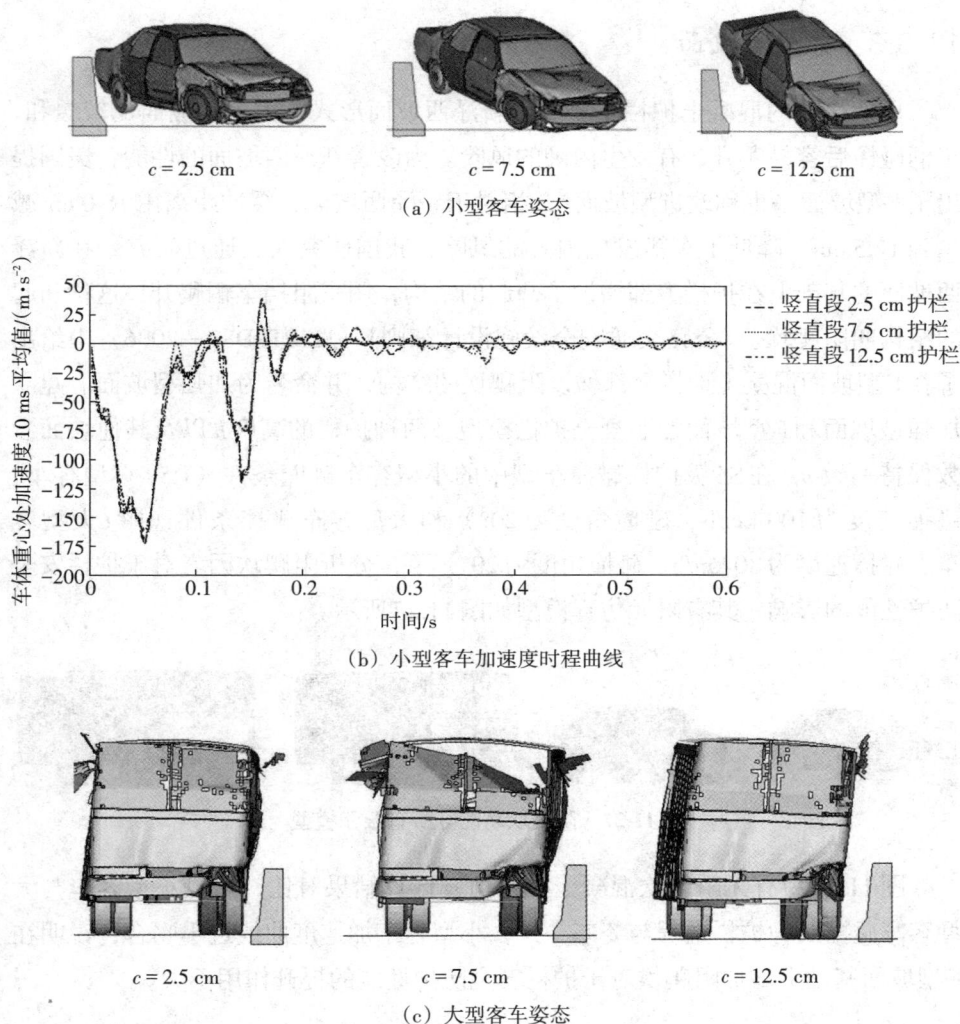

图 11.26　变 c 因素 F 型坡面混凝土护栏仿真计算结果

通过对 F 型坡面参数变化系统仿真碰撞分析可知，规范给出的 F 型坡面的各种参数均在较优的范围内，比较合理，为 F 型坡度的应用提供了数据支撑。《公路交通安全设施设计细则》（JTG/T D81—2017）中的第 6.6 条规定，F 型和加强型混凝土护栏可允许最多 75 cm 的路面加铺、罩面厚度，变 c 因素的 F 型坡面混凝土仿真计算结果对该条规定具有一定的支撑作用。

11.3.3 加强型坡面

早期建设的混凝土护栏主要采用新泽西坡面形式，由于其坡面比较缓和，车辆碰撞后容易爬升，有发生内翻的风险。为改善新泽西坡面的性能，美国提出了F型坡面（也称改进型坡面），相对于新泽西坡面，缓冲距离由18.0 cm减少到12.5 cm，降低了车辆发生内翻的风险；我国研究人员通过研究，在新泽西坡面的基础上在护栏上部增设了凸起的结构，用来阻挡车辆爬升，这种凸起的结构叫阻爬坎。《公路交通安全设施设计细则》（JTG/T D81—2006）中给出了在F型坡面混凝土护栏上部增设阻爬坎的结构，并命名为加强型坡面。建立加强型坡面和F型坡面的混凝土护栏模型（两种护栏的高度 h 以及其他坡面参数保持一致），在SS级护栏碰撞车型中的小型客车碰撞条件（1.5 t小型客车、碰撞速度为100 km/h、碰撞角度为20°）和大型客车碰撞条件（18 t大型客车、碰撞速度为80 km/h、碰撞角度为20°）下，分析阻爬坎因素对于护栏安全防护性能的影响，其有限元仿真模型如图11.27所示。

图11.27 阻爬坎功能分析有限元模型

图11.28为有无阻爬坎混凝土护栏仿真计算结果对比，可见小型客车与大型客车碰撞两种护栏过程与姿态一致，小型客车加速度曲线近乎吻合，说明在F型坡面基础上增加阻爬坎对于护栏安全防护性能的提升作用不大。

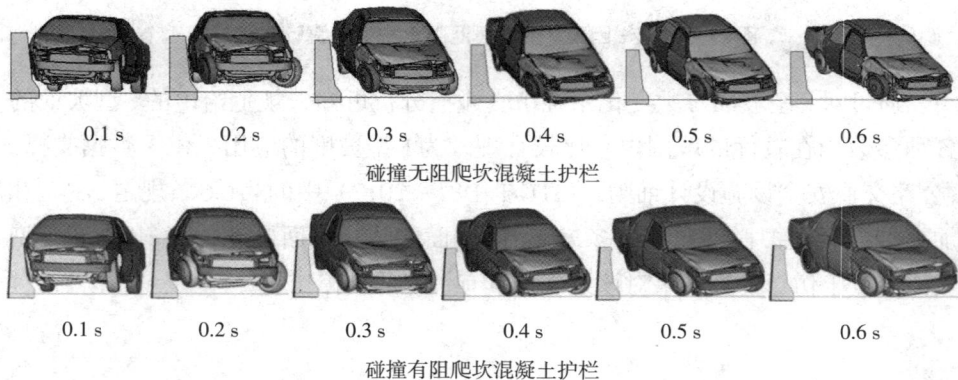

| 0.1 s | 0.2 s | 0.3 s | 0.4 s | 0.5 s | 0.6 s |

碰撞无阻爬坎混凝土护栏

| 0.1 s | 0.2 s | 0.3 s | 0.4 s | 0.5 s | 0.6 s |

碰撞有阻爬坎混凝土护栏

（a）小型客车姿态

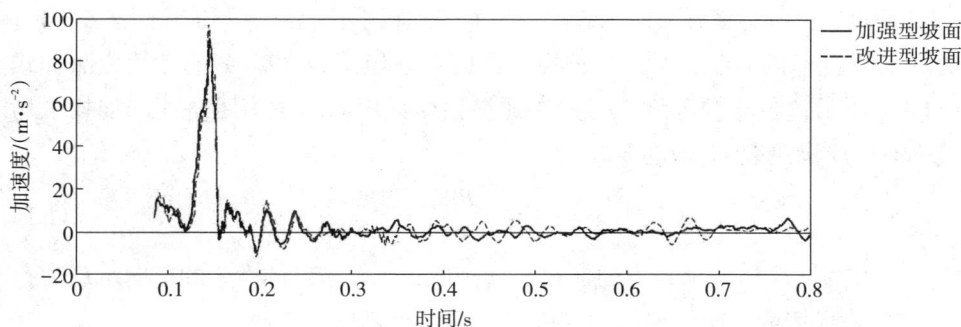

（b）小型客车加速度时程曲线

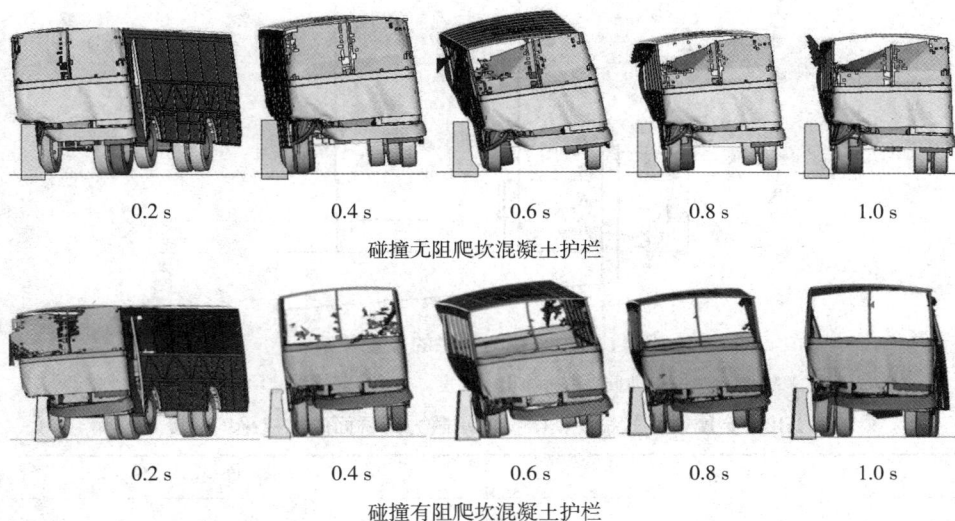

| 0.2 s | 0.4 s | 0.6 s | 0.8 s | 1.0 s |

碰撞无阻爬坎混凝土护栏

| 0.2 s | 0.4 s | 0.6 s | 0.8 s | 1.0 s |

碰撞有阻爬坎混凝土护栏

（c）大型客车姿态

图11.28 有无阻爬坎混凝土护栏仿真计算结果对比

在《公路交通安全设施设计细则》（JTG/T D81—2017）中的6.2.8条规定，F型路侧混凝土护栏可根据需要在护栏顶部设置阻坎（阻爬坎），这实质上将阻爬坎变成了可选结构，是合理的。

11.4　金属梁柱式护栏高度设计指导

金属梁柱式护栏是除波形梁护栏和混凝土护栏以外的重要护栏结构形式，其在特大型桥梁上得到了广泛应用。与波形梁护栏和混凝土护栏相同，金属梁柱式护栏的高度是决定其防护能力的重要参数。《公路交通安全设施设计规范》（JTG D81—2017）对桥梁护栏的高度进行了规定，在规范第24页的第

6.3.4条规定：所有横梁横向承载力距桥面的加权平均高度$\bar{Y}$不应小于表6.3.4-1的规定值。车辆与金属梁柱式护栏的位置关系如图11.29，$\bar{Y}$的计算方法如式（11.1）所示；各防护等级金属梁柱护栏横梁横向承载力距桥面的加权平均最小高度应满足表11.10的要求。

$$\bar{Y} = \frac{\sum R_i Y_i}{\bar{R}} \tag{11.1}$$

式中，$\bar{Y}$为横梁横向承载力的加权平均高度；R_i为第i排横梁的横向承载力；Y_i为第i排横梁中心距桥面板的高度；$\bar{R}$为各横梁抗力之和。

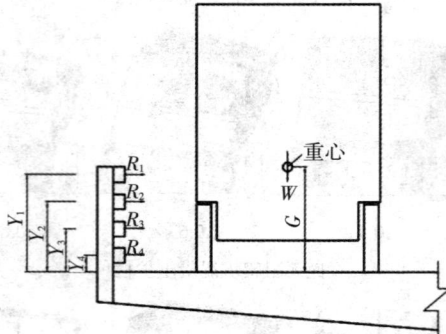

图11.29　车辆与护栏的位置关系

G—车辆重心距桥面板的高度；W—车辆的质量

表11.10　金属梁柱式护栏横梁横向承载力距桥面的加权平均高度($\bar{Y}$)

防护等级	最小高度/cm
二（B）	60
三（A）	60
四（SB）	70
五（SA）	80
六（SS）	90
七（HB）	100
八（HA）	110

　　根据规范给出的高度计算公式，可知合理确定横梁荷载权重分布是进行护栏高度计算的关键。在实际结构设计工作中，设计人员往往会对横梁横向承载力如何计算有困惑，并且在初步设计阶段考虑构件的采购、加工、施工安装方便性，采用相同规格的横梁是更为优先的选择，因此计算$\bar{Y}$时一般各排横梁取等权重。在设计六级及以下防护等级结构时均比较可行，在设计八级结构时发现梁柱式结构需要较高的总高度才能满足要求，但护栏总高度的大幅提升会

影响桥梁整体景观效果，给驾乘人员造成压抑感，甚至导致驾驶疲劳，形成不安全因素；此外，桥梁护栏设计过高受力时会在桥梁板上护栏锚固基础位置产生较大力矩，这对锚固基础和桥梁主体提出了更高标准要求。根据护栏研发经验，上部横梁对于抗大型车辆倾覆起到主要作用，最下部横梁作用较小。为验证上述结论，建立了保留最下层横梁和去除最下层横梁的梁柱式型钢护栏仿真模型，并按照八（HA）级标准碰撞条件，采用大型车辆（25 t特大型客车、大型货车、鞍式列车）进行仿真碰撞分析，计算结果如图11.30所示。可见保留最下层横梁和去除最下层横梁的梁柱式型钢护栏对于抗大型车辆倾覆效果几乎一致，说明在计算高防护等级梁柱式护栏有效高度时可以忽略最下层横梁的受力作用。

有下层横梁　　　无下层横梁　　　有下层横梁　　　无下层横梁

(a) 特大型客车

有下层横梁　　　无下层横梁　　　有下层横梁　　　无下层横梁

(b) 大型货车

有下层横梁　　　无下层横梁　　　有下层横梁　　　无下层横梁

(c) 鞍式列车

图11.30　大型车辆碰撞有无下层横梁的金属梁柱式护栏姿态对比

《公路交通安全设施设计细则》（JTG/T D81—2017）附录D"桥梁护栏试件设计方法"条文说明提到，需要根据试验数据和已有护栏的使用经验校验车辆抗倾覆荷载的有效高度的计算结果，因此采用有限元计算方法对于合理确定金属梁柱式护栏有效高度具有积极意义。

第12章 交通防护设施结构安全性能仿真评价探索与实践

12.1 概　述

鉴于交通防护设施对于保障行车安全、降低事故伤害的重要作用，交通防护设施在应用前需要进行安全性能评价，《公路护栏安全性能评价标准》（JTG B05-01—2013）中对此进行了相关规定。随着我国道路交通行业飞速发展，道路状况、车辆状况不断发生变化，新的交通安全理念不断更新，该标准的局限性逐渐显现。

标准总则中第1.0.2条给出了其适用范围，即标准适用于公路护栏的护栏标准段、护栏过渡段、中央分隔带开口护栏以及护栏端头和防撞垫的安全性能评价。但还有一些道路交通设施如施工区临时护栏、解体消能设施（标志杆、门架等）、车载防撞垫等同样需要进行安全性能评价。

标准总则中第1.0.3条规定：公路护栏安全性能应采用实车足尺碰撞试验进行评价。实车足尺碰撞试验场地均须铺设加速导轨，由于跑道方向固定导致多个碰撞角度适应性差，不能与实际道路条件较好的结合；实车足尺碰撞试验场选址和建设受到地形条件、地质状况、人力资源等诸多因素限制，导致碰撞广场的建设成本较高，同时每次碰撞试验都需要购置实车、修建护栏等检测样品，耗费的人力物力较大，试验费用始终居高不下，给相关科研工作的开展带来不便。

交通防护设施实际研发设计中很难规避一些情况，如结构通过实车足尺碰撞试验验证后，需要按照试验表现和工程条件等情况进行局部调整，如图12.1所示。结构局部调整后，从安全角度出发宜做进一步结构安全性能评价，但采用实车足尺碰撞试验费用高、周期长，甚至影响工程进度。

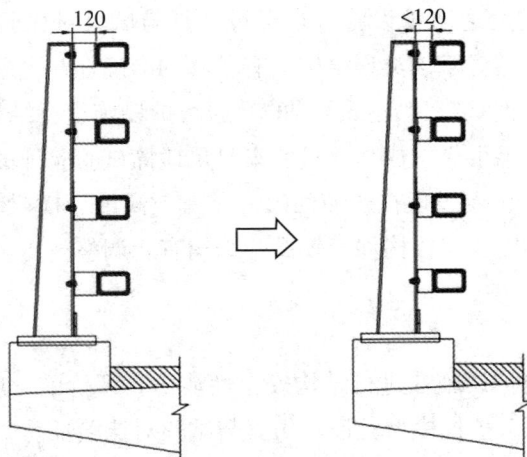

（a）成功通过实车足尺碰撞试验验证的护栏　　（b）减小连接块宽度

图12.1　较试验护栏结构有所改变的示例（尺寸单位：mm）

基于有限元方法的计算机仿真分析技术能够模拟真实世界的各种复杂受力问题，可实现碰撞过程再现、安全性能指标的准确量化，同时所需费用相对较低、分析效率高、计算周期短，相比实车足尺碰撞试验来说仿真分析技术具有明显优势。目前国外已尝试将该技术作为公路交通防护设施安全评价的一种手段，国内也正在进行相关研究，尤其是对仿真模型的准确性和可靠性控制，需要提出规范化的验证程序来校核仿真模拟所得到的结果，以保证仿真结果的准确性。在这个过程中，车辆模型和交通防护设施系统模型经过实车足尺碰撞试验验证且误差在允许范围之内，是应用仿真技术评价交通防护设施安全性能的重要基础。因此，有必要探索如何对车辆建模、交通防护设施建模及模型验证程序进行规范。

12.2　结构安全性能仿真评价探索

基于国内交通防护设施安全性能评价现状和仿真分析技术的发展现状，探索如何通过有限元仿真分析技术评价交通防护设施结构是否达到相应的防护等级。该评价过程可称为交通防护设施结构安全性能仿真评价。

推行采用计算机仿真分析作为交通防护设施结构安全性能评价的方法不能一蹴而就，还需要循序渐进，不断摸索和完善。目前阶段，还不宜将所有交通防护设施都采用仿真进行评价，但对于已通过实车足尺碰撞试验验证但需进一步局部优化修改的交通防护设施，在经过仿真与试验对比验证满足一致要求后，可认为仿真模型对于该类型结构具有较高的准确性，可采用仿真评价代替实车足尺碰撞试验对局部优化修改后的交通防护设施进行结构安全性能评价，并认为仿真评价结果可靠。成功通过实车足尺碰撞试验验证的交通防护设施进行局部优化修改，主要表现在迎撞面尺寸、有效高度、横梁高度、横梁净距、立柱间距、结构刚度、连接构件等较试验结构有所调整。

12.2.1　评价要求

待评价交通防护设施在进行结构安全性能仿真评价前，应进行模型验证，包括车辆模型验证、护栏模型验证、仿真与试验对比验证。

（1）车辆模型验证。车辆模型应通过必要的零部件测试和整车测试来验证模型的准确性与稳定性。零部件测试主要包括悬架负载测试、整车测试（包括线形轨迹测试、环形轨迹测试、过减速带测试）和整车碰撞刚性墙测试。

（2）护栏模型验证。交通防护设施建模应符合下列要求：模型应按照结构与工况条件进行建模，包含重要部件、部件连接、边界条件；模型使用的材料应与设施实际采用的材料一致；模型网格参数选取应合理；模型应使用与车辆模型统一的坐标系。不同护栏的重要部件有所不同，如缆索护栏重要部件有立柱、托架、缆索等，波形梁护栏重要部件有梁板、立柱、防阻块（托架）等，金属梁柱式护栏重要部件有横梁内外套管、立柱等，混凝土护栏重要部件有混凝土墙体和配筋等。护栏某些结构可做适当简化，例如采用梁单元代替实体螺栓建模。

（3）仿真与试验对比验证。对已通过实车足尺碰撞试验验证的交通防护设施结构按照其结构和碰撞试验条件进行仿真碰撞模拟对比验证，仿真模拟计算过程判定有效（见表12.1），且结果与试验结果一致（见表12.2），认为仿真模拟具有可靠性，方可进行待评价交通防护设施的结构安全性能仿真评价。这些对比项目参考了国外相关标准，并考虑了对国内标准的继承性。护栏最大横向动态位移外延值（W）是指车辆碰撞护栏过程中，护栏变形后最外边缘相对于护栏碰撞前最内边缘的最大横向水平距离；车辆最大动态外倾值（VI）是指大中型车辆碰撞护栏过程中外倾时，车辆最外边缘相对于护栏碰撞前最内边缘的最大横向水平距离；小型客车乘员碰撞速度（OIV）是指碰撞护栏过程中，假想的乘员头部与乘员舱内部碰撞的瞬时相对速度；小型客车乘员碰撞后加速度（ORA）是指碰撞护栏过程中，假想的乘员头部与乘员舱内部碰撞后，假想的乘员头部与车辆共同经受的车辆重心处加速度10 ms间隔平均值的最大值。

表12.1 仿真模拟计算过程有效性判定准则

序号	判定准则
1	计算结果物理形态变化合理
2	碰撞模拟的总能量变化不超过5%
3	沙漏能量小于总能量的5%
4	增加质量小于总质量的5%
5	无节点飞出
6	无负体积单元

注："节点飞出"是指模型异常导致节点速度无穷大而呈现飞出的现象。

表12.2 仿真模拟与实车足尺碰撞试验对比

序号	仿真与试验对比		对比结果
1	阻挡功能	是否与试验结果一致	是/否
2	导向功能	是否与试验结果一致	是/否
3	车轮脱落	是否与试验结果一致	是/否
4	护栏纵向连接构件失效	是否与试验结果一致	是/否
5	护栏最大横向动态位移外延值（W）	是否在允许误差范围	是/否
6	车辆最大动态外倾值（VI）	是否在允许误差范围	是/否
7	小型客车乘员碰撞速度（OIV）	是否在允许误差范围	是/否
8	小型客车乘员碰撞后加速度（ORA）	是否在允许误差范围	是/否

　　进行交通防护设施的结构安全性能评价时，仿真模型的碰撞条件和碰撞点位置应符合《公路护栏安全性能评价标准》（JTG B05-01—2013）的规定；车辆模型应与模型验证时一致，且车辆模型总质量、几何尺寸、重心位置等主要技术参数应与《公路护栏安全性能评价标准》（JTG B05-01—2013）的要求一致；交通防护设施模型的结构尺寸、材料性能指标、基础和设置条件等应与其设计图纸要求一致；护栏模型的结构长度应与《公路护栏安全性能评价标准》

（JTG B05-01—2013）的要求一致；仿真模拟计算过程需按照表12.1判定有效。

12.2.2 评价结论

根据仿真模拟结果的安全性能指标是否满足《公路护栏安全性能评价标准》（JTG B05-01—2013）中对阻挡功能、缓冲功能、导向功能的规定，以及与通过碰撞试验验证的交通防护设施安全性能指标的对比情况，按照表12.3得出交通防护设施结构安全性能仿真评价结论：①仿真评价安全性能指标满足评价标准的规定，且指标优于或与原设计试验结构相当，认为该结构满足设计防护等级，可不再进行实车碰撞试验；②仿真评价安全性能指标满足评价标准的规定，但指标未优于或与较原设计试验结构相当，虽然认为该结构满足设计防护等级，但仿真评价不能代替实车足尺碰撞试验，建议开展结构优化或实车足尺碰撞试验评价；③仿真评价安全性能指标不满足评价标准的规定，认为该结构不满足设计防护等级要求，建议开展结构优化或实车足尺碰撞试验评价。

表12.3 交通防护设施结构安全性能仿真评价结论

仿真模拟结果		评价结论
安全性能指标的阻挡功能、缓冲功能、导向功能是否满足要求	安全性能指标是否优于或等同于通过碰撞试验验证的交通防护设施	
是	是	满足设计防护等级要求
是	否	满足设计防护等级要求，建议开展结构优化或实车足尺碰撞试验评价
否	—	不满足设计防护等级要求，建议开展结构优化或实车足尺碰撞试验评价

12.2.3 评价报告

交通防护设施的结构安全性能仿真评价的评价报告应包括实车足尺碰撞试验、护栏结构设计、仿真模型验证、仿真评价计算的所有影像图文数据资料，可按照评价简表、概述、防护设施模型、车辆模型、仿真结果、评价结论六部分对评价依据、交通防护设施结构、防护等级、碰撞条件、仿真软件、车辆参数、仿真结果、有效性判定、结论等内容进行说明。

（1）结构安全性能仿真评价简表。

（2）概述：评价依据、交通防护设施形式、交通防护设施名称、交通防护设施防护等级及碰撞条件、仿真软件名称和版本等。

（3）防护设施模型：设计图纸、基础类型及边界条件、设置长度、材料型号和性能指标、节点数量、单元类型和数量、模型图片等。

（4）车辆模型：车辆模型参数（总质量、整备质量、几何尺寸、重心位置、轮胎气压和配载情况等）、模型验证报告、车辆模型图片等。

（5）仿真结果：仿真碰撞条件（碰撞速度、碰撞角度、碰撞点位置），仿真测试指标与分析（车辆碰撞过程动画，设施的损坏情况图片，车辆轮迹图片，护栏标准段、护栏过渡段和中央分隔带开口护栏的护栏最大横向动态变形值、护栏最大横向动态位移外延值、车辆最大动态外倾值和车辆最大动态外倾当量值），小型客车重心位置加速度曲线及乘员碰撞速度和乘员碰撞后加速度的曲线图，护栏端头和防撞垫的车辆碰撞轮迹越出、驶出框图时刻的车辆重心处速度值，质量大于2 kg的护栏端头脱离件和防撞垫脱离件的散落情况图片，护栏端头和防撞垫的残余变形图，护栏构件及其脱离件侵入车辆乘员舱情况图片，护栏端部锚固的受力变形图，护栏脱离件的材质、尺寸、质量和散落位置，车辆乘员舱变形图片。

（6）评价结论：评价的有效性、结构安全性能仿真评价结论。

12.3 结构安全性能仿真评价实践

某工程人字形组合式桥梁护栏设计防护等级为HA级，结构如图12.2所示，下部为550 mm高混凝土墙体，上部为950 mm高三横梁钢结构，立柱为人字形。该护栏按照《公路护栏安全性能评价标准》（JTG B05-01—2013）的规定进行了四次实车足尺碰撞试验（55 t鞍式列车、40 t整体式货车、25 t特大型客车、1.5 t小型客车），并成功通过了试验验证，防护等级达到HA级。在实际应用中发现，该护栏安全性能可靠，但立柱粗大导致刚度过大，与横梁受力不协调；形状特殊不易进行加工，且加工产生废料较多；同时立柱安装较为困难，施工费用高；梁柱式结构部分通透性较差。

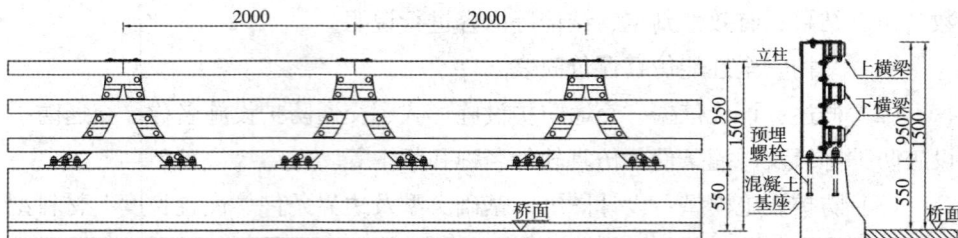

图12.2　人字形组合式桥梁护栏结构图（尺寸单位：mm）

以该通过实车足尺碰撞试验验证的结构为基础，提出两种优化设计方案。

方案一：优化立柱矩形管方案（图12.3）。保持原设计混凝土结构不变、整体高度不变，将人字形立柱优化为斜H形立柱，保持原设计横梁不变。该方案立柱形式更易加工和安装，且具有良好的抗弯性能和通透效果。

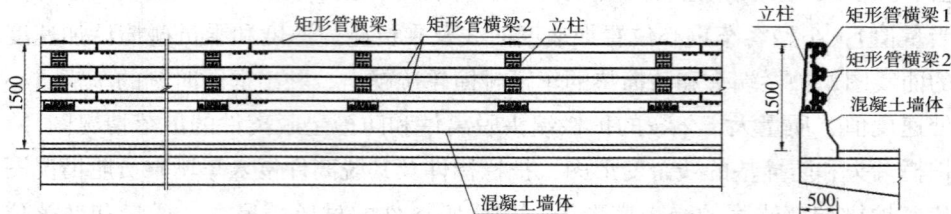

图12.3　优化立柱矩形管方案组合式桥梁护栏（尺寸单位：mm）

方案二：优化立柱半椭圆管方案（图12.4）。在方案一的基础上，将矩形横梁优化为高度、宽度相同的半椭圆管，进一步提升景观效果。

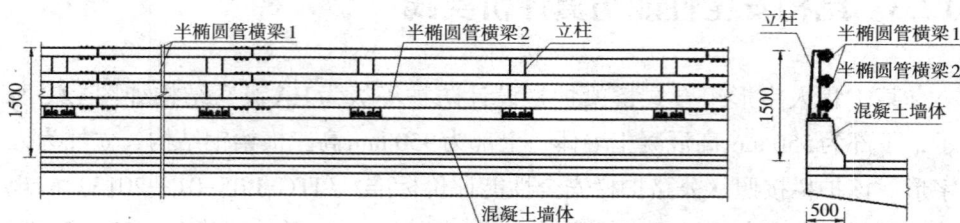

图12.4　优化立柱半椭圆管方案组合式桥梁护栏（尺寸单位：mm）

采用基于有限元方法的计算机仿真技术对两种优化设计方案进行结构安全性能仿真评价，路线图如图12.5所示。按照人字形组合式桥梁护栏结构和实车足尺碰撞试验条件建立计算机仿真模型并模拟试验碰撞过程，仿真模拟结果与实车足尺碰撞试验数据对比具有一致性，说明计算机仿真模型具有较高的准确性与可靠性。同时，进一步采用经实车足尺碰撞试验验证的高精度计算机仿真模型，分别对两种优化设计方案进行结构安全性能仿真评价。

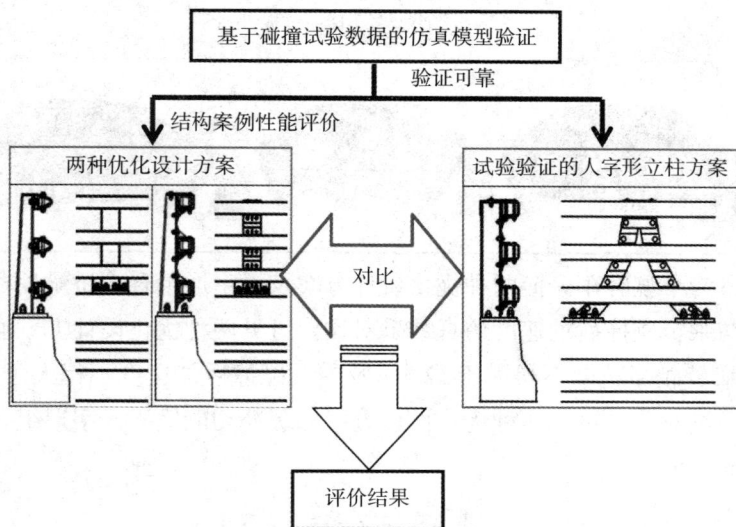

图12.5 结构安全性能仿真评价路线图

（1）小型客车碰撞。表12.4为小型客车碰撞两种优化设计方案及人字形组合式桥梁护栏仿真碰撞过程。可见两种优化设计方案均具有良好的阻挡功能，通过对比，可以看出两种优化设计方案均与人字形组合式桥梁护栏性能相当，车辆均平稳驶出，没有出现穿越、翻越和骑跨护栏现象，碰撞后车辆恢复到正常行驶姿态。

表12.4 小型客车碰撞护栏过程对比

护栏方案	小型客车碰撞过程		
人字形组合式桥梁护栏			
优化立柱矩形管方案			

表 12.4（续）

护栏方案	小型客车碰撞过程
优化立柱半椭圆管方案	

表 12.5 为小型客车碰撞两种优化设计方案及人字形组合式桥梁护栏的乘员碰撞速度与乘员碰撞后加速度仿真结果对比。可见两种优化设计方案均满足评价标准对乘员碰撞速度不得大于 12 m/s 及乘员碰撞后加速度不得大于 200 m/s² 的要求，通过对比，可见两种优化设计方案的缓冲功能优于人字形组合式桥梁护栏的缓冲功能。

表 12.5　小型客车碰撞护栏加速度值对比

缓冲功能		人字形组合式桥梁护栏	优化立柱矩形管方案	优化立柱半椭圆管方案
乘员碰撞速度/(m·s⁻¹)	纵向	4.9	4.7	4.6
	横向	8.5	8.0	8.2
乘员碰撞后加速度/(m·s⁻²)	纵向	72.4	49.4	45.9
	横向	91.8	55.9	68.2

图 12.6 为小型客车碰撞两种优化设计方案与人字形组合式桥梁护栏的行驶轨迹图。可见小型客车碰撞护栏后行驶轨迹均满足评价标准对导向驶出框的要求，两种优化设计方案与人字形组合式桥梁护栏的导向功能基本相当。

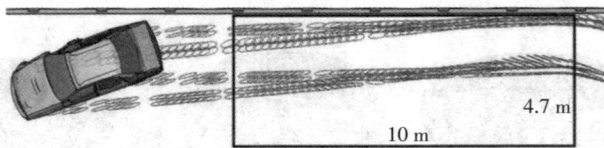

（a）人字形组合式桥梁护栏

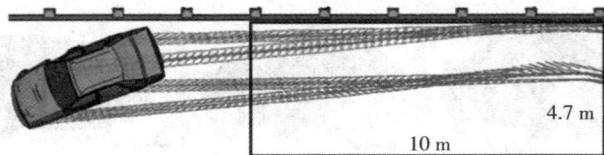

（b）三横梁矩形管组合式护栏

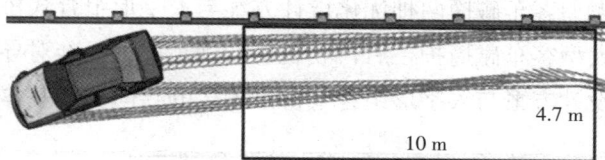

（c）三横梁半椭圆管组合式护栏

图 12.6 小型客车行驶轨迹图

小型客车结构安全性能仿真评价结果表明：两种优化设计方案的阻挡功能、导向功能和缓冲功能均满足指标要求，其中阻挡功能和导向功能与人字形组合式桥梁护栏相当，缓冲功能优于人字形组合式桥梁护栏。

（2）特大型客车碰撞。表 12.6 为大型客车碰撞两种优化设计方案及人字形组合式桥梁护栏仿真碰撞过程。可见两种优化设计方案均具有良好的阻挡功能，通过对比，可以看出两种优化设计方案与人字形组合式桥梁护栏性能相当，车辆均平稳驶出，没有出现穿越、翻越和骑跨护栏现象，碰撞后车辆恢复到正常行驶姿态。

表 12.6 大型客车碰撞护栏过程对比

护栏方案	大型客车碰撞过程		
人字形组合式桥梁护栏			
优化立柱矩形管方案			
优化立柱半椭圆管方案			

图12.7为大型客车碰撞两种优化设计方案与人字形组合式桥梁护栏的行驶轨迹图。可见大型客车碰撞护栏后行驶轨迹均满足评价标准对导向驶出框的要求，两种优化设计方案与人字形组合式桥梁护栏的导向功能基本相当。

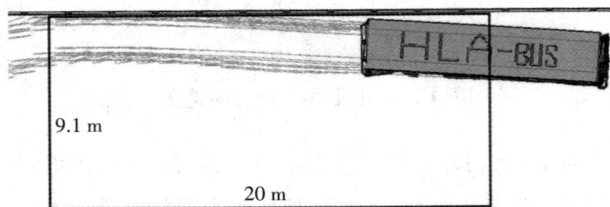

（a）人字形组合式桥梁护栏

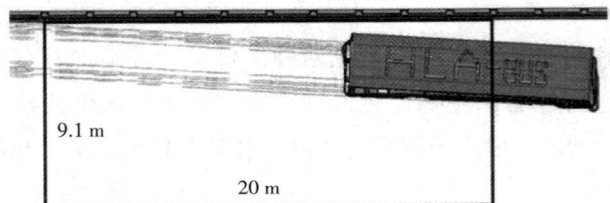

（b）三横梁矩形管组合式护栏

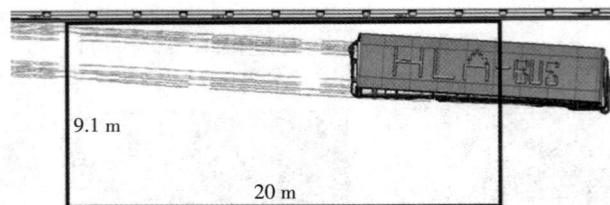

（c）三横梁半椭圆管组合式护栏

图12.7　大型客车行驶轨迹图

图12.8为碰撞后两种优化设计方案与人字形组合式桥梁护栏的上部钢结构变形情况对比，可见两种优化设计方案与人字形组合式桥梁护栏结构变形均不明显。

（a）人字形组合式桥梁护栏

（b）三横梁矩形管组合式护栏

（c）三横梁半椭圆管组合式护栏

图12.8　碰撞后护栏上部钢结构变形情况对比

　　大型客车结构安全性能仿真评价结果表明：两种优化设计方案的阻挡功能、导向功能均满足指标要求，且与人字形组合式桥梁护栏性能相当。

　　（3）整体式货车碰撞。表12.7为整体式货车碰撞两种优化设计方案及人字形组合式桥梁护栏仿真碰撞过程。可见两种优化设计方案均具有良好的阻挡功能，通过对比，可以看出两种优化设计方案与人字形组合式桥梁护栏性能相当，车辆均平稳驶出，没有出现穿越、翻越和骑跨护栏现象，碰撞后车辆恢复到正常行驶姿态。

表12.7　整体式货车碰撞护栏过程对比

护栏方案	整体式货车碰撞过程		
人字形组合式桥梁护栏			
优化立柱矩形管方案			

表 12.7（续）

护栏 方案	整体式货车碰撞过程
优化 立柱 半椭圆 管方案	

图 12.9 为整体式货车碰撞两种优化设计方案与人字形组合式桥梁护栏的行驶轨迹图。可见整体式货车碰撞护栏后行驶轨迹均满足评价标准对导向驶出框的要求，两种优化设计方案与人字形组合式桥梁护栏的导向功能基本相当。

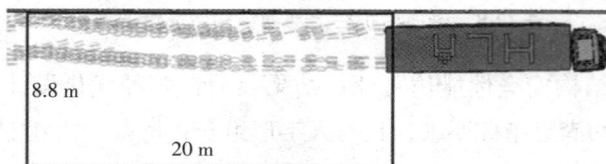

（a）人字形组合式桥梁护栏

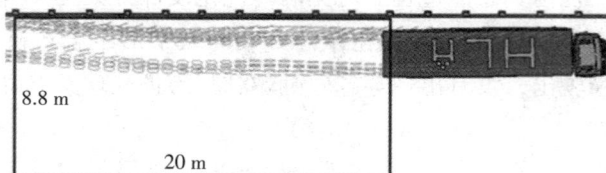

（b）三横梁矩形管组合式护栏

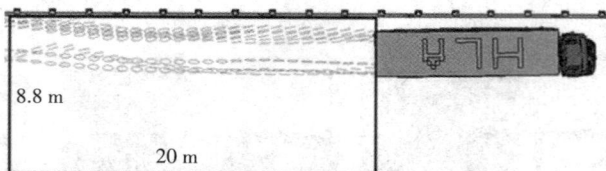

（c）三横梁半椭圆管组合式护栏

图 12.9　整体式货车行驶轨迹图

图 12.10 为碰撞后两种优化设计方案与人字形组合式桥梁护栏的上部钢结构变形情况对比，可见两种优化设计方案上部钢结构变形量均小于人字形组合式桥梁护栏，说明相比人字形组合式桥梁护栏，两种优化设计方案通过适当降低立柱刚度使横梁变形更加平顺协调。

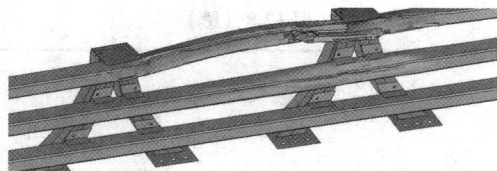

(a) 人字形组合式桥梁护栏

(b) 三横梁矩形管组合式护栏

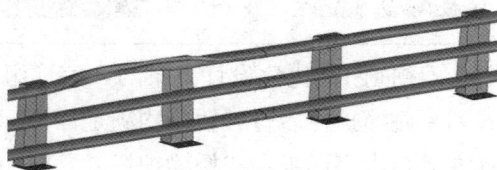

(c) 三横梁半椭圆管组合式护栏

图12.10 碰撞后护栏上部钢结构变形情况对比

整体式货车结构安全性能仿真评价结果表明：两种优化设计方案的阻挡功能、导向功能均满足指标要求，与人字形组合式桥梁护栏性能相当，而且上部钢结构变形情况优于人字形组合式桥梁护栏。

（4）鞍式列车碰撞。表12.8为鞍式列车碰撞两种优化设计方案及人字形组合式桥梁护栏仿真碰撞过程。可见两种优化设计方案均具有良好的阻挡功能，通过对比，可以看出两种优化设计方案与人字形组合式桥梁护栏性能相当，车辆均平稳驶出，没有出现穿越、翻越和骑跨护栏现象，碰撞后车辆恢复到正常行驶姿态。

表12.8 鞍式列车碰撞护栏过程对比

护栏方案	鞍式列车碰撞过程		
人字形组合式桥梁护栏			

表 12.8（续）

护栏方案	鞍式列车碰撞过程
优化立柱矩形管方案	
优化立柱半椭圆管方案	

图 12.11 为鞍式列车碰撞两种优化设计方案与人字形组合式桥梁护栏的行驶轨迹图。可见鞍式列车碰撞护栏后行驶轨迹均满足评价标准对导向驶出框的要求，两种优化设计方案与人字形组合式桥梁护栏的导向功能基本相当。

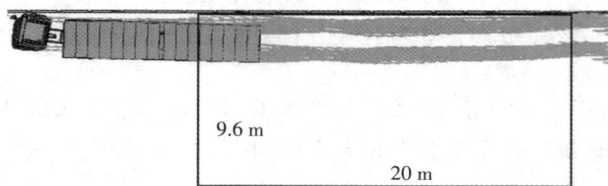

（a）人字形组合式桥梁护栏

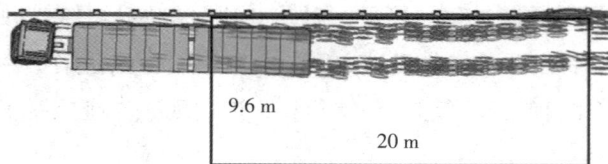

（b）三横梁矩形管组合式护栏

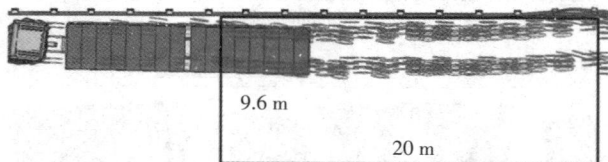

（c）三横梁半椭圆管组合式护栏

图 12.11 鞍式列车碰撞行驶轨迹图

图12.12为碰撞后两种优化设计方案与人字形组合式桥梁护栏的上部钢结构变形情况对比,可见两种优化设计方案组合式桥梁护栏上部钢结构变形量均小于人字形组合式桥梁护栏。

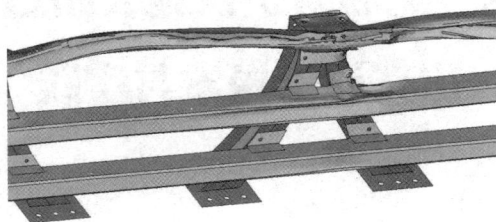

(a) 人字形组合式桥梁护栏

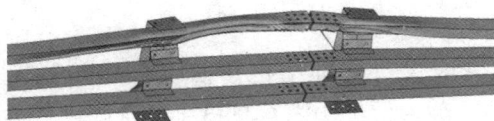

(b) 三横梁矩形管组合式护栏

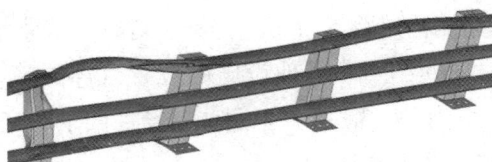

(c) 三横梁半椭圆管组合式护栏

图12.12 碰撞后护栏上部钢结构变形情况对比

鞍式列车结构安全性能仿真评价结果表明:两种优化设计方案的阻挡功能、导向功能均满足指标要求,与人字形组合式桥梁护栏性能相当,而且上部钢结构变形情况优于人字形组合式桥梁护栏。

(5)结构安全性能仿真评价结论。按照评价标准对HA级碰撞条件的规定,采用经过实车足尺碰撞试验验证的计算机仿真模型对两种优化设计方案组合式桥梁护栏进行结构安全性能仿真评价,结果表明:两种优化设计方案组合式桥梁护栏阻挡功能、导向功能、缓冲功能均满足评价标准要求,其中阻挡功能、导向功能与人字形组合式桥梁护栏相当,缓冲功能优于人字形组合式桥梁护栏,两种优化设计方案组合式桥梁护栏满足HA防护等级要求。

第13章 交通防护设施公路适应性能仿真评价探索与实践

13.1 概　述

交通防护设施一般仅对标准结构按照《公路护栏安全性能评价标准》（JTG B05-01—2013）的规定采用实车足尺碰撞试验进行安全性能评价。实车足尺碰撞试验需在特定试验场内进行，受场地环境限制，不能真实反映实际道路条件，护栏设置条件较为单一。公路实际条件则复杂多样，在基础（桥面板、连接方式等）、路侧构筑物（桥墩、门架、灯杆、缆索承重构件等）、公路线形（超高、纵坡、横坡等）、其他设施的设置（声屏障、防抛网、防眩设施）等方面相差较大，如图13.1所示。这些差异性因素对交通防护设施的安全防护能力产生的影响不可忽视。

（a）钢桥　　　　　　（b）混凝土桥　　　　　（c）斜拉索　　　　　　（d）灯杆

（e）小半径弯道　　　（f）连续下坡路段　　　　（g）声屏障　　　　　　（h）防抛网

图13.1　实际道路多种条件

　　计算机仿真分析技术能够模拟复杂工况下的碰撞问题，可为《公路护栏安全性能评价标准》（JTG B05-01—2013）中不涉及的实际复杂工况交通防护设施的安全评价提供支持，具有很好的普适性。图13.2至图13.5分别为不同类型桥梁翼缘板基础仿真计算（混凝土箱梁翼缘板、钢箱梁翼缘板等）、大桥主体及中央分隔带防护仿真计算、隧道洞口防护仿真计算、钢箱梁及斜拉索桥护栏防护仿真计算示例。

（a）混凝土箱梁翼缘板基础　　　　（b）钢箱梁翼缘板基础

图13.2　不同类型桥梁翼缘板基础建模

图13.3　大桥主体及中央分隔带护栏建模

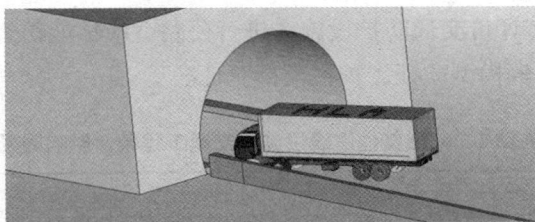

图13.4　隧道洞口建模

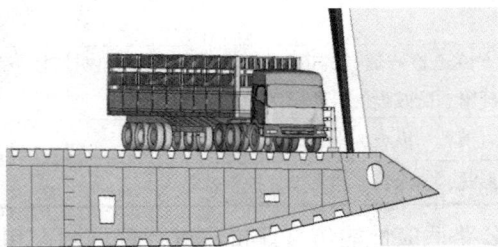

图13.5　钢箱梁及斜拉索桥建模

在发生车辆碰撞交通防护设施的事故时，可能会对这些公路沿线其他设施产生影响，设置条件的改变或公路沿线其他设施也可能影响交通防护设施对车辆的防护作用。为了更好地保障护栏实际工程中的防护效果，应结合公路其他相关沿线设施及交通工程条件，从公路适应性角度对护栏的安全性能进行评价。

13.2　公路适应性能仿真评价探索

结合与公路交通防护设施设置相关的公路其他沿线设施及交通工程条件，参照《公路护栏安全性能评价标准》（JTG B05-01—2013）对公路护栏安全性能评价指标及碰撞条件的要求，探索如何通过有限元仿真分析技术评价交通防护设施对于公路适应的安全性。该评价过程可称为交通防护设施的公路适应性能仿真评价。

13.2.1　评价要求

对于已经完成安全性能评价的交通防护设施，可结合公路其他相关沿线设施及交通工程条件，依据《公路护栏安全性能评价标准》（JTG B05-01—2013）规定的碰撞条件进行模拟计算，评价交通防护设施在该条件下的安全性能和对公路沿线设施的影响程度。公路其他沿线设施及交通工程条件影响因素如表13.1所列。待评价交通防护设施在进行公路适应性能仿真评价前，应按照12.2.1所述进行车辆模型验证、护栏模型验证。

表13.1　公路其他沿线设施及交通工程条件影响因素

类别		影响因素
基础	路基	基础形式、埋深、土基压实度、土路肩、边坡、人孔等
	桥梁	翼缘板形式（混凝土箱梁、钢箱梁）、梁板厚度、配筋、预埋连接、伸缩缝、桥台等
路侧构筑物		桥墩、隧道检修道、隧道洞门、标志立柱、照明灯柱、斜拉索、吊杆、监控设施、声屏障、防眩设施、防抛网、边沟等
公路线形		超高、横坡、纵坡、平曲线、竖曲线等
路面		路面形式、路缘石、拦水带、护轮带等

交通防护设施公路适应性能仿真评价应进行现场调查和资料收集，包括现场连续摄像或照片、相关设计文件（设计图、施工图或竣工图）、结构安全性

能仿真评价的相关资料等，资料的质量、数量和时效应满足评价要求；交通防护设施模型的结构尺寸、材料性能指标、基础和设置条件等应与其设计图纸要求一致，模型的结构长度应与《公路护栏安全性能评价标准》（JTG B05-01—2013）的要求一致；碰撞条件应符合《公路护栏安全性能评价标准》（JTG B05-01—2013）的规定；碰撞点位置应考虑公路其他沿线设施及交通工程条件因素的影响；车辆模型应与模型验证时一致，且车辆模型总质量、几何尺寸、重心位置等主要技术参数应与《公路护栏安全性能评价标准》（JTG B05-01—2013）的要求一致；仿真模拟计算过程需按照表12.1判定有效。

13.2.2 评价结论

根据仿真模拟结果的安全性能指标是否满足《公路护栏安全性能评价标准》（JTG B05-01—2013）中对阻挡功能、缓冲功能、导向功能的规定，以及对公路沿线设施的影响程度，按照表13.2得出交通防护设施公路适应性能仿真评价结论：①仿真评价安全性能指标满足评价标准的规定，若对公路沿线设施无影响，评价结论为"优秀"，影响小为"良好"，影响大为"差"；②仿真评价安全性能指标不满足评价标准的规定，评价结论为"差"。

表13.2 公路适应性能评价结论

仿真模拟结果		评价结论
安全性能指标的阻挡功能、缓冲功能、导向功能是否满足要求	对公路沿线设施的影响程度	
是	无影响	优秀
	影响小	良好
	影响大	差
否	—	差

对公路沿线设施"无影响"的情况指车辆碰撞防护设施过程未碰撞其他公路沿线设施等，"影响小"的情况指车辆碰撞防护设施过程有轻微剐蹭公路沿线设施等，"影响大"的情况指车辆碰撞防护设施过程中导致其他公路沿线设施破坏并对正常交通产生严重影响等。

13.2.3 评价报告

交通防护设施的公路适应性能仿真评价的评价报告应包括防护设施及相关构造物设计图、仿真模型验证、仿真评价计算的所有影像图文数据资料，可按照评价简表、概述、交通防护设施模型、车辆模型、仿真结果、评价结论六部分对评价依据、交通防护设施结构、防护等级、碰撞条件、仿真软件、车辆参数、仿真结果、有效性判定、结论等内容进行说明。

（1）公路适应性能仿真评价简表。

（2）概述：评价依据、交通防护设施形式、交通防护设施名称、交通防护设施防护等级及碰撞条件、仿真软件名称和版本等。

（3）交通防护设施模型：设计图纸、基础类型及边界条件、设置长度、材料型号和性能指标、节点数量、单元类型和数量、模型图片等。

（4）车辆模型：车辆模型参数（总质量、整备质量、几何尺寸、重心位置、轮胎气压和配载情况等）、模型验证报告、车辆模型图片等。

（5）仿真结果：仿真碰撞条件（碰撞速度、碰撞角度、碰撞点位置），仿真测试指标与分析（车辆碰撞过程动画，交通防护设施及相关构筑物的损坏情况图片，车辆轮迹图片，护栏标准段、护栏过渡段和中央分隔带开口护栏的护栏最大横向动态变形值、护栏最大横向动态位移外延值、车辆最大动态外倾值和车辆最大动态外倾当量值），小型客车重心位置加速度曲线及乘员碰撞速度和乘员碰撞后加速度的曲线图，护栏端头和防撞垫的车辆碰撞轮迹越出、驶出框图时刻的车辆重心处速度值，质量大于 2 kg 的护栏端头脱离件和防撞垫脱离件的散落情况图片，护栏端头和防撞垫的残余变形图，护栏构件及其脱离件侵入车辆乘员舱情况图片，护栏端部锚固的受力变形图，护栏脱离件的材质、尺寸、质量和散落位置，车辆乘员舱变形图片。

（6）评价结论：评价的有效性、公路适应性能仿真评价结论。

13.3 公路适应性能仿真评价实践

13.3.1 弯道路段公路适应性能仿真评价

某匝道最小弯道半径为 60 m、横坡为 6%，根据《公路护栏安全性能评价标准》（JTG B05-01—2013）中 HA 级碰撞条件（25 t 特大型客车、碰撞速度为 85 km/h、碰撞角度为 20°，40 t 整体式货车、碰撞速度为 65 km/h、碰撞角度为 20°，55 t 鞍式列车、碰撞速度为 65 km/h、碰撞角度为 20°）建立大型车在弯道横坡路段碰撞护栏的仿真模型，对混凝土护栏方案、圆管横梁组合式护栏方案、矩形管横梁组合式护栏方案的公路适应性能进行仿真评价。

13.3.1.1 混凝土护栏方案

混凝土护栏高 1300 mm，底宽 500 mm，为加强型坡面，护栏背部竖直，护栏墙体竖向配筋为直径 16 mm 钢筋，间距为 180 mm；纵向配筋为直径 12 mm 钢筋，结构见图13.6。

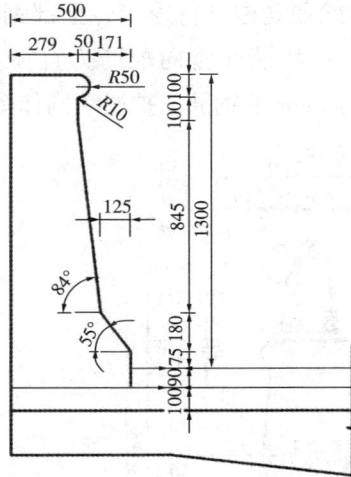

图13.6 混凝土护栏方案结构设计图（尺寸单位：mm）

图13.7为特大型客车、整体式货车、鞍式列车碰撞弯道处混凝土护栏方案的仿真过程图。可见车辆碰撞护栏后平稳驶出，没有发生穿越、翻越和骑跨护栏的现象，护栏对三种车型均形成有效的拦截和导向，弯道适应性优秀。

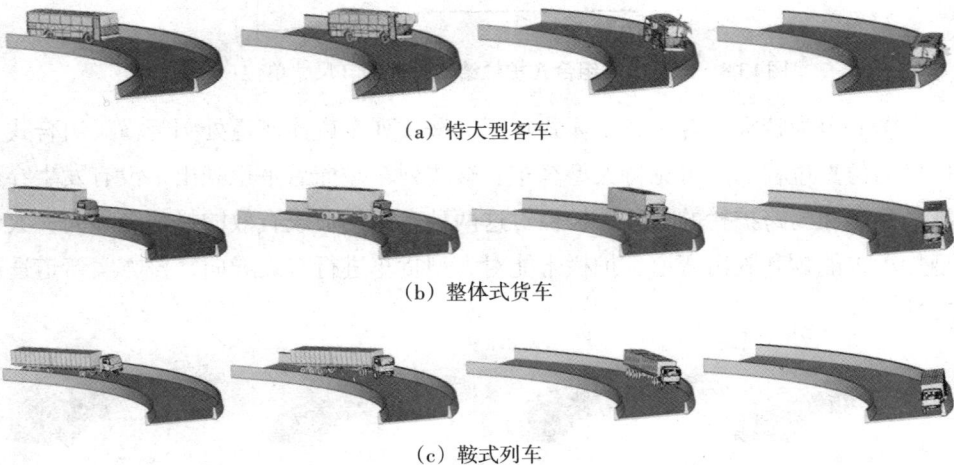

（a）特大型客车

（b）整体式货车

（c）鞍式列车

图13.7 车辆碰撞弯道处混凝土护栏的仿真过程图

13.3.1.2　圆管横梁组合式护栏方案

圆管横梁组合式护栏方案的下部混凝土墙体桥面以上高1110 mm，底宽500 mm，为加强型坡面；护栏背部竖直，上方采用φ133 mm的圆管钢横梁，立柱为斜H型钢，立柱间距为2 m，横梁中心距混凝土墙体顶面290 mm；护栏上部钢结构采用角钢将横梁和立柱进行连接，上部钢结构和下部混凝土结构采用M30地脚螺栓连接；护栏墙体竖向配筋为直径16 mm的钢筋，间距为180 mm；纵向配筋为直径12 mm的钢筋。护栏结构如图13.8所示。

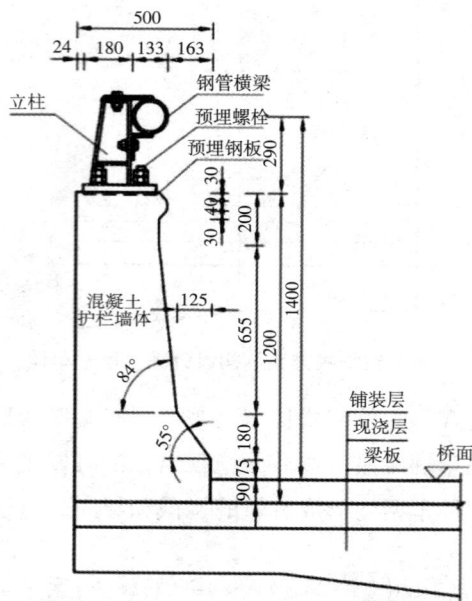

图13.8　圆管横梁组合式护栏结构设计图（尺寸单位：mm）

图13.9为特大型客车、整体式货车、鞍式列车碰撞弯道处圆管横梁组合式护栏的仿真过程图。可见特大型客车、鞍式列车碰撞后平稳驶出，没有发生穿越、翻越和骑跨护栏的现象，护栏对这两种车型均形成有效的拦截和导向；大型货车未能顺利驶出弯道，护栏未能对大型货车进行有效导向，该方案弯道适应性差。

（a）特大型客车

（b）整体式货车

（c）鞍式列车

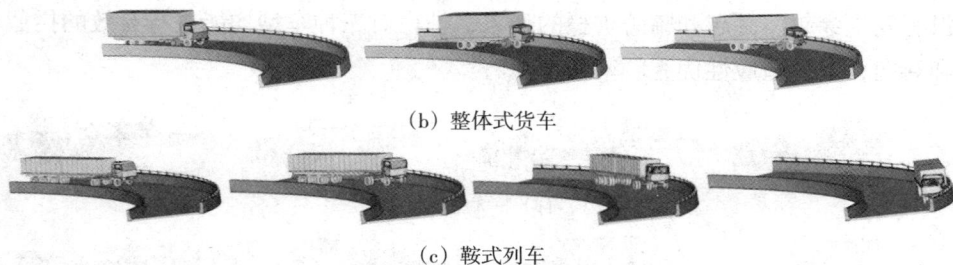

图 13.9　车辆碰撞弯道处圆管横梁组合式护栏的仿真过程图

13.3.1.3　矩形管横梁组合式护栏方案

矩形管横梁组合式护栏的下部混凝土墙体桥面以上高 1110 mm，底宽 500 mm，为加强型坡面，护栏背部竖直，上方采用 120 mm × 160 mm 矩形管钢横梁，立柱为斜 H 型钢，立柱间距为 2 m，横梁中心距混凝土墙体顶面 290 mm；护栏上部钢结构采用角钢将横梁和立柱进行连接，上部钢结构和下部混凝土结构采用 M30 地脚螺栓连接；护栏墙体配筋与圆管横梁组合式护栏方案一致。护栏结构如图 13.10 所示。

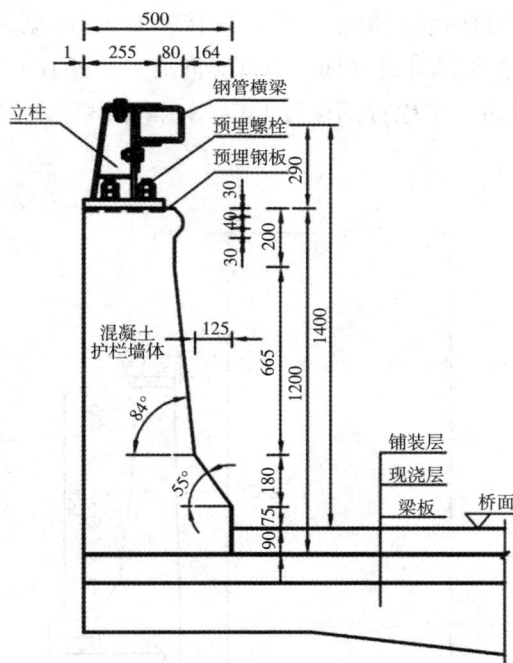

图 13.10　矩形管横梁组合护栏结构设计图（尺寸单位：mm）

图 13.11 为特大型客车、整体式货车、鞍式列车碰撞弯道处矩形管横梁组合式护栏的仿真过程图。可见车辆碰撞矩形管横梁加强方案护栏后平稳驶出，

没有发生穿越、翻越和骑跨护栏的现象，护栏对三种车型均能进行有效的拦截和导向，弯道适应性优秀。

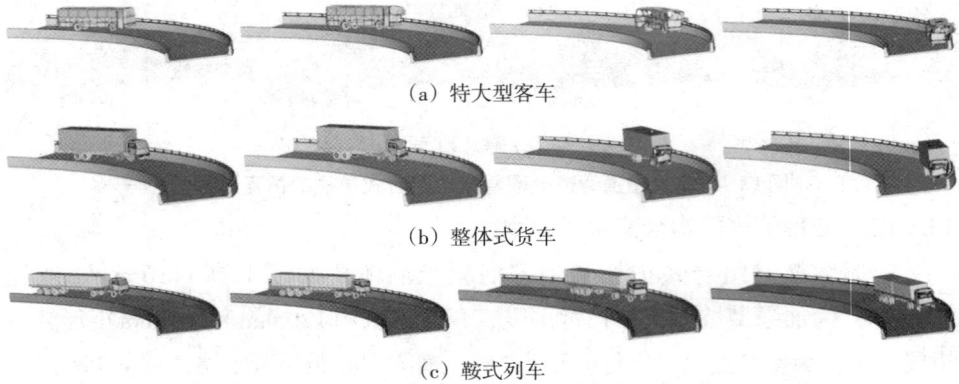

（a）特大型客车

（b）整体式货车

（c）鞍式列车

图13.11　车辆碰撞弯道处矩形管横梁组合式护栏的仿真过程图

13.3.2 桥墩路段公路适应性能仿真评价

某路段路侧采用HA级混凝土护栏，高1500 mm，底宽500 mm，迎撞面为加强型坡面形式，护栏墙体迎撞面、背部竖向筋为直径16 mm的钢筋，纵向筋为直径12 mm的钢筋，护栏背部设置1.4 m×1.4 m墩柱。护栏结构如图13.12所示。

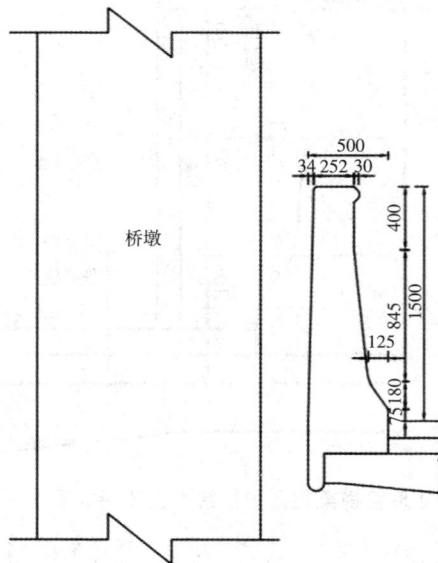

图13.12　HA级混凝土护栏结构设计图（尺寸单位：mm）

根据《公路护栏安全性能评价标准》（JTG B05-01—2013）中HA级碰撞条件（25 t特大型客车、碰撞速度为85 km/h、碰撞角度为20°，40 t整体式货车、碰撞速度为65 km/h、碰撞角度为20°，55 t鞍式列车、碰撞速度为65 km/h、碰撞角度为20°）建立车辆碰撞桥墩处护栏的计算机仿真模型，如图13.13所示。

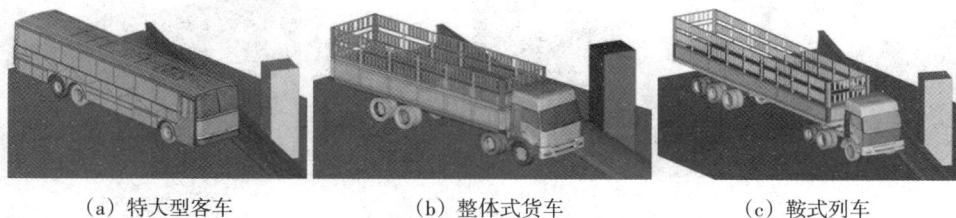

（a）特大型客车　　　　　（b）整体式货车　　　　　（c）鞍式列车

图13.13　车辆碰撞桥墩处护栏的计算机仿真模型

图13.14为三种车型（特大型客车、整体式货车、鞍式列车）碰撞桥墩处护栏的仿真过程图，可见三种车型碰撞桥墩处护栏后平稳驶出，没有发生穿越、翻越和骑跨护栏的现象。

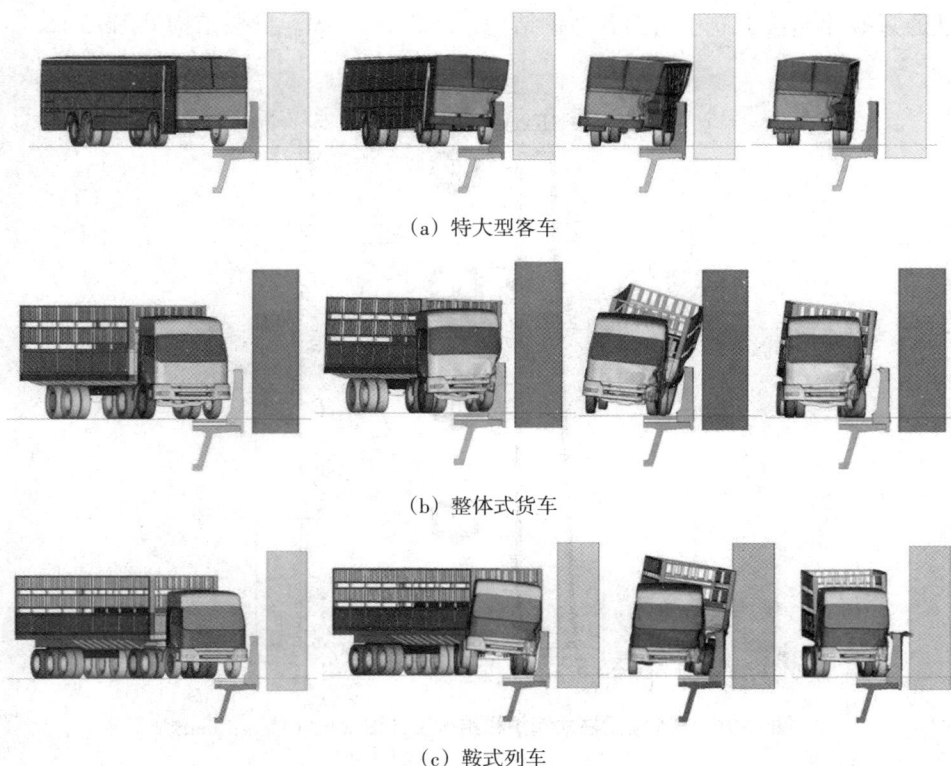

（a）特大型客车

（b）整体式货车

（c）鞍式列车

图13.14　车辆碰撞桥墩处护栏的仿真过程图

图 13.15 为三种车型碰撞后桥墩处护栏变形仿真结果图,可以看出三种车型碰撞桥墩处护栏后,护栏均略有破损,但对桥墩影响较小,护栏在该路段的公路适应性能良好。

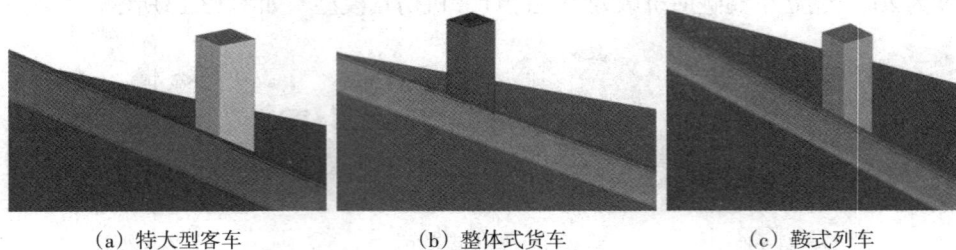

(a) 特大型客车　　　　(b) 整体式货车　　　　(c) 鞍式列车

图 13.15　碰撞后桥墩处护栏的变形图

13.3.3　斜拉索桥梁路段公路适应性能仿真评价

基于某钢箱梁斜拉索桥桥侧采用了 HA 级梁柱式钢护栏,护栏高 1660 mm,采用 4 层横梁布设方式,横梁均为矩形钢管,横梁背部焊接的矩形连接块与立柱通过螺栓连接,立柱为斜 H 型钢结构,间距为 1.5 m。护栏结构见图 13.16。

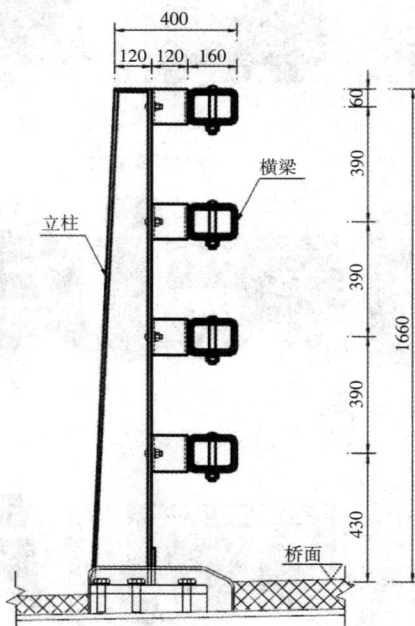

图 13.16　HA 级梁柱式钢护栏结构设计图（尺寸单位：mm）

按照《公路护栏安全性能评价标准》（JTG B05-01—2013）规定的碰撞条

件，基于该钢箱梁斜拉索桥结构和护栏结构，采用碰撞能量最高、碰撞后护栏变形值及车辆侧倾值最大的55 t鞍式列车作为碰撞车型，建立车辆碰撞护栏仿真模型（55 t鞍式列车，碰撞速度为65 km/h、碰撞角度为20°），如图13.17所示。对于碰撞位置的确定，从不利角度出发，原则是标准护栏碰撞过程中车辆最大动态外倾值发生在设置斜拉索的位置，通过仿真多次测算，确定碰撞点位于斜拉索与鞍式列车货箱顶部等高位置正下方。

（a）桥梁整体图

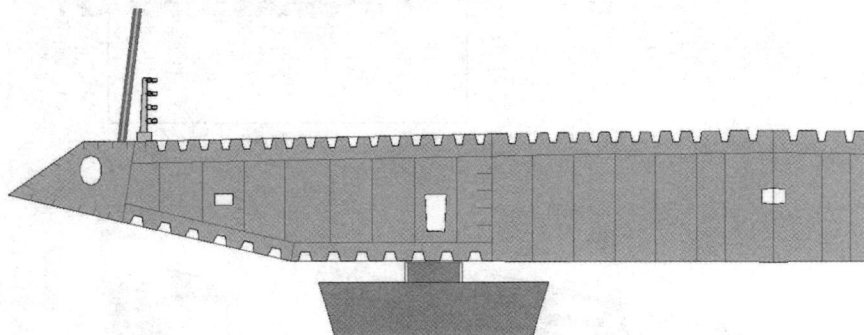

（b）桥梁断面图

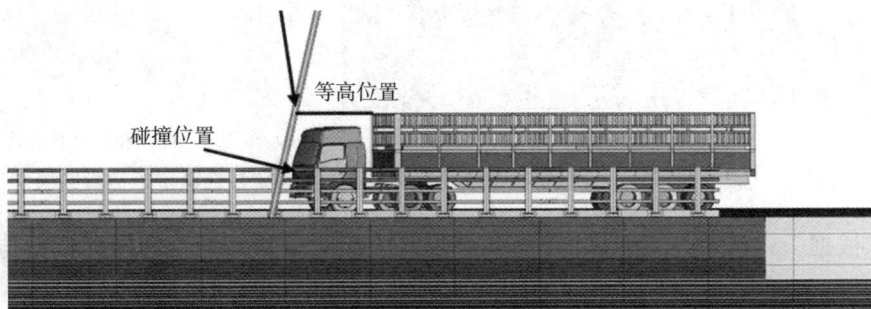

（c）车辆碰撞示意图

图13.17 鞍式列车碰撞斜拉索桥护栏的仿真模型

图 13.18 为鞍式列车碰撞设有斜拉索的桥梁标准段 HA 级梁柱式钢护栏仿真结果，可以看出护栏对鞍式列车进行了有效防护，车辆平稳驶出，没有穿越、翻越和骑跨护栏现象，碰撞后车辆恢复到正常行驶姿态，阻挡和导向功能良好；护栏最大横向动态变形值为 0.666 m，护栏最大横向动态位移外延值为 0.960 m；鞍式列车碰撞过程中最大动态外倾值为 1.027 m，外倾当量值为 1.127 m。

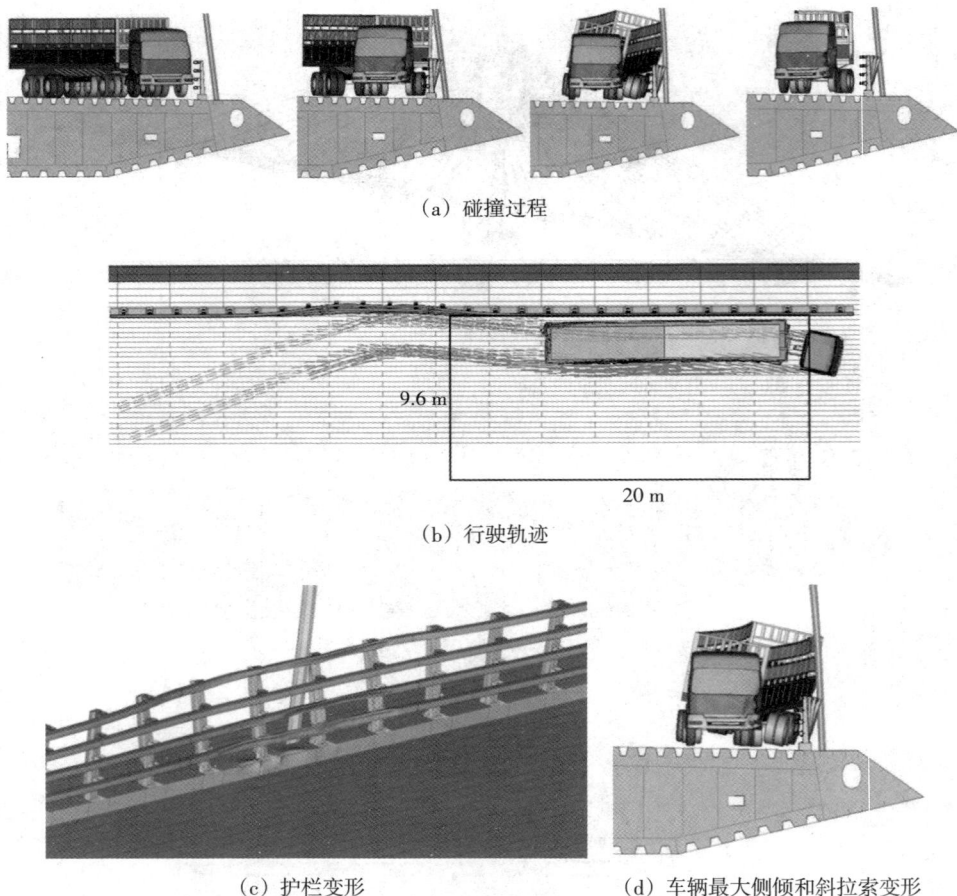

（a）碰撞过程

9.6 m

20 m

（b）行驶轨迹

（c）护栏变形

（d）车辆最大侧倾和斜拉索变形

图 13.18　鞍式列车碰撞设有斜拉索的桥梁标准段 HA 级梁柱式钢护栏仿真结果

根据上述仿真碰撞结果，桥梁标准段 HA 级梁柱式钢护栏的指标数据与通过碰撞试验的护栏评价指标数据基本相当。同时，鞍式列车碰撞护栏过程中，车辆货箱尾部轻微刮蹭到桥侧相邻斜拉索构件，但未对斜拉索结构造成严重损坏，影响程度较小，可见该护栏对该桥梁路段的公路适应性能良好。

13.3.4 防眩设施路段公路适应性能仿真评价

基于某路段的防眩设施及梁柱一体式护栏结构,梁柱一体式护栏防护等级为SA级,护栏高1300 mm,底宽500 mm,立柱为120 mm×120 mm的方管,横梁为140 mm×140 mm的方管,立柱间距为2 m,在护栏顶部设置4 m节段的防眩设施。其结构如图13.19所示。

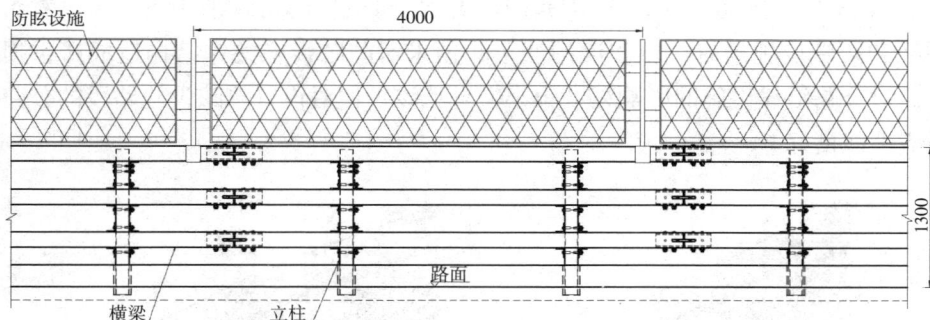

图13.19 加装防眩设施的护栏结构设计图(尺寸单位:mm)

根据《公路护栏安全性能评价标准》(JTG B05-01—2013)中SA级大型车碰撞条件(14 t大型客车、碰撞速度为80 km/h、碰撞角度为20°,25 t大型货车、碰撞速度为60 km/h、碰撞角度为20°)建立车辆在防眩设施路段碰撞护栏的仿真模型,如图13.20所示。

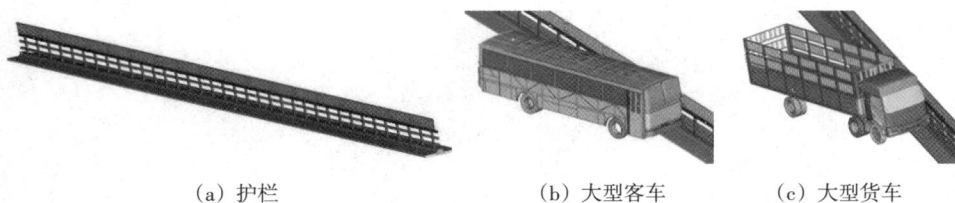

(a)护栏　　　　　　(b)大型客车　　　　　(c)大型货车

图13.20 车辆在防眩设施路段碰撞护栏的仿真模型

图13.21为大型客车、大型货车碰撞加装防眩设施护栏的仿真过程图,可见大型客车、大型货车碰撞后平稳驶出,没有发生穿越、翻越和骑跨护栏的现象。

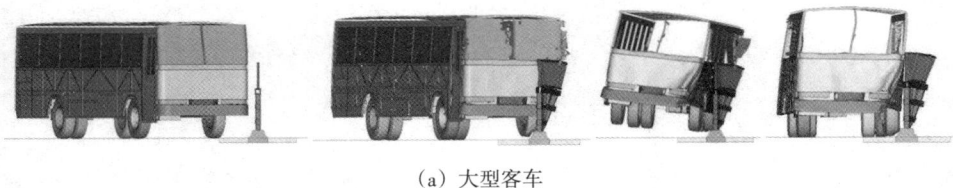

(a)大型客车

（b）大型货车

图13.21　车辆碰撞加装防眩设施护栏的仿真过程图

图13.22为大型客车、大型货车碰撞后护栏变形的仿真结果图，可以看出护栏和防眩设施均有一定程度的变形，但未对防眩设施整体结构造成严重损坏，对公路沿线设施的影响程度较小，可见该护栏对设置防眩设施路段的公路适应性能良好。

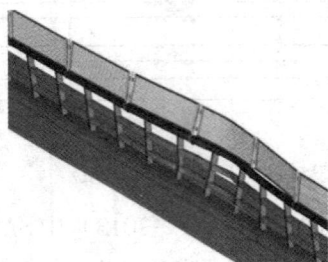 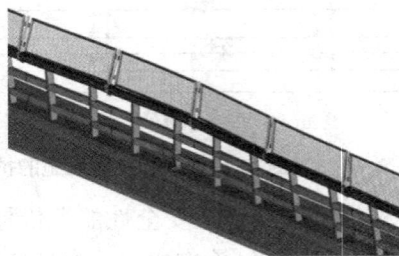

（a）大型客车　　　　　　　　　　　　（b）大型货车

图13.22　车辆碰撞加装防眩设施的护栏变形图

第14章 交通防护设施车辆乘员适应性能仿真评价探索与实践

14.1 概　述

交通防护设施的安全性能按照《公路护栏安全性能评价标准》（JTG B05-01—2013）的规定进行评价，需采用满足参数要求的小型客车、中大型客车、中大型货车，按照特定的碰撞角度和碰撞速度组织实车足尺碰撞试验，虽然这些车辆是具有一定代表性的车型，但总体上车型单一，并不能涵盖实际运营公路上的重要车型，如图14.1所示。例如小型客车中的"运动型多功能车（SUV）"、货运车辆中的"罐车"等车型均具有其自身技术特点，且在公路上占有重要比例，但与试验用碰撞车辆有所差异。研究表明，车辆的主要技术参数对碰撞结果具有较大影响，因此通过少数几种车型进行评价合格后，可能对于其他车型的防护效果并不理想。图14.2所示为防护设施对实际道路上其他车型防护不足导致的事故案例，均造成了严重的伤亡和损失。

图14.1　目前车辆模型单一

（a）双层巴士碰撞护栏

（b）大型油罐车碰撞护栏

（c）商务车（MPV）碰撞护栏

（d）SUV碰撞护栏

图14.2　相关事故案例

为更好地评价公路交通防护设施的安全性能，提升道路交通设施安全防护水平，以保护乘员生命安全，应结合公路上多种车辆类型，从车辆乘员适应性角度对护栏的安全性能进行评价，更好地了解护栏对不同车辆的防护效果。

14.2 车辆乘员适应性能仿真评价探索

选取多种车型，参照《公路护栏安全性能评价标准》（JTG B05-01—2013）对公路护栏评价指标的要求和《汽车正面碰撞的乘员保护》（GB 11551—2014）对假人性能指标的要求，探索如何通过有限元仿真分析技术评价交通防护设施对于车辆乘员适应的安全性。该评价过程可称为交通防护设施的车辆乘员适应性仿真评价。

14.2.1 评价要求

对于已经完成安全性能评价的交通防护设施，可结合公路交通流特性选取其他车型，采用多种不同碰撞条件，依据《公路护栏安全性能评价标准》（JTG B05-01—2013）规定的碰撞角度和碰撞点位置进行模拟计算，评价交通防护设施在该车型和碰撞条件下的安全性能。待评价交通防护设施在进行车辆乘员适应性能仿真评价前，应按照12.2.1所述进行车辆模型验证、护栏模型验证；进行交通防护设施车辆乘员适应性能仿真评价时，应在车辆模型驾驶席上设置假人模型，并佩带有效安全带。

14.2.2 评价结论

根据仿真模拟结果的安全性能指标是否满足《公路护栏安全性能评价标准》（JTG B05-01—2013）中对阻挡功能、导向功能的规定，以及缓冲功能是否满足现行《汽车正面碰撞的乘员保护》（GB 11551—2014）对假人头部和胸部、大腿指标的规定，按照表14.1得出交通防护设施车辆乘员适应性能仿真评价结论：①阻挡功能与导向功能、假人头部和胸部指标、假人大腿指标均满足评价标准的规定，评价结论为"优秀"；②阻挡功能与导向功能、假人头部和胸部指标满足评价标准的规定，假人大腿指标不满足评价标准的规定，评价结论为"一般"；③阻挡功能与导向功能不满足评价标准的规定，或假人头部和胸部指标不满足评价标准的规定，评价结论为"差"。

表14.1 车辆乘员适应性能评价结论

仿真模拟结果			评价结论
安全性能指标的阻挡功能、导向功能是否满足要求	假人头部和胸部指标是否满足要求	假人大腿指标是否满足要求	
是	是	是	优秀
是	是	否	一般
是	否	—	差
否	—	—	差

车辆乘员适应性能缓冲功能评价指标为：①假人头部性能指标 HPC≤1000；②假人胸部压缩指标 ThCC≤75 mm；③假人大腿压缩力指标 FFC≤10 kN。

14.2.3 评价报告

交通防护设施的车辆乘员适应性能仿真评价的评价报告应包括防护设施结构设计图、仿真模型验证、仿真评价计算的所有影像图文数据资料，可按照评价简表、概述、交通防护设施模型、车辆模型、仿真结果、评价结论六部分对评价依据、交通防护设施结构、防护等级、碰撞条件、仿真软件、车辆参数、假人模型、仿真结果、有效性判定、结论等内容进行说明。

（1）车辆乘员适应性能仿真评价简表。

（2）概述：评价依据、交通防护设施形式、交通防护设施名称、交通防护设施防护等级及碰撞条件、仿真软件名称和版本等。

（3）交通防护设施模型：设计图纸、基础类型及边界条件、设置长度、材料型号和性能指标、节点数量、单元类型和数量、模型图片等。

（4）车辆模型：车辆模型参数（总质量、整备质量、几何尺寸、重心位置、轮胎气压和配载情况等）、假人总质量、模型验证报告、车辆模型图片、假人模型图片等。

（5）仿真结果：仿真碰撞条件（碰撞速度、碰撞角度、碰撞点位置），仿真测试指标与分析（车辆碰撞过程动画，交通防护设施及相关构筑物的损坏情况图片，车辆轮迹图片，护栏标准段、护栏过渡段和中央分隔带开口护栏的护栏最大横向动态变形值、护栏最大横向动态位移外延值、车辆最大动态外倾值和车辆最大动态外倾当量值），假人头部性能指标、胸部压缩指标、大腿压缩力指标，质量大于2 kg的护栏端头脱离件和防撞垫脱离件的散落情况图片，护栏端头和防撞垫的残余变形图，护栏构件及其脱离件侵入车辆乘员舱情况图片，护栏端部锚固的受力变形图，护栏脱离件的材质、尺寸、质量和散落位置、车辆乘员舱变形图片。

（6）评价结论：评价的有效性、车辆乘员适应性能仿真评价结论。

14.3 车辆乘员适应性能仿真评价实践

14.3.1 金属梁柱式型钢护栏车辆乘员适应性能仿真评价

某金属梁柱式型钢护栏设计防护等级为HA级，结构如图14.3所示。护栏顶层横梁中心距桥面高1600 mm，护栏整体高度为1660 mm；横梁布设4层，均采用矩形管结构；立柱采用斜H型钢，间距为1.5 m。

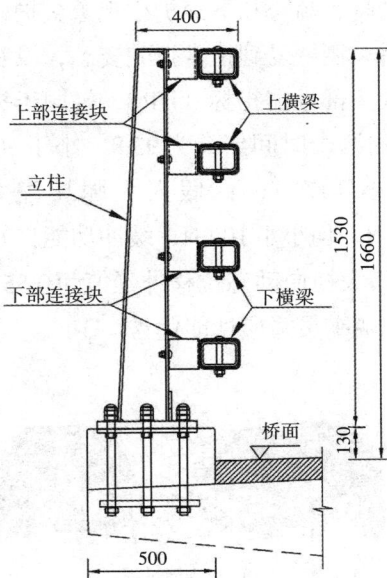

图14.3 金属梁柱式型钢护栏结构图（尺寸单位：mm）

建立护栏仿真模型，依据公路交通流特征，选取微型轿车、小型越野车、中高级轿车和大型货车，按照《公路护栏安全性能评价标准》（JTG B05-01—2013）中规定的碰撞角度和碰撞点进行车辆乘员适应性能仿真评价。

14.3.1.1 微型轿车

图14.4为微型轿车碰撞金属梁柱式型钢护栏的仿真模型，碰撞条件为车辆总质量为1 t、碰撞速度为100 km/h、碰撞角度为20°。在车辆模型驾驶席上设

置假人模型，且佩带有效安全带，假人总质量为86 kg，假人头部距地面高度为1.337 m，碰撞点位于沿行车方向距离护栏标准段起点1/3长度处。

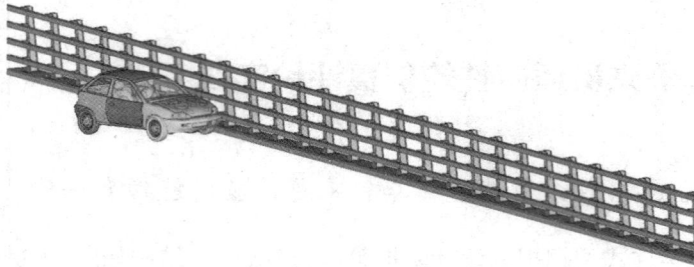

图14.4　微型轿车碰撞标准护栏仿真模型

图14.5为微型轿车碰撞金属梁柱式型钢护栏的仿真结果。可见微型轿车平稳驶出，没有穿越、翻越、骑跨和下穿护栏现象，护栏构件及其脱离件没有侵入车辆乘员舱，碰撞后车辆恢复到正常行驶姿态，没有翻车，阻挡功能和导向功能良好。同时，假人头部性能指标（HPC，等同于头部伤害指标HIC，T0和Te为头部碰撞过程中的两个时间点）为93.8，小于1000；假人胸部压缩指标（ThCC）为2.9 mm，小于75 mm；假人大腿压缩力指标（FFC）为左腿0.409 kN、右腿1.171 kN，均小于10 kN，缓冲功能良好。护栏最大横向动态变形值为0.039 m，护栏最大横向动态位移外延值为0.557 m。该护栏可有效保护微型轿车乘员安全，车辆乘员适应性能优秀。

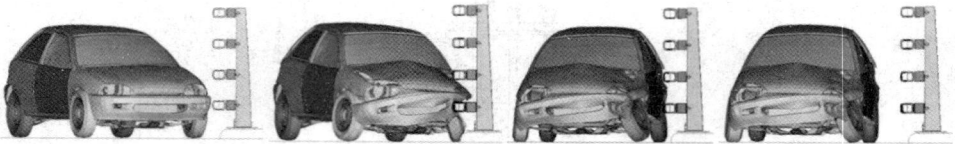

（a）碰撞过程

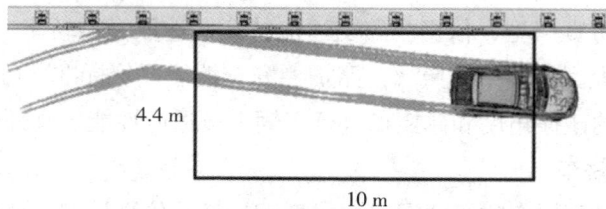

4.4 m

10 m

（b）行驶轨迹

（c）假人姿态

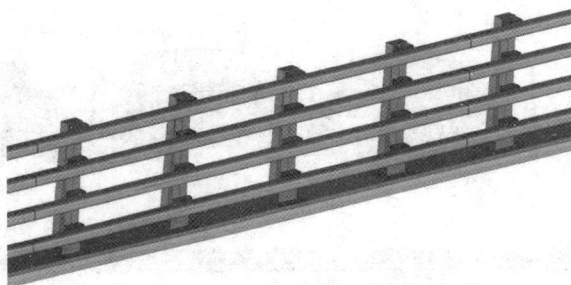

（d）护栏变形

图14.5 微型轿车碰撞标准护栏的仿真结果

14.3.1.2 小型越野车

图14.6为小型越野车碰撞金属梁柱式型钢护栏的仿真模型，碰撞条件为车辆总质量为1.6 t、碰撞速度为100 km/h、碰撞角度为20°。在车辆模型驾驶席上设置假人模型，且佩带有效安全带，假人总质量为86 kg，假人头部距地面高度为1.640 m，碰撞点位于沿行车方向距离护栏标准段起点1/3长度处。

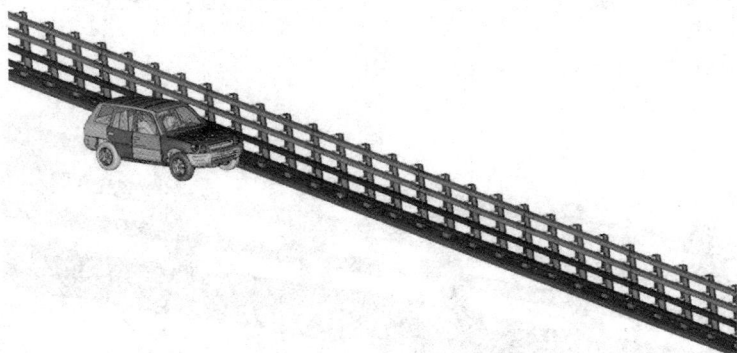

图14.6 小型越野车碰撞标准护栏仿真模型

图14.7为小型越野车碰撞金属梁柱式型钢护栏的仿真结果。可见小型越野车平稳驶出，没有穿越、翻越、骑跨和下穿护栏现象，护栏构件及其脱离件没

有侵入车辆乘员舱，碰撞后车辆恢复到正常行驶姿态，没有翻车，阻挡功能和导向功能良好。同时，假人头部性能指标（HPC，等同于HIC）为153.5，小于1000；假人胸部压缩指标（ThCC）为2.1 mm，小于75 mm；假人大腿压缩力指标（FFC）为左腿1.069 kN、右腿1.285 kN，均小于10 kN，缓冲功能良好。护栏最大横向动态变形值为0.163 m，护栏最大横向动态位移外延值为0.557 m。该护栏可有效保护小型越野车乘员安全，车辆乘员适应性能优秀。

（a）碰撞过程

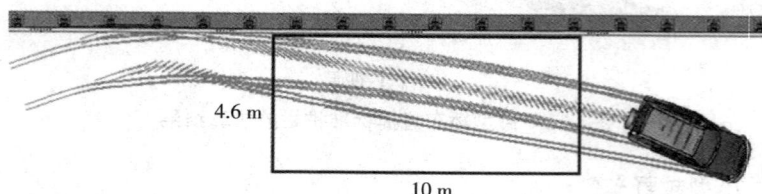

4.6 m

10 m

（b）行驶轨迹

（c）假人姿态

（d）护栏变形

图14.7 小型越野车碰撞标准护栏的仿真结果

14.3.1.3 中高级轿车

图14.8为中高级轿车碰撞金属梁柱式型钢护栏的仿真模型，碰撞条件为车辆总质量为2.3 t、碰撞速度为100 km/h、碰撞角度为20°。在车辆模型驾驶席上设置假人模型，且佩带有效安全带，假人总质量为86 kg，假人头部距地面高度为1.541 m，碰撞点位于沿行车方向距离护栏标准段起点1/3长度处。

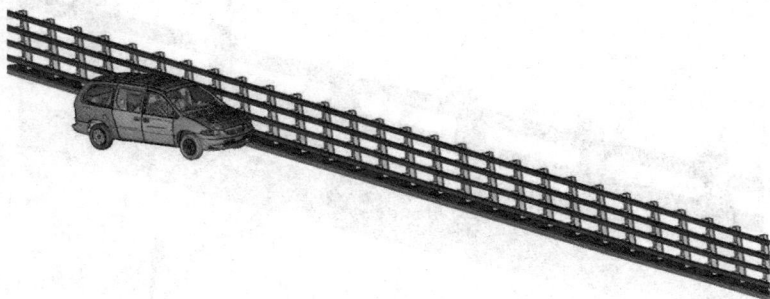

图14.8 中高级轿车碰撞标准护栏仿真模型

图14.9为中高级轿车碰撞金属梁柱式型钢护栏的仿真结果。可见中高级轿车平稳驶出，没有穿越、翻越、骑跨和下穿护栏现象，护栏构件及其脱离件没有侵入车辆乘员舱，碰撞后车辆恢复到正常行驶姿态，没有翻车，阻挡功能和导向功能良好。同时，假人头部性能指标（HPC，等同于HIC）为799.8，小于1000；假人胸部压缩指标（ThCC）为25.6 mm，小于75 mm；假人大腿压缩力指标（FFC）为左腿2.188 kN、右腿1.840 kN，均小于10 kN，缓冲功能良好。护栏最大横向动态变形值为0.237 m，护栏最大横向动态位移外延值为0.557 m。该护栏可有效保护中高级轿车乘员安全，车辆乘员适应性能优秀。

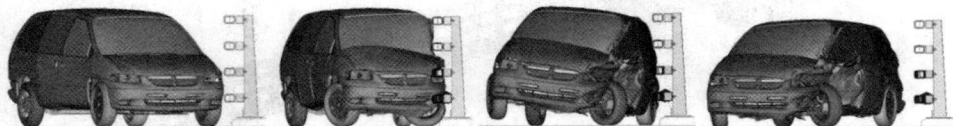

（a）碰撞过程

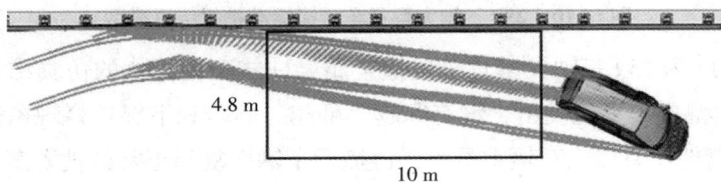

4.8 m

10 m

（b）行驶轨迹

（c）假人姿态

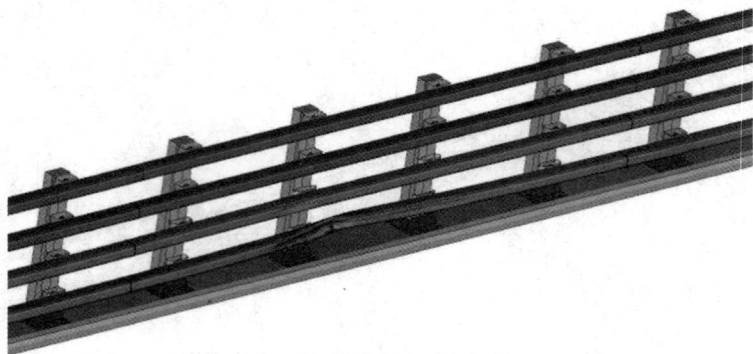

（d）护栏变形

图14.9　中高级轿车碰撞标准护栏的仿真结果

14.3.1.4　大型货车

图14.10为25 t三轴大型货车碰撞金属梁柱式型钢护栏的仿真模型，碰撞条件为车辆总质量为25 t、碰撞速度为60 km/h、碰撞角度为20°。在车辆模型驾驶席上设置假人模型，且佩带有效安全带，假人总质量为86 kg，假人头部距地面高度为2.362 m，碰撞点位于沿行车方向距离护栏标准段起点1/3长度处。

图14.10　25 t三轴大型货车碰撞标准护栏仿真模型

图14.11为25 t三轴大型货车碰撞金属梁柱式型钢护栏的仿真结果。可见25 t三轴大型货车平稳驶出，没有穿越、翻越、骑跨和下穿护栏现象，护栏构件及其脱离件没有侵入车辆乘员舱，碰撞后车辆恢复到正常行驶姿态，没有翻车，阻挡功能和导向功能良好。同时，假人头部性能指标（HPC，等同于

HIC）为73.9，小于1000；假人胸部压缩指标（ThCC）为2.7 mm，小于75 mm，假人大腿压缩力指标（FFC）左腿1.015 kN、右腿0.421 kN，均小于10 kN，缓冲功能良好。护栏最大横向动态变形值为0.329 m，护栏最大横向动态位移外延值为0.632 m。该护栏可有效防护25 t三轴大型货车，保护车辆及乘员安全，车辆乘员适应性能优秀。

（a）碰撞过程

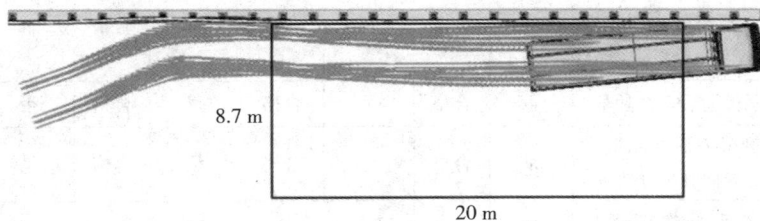

8.7 m

20 m

（b）行驶轨迹

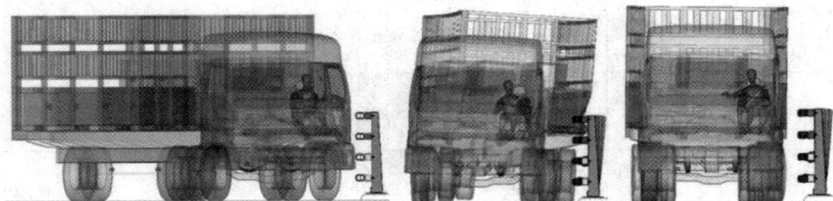

（c）假人姿态

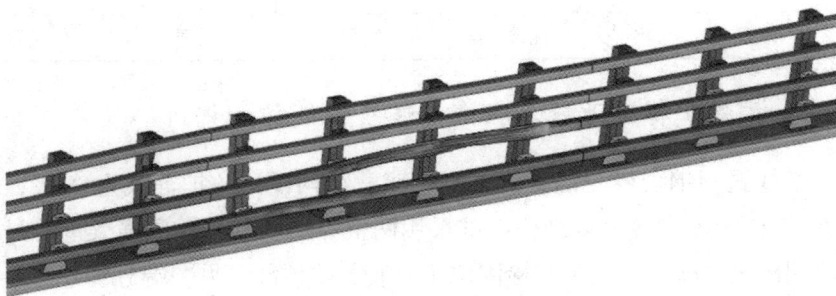

（d）护栏变形

图14.11　25 t三轴大型货车碰撞标准护栏的仿真结果

14.3.1.5　小　结

综上所述，金属梁柱式型钢护栏可对微型轿车、小型越野车、中高级轿车、大型货车进行有效防护，阻挡功能、导向功能和缓冲功能指标均满足要求，该护栏车辆乘员适应性能优秀，指标汇总见表14.2。

表14.2　金属梁柱式型钢护栏车辆乘员适应性能评价指标汇总

评价项目		微型轿车		小型越野车		中高级轿车		大型货车	
		测试结果	是否合格	测试结果	是否合格	测试结果	是否合格	测试结果	是否合格
阻挡功能	车辆是否穿越、翻越和骑跨评价样品	否	合格	否	合格	否	合格	否	合格
	评价样品构件及其脱离碎片是否侵入车辆乘员舱	否	合格	否	合格	否	合格	否	合格
导向功能	车辆碰撞后是否翻车	否	合格	否	合格	否	合格	否	合格
	车辆碰撞后的轮迹是否满足导向驶出框要求	是	合格	是	合格	是	合格	是	合格
缓冲功能	假人头部性能指标（HPC）	93.8	合格	153.5	合格	799.8	合格	73.9	合格
	假人胸部压缩指标（ThCC）	2.9 mm	合格	2.1 mm	合格	25.6 mm	合格	2.7 mm	合格
	假人大腿压缩力指标（FFC）	1.171 kN	合格	1.285 kN	合格	2.188 kN	合格	1.015 kN	合格
护栏最大横向动态变形值（D）/m		0.039		0.163		0.237		0.329	
护栏最大横向动态位移外延值（W）/m		0.557		0.557		0.557		0.632	
评价结论		优秀		优秀		优秀		优秀	

14.3.2　桥梁护栏过渡段车辆乘员适应性能仿真评价

某梁柱式型钢护栏与混凝土护栏过渡段结构设计防护等级为SS级，结构如图14.12所示。过渡翼墙结构上部采用两根异形的端部锚固横梁进行过渡连接，即端部锚固横梁一端植螺栓固定于过渡翼墙顶部，另一端分别外套于上两层连接内套管上且栓接固定；下部将下两层横梁通过焊接的连接钢板栓接锚固在过渡翼墙的凹槽内。

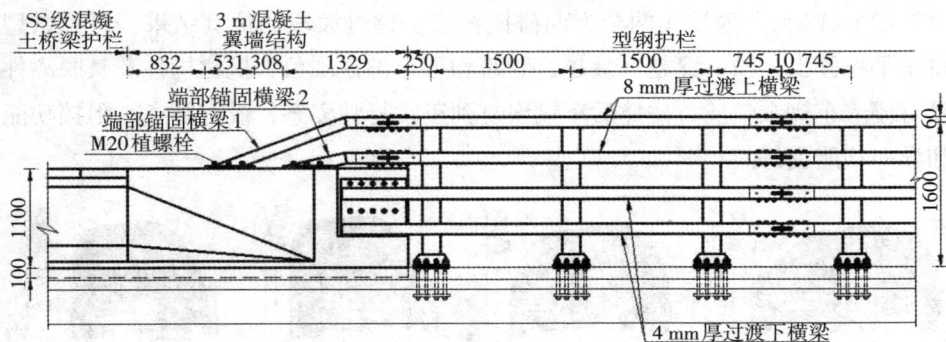

图14.12 护栏过渡段结构图（尺寸单位：mm）

建立桥梁护栏过渡段仿真模型，选取微型轿车、小型越野车、中高级轿车，按照《公路护栏安全性能评价标准》（JTG B05-01—2013）中规定的碰撞角度和碰撞点进行车辆乘员适应性能仿真评价。

14.3.2.1 微型轿车

图14.13为微型轿车碰撞桥梁护栏过渡段的仿真模型，碰撞条件为车辆总质量为1 t、碰撞速度为100 km/h、碰撞角度为20°。在车辆模型驾驶席上设置假人模型，且佩带有效安全带，假人总质量为86 kg，假人头部距地面高度为1.337 m，碰撞点位于沿行车方向距离护栏过渡段起点3/4长度处。

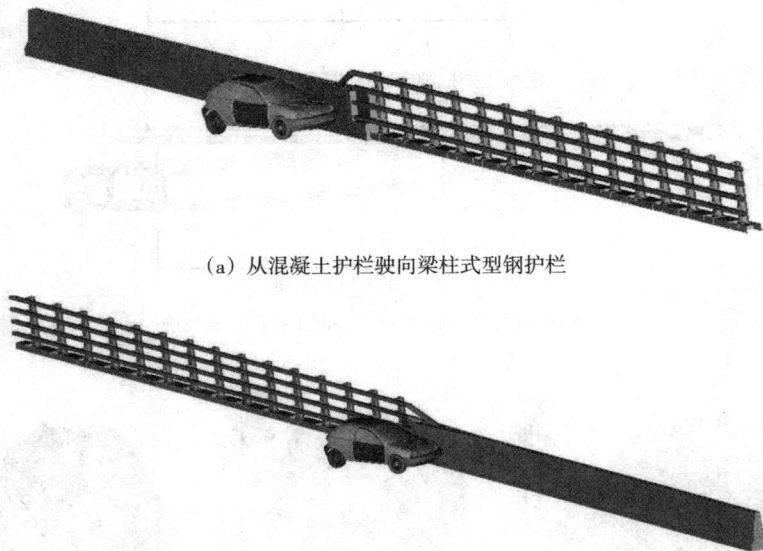

（a）从混凝土护栏驶向梁柱式型钢护栏

（b）从梁柱式型钢护栏驶向混凝土护栏

图14.13 微型轿车碰撞桥梁护栏过渡段仿真模型

图14.14为微型轿车两个方向碰撞桥梁护栏过渡段的仿真结果。可见微型轿车平稳驶出，没有穿越、翻越、骑跨和下穿护栏现象，护栏构件及其脱离件没有侵入车辆乘员舱，碰撞后车辆恢复到正常行驶姿态，没有翻车，阻挡功能和导向功能良好。

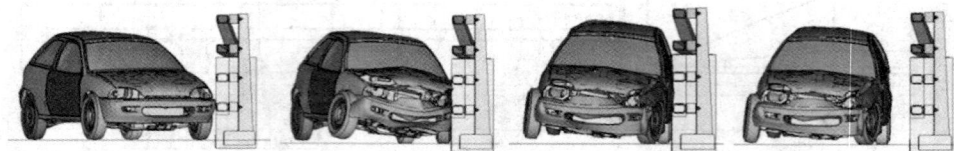

（a）从混凝土护栏驶向梁柱式型钢护栏碰撞过程

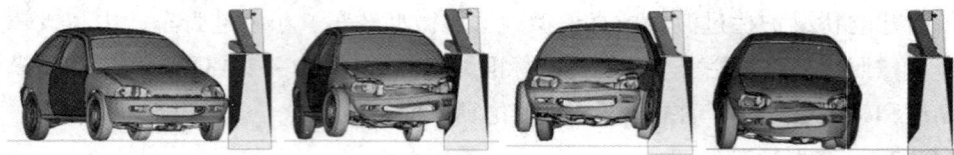

（b）从梁柱式型钢护栏驶向混凝土护栏碰撞过程

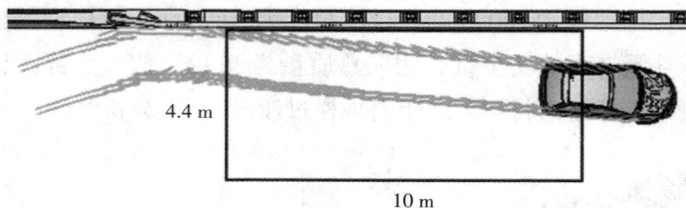

（c）从混凝土护栏驶向梁柱式型钢护栏行驶轨迹

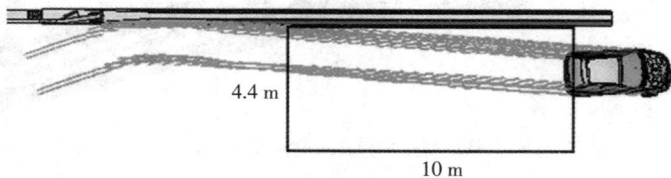

（d）从梁柱式型钢护栏驶向混凝土护栏行驶轨迹

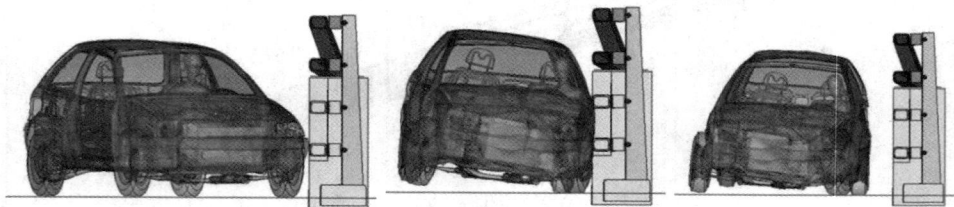

（e）从混凝土护栏驶向梁柱式型钢护栏假人姿态

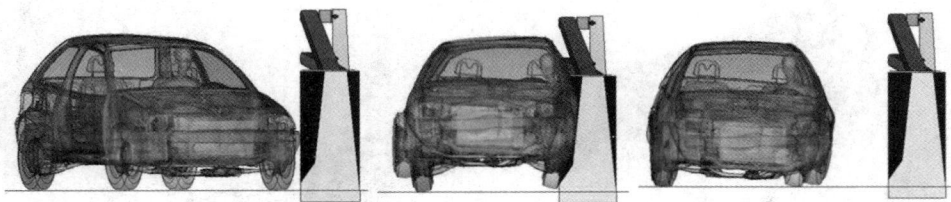

（f）从梁柱式型钢护栏驶向混凝土护栏假人姿态

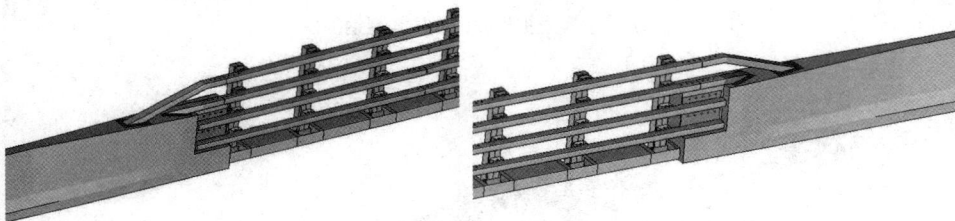

（g）从混凝土护栏驶向梁柱式型钢护栏变形　　　（h）从梁柱式型钢护栏驶向混凝土护栏变形

图14.14　微型轿车碰撞桥梁护栏过渡段的仿真结果

从混凝土护栏驶向梁柱式型钢护栏时，假人头部性能指标（HPC，等同于HIC）为77.7，小于1000；假人胸部压缩指标（ThCC）为1.8 mm，小于75 mm；假人大腿压缩力指标（FFC）为左腿1.131 kN、右腿3.561 kN，均小于10 kN，缓冲功能良好；护栏最大横向动态变形值为0.004 m，护栏最大横向动态位移外延值为0.525 m。从梁柱式型钢护栏驶向混凝土护栏时，假人头部性能指标（HPC，等同于HIC）为46.9，小于1000；假人胸部压缩指标（ThCC）为1.3 mm，小于75 mm；假人大腿压缩力指标（FFC）为左腿0.826 kN、右腿0.923 kN，均小于10 kN，缓冲功能良好；护栏最大横向动态变形值为0.002 m，护栏最大横向动态位移外延值为0.525 m。该护栏可有效保护微型轿车乘员安全，车辆乘员适应性能优秀。

14.3.2.2　小型越野车

图14.15为小型越野车碰撞桥梁护栏过渡段的仿真模型，碰撞条件为车辆总质量为1.6 t、碰撞速度为100 km/h、碰撞角度为20°。在车辆模型驾驶席上设置假人模型，且佩带有效安全带，假人总质量为86 kg，假人头部距地面高度为1.640 m，碰撞点位于沿行车方向距离护栏过渡段起点3/4长度处。

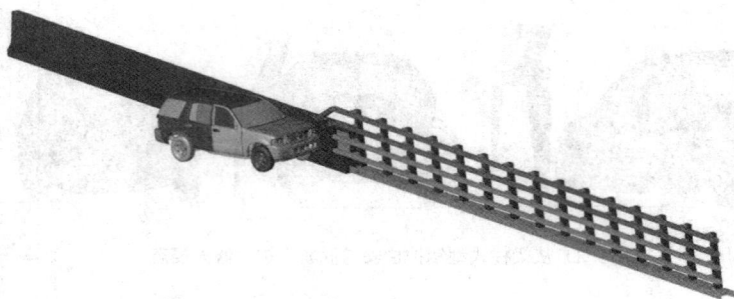

（a）从混凝土护栏驶向梁柱式型钢护栏

（b）从梁柱式型钢护栏驶向混凝土护栏

图14.15　小型越野车碰撞桥梁护栏过渡段仿真模型

图14.16为小型越野车两个方向碰撞桥梁护栏过渡段的仿真结果。可见小型越野车平稳驶出，没有穿越、翻越、骑跨和下穿护栏现象，护栏构件及其脱离件没有侵入车辆乘员舱，碰撞后车辆恢复到正常行驶姿态，没有翻车，阻挡功能和导向功能良好。

（a）从混凝土护栏驶向梁柱式型钢护栏碰撞过程

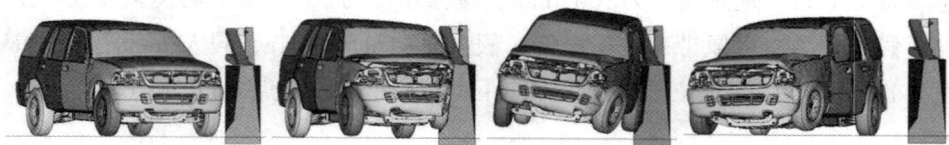

（b）从梁柱式型钢护栏驶向混凝土护栏碰撞过程

10 m

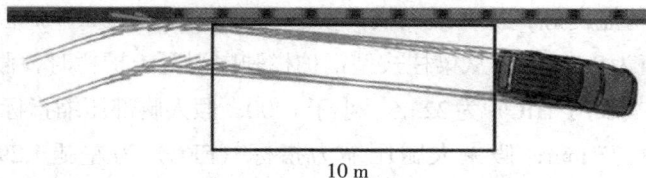

（c）从混凝土护栏驶向梁柱式型钢护栏行驶轨迹

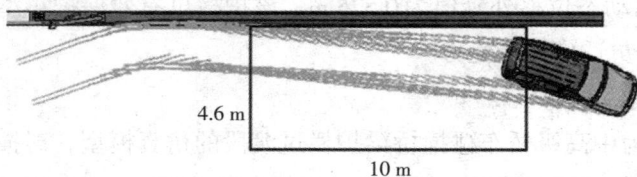

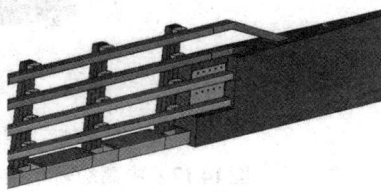

4.6 m

10 m

（d）从梁柱式型钢护栏驶向混凝土护栏行驶轨迹

（e）从混凝土护栏驶向梁柱式型钢护栏假人姿态

（f）从梁柱式型钢护栏驶向混凝土护栏假人姿态

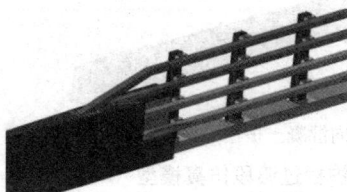

（g）从混凝土护栏驶向梁柱式型钢护栏变形　　（h）从梁柱式型钢护栏驶向混凝土护栏变形

图14.16　小型越野车碰撞桥梁护栏过渡段的仿真结果

从混凝土护栏驶向梁柱式型钢护栏时，假人头部性能指标（HPC，等同于HIC）为262.2，小于1000；假人胸部压缩指标（ThCC）为2.3 mm，小于75 mm；假人大腿压缩力指标（FFC）为左腿1.005 kN、右腿3.672 kN，均小于

10 kN，缓冲功能良好；护栏最大横向动态变形值为0.059 m，护栏最大横向动态位移外延值为0.525 m。从梁柱式型钢护栏驶向混凝土护栏时，假人头部性能指标（HPC，等同于HIC）为223.6，小于1000；假人胸部压缩指标（ThCC）为1.9 mm，小于75 mm；假人大腿压缩力指标（FFC）为左腿1.298 kN、右腿2.772 kN，均小于10 kN，缓冲功能良好；护栏最大横向动态变形值为0.002 m，护栏最大横向动态位移外延值为0.525 m。该护栏可有效保护小型越野车乘员安全，车辆乘员适应性能优秀。

14.3.2.3　中高级轿车

图14.17为中高级轿车碰撞桥梁护栏过渡段的仿真模型，碰撞条件为车辆总质量为2.3 t、碰撞速度为100 km/h、碰撞角度为20°。在车辆模型驾驶席上设置假人模型，且佩带有效安全带，假人总质量为86 kg，假人头部距地面高度为1.541 m，碰撞点位于沿行车方向距离护栏过渡段起点3/4长度处。

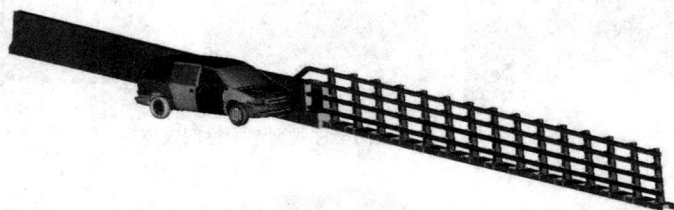

（a）从混凝土护栏驶向梁柱式型钢护栏

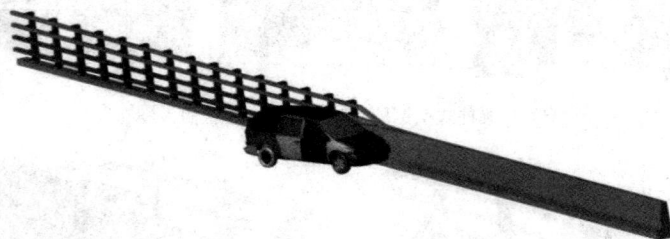

（b）从梁柱式型钢护栏驶向混凝土护栏

图14.17　中高级轿车碰撞桥梁护栏过渡段仿真模型

图14.18为中高级轿车两个方向碰撞桥梁护栏过渡段的仿真结果。可见中高级轿车平稳驶出，没有穿越、翻越、骑跨和下穿护栏现象，护栏构件及其脱离件没有侵入车辆乘员舱，碰撞后车辆恢复到正常行驶姿态，没有翻车，阻挡功能和导向功能良好。

从混凝土护栏驶向梁柱式型钢护栏时，假人头部性能指标（HPC，等同于

HIC）为503.5，小于1000；假人胸部压缩指标（ThCC）为3.3 mm，小于75 mm；假人大腿压缩力指标（FFC）为左腿0.698 kN、右腿0.711 kN，均小于10 kN，缓冲功能良好；护栏最大横向动态变形值为0.237 m，护栏最大横向动态位移外延值为0.525 m。从梁柱式型钢护栏驶向混凝土护栏时，假人头部性能指标（HPC，等同于HIC）为356.9，小于1000；假人胸部压缩指标（ThCC）为2.8 mm，小于75 mm；假人大腿压缩力指标（FFC）为左腿0.573 kN、右腿0.938 kN，均小于10 kN，缓冲功能良好；护栏最大横向动态变形值为0.001 m，护栏最大横向动态位移外延值为0.525 m。该护栏可有效保护中高级轿车乘员安全，车辆乘员适应性能优秀。

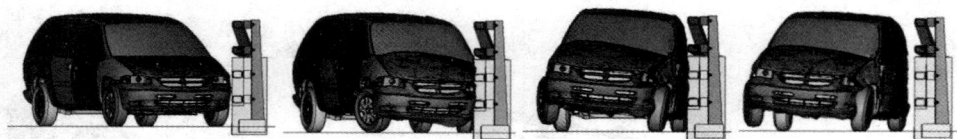

(a) 从混凝土护栏驶向梁柱式型钢护栏碰撞过程

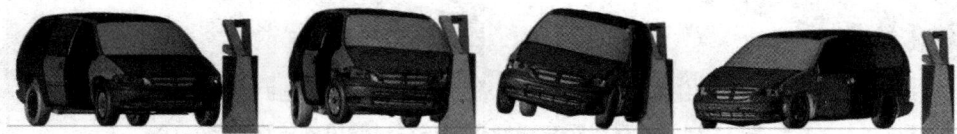

(b) 从梁柱式型钢护栏驶向混凝土护栏碰撞过程

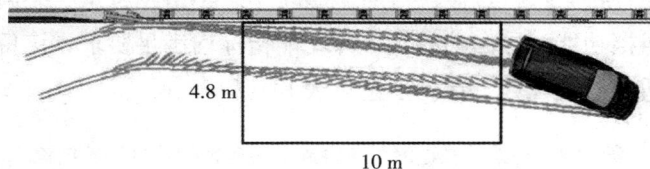

4.8 m

10 m

(c) 从混凝土护栏驶向梁柱式型钢护栏行驶轨迹

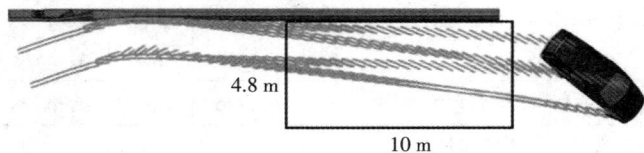

4.8 m

10 m

(d) 从梁柱式型钢护栏驶向混凝土护栏行驶轨迹

（e）从混凝土护栏驶向梁柱式型钢护栏假人姿态

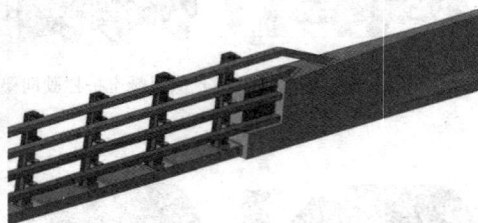

（f）从梁柱式型钢护栏驶向混凝土护栏假人姿态

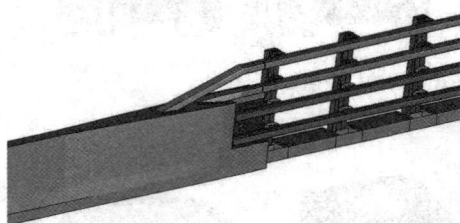

（g）从混凝土护栏驶向梁柱式型钢护栏变形　　（h）从梁柱式型钢护栏驶向混凝土护栏变形

图14.18　中高级轿车碰撞桥梁护栏过渡段的仿真结果

14.3.2.4　小　结

综上所述，桥梁护栏过渡段可对微型轿车、小型越野车、中高级轿车进行有效防护，阻挡功能、导向功能和缓冲功能指标均满足要求，该桥梁护栏过渡段车辆乘员适应性能优秀，指标汇总见表14.3和表14.4。

表14.3　桥梁护栏过渡段车辆乘员适应性能仿真评价结论

（从混凝土护栏驶向梁柱式型钢护栏）

<table>
<tr><td rowspan="2" colspan="2" align="center">评价项目</td><td colspan="2" align="center">微型轿车</td><td colspan="2" align="center">小型越野车</td><td colspan="2" align="center">中高级轿车</td></tr>
<tr><td align="center">测试结果</td><td align="center">是否合格</td><td align="center">测试结果</td><td align="center">是否合格</td><td align="center">测试结果</td><td align="center">是否合格</td></tr>
<tr><td rowspan="2" align="center">阻挡功能</td><td>车辆是否穿越、翻越和骑跨评价样品</td><td align="center">否</td><td align="center">合格</td><td align="center">否</td><td align="center">合格</td><td align="center">否</td><td align="center">合格</td></tr>
<tr><td>评价样品构件及其脱离碎片是否侵入车辆乘员舱</td><td align="center">否</td><td align="center">合格</td><td align="center">否</td><td align="center">合格</td><td align="center">否</td><td align="center">合格</td></tr>
</table>

表 14.3（续）

评价项目		微型轿车		小型越野车		中高级轿车	
		测试结果	是否合格	测试结果	是否合格	测试结果	是否合格
导向功能	车辆碰撞后是否翻车	否	合格	否	合格	否	合格
	车辆碰撞后的轮迹是否满足导向驶出框要求	是	合格	是	合格	是	合格
缓冲功能	假人头部性能指标（HPC）	77.7	合格	262.2	合格	503.5	合格
	假人胸部压缩指标（ThCC）	1.8 mm	合格	2.3 mm	合格	3.3 mm	合格
	假人大腿压缩力指标（FFC）	3.561 kN	合格	3.672 kN	合格	0.711 kN	合格
护栏最大横向动态变形值(D)/m		0.004		0.059		0.237	
护栏最大横向动态位移外延值(W)/m		0.525		0.525		0.525	
评价结论		优秀		优秀		优秀	

表 14.4 桥梁护栏过渡段车辆乘员适应性能仿真评价结论
（从梁柱式型钢护栏驶向混凝土护栏）

评价项目		微型轿车		小型越野车		中高级轿车	
		测试结果	是否合格	测试结果	是否合格	测试结果	是否合格
阻挡功能	车辆是否穿越、翻越和骑跨评价样品	否	合格	否	合格	否	合格
	评价样品构件及其脱离碎片是否侵入车辆乘员舱	否	合格	否	合格	否	合格
导向功能	车辆碰撞后是否翻车	否	合格	否	合格	否	合格
	车辆碰撞后的轮迹是否满足导向驶出框要求	是	合格	是	合格	是	合格
缓冲功能	假人头部性能指标（HPC）	46.9	合格	223.6	合格	356.9	合格
	假人胸部压缩指标（ThCC）	1.3 mm	合格	1.9 mm	合格	2.8 mm	合格
	假人大腿压缩力指标（FFC）	0.923 kN	合格	2.772 kN	合格	0.938 kN	合格
护栏最大横向动态变形值(D)/m		0.002		0.002		0.001	
护栏最大横向动态位移外延值(W)/m		0.525		0.525		0.525	
评价结论		优秀		优秀		优秀	

14.3.3 隧道入口防护设施车辆乘员适应性能仿真评价

某隧道入口防护设施设计防护等级为 SS 级，设计方案如图 14.19 所示。由

6 m长直线段过渡翼墙，以及6 m长渐变段过渡翼墙加渐变段范围内的波形梁护栏组成。直线段SS级设计高度为1.2 m；翼墙统一采用直壁式坡面，设计宽度均为0.35 m，翼墙采用钢管桩基础φ140 mm × 4.5 mm，桩基础总长为1.2 m，埋深为0.9 m，横向间距为1 m。

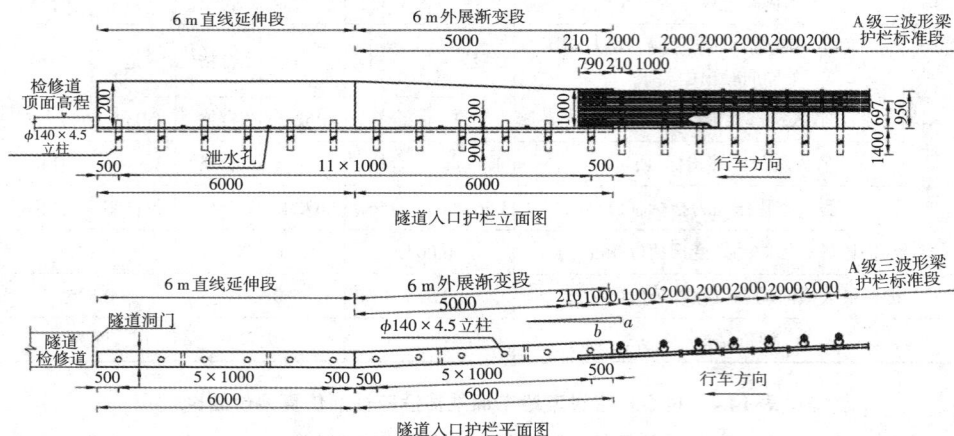

图14.19 SS级隧道入口防护设施方案示意图（尺寸单位：mm）

建立隧道入口防护设施仿真模型，选取微型轿车、小型越野车、中高级轿车、大型货车，参照《公路护栏安全性能评价标准》（JTG B05-01—2013）中对护栏过渡段碰撞角度和碰撞点的规定进行车辆乘员适应性能仿真评价。

14.3.3.1 微型轿车

图14.20为微型轿车碰撞隧道入口防护设施仿真模型，碰撞条件为车辆总质量为1 t、碰撞速度为100 km/h、碰撞角度为20°。在车辆模型驾驶席上设置假人模型，且佩带有效安全带，假人总质量为86 kg，假人头部距地面高度为1.337 m，碰撞点位于3/4过渡段位置。

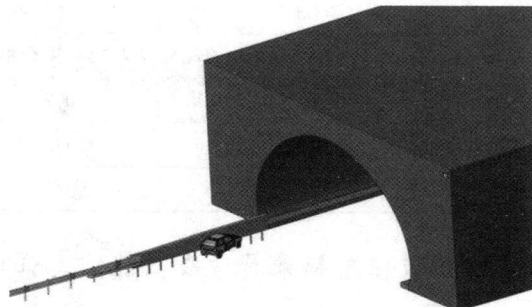

图14.20 微型轿车碰撞隧道入口防护设施仿真模型

图14.21为微型轿车碰撞隧道入口防护设施的仿真结果。可见微型轿车平稳驶出，没有穿越、翻越、骑跨和下穿防护设施现象，防护设施构件及其脱离件没有侵入车辆乘员舱，碰撞后车辆恢复到正常行驶姿态，没有翻车，阻挡功能和导向功能良好。同时，假人头部性能指标（HPC，等同于HIC）为115.3，小于1000；假人胸部压缩指标（ThCC）为1.9 m，小于75 mm；假人大腿压缩力指标（FFC）为左腿0.714 kN、右腿1.661 kN，均小于10 kN，缓冲功能良好。该防护设施可有效保护微型轿车乘员安全，车辆乘员适应性能优秀。

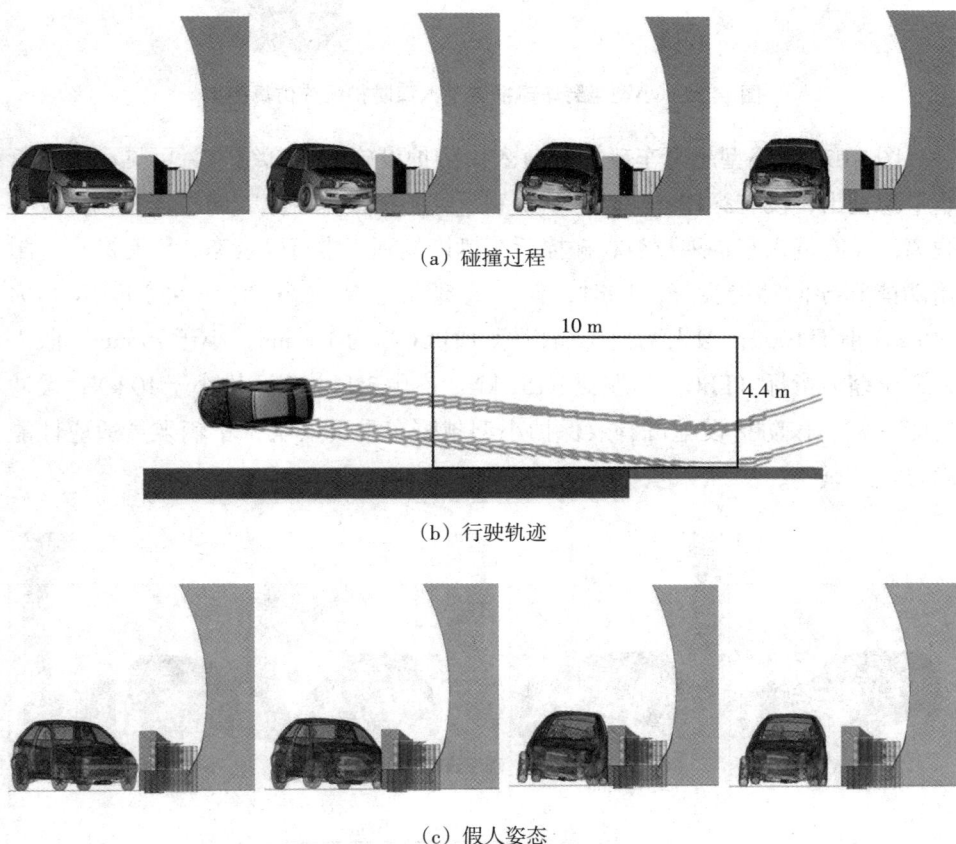

（a）碰撞过程

10 m

4.4 m

（b）行驶轨迹

（c）假人姿态

图14.21 微型轿车碰撞隧道入口防护设施的仿真结果

14.3.3.2 小型越野车

图14.22为小型越野车碰撞隧道入口防护设施仿真模型，碰撞条件为车辆总质量为1.6 t、碰撞速度为100 km/h、碰撞角度为20°。在车辆模型驾驶席上

设置假人模型，且佩带有效安全带，假人总质量为86 kg，假人头部距地面高度为1.640 m，碰撞点位于3/4过渡段位置。

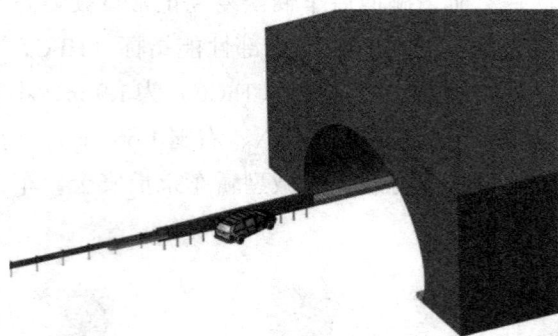

图14.22　小型越野车碰撞隧道入口防护设施仿真模型

图14.23为小型越野车碰撞隧道入口防护设施的仿真结果。可见小型越野车平稳驶出，没有穿越、翻越、骑跨和下穿防护设施现象，防护设施构件及其脱离件没有侵入车辆乘员舱，碰撞后车辆恢复到正常行驶姿态，没有翻车，阻挡功能和导向功能良好。同时，假人头部性能指标（HPC，等同于HIC）为346.2，小于1000；假人胸部压缩指标（ThCC）为4.1 mm，小于75 mm；假人大腿压缩力指标（FFC）为左腿1.152 kN、右腿3.114 kN，均小于10 kN，缓冲功能良好。该防护设施可有效保护小型越野车乘员安全，车辆乘员适应性能优秀。

（a）碰撞过程

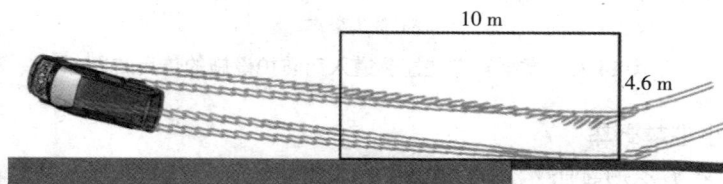

10 m

4.6 m

（b）行驶轨迹

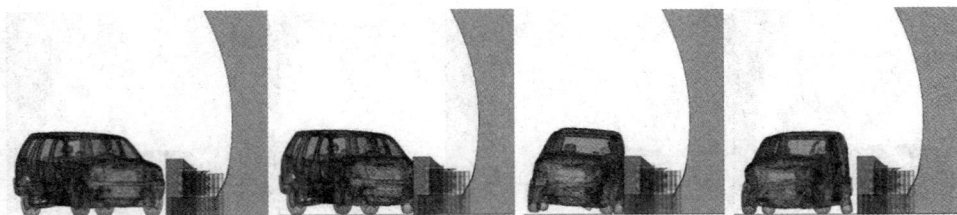

（c）假人姿态

图14.23 小型越野车碰撞隧道入口防护设施的仿真结果

14.3.3.3 中高级轿车

图14.24为中高级轿车碰撞隧道入口防护设施仿真模型，碰撞条件为车辆总质量为2.3 t、碰撞速度为100 km/h、碰撞角度为20°。在车辆模型驾驶席上设置假人模型，且佩带有效安全带，假人总质量为86 kg，假人头部距地面高度为1.541 m，碰撞点位于3/4过渡段位置。

图14.24 中高级轿车碰撞隧道入口防护设施仿真模型

图14.25为中高级轿车碰撞隧道入口防护设施的仿真结果。可见中高级轿车平稳驶出，没有穿越、翻越、骑跨和下穿防护设施现象，防护设施构件及其脱离件没有侵入车辆乘员舱，碰撞后车辆恢复到正常行驶姿态，没有翻车，阻挡功能和导向功能良好。同时，假人头部性能指标（HPC，等同于HIC）为384.3，小于1000；假人胸部压缩指标（ThCC）为4.8 mm，小于75 mm；假人大腿压缩力指标（FFC）为左腿1.887 kN、右腿0.936 kN，均小于10 kN，缓冲功能良好。该防护设施可有效保护中高级轿车乘员安全，车辆乘员适应性能优秀。

（a）碰撞过程

（b）行驶轨迹

（c）假人姿态

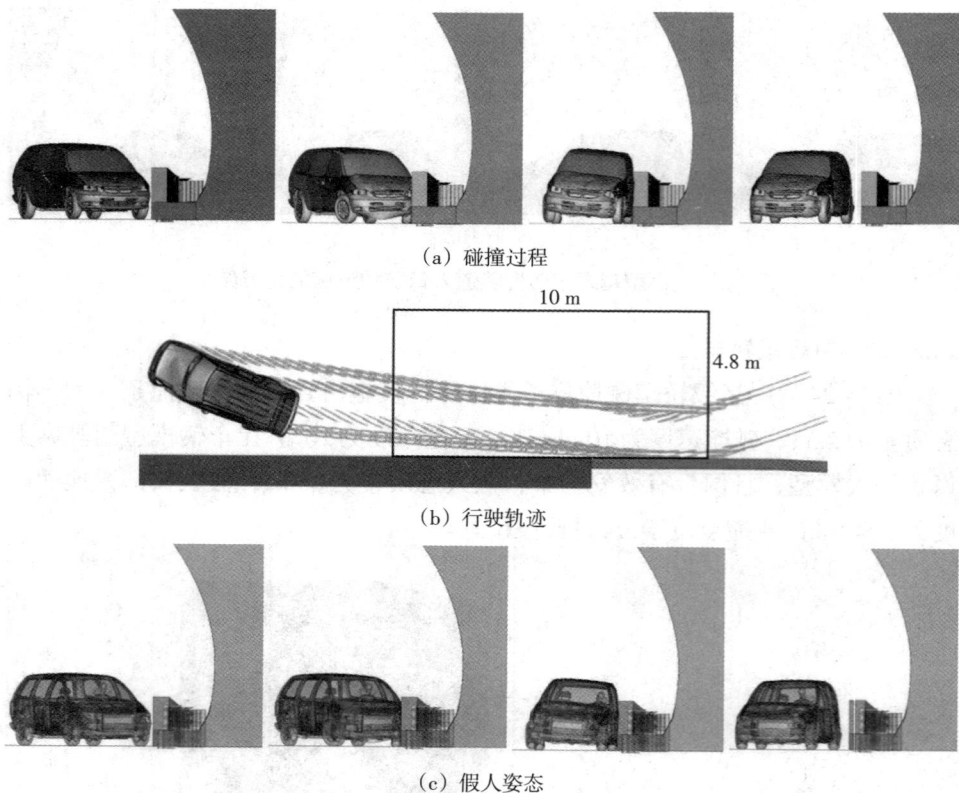

图14.25　中高级轿车碰撞隧道入口防护设施的仿真结果

14.3.3.4　大型货车

图14.26为大型货车碰撞隧道入口防护设施仿真模型，碰撞条件为车辆总质量为40 t、碰撞速度为60 km/h、碰撞角度为20°。在车辆模型驾驶席上设置假人模型，且佩带有效安全带，假人总质量为86 kg，假人头部距地面高度为2.362 m，碰撞点位于3/4过渡段位置。

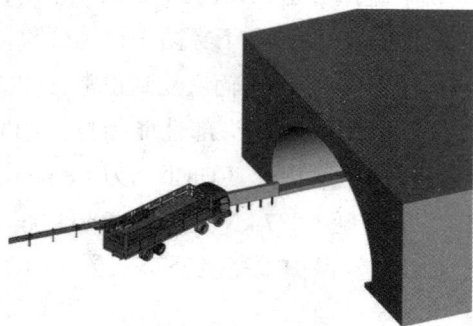

图14.26　大型货车碰撞隧道入口防护设施仿真模型

图 14.27 为大型货车碰撞隧道入口防护设施的仿真结果。可见大型货车平稳驶出，没有穿越、翻越、骑跨和下穿防护设施现象，防护设施构件及其脱离件没有侵入车辆乘员舱，碰撞后车辆恢复到正常行驶姿态，没有翻车，阻挡功能和导向功能良好。同时，假人头部性能指标（HPC，等同于 HIC）为 263.3，小于 1000；假人胸部压缩指标（ThCC）为 2.9 mm，小于 75 mm；假人大腿压缩力指标（FFC）为左腿 1.107 kN、右腿 0.555 kN，均小于 10 kN，缓冲功能良好。该防护设施可有效保护大型货车乘员安全，车辆乘员适应性能优秀。

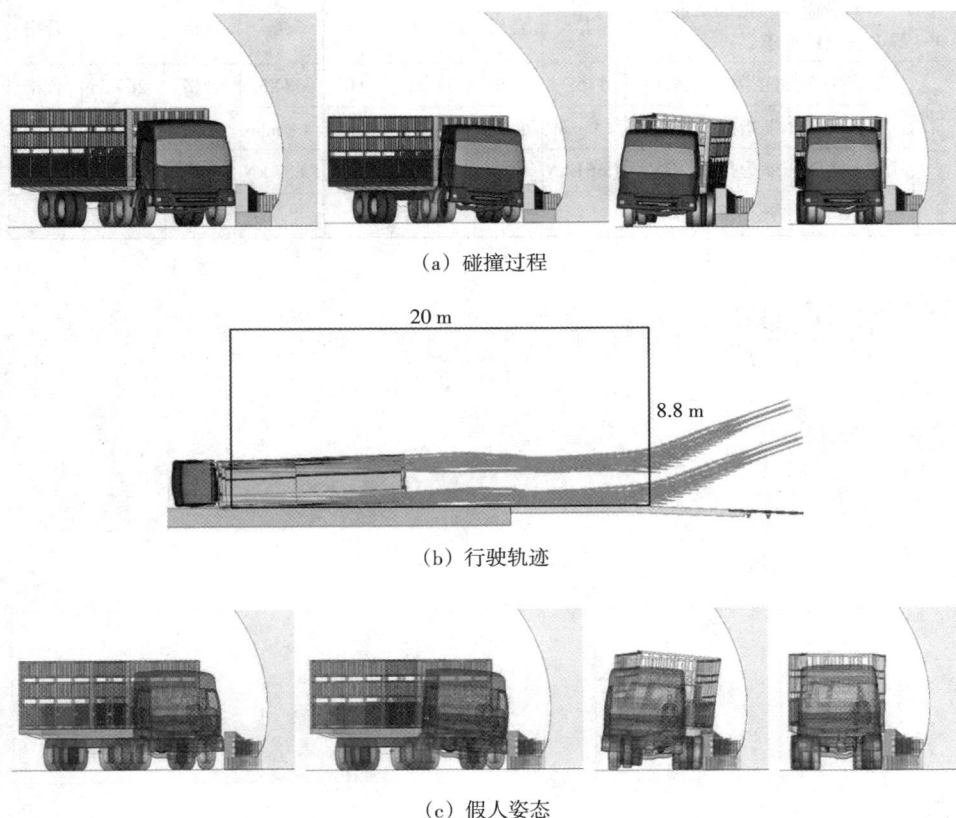

（a）碰撞过程

20 m

8.8 m

（b）行驶轨迹

（c）假人姿态

图 14.27　大型货车碰撞隧道入口防护设施的仿真结果

14.3.3.5　小　结

综上所述，隧道入口防护设施可对微型轿车、小型越野车、中高级轿车、大型货车进行有效防护，阻挡功能、导向功能和缓冲功能指标均满足要求，该防护设施车辆乘员适应性能优秀，指标汇总见表 14.5。

表14.5　隧道入口防护设施车辆乘员适应性能仿真评价结论

评价项目		微型轿车		小型越野车		中高级轿车		大型货车	
		测试结果	是否合格	测试结果	是否合格	测试结果	是否合格	测试结果	是否合格
阻挡功能	车辆是否穿越、翻越和骑跨评价样品	否	合格	否	合格	否	合格	否	合格
	评价样品构件及其脱离碎片是否侵入车辆乘员舱	否	合格	否	合格	否	合格	否	合格
导向功能	车辆碰撞后是否翻车	否	合格	否	合格	否	合格	否	合格
	车辆碰撞后的轮迹是否满足导向驶出框要求	是	合格	是	合格	是	合格	是	合格
缓冲功能	假人头部性能指标（HPC）	115.3	合格	346.2	合格	384.3	合格	263.3	合格
	假人胸部压缩指标（ThCC）	1.9 mm	合格	4.1 mm	合格	4.8 mm	合格	2.9 mm	合格
	假人大腿压缩力指标（FFC）	1.661 kN	合格	3.114 kN	合格	1.887 kN	合格	1.107 kN	合格
评价结论		优秀		优秀		优秀		优秀	

参考文献

[1] 过秀成.道路交通安全学[M].南京:东南大学出版社,2001.

[2] 唐玕玕,何勇,张铁军,等.道路交通安全手册[M].北京:人民交通出版社,2009.

[3] 过秀成,王卫,张小辉,等.高速公路交通运行状态分析方法及应用[M].南京:东南大学出版社,2012.

[4] 中华人民共和国交通部.公路养护安全作业规程:JTG H30—2004[S].北京:人民交通出版社,2004.

[5] 过秀成,盛玉刚.公路交通事故黑点分析技术[M].南京:东南大学出版社,2009.

[6] 中华人民共和国交通部.高速公路交通安全设施设计及施工技术规范:JTJ 074—94[S].北京:人民交通出版社,1994.

[7] 中华人民共和国交通部.公路交通安全设施设计规范:JTG D81—2006[S].北京:人民交通出版社,2006.

[8] 中华人民共和国交通部.公路交通安全设施设计细则:JTG/T D81—2006[S].北京:人民交通出版社,2006.

[9] 中华人民共和国交通运输部.公路交通安全设施设计规范:JTG D81—2017[S].北京:人民交通出版社股份有限公司,2017.

[10] 中华人民共和国交通运输部.公路交通安全设施设计细则:JTG/T D81—2017[S].北京:人民交通出版社股份有限公司,2017.

[11] 中华人民共和国交通部.高速公路护栏安全性能评价标准:JTG/T F83-01—2004[S].北京:人民交通出版社,2004.

[12] 中华人民共和国交通运输部.公路护栏安全性能评价标准:JTG B05-01—2013[S].北京:人民交通出版社,2013.

[13] 国家技术监督局.汽车质量(重量)参数测定方法:GB/T 12674—90[S].北京:中国标准出版社,1990.

[14] 全国汽车标准化技术委员会. 两轴道路车辆 重心位置的测定：GB/T 12538—2003[S]. 北京：中国标准出版社，2003.

[15] 闫书明. 有限元仿真方法评价护栏安全性能的可行性[J]. 振动与冲击，2011，30(1)：152-156.

[16] 彼莱奇科，廖荣锦，默然. 连续体和结构的非线性有限元[M]. 庄茁，等译. 北京：清华大学出版社，2002.

[17] 曾攀. 有限元分析及应用[M]. 北京：清华大学出版社，2004.

[18] 赵海鸥. LS-DYNA动力分析指南[M]. 北京：兵器工业出版社，2003.

[19] 时党勇，李裕春，张胜民. 基于ANSYS/LS-DYNA 8.1进行显式动力分析[M]. 北京：清华大学出版社，2005.

[20] 中国公路学会. 高速公路护栏改造技术指南：T/CHTS 10030—2021[S]. 北京：人民交通出版社股份有限公司，2021.

[21] 中国工程建设标准化协会. 波形梁合金钢护栏：T/CECS 10088—2020[S]. 北京：人民交通出版社股份有限公司，2020.

[22] 赛志毅. 高速公路护栏改造关键技术与应用[M]. 北京：人民交通出版社股份有限公司，2018.

[23] 余长春，马彦婷，刘珍琳，等. 新型A级波形梁护栏结构研究[J]. 公路交通科技(应用技术版)，2015，11(6)：235-237.

[24] 吕思忠，刘甲荣，闫书明，等. 公路SB级三波形梁钢护栏安全应用技术[M]. 北京：人民交通出版社股份有限公司，2020.

[25] 刘航，龚帅，刘思源，等. 高速公路旧波形梁护栏改造研究[J]. 公路工程，2020，45(6)：173-180.

[26] 闫书明. 单坡面混凝土护栏碰撞分析[J]. 北京工业大学学报，2012，38(4)：586-589.

[27] 闫书明，李康全，荆坤，等. 单坡面混凝土桥梁中分带护栏安全性能分析[J]. 公路工程，2010(6)：54-58.

[28] 张门哲，刘明虎，亢寒晶，等. 桥梁嵌固式基础中央分隔带混凝土护栏安全性分析[J]. 城市道桥与防洪，2018(12)：159-162.

[29] 闫书明，方磊，张梁，等. 港珠澳大桥护栏碰撞试验条件研究[J]. 城市道桥与防洪，2011(4)：87-89.

[30] 裴大军，彭晓彬，龚帅，等. 缆索承重桥梁专用高等级型钢护栏研发[J]. 中外公路，2021，41(3)：403-406.

[31] 龚帅,刘航,邓宝,等.在役旧桥梁组合式护栏升级改造研究[J].中外公路,2021,41(1):314-318.

[32] 刘航,马晴,亢寒晶,等.旧式组合式桥梁护栏提升改造及应用[J].公路,2021,66(2):114-118.

[33] 龚帅,张文豪,刘航,等.既有旧桥梁组合式护栏事故分析与解决方案[J].公路工程,2020,45(6):243-249.

[34] 周颂,季广丰,陈向阳.金塘大桥重载交通组合式护栏设计及试验[J].公路,2009(1):219-224.

[35] 王铖铖.立柱插入式组合式桥梁护栏安全性能试验研究[J].公路交通科技(应用技术版),2020(2):320-322.

[36] 闫书明,惠斌,李巍,等.基于碰撞分析的特高防撞等级桥梁护栏安全评价[J].特种结构,2010(1):66-70.

[37] 李勤策,龚帅,喻丹凤,等.HA级三横梁组合式桥梁护栏设计优化[J].城市道桥与防洪,2017(12):68-72.

[38] 闫书明,白书锋.钢管预应力索防撞活动护栏开发[J].交通运输工程学报,2010,10(2):41-45.

[39] 常志宏,杨福宇,刘航,等.新型钢管预应力索防撞活动护栏研发[J].特种结构,2020,37(6):82-86.

[40] 梁亚平,马亮,闫书明.新型链式混凝土防撞活动护栏开发[J].特种结构,2011(5):87-90.

[41] 闫书明,白书锋,吕国仁.新型可导向防撞垫开发[J].北京工业大学学报,2011,37(8):1162-1168.

[42] 吕国仁,闫书明,白书锋,等.新型波形梁护栏端头开发[J].交通运输工程学报,2008(6):53-56.

[43] 周应新,谢凤禹,马亮,等.蒙新高速公路消能减速护栏的试验研究[J].公路,2009(4):52-55.

[44] 贾宁,闫书明,马亮,等.组合式消能减速护栏实车碰撞试验研究[J].振动与冲击,2013,32(13):1-5.

[45] 赛志毅,王昊,闫书明.公路混凝土护栏安全应用技术[M].北京:人民交通出版社股份有限公司,2023.

[46] 魏琨,龚帅,杨福宇,等.高速公路桥墩安全防护设计研究[J].公路交通科技(应用技术版),2019(6):32-35.

[47] 汪西华,闫书明.跨江海缆索承重桥梁专用型钢护栏设计与安全性能评价 [M].北京:人民交通出版社股份有限公司,2021.

[48] 张晓冰,常志宏,王新,等.高速公路长大纵坡事故易发路段安全保障技术 [M].北京:人民交通出版社股份有限公司,2022.

[49] 刘广波,龚帅,高建雨,等.高速公路防眩设施选取及设置分析[J].公路交通科技(应用技术版),2018(5):44-46.

[50] 吕思忠,郭洪,龚帅.高速公路隧道区域交通安全防护技术[M].北京:人民交通出版社股份有限公司,2023.

[51] 全国汽车标准化技术委员会.汽车正面碰撞的乘员保护:GB 11551— 2014[S].北京:中国标准出版社,2014.